구봉집

한국고전번역원 한국문집번역총서

구봉집 1

龜峯集

송익필 지음
宋翼弼

정선용 옮김

일러두기

1. 이 책의 번역 대본은 한국고전번역원에서 간행한 한국문집총간 42집 소재《구봉집(龜峯集)》으로 하였다. 번역 대본의 원문 텍스트와 원문 이미지는 한국고전종합DB(http://db.itkc.or.kr)에서 확인할 수 있다. 각주에 사용한 초간본(初刊本)은 국립중앙도서관 소장본《비선구봉선생시집(批選龜峯先生詩集)》(古3644-498)이다.
2. 역주는 내용이 간단하면 간주(間註)로, 길면 각주(脚註)로 처리하였다.
3. 한자는 필요한 경우 이해를 돕기 위하여 넣었으며, 운문(韻文)은 원문을 병기하였다.
4. 맞춤법과 띄어쓰기는 '한글 맞춤법'을 따르고, 한글 어휘는 '표준어 규정'을 따르는 것을 원칙으로 하였다.
5. 문장 부호는 '한글 맞춤법'에 규정된 용법을 따라서 사용했으며, 그 밖에 새로 만들거나 용법을 달리하여 사용한 부호는 다음과 같다.

   《 》: 책명 및 각주의 전거(典據)를 나타낼 때 사용한다.

   〈 〉: 편명, 작품명, 논문 제목을 나타낼 때 사용한다.

   …… : 번역문에서 원문의 '云云'을 처리할 때, 각주에서 긴 인용문을 처리할 때, 각주의 표제어가 네 어절 이상일 경우 생략되는 말을 처리할 때 사용한다.

   - - : 본문에서 소자(小字) 원문 주(註)의 처음과 끝에 사용한다.

차례

일러두기 • 4
해제 비운을 딛고 일어선 대학자이자 문인인 구봉(龜峯) 송익필(宋翼弼)과 《구봉집(龜峯集)》 | 정선용 • 25

구봉집 제1권

부 賦
그림자에 대한 부 影賦 • 49

사언시 四言
낙천 樂天 • 55

오언 고시 五言古詩
비 온 뒤에 산에 오르다 雨後登山 • 57
김경숙 척암에 대한 만시 挽金敬叔惕庵 • 59
다른 사람의 시에 화답하다 和人 • 61
저녁나절에 제하다 晩題 • 62
어떤 사람과 이별하다 別人 • 63
적선의 시에 차운하다 次謫仙韻 • 64
벗이 지은 시에 차운하여 벗에게 부치다 次友人韻寄友人 • 65

산속에서 읊다 山中 • 66
적선의 〈감흥〉 시에 차운하다 次謫仙感興韻 • 67
어떤 사람을 전송하다 送人 • 68
부방하러 가는 남편을 떠나보낸 아낙네를 읊다 別赴防閨人 • 69
객사한 사람에 대한 만사 挽客死 • 70
동지중추부사를 지낸 권진경의 아버지에 대한 만사
  挽權同知眞卿嚴君 • 71
장 상인에 대한 만사 挽張喪人 • 73
숙헌의 장인에 대한 만사 挽叔獻外舅 • 74
산꽃 山花 • 76
서울 소식을 듣고 붓을 달려 적어서 친구와 이별하다
  聞京報走筆別親舊 • 77
회포가 있어서 적다 有懷 • 79
또 회포가 있어서 적다 又 • 80
붓을 달려 회포를 적다 走筆書懷 • 82
운곡에 대한 애사 雲谷哀辭 • 83
  두 번째 其二 • 84
  세 번째 其三 • 85
  네 번째 其四 • 86
백발 白髮 • 87
하늘 天 • 88
벗과 이별하면서 주다 贈別友人 • 89
마양촌에 우거하다가 새벽녘에 이백의 〈담현〉 시에 차운하다
  寓馬羊村曉次李白談玄韻 • 91

칠언 고시 七言古詩

꺾인 대나무에 대한 노래 折竹吟 • 93
강에 뜬 달에 대한 노래 江月吟 • 94
운양산에 있으면서 벗이 보내 준 시에 차운하다
在雲陽山中次友人見寄韻 • 95
백발 白髮 • 96
어떤 사람을 그리워하다 懷人 • 97
금성의 옛터를 지나면서 읊다 歷金城故墟 • 98
만족과 불만족에 대하여 읊다 足不足 • 99
명은 실의 빈이라는 시를 읊다 名者實之賓詩 • 103

오언 절구 五言絶句

적벽의 기암 위에 있는 어떤 마을 赤壁奇巖上一村 • 108
주인이 나가서 돌아오지 않기에 우연히 제하다 主人出不還偶題 • 109
산에서 내려오며 읊다 下山 • 110
서하당에 부쳐 사는 객을 읊다 詠棲霞寓客 • 111
비 내리는 밤 雨夜 • 112
천원역 누각에서 송강의 시에 차운하다 泉源驛樓次松江韻 • 113
저물녘에 읊다 暮詠 • 114
우연히 읊조리다 偶吟 • 115
대나무 竹 • 116
남계에서 저물녘에 배를 띄우다 2수 南溪暮泛 二首 • 117
고요하게 앉아 있다가 靜坐 • 118
차운하다 2수 次韻 二首 • 119
시냇가에서 읊다 川上 • 120
칠월 초하루에 읊다 七月初一日 • 121

밤길을 가면서 읊다 夜行 • 122
홍산 鴻山 • 123
남쪽 땅에 파리가 아주 많기에 장난삼아 짓다 南土多蠅戲題 • 124
우연히 읊조리다 偶吟 • 125
홀로 앉아서 읊다 獨坐 • 126
고을 수령의 시에 차운하여 알리다 2수 次邑倅韻以報 二首 • 127
객중에 다른 사람이 지은 〈서울을 생각하다〉 시에 차운하다 7수
客中次人憶京韻 七首 • 128
강가에서 회포를 적다 4수 江上書懷 四首 • 131
이 적선의 〈사호묘〉 시를 읽고 느낌이 있어서 읊다
覽李謫仙四皓墓詩有感 • 133
어떤 사람과 이별하면서 그가 지어 준 시에 차운하다
別人次所贈韻 • 134
밤중에 앉아서 읊다 夜坐 • 135
강가에서 읊다 江上 • 136
새 울음소리에 느낌이 있어서 읊다 鳥鳴有感 • 137

칠언 절구 七言絶句

율곡이 지은 시에 차운하다 次栗谷韻 • 138
가을밤에 연당에서 읊다 4수 秋夜蓮堂 四首 • 139
다른 사람을 만나 보고 싶지 않았는데, 가형이 권하기에 만나 보고서 감히
제하다 不欲見人家兄勸見之敢題 • 141
병중에 어떤 사람에게 부치다 病中寄人 • 142
홀로 누워 읊다 獨臥 • 143
보름달 望月 • 144
한가로움을 읊다 詠閑 • 145

지도에서 황하의 물을 보고 느낌이 있어서 읊다 見地圖黃河水有感 • 146
맹자가 등 문공에게 정전제에 대해 말한 부분을 읽고 난 뒤 책을 덮고는 느낌이 있어서 읊다 讀孟子說滕以井田之制掩卷有感 • 147
우연히 읊조리다 偶吟 • 148
운암. 벗이 지은 시에 차운하다 雲庵次友人韻 • 149
구봉산으로 가는 도중에 읊다 2수 龜山道中 二首 • 150
강 마을에서 묵다 宿江村 • 151
산사에서 묵다 宿山寺 • 152
아침에 일어나 혼자 앉아 있으면서 읊다 朝起獨坐 • 153
입춘이 지난 뒤에 읊다 立春後 • 154
궁녀의 원망 宮怨 • 155
새벽녘에 읊다 曉詠 • 156
숙헌의 집에서 만난 시승에게 주다 贈叔獻家相逢詩釋 • 157
상을 마친 뒤에 형제들과 함께 어머님을 모시고 술잔을 올리다 去喪同兄弟侍母獻杯 • 158
진위사로 가는 사람을 전송하다 送陳慰使 • 159
선비 정귀응에 대한 만사 2수 挽鄭生龜應 二首 • 160
종부에 대한 만사 挽從父 • 161
대로의 어머니에 대한 만사 挽大老慈闈 • 162
청조당 주인의 아들에 대한 만사 挽聽潮堂主人子 • 163
서하당의 네 가지 흠에 대하여 읊다 霞堂四欠 • 164
내제인 평원의 아내에 대한 만사 挽內弟平原妻 • 166
소군사 2수 昭君辭 二首 • 167
임석천이 석상에서 운을 불러 짓다 2수 林石川席上呼韻 二首 • 169
봄날 한낮 春晝 • 171
눈이 내린 새벽 雪曉 • 172

농가 田家 • 173
도촌에서 늦게 일어나니 유숙했던 객이 이미 가 버렸다
桃村晩起宿客已歸矣 • 174
우연히 짓다 偶題 • 175
어떤 사람이 꽃을 보내 준 데 대해 사례하다 謝人寄花 • 176
서호처사를 읊다 詠西湖處士 • 177
새벽 曉 • 178
청계협을 지나다 過淸溪峽 • 179
배 안에서 잠이 깨다 舟中睡起 • 180
잡영 雜詠 • 181
산사에서 유숙하고 새벽에 나오다 宿山寺曉出 • 182
산중에서 山中 • 183
잡영 雜詠 • 184
눈이 온 뒤 밤에 앉아 있다가 읊다 雪後夜坐 • 185
새장 속의 학이 마을 아이들에게 상처를 입다 2수
籠鶴爲村童所傷 二首 • 186
노은장을 찾아뵙다 尋老隱丈 • 187
무제 2수 無題 二首 • 188
홀로 눕다 獨臥 • 190
외숙을 전송하다 送舅氏 • 191
외숙의 첩에게 지어 주다 贈舅氏妾 • 192
잠을 자고 일어나다 睡起 • 193
광한루 앞 시내에서 밤에 배를 띄우다 2수 廣寒前溪夜泛 二首 • 194
매화를 보다가 어떤 사람을 그리워하다 2수 對梅懷人 二首 • 195
우정에서 잠이 깨다 睡起郵亭 • 196
연산의 신도를 찾아가다 尋連山新都 • 197

김희원의 〈황산정〉 시에 차운하다 3수 次金希元黃山亭韻 三首 • 198
어떤 사람에게 주다 贈人 • 199
느낌이 있어서 읊다 有感 • 200
중추절의 보름달. 우계에게 부치다 中秋月寄牛溪 • 201
새벽에 일어나다 曉起 • 202
새벽에 비가 개다 曉霽 • 203
가을밤 秋夜 • 204
떠돌던 중에 적선의 시운을 써서 짓다 5수 流離中用謫仙韻 五首 • 205
형제를 그리워하다 2수 憶兄弟 二首 • 207
새벽에 일어나다 曉起 • 208
추석 秋夕 • 209
김이정에게 지어 주다 贈金而精 • 210
화학루 化鶴樓 • 211
율곶진에서 남창 김현성 의 증별시에 차운하다
栗串津上次南窓 金玄成 贈別韻 • 212
강가에서 읊다 4수 江上吟 四首 • 213
위성에 귀양 가 있을 적에 임금의 어가가 서쪽으로 난을 피해 옮겨 가는 도중에 고관들이 많이 죽었기에 거울을 보다가 읊어서 친구에게 주다
謫在威城龍御西移衣冠多死對鏡吟得以贈故人 • 215
홀로 눕다 獨臥 • 216
벗이 보낸 시에 차운하다 次友人見贈韻 • 217
장량 3수 張良 三首 • 218
벗의 시에 차운하다 2수 次友人韻 二首 • 220
소나무 아래에 모여서 술을 마시다 松下會酌 • 221
난리를 겪은 곳에 막 와서 다른 사람의 시에 차운하다
新到經亂地次人 • 222

홀로 서서 읊다 獨立 • 223
다른 사람의 시에 차운하다 次人 • 224
객지에 우거하면서 친구가 보낸 시에 차운하다
旅寓中次友人見寄韻 • 225
함께 유숙한 벗의 시에 차운하다 次同宿友人韻 • 226
같이 피란하기로 약속한 사람에게 주다 贈同約避寇人 • 227
홀로 가다 獨往 • 228
십일국을 대하여 때가 지나갔음을 탄식하다 對十日菊歎過時 • 229
생각하는 바가 있어서 읊다 有所思 • 230
병중에 읊다 病中 • 231
우계를 그리워하다 懷牛溪 • 232
우연히 읊다 偶吟 • 233
밤에 앉아서 읊다 夜坐 • 234
머리가 세다 頭白 • 235
저자도에서 친구의 시에 차운하다 楮子島次友人 • 236
격양의 시에 차운하다 次擊壤韻 • 237
아침에 일어나다 朝起 • 238
한가한 가운데 읊다 閑中 • 239
새벽에 일어나다 曉起 • 240
술을 대해 읊다 對酒吟 • 241
어떤 사람을 전송하다 送人 • 242
과일을 보내 준 사람에게 사례하다 謝人送果 • 243

구봉집 제2권

오언 율시 五言律詩

남악에서 노닐다 遊南嶽 • 247

새벽에 길을 가다 曉行 • 248

군산철적 君山鐵篴 • 249

우연히 읊다 偶吟 • 250

교외에 거처하며 회포를 쓰다 郊居述懷 • 251

저자도에서 유숙하다 宿楮子島 • 252

관란대 觀瀾臺 • 253

노은장을 찾아뵙다 尋老隱丈 • 254

강가에서 시승과 이별하다 江上別詩僧 • 255

적벽의 기암 위에 있는 어떤 마을 赤壁奇巖上一村 • 256

북쪽에서 온 소식을 보고 탄식하다 歎北報 • 257

친구가 공신이 되었다는 말을 듣고 받들어 부치다 2수
聞故人作功臣奉寄 二首 • 259

적벽촌에서 묵다 2수 宿赤壁村 二首 • 262

아침에 적벽을 떠나다 朝發赤壁 • 263

담양 부사 김여물 가 금성의 수령으로 전임되어 가는 것을 전송하다 4수
送潭伯 金汝岉 移守錦城 四首 • 264

새로 우거한 집의 이웃 사람에게 주다. 두보 시의 운을 써서 짓다
贈新寓隣人用杜詩韻 • 268

귀학정에서 묵다 4수 宿歸鶴亭 四首 • 269

송루에 홀로 앉다 獨坐松樓 • 271

눈 雪 • 272

여관의 맑은 새벽 旅館淸曉 • 273

객중에서. 두보 시의 운을 써서 짓다 客中用杜詩韻 • 274
가을밤에 강천사에서 유숙하다 秋夜宿剛泉寺 • 275
새벽에 강천사에서 연대를 지나 월연대에 오르다
曉自剛泉過蓮臺上月淵臺 • 277
9월 9일 다음 날에 선비가 사는 마을에 투숙하다. 그날이 마침 선비의 생일이고, 또 아들이 사마시에 합격하였으므로 그 처가 술을 권하다
九九之明日投士人村居云是士人初度日子中司馬新婦獻觴 • 278
새벽 눈 曉雪 • 280
새벽에 일어나서 친구의 편지를 보다 曉起見故人書 • 281
아우를 생각하다 念弟 • 282
밤에 광한루에 오르다 夜登廣寒樓 • 283
우연히 짓다 偶題 • 284
회포를 쓰다 書懷 • 285
홀로 앉아서 읊다 獨坐 • 286
객중에서 읊다 客中 • 287
고요히 앉아서 읊다 靜坐 • 288
길 위에서 읊다 道上 • 289
교룡산을 찾아가다 尋蛟龍山 • 290
홀로 서서 읊다 獨立 • 291
다시 송루에 머물다 更滯松樓 • 292
가을밤 秋夜 • 293
우거하는 중에 홀로 앉아 있다가 이백 시의 운을 써서 짓다
獨坐寓中用李白韻 • 294
밤에 두릉의 시냇가에서 묵다 夜宿豆陵溪上 • 295
가을밤 秋夜 • 296
객중에서 읊다 2수 客中 二首 • 297

서울 소식을 듣고 조여식에게 부치다 聞洛報寄趙汝式 • 299
우연히 짓다 偶題 • 301
취옹의 시에 차운하다 次醉翁韻 • 302
홀로 앉아서 읊다 獨坐 • 303
숨어 사는 집 幽居 • 304
잠 睡 • 305
맑게 갠 새벽 晴曉 • 306
높이 누워서 읊다 高臥 • 307
여수에게 부쳐서 권면하다 寄勉汝受 • 308
어떤 사람을 전송하다 送人 • 309
벗에게 주다 贈友人 • 310
의탁할 데가 있게 되다 有托 • 311
희천으로 귀양 가는 도중에 읊다 謫熙川途中 • 312
묘향산 香山 • 313
산중에서 느낌이 있어서 읊다 山中有感 • 314
백관들이 피란하는 도중에 많이 도망간 탓에 난리가 일어난 지 시일이 많이 지났는데도 나라를 중흥할 계책을 세우지 못하였다는 말을 듣고 마음이 상하고 탄식이 터져 감히 제하다 2수 聞百官在道多亡經亂踰時未見中興之策傷歎敢題 二首 • 315
김사수가 전사하여 제대로 묻히지 못했다는 말을 듣고 짓다 聞金士秀戰歿不埋 • 318
조여식을 생각하다 憶趙汝式 • 320
난리를 피해 산중에 있으면서 맏형의 시에 차운하다 避亂在山中次伯兄韻 • 322
솔잎을 따다 採松 • 323
꿈속에서 지은 시 夢詩 • 324

이 적선의 〈과사호묘〉 시를 보고 느낌이 있어서 읊다
覽李謫仙過四皓廟詩有感 • 325
봄날 대낮에 홀로 앉아서 읊다 春晝獨坐 • 326
오랫동안 산중에 우거하다 山中寓久 • 327
나의 나이 吾年 • 328
우연히 쓰다 偶題 • 329
개평촌에서 유숙하고 난 뒤 새벽에 주인과 이별하다
宿開平村曉別主人 • 330
종신의 시에 차운하다 次從臣韻 • 331
서흥의 오운산에 있는 절에서 묵다 宿瑞興之五雲山寺 • 333
강덕휘와 산사에서 만나기로 약속했는데 그때 덕휘는 왜적을 물리쳐서 공을 세웠고 나는 적소에서 막 돌아오다
姜德輝期會山寺姜時却賊成功余自謫所初歸 • 334
홀로 산사에서 기거하며 앞의 시 두 수에 차운하다
獨寄山寺次前二韻 • 335
중국의 시랑 송응창의 시에 차운하다 2수 次唐侍郎宋應昌韻 二首 • 337
수안의 산촌에 우거하다 寓在遂安山村 • 340
광평의 금촌에서 묵다 宿廣坪金村 • 341
나그네로 떠도는 중에 읊다 旅中 • 342
신평에 우거하다. 이웃 사람의 시에 차운하다 寓新坪次隣人 • 343
바다 섬에 있는 사람을 그리다 2수 懷海中人 二首 • 344
벗이 신계에서 와서 고을 수령의 시에 차운하여 지어 주기에 감히 차운하다
2수 有友來自新溪次邑守韻以贈敢次 二首 • 346
산에서 살다 山居 • 348
저새에 우거하다 猪塞旅寓 • 349
친구와 함께 숨어 살 곳을 정하다 與友人新卜幽居 • 351

바닷가에서 친구를 만나다 海曲逢故人 • 352
풍애의 시에 차운하다 2수 次楓崖韻 二首 • 353
옛일을 슬퍼하다 愴古 • 355
우연히 쓰다 偶題 • 356
회포를 쓰다 書懷 • 357
비 갠 저녁에 누군가에게 부치다 霽夕寄人 • 358
정씨가 먼저 와서 임씨를 기다렸으나 오지 않다
鄭友先到待林友不來 • 359
김씨를 전송하고 나서 또 임씨를 이별하다 既送金友又別林友 • 361
사는 곳 所居 • 362
병을 앓고 나서 은자를 찾아가다 病起訪隱 • 363
새벽에 일어나 앉아 친구를 생각하다 曉坐憶親舊 • 364
고요 속에서 읊다 2수 靜中 二首 • 365
우연히 쓰다 2수 偶題 二首 • 367
대진을 건너다 渡大津 • 369
공해당에 우거하다 寓在控海堂 • 370
마양촌의 벽에 쓰다 題馬羊村壁 • 371
새로운 거주지에서 읊다 新居 • 373
차운하여 어떤 사람이 찾아온 데 대해 사례하다 次韻謝人來訪 • 374
가을날 저물녘 秋暮 • 375
저녁에 멀리 바라보다 夕望 • 376
저녁에 읊다 夕吟 • 377
한가롭게 살다 閑棲 • 378
명나라 장수 天將 • 379
야불수를 만나다 逢夜不收 • 380
홀로 누워서 읊다 獨臥 • 381

홀로 앉아서 읊다 獨坐 • 382
시를 읊지 않다 不吟 • 383
봄날 새벽 春曉 • 384
달을 바라보며 읊다 對月吟 • 385
시냇가에서 물고기 잡는 것을 구경하다가 느낌이 있어서 읊다
溪上觀漁有感 • 386
병중에 읊다 病中 • 387
한가한 가운데 읊다 閑中 • 388
홀로 가다 獨行 • 389
이백의 〈산준〉 시에 차운하다 次李白山樽韻 • 390
이백의 〈수경〉 시에 차운하다 次李白愁鏡 • 391
숨어 살다 幽居 • 392
숲에서 나오다 出林 • 393
한가롭게 살다 閑居 • 394
밤에 앉아 우연히 쓰다 夜坐偶題 • 395

오언 배율 五言排律
한강 북쪽에서 돌아온 형의 아들에게 주다 贈兄子歸自漢北 • 396
가을 수자리를 살러 가는 사람을 전송하다 送人秋戍 • 399
우거에서 병을 앓는 중에 읊다 寓居病中 • 401
우연히 짓다 偶題 • 403
조헌이 의병을 일으켜서 근왕한다는 말을 듣다 聞趙憲倡義兵勤王 • 404
책이 없기에 읊다 無書 • 409
친구가 보내 준 20운에 차운하여 시사를 탄식하다
次友人見寄二十韻以歎時事 • 411
강덕휘의 편지를 보고 느낌이 있어서 읊다 見姜德輝書有感 • 417

칠언 율시 七言律詩

빗속에 삼각산 중흥사를 찾아가다 雨中尋三角山中興寺 • 419
수종사에서 묵다 宿水鍾寺 • 420
적벽에서 저물녘에 배를 띄우다 赤壁暮泛 • 421
삼월 초에 오래 앓던 학질이 나았기에 걸어서 교외에 나가다
三月初舊痁愈步出郊外 • 422
연암정을 찾아가다 尋燕巖亭 • 423
우연히 짓다 偶題 • 424
술에 취해 짓다 醉題 • 426
청송 선생에 대한 만사 挽聽松先生 • 428
참판 김중회 어른에 대한 만사 挽金參判重晦丈 • 430
그날 밤 꿈에 명곡을 보고서 그 사람에 대해 읊다
連夜夢見鳴谷因詠其人 • 432
허공택의 어머니에 대한 만사 挽許公澤慈氏 • 433
내금위의 아내 內禁婦 • 434
한가한 중에 읊다 閑中 • 435
객이 간 뒤에 홀로 앉아 회포를 적다 客去後獨坐書懷 • 436
어떤 사람에게 화답하다 答人 • 437
우연히 짓다 偶題 • 438
고요한 가운데 느낌이 있어서 읊다 靜中有感 • 439
우연히 지어 우계에게 부치다 偶得寄牛溪 • 440
고요한 가운데 읊다 靜中 • 441
생각이 있어서 읊다 有思 • 442
어떤 사람을 그리워하며 그를 대신하여 짓다 懷人代其人作 • 443
병을 삼가다 愼疾 • 444
저물녘에 강가에 홀로 앉다 暮江獨坐 • 445

서울 소식을 듣고 봄 새벽에 홀로 앉아서 읊다 聞京報春曉獨坐 • 446
늦둥이로 태어나 병이 많았던 것을 뒤늦게 써서 백형과 중형에게 부치다
追記晩生多病以寄伯仲二兄 • 447
우연히 읊다 偶吟 • 449
저물녘에 어떤 사람에게 부치다 日夕寄人 • 450
객중에서 읊다 客中 • 451
백마강 白馬江 • 452
호남 안찰사의 시에 차운하다 2수 次湖南按使韻 二首 • 453
우연히 읊다 偶吟 • 455
친구를 찾아가 개합할 것을 권하다 訪故人勸開閤 • 456
서울 소식을 듣고 시를 써서 사옹에게 주다 見京報題贈沙翁 • 457
주인에게 사례하기 위해 지어 주다 謝贈主人 • 458
조천하러 가는 송강을 전송하다 送松江朝天 • 459
광산으로 돌아가는 도중에 읊다 歸光山途中 • 460
회포가 있어서 有懷 • 461
가을에 형제를 그리워하다 秋日憶兄弟 • 462
우연히 짓다 偶題 • 463
봄날 잠자는 사이에 나그네가 돌아가다 春睡客還歸 • 464
산에서 살며 더위를 피하다 山居避暑 • 465
비바람 치는 가을밤에 다른 사람의 시에 차운하다 秋夜風雨次人 • 466
객중에 우연히 짓다 客裏偶題 • 468
꿈에서 죽은 친구를 보다 夢見亡友 • 469
송강을 생각하다 憶松江 • 470
어떤 사람을 그리워하다 懷人 • 472
취옹에게 답하다 酬醉翁 • 473
우연히 짓다 2수 偶題 二首 • 474

연밥 따는 것을 읊다 詠採蓮 • 476
박산로에 피운 향불을 보고 느낌이 있어서 읊다 對博山香火有感 • 477
객중에 가을을 만나다 客裏逢秋 • 478
추부에 갇히다 累在秋府 • 480
봄날 낮잠을 자다가 깨다 春晝睡起 • 483
우연히 짓다 偶題 • 484
송강이 지어 준 시에 차운하다 2수 次松江所贈韻 二首 • 485
조헌과 고경명 등이 전사하고, 적이 삼도를 점거했다.……뒤늦게 우계가 행재소에 도달했다는 말을 듣고 감히 쓰다
趙憲高敬命等戰死賊據三都……晚聞牛溪得達行在敢題 • 488
우계에게 부치다 寄牛溪 • 490
상심하여 탄식하다 2수 傷歎 二首 • 491
눈 내리는 밤에 장만리 운익 의 시에 차운하다
夜雪次張萬里 雲翼 韻 • 494
중국의 대장 이여송의 시에 차운하다 次唐大將李如松韻 • 496
어떤 승려가 적진에서 돌아와서 말하기를…… 상심되어 탄식하면서 율시 한 수를 짓다 有僧回自賊陣云……傷歎成一律 • 498
서흥 땅을 지나가던 명나라 군사가 율시 한 수를 지어서 급히 화답을 구하였는데, 마침 조백옥이 서흥에 도착해서 차운하여 보냈다고 한다. 내가 서흥에 갔다가 그 말을 듣고 감히 차운하다 天兵之過瑞興者賦一律求和甚急適趙伯玉到瑞興次送余至瑞興聞之敢次 • 500
김희원이 보낸 편지에서 해서는 왜적이 멀리 가 점차 안전해지고 있으니 자신이 있는 곳으로 와서 같이 난리를 피하자고 하다
金希元有書海西遠賊稍安來同避亂云 • 504
난리를 겪은 뒤에 우거하면서 어떤 사람에게 부치다 亂後寓居寄人 • 505
해촌에 우거하다 寓居海村 • 506

남쪽의 왜적이 한창 극성을 부리는데 북쪽 오랑캐가 또 이르렀다. 동지들과 함께 바닷가에 은거하려 하면서 그들이 지은 시의 운에 따라 감히 쓰다 2수 南賊方劇北寇又至與同志將隱居海上依其韻敢題 二首 • 507
어떤 사람에게 주다 贈人 • 509
바닷가에서 여러 사람과 술을 마시다 海畔與諸公飮酒 • 510
서울 소식을 듣다 聞京報 • 511
느낌이 있어서 읊다 有感 • 513
큰형님께서는 나이가 여든에 가까운데도 강건해서 병이 없었다.……이에 감히 율시 한 수를 지어 그 즐거워하는 것을 형용해서 바치다 伯兄年近八十疆健無疾……敢以一律形容其樂而呈似焉 • 514
봄이 지난 뒤에 회포를 쓰다 春後書懷 • 515
느낌이 있어서 읊다 有感 • 516
친구의 별장을 찾아가다 訪友人別業 • 518
난리가 난 뒤에 벗이 내게 산장을 주었기에 시를 지어 사례하다 3수 亂離後友人以山莊相贈詩以謝之 三首 • 519
한가함을 읊다 詠閑 • 522
서울로 들어가는 어떤 사람을 전송하다 送人入洛 • 523
한가로이 살다 閑居 • 525
가을이 지난 뒤에 어떤 사람에게 화답하다 秋後答人 • 526
느낌이 있어서 읊다 有感 • 527
두목의 〈낙양장구〉를 외우는 사람이 있었는데, 그것을 사랑하고 사모한 나머지 감히 차운하다 人有口誦杜牧之洛陽長句者愛慕之敢次 • 528
신선을 꿈꾸다 夢仙 • 530
배를 띄워 남쪽으로 가며 어떤 사람에게 주다 浮舟南歸贈人 • 532
배를 타고 바다에 뜨다 泛海 • 533
공해당 控海堂 • 535

마양촌 馬羊村 • 536
우연히 쓰다 偶題 • 538
고요한 가운데 소나무 소리를 듣다 靜中聞松聲 • 539
스스로 한탄하다 병신년 봄 自歎 丙申春 • 540
와현의 살구나무 아래에 짝을 지어 앉다 偶坐臥峴之杏樹下 • 541
우연히 쓰다 偶題 • 542
저물녘에 배를 띄우다 夕泛 • 543
꿈을 기록하다 記夢 • 544
객중에 어떤 사람에게 주다 客中贈人 • 545
구월 보름에 느낌이 있어서 읊다 九月望時有感 • 546
꽃을 대하여 시를 읊고는 친구에게 부치다 對花吟得寄友人 • 547
하루 一日 • 548
해 질 무렵에 쓰다 晩題 • 549
우계를 생각하다 憶牛溪 • 550
수사에 대한 만사 挽水使 • 551
장군에 대한 만사 挽將軍 • 553

칠언 배율 七言排律

친구가 멀리 귀양 간다는 말을 듣고서 지어 보내다 14운
聞故人遠謫奉寄 十四韻 • 554
한가한 가운데 느낌이 있어서 읊다 閑中有感 • 558
한나라 광무제 20운 漢光武 二十韻 • 560

해제

비운을 딛고 일어선 대학자이자 문인인 구봉(龜峯) 송익필(宋翼弼)과 《구봉집(龜峯集)》

정선용 | 한국고전번역원 번역자문위원

1. 머리말

본 《구봉집》은 16세기 우리나라 정치사와 사상사, 문학사에서 뚜렷한 위치를 차지하고 있는 구봉(龜峯) 송익필(宋翼弼, 1534~1599)의 시문(詩文)과 예설(禮說) 및 잡록(雜錄)을 모은 《구봉집(龜峯集)》을 일반 독자나 연구자가 이해하기 쉽도록 우리말로 옮긴 것이다.

송구봉이 살았던 시대는 우리나라의 역사에서 그 어느 때보다 중요한 시기였다. 정치사적인 면에서는 훈구 정치(勳舊政治)에서 사림 정치(士林政治)로 넘어가는 시기이며, 동서(東西)의 붕당이 처음으로 결성되던 시기였다. 사상사적인 면에서는 이황(李滉)과 이이(李珥)를 비롯한 많은 학자들이 나와 활동하면서 성리학에 대한 깊은 연구가 진행되고, 조선 후기 학풍을 주도하였던 예학(禮學)이 태동한 시기이며, 영남학파(嶺南學派)와 기호학파(畿湖學派)의 학맥이 이루어진 시기였다. 문학사적인 면에서는 이른바 목릉성세(穆陵盛世)라고 불리던 시기로, 우리나라 문학사에서 큰 업적을 이룬 여러 문학가가 활발하게 활동하던 시기였다. 그러나 무엇보다 중요한 것은 임진왜란(壬辰倭亂)으로 수많은 사회적인 변화가 일어나기 시작하였다는 점이다.

이러한 시기에 활동한 송구봉은 당시의 시대상만큼이나 변화무쌍한 삶을 살면서 여러 분야에 뚜렷한 족적을 남겼다. 정치사로 보면 서인(西人)의 막후 실력자로 막강한 영향력을 행사하였으며, 사상사로 보면 성리학과 예학 분야에서 독특한 학설로 두드러진 업적을 이루었으며, 문학사로 보면 팔문장(八文章) 중의 한 사람으로 꼽히며 뛰어난 시 문학과 산문 작품을 남겼다.

이처럼 여러 분야에서 뚜렷한 족적을 남긴 송구봉과 《구봉집》에 대한 연구는 그 당시의 정치와 사상 및 예학과 문학을 논하는 데 결코 빠뜨려서는 안 되는 중요한 부분이다. 그럼에도 불구하고 《구봉집》이 한문(漢文)으로 되어 있으며 그마저도 널리 보급되지 않았던 탓에 연구자들이 쉽사리 접근할 수가 없어 심도 있는 연구가 이루어지지 않았다. 또한 한문에 익숙하지 않은 일반 사람들은 아예 접근이 불가능하여 송구봉이 어떠한 사람이었는지조차도 알 수 없었다.

한국고전번역원에서는 《구봉집》의 중요성과 시의성(時宜性)을 감안하여 이를 번역하여 학계와 일반 독자에게 제공함으로써 편의를 도모하고자 하였는데, 마침 이의 번역을 필자가 맡게 되었다. 번역에 앞서 송구봉이라는 인물과 《구봉집》의 내용에 대해 간략하게 소개하여 이용자들의 이해를 돕고자 한다.

본 해제를 작성하기 위해 기존에 나와 있는 송구봉과 관련된 자료들을 검토해 본 결과, 《구봉집》의 편찬 동기나 체제, 내용 등에 관해서는 한국고전번역원에서 간행한 《한국문집총간해제(韓國文集叢刊解題)》에 소략하게나마 언급되어 있으며 구봉의 사상과 학문에 대해서는 충남대학교 유학연구소에서 간행한 《구봉 송익필의 학문과 사상》 등에 간략하게나마 나와 있으므로 이를 위주로 하고, 기타 여러 편의 저서와 논문 등을 참고하여 본 해제를 작성하였음을 미리 밝혀 둔다.

2. 《구봉집》의 간행 경위

송구봉의 시문(詩文)을 모아 놓은 《구봉집》은 지금까지 모두 세 차례 간행되었다. 본 번역에 저본(底本)으로 사용된 번역 대본은 중간본(重刊本) 《구봉집》으로, 한국고전번역원에서 간행한 한국문집총간에 수록된 《구봉집》이다.

초간본(初刊本)은 구봉의 문인인 죽서(竹西) 심종직(沈宗直)에 의해 1622년(광해군14)에 간행되었다. 심종직은 홍산 현감(鴻山縣監)으로 재직할 때 송구봉의 시를 수집하고 선정하여 《비선구봉선생시집(批選龜峯先生詩集)》이란 이름으로 5권 1책을 목판으로 간행하였다. 이 초간본의 앞부분에는 역시 구봉의 문인인 정엽(鄭曄)의 후서(後序)가 수록되어 있으며, 뒷부분에는 김장생(金長生)과 신흠(申欽)의 발문(跋文)이 실려 있다.

초간본은 모두 5권인데, 권1～권4는 대략 220여 수의 시가 오칠언(五七言) 고시(古詩), 절구(絶句), 율시(律詩), 배율(排律) 등 시체별(詩體別)로 편차되어 있으며, 권5는 외록(外錄)이라 하여 47수가 보유(補遺)로 실려 있다. 또 시구(詩句) 중간에 간간이 짧은 시평(詩評)을 소주(小註)의 형태로 붙였는데, 평자가 누구인지는 확실하지 않다. 이 평자에 대해 우암(尤庵) 송시열(宋時烈)은 허봉(許篈)이나 그의 동생인 허균(許筠)일 것으로 추측하였다. 권수제(卷首題) 아래에 '심종직 찬집(沈宗直纂集)'이라고 기재되어 있는 것으로 보아, 심종직이 직접 편차와 간행을 맡은 것으로 보인다.

이 초간본은 1964년에 삼척향교(三陟鄕校)에서 활자본으로 재차 간행되었는데, 내용의 증감은 없다. 앞부분에는 신흠이 지은 후서와 김장생이 지은 발문이 수록되어 있고, 뒷부분에는 부록의 형식으로 우암 송시열이 찬한 묘갈문(墓碣文)이 수록되어 있으며, 마지막에는 삼척 지방의 한학자인 송호(松湖) 홍종범(洪鍾凡)이 쓴 발문이 수록되어 있다.

중간본은 사계 김장생의 6대손인 김상성(金相聖)에 의해 1762년(영조38)에 간행되었다. 이 중간본은 총 11권으로 이루어져 있으며, 초간본과는 달리 구봉의 시(詩)와 문(文)이 모두 수록되어 있다. 시는 초간본에 수록된 220여 수 외에 추후에 수습된 시가 포함되어 총 391제 457수의 시와 부(賦) 1수가 수록되어 있다.

중간본에 수록된 문(文)의 편집 경위는 좀 복잡하다. 구봉의 생전에 구봉의 아들 송취대(宋就大)가 성혼(成渾)・이이(李珥)와 변론한 서척(書尺) 및 사고(私稿), 잡록(雜錄) 등을 수습하여 한 질로 만들어 문인 김집(金集)에게 간행을 부탁하였는데, 김집이 미처 간행하지 못하고 있다가 만년에 이를 송시열에게 전해 주었다.

송시열은 저자의 묘갈문을 쓰고 변론 서척인 〈현승편(玄繩編)〉을 산정(刪定)하여 기타 잡저(雜著)와 함께 임방(任埅)과 김진옥(金鎭玉)에게 나누어 준 다음, 각각 무주(茂朱), 산음(山陰), 임피(臨陂)에서 나누어 간행하게 해 잡저 1권, 서(書) 1권을 간행하였다. 그러나 그 이후 시사(時事)가 불안해져 판각(板刻) 작업이 중단되었고, 1688년(숙종14)에 송시열이 귀양을 가게 되자 원고를 다시 김진옥에게 맡기면서 반드시 간행해 줄 것을 부탁하였다.

송시열의 사후 김진옥이 나주 목사(羅州牧使)로 있을 때 다시 간행을 계획하여 이희조(李喜朝)와 권상하(權尙夏)에게 편차와 교정을 맡겼다. 그러나 〈현승편〉의 편집에 대한 두 사람의 견해가 엇갈렸고,

또 김진옥이 곧 체직되어 간행이 이루어지지 못하였다. 이후 김진옥의 손자인 김상성이 의성 현감(義城縣監)으로 부임해서 저자의 저서 전질을 총괄하여 재편차하고, 구봉의 동생 송한필(宋翰弼)의 《운곡고(雲谷稿)》를 부집(附集)하여 1762년에 목판본으로 11권 5책을 간행하였다.

중간본의 편차는 김상성이 직접 맡았다. 시의 경우 초간본과는 달리 외록(外錄)을 없애고 모두 시체별로 분류하였다. 잡저는 송시열이 간행할 때 빠뜨린 작품까지 모두 취하고, 〈현승편〉은 이희조와 권상하 두 사람의 견해를 절충하여 성혼과 이이의 편지 중 왕복서가 아닌 것은 송시열의 원칙대로 산절(刪節)하고, 문답한 편지만을 뽑아 본래의 체제를 살려 편차하였다. 〈가례주설(家禮註說)〉은 김진옥이 최방언(崔邦彦)의 집에서 발견한 것으로, 전사(轉寫)의 오류를 교정(校訂)하여 본집 내에 편입시켰다. 그 외에 행장(行狀)과 비문(碑文) 등은 부록으로 실었다.

《운곡고》는 본래 송한필의 외손인 백해명(白海明)이 송시열에게 청하여 부집(附集)으로 간행하기로 하였던 것이므로, 송시열의 뜻을 이어 1권으로 만들어서 말미에 붙였다. 이 중간본의 끝부분에는 중간본의 간행 경위를 자세하게 기술한 김상성의 지(識)가 실려 있다.

삼간본(三刊本)은 1910년(융희4)에 족후손(族後孫)인 송종필(宋鍾弼)에 의해 간행되었다. 송종필은 전질인 중간본이 간행된 지 오래되어 널리 유포되지 못할 것을 염려하여, 유재환(兪在煥)에게 재정적인 도움을 받아 1910년에 목활자로 간행하였다. 이 삼간본은 중간본을 저본으로 하고 말미에 세보(世譜)를 추가한 것 외에는 내용의 증감이 없으며, 1909년에 지은 송병화(宋炳華)의 서(序), 전우(田愚)와 송종필의 발문이 실려 있다.

3. 송구봉의 삶

송구봉은 이이(李珥)나 성혼(成渾)조차도 우러러볼 정도로 학문이 높았으며, 중국 삼국 시대 촉(蜀)나라의 재상이자 지략가인 제갈량(諸葛亮)에 비견될 정도로 지략이 뛰어났으며, 반대파의 사람들조차도 그 앞에 서면 절로 고개가 숙여질 정도로 위풍(威風)이 넘쳤다. 그러나 노비 출신이라는 신분적 제약과 동인(東人)과 서인(西人)으로 나뉘어 조정의 주도권을 다투던 붕당(朋黨)의 폐해로 인해 벼슬길에 나가 경륜을 펴지 못한 채 반평생을 도망자 신세로 떠돌다가 일생을 마쳐, 마침내 일반 사람들에게는 그 이름조차도 잊힌 비운의 인물이다.

송구봉이 어떠한 삶을 살았는지는 후대에 송구봉을 지칭하는 다음 두 가지의 말을 보면 미루어 알 수 있다. 먼저 '삼노(三奴)'라는 말이 있다. 이는 미천한 신분이면서도 대단한 업적과 학문을 이룬 삼봉(三峯) 정도전(鄭道傳), 고청(孤靑) 서기(徐起)와 아울러 칭하는 말이다. 또 '서인(西人)의 모주(謀主)'라는 말도 있다. 이는 선조 때 서인과 동인의 대립 속에서 벼슬길에 나가지 못한 포의(布衣)의 신분이면서도 이이, 정철(鄭澈)과 함께 서인의 영수 역할을 한 것을 가리키는 말이다.

송구봉은 '환천(還賤)'이라는 우리 역사에서 유례를 찾아보기 힘든 고난과 감내하기 어려운 시련을 겪는 가운데서도 좌절하지 않고 부지런히 학문에 몰두하여 당시의 주류 학문이었던 성리학에서 큰 성취를 이루었다. 그뿐만 아니라, 당시에 막 태동하기 시작한 예학(禮學) 분야에서도 큰 업적을 이루어 기호학파 예학이 성립되게 하였다. 또한 목릉성세로 일컬어지는 문운(文運) 융성기에 살면서 문학 방면에서도 큰 성취를 이루었다.

송구봉이 이룬 학문적 성취를 알 수 있게 해 주는 것으로는 '파주삼현(坡州三賢)'이라는 말이 있는데, 이는 파주 출신으로 당대의 기호학파를 이끌던 학자인 이이, 성혼과 아울러 칭하는 말이다. 문학적 성취를 알 수 있게 해 주는 것으로는 '팔문장(八文章)'이라는 말이 있다. 이는 당대에 문장, 특히 시에 뛰어났던 이산해(李山海), 최경창(崔慶昌), 백광홍(白光弘) 등과 아울러 칭하는 말이다. 또 '산림삼걸(山林三傑)'이라는 말도 있는데, 이는 매월당(梅月堂) 김시습(金時習), 추강(秋江) 남효온(南孝溫)과 아울러 칭하는 말이다. 또 '위항삼걸(委巷三傑)'이라는 말도 있는데, 이는 선조 때의 서얼 신분 문학가인 박지화(朴枝華), 서기(徐起)와 함께 일컫는 칭호이다.

송구봉의 일생을 살펴보면 대략 다음과 같다.

본관은 여산(礪山), 자는 운장(雲長), 호는 구봉(龜峯), 시호는 문경(文敬)이다. 할아버지는 직장(直長) 송린(宋璘)이고, 아버지는 판관(判官) 송사련(宋祀連)이며, 어머니는 연일 정씨(延日鄭氏)이다.

할머니인 감정(甘丁)은 본디 중종 때 좌의정을 지낸 안당(安瑭) 집안의 노비였는데, 안씨 집안에서 황해도 배천(白川)에 살고 있던 갑사(甲士) 송린에게 시집보냈다. 그런 다음 송린에게도 관상감(觀象監)의 하급 관리 자리를 마련해 주었다. 감정과 송린 사이에서 태어난 아들이 송구봉의 아버지인 송사련이다. 안씨 집안에서는 감정의 아들 송사련에게도 관상감에 자리를 마련해 주고, 집안의 대소사를 모두 그에게 맡기다시피 하였다.

송사련은 본디 출세욕이 강한 사람이었는데, 자신의 신분상 제약으로 인해 더 이상 진출하기 어려울 것을 염려한 나머지 부당한 방법으로 출세를 꾀하였다. 송사련은 안당의 아들 안처겸(安處謙)이 모반을 일으켜 중종을 내쫓고 성종의 아들인 경명군(景明君)을 왕으로 추대하려고 한다는 내용으로 무고(誣告)하여 신사무옥(辛巳誣獄)을 일으켰다. 송사련은 이 공으로 안당 집안의 재산을 모두 차지함과 동시에 당상관의 반열에 올라 선조 초까지 네 임금을 섬기면서 40년 동안 득세하며 부귀를 누렸다.

구봉은 1534년(중종29) 서울에서 태어났다. 유복한 환경 속에서 성장한 구봉은 어렸을 때부터 신동으로 이름날 정도로 두각을 드러냈으며, 7, 8세 때에 글을 지어 사람들을 놀라게 하였다. 또한 송사련의 득세로 인해 명문가인 연일 정씨 집안에 장가들었으며, 과거에 응시하는 등 서얼로서의 법적 구속을 받지 않았다.

구봉은 아우인 송한필(宋翰弼)과 함께 젊은 나이에 향시(鄕試)에 합격하였다. 그러나 아버지 송사련의 행태가 당대 사대부들로부터 멸시를 받았던 탓에, 이해수(李海壽) 등이 서얼 출신을 금고(禁錮)해야 한다는 명분을 내세워 더 이상 과거 시험을 볼 수 없게 만들었다. 구봉은 벼슬길에 나가는 것을 단념하고 고양(高陽)의 구봉산(龜峯山) 아래로 옮겨 가 살면서 성리학과 예학의 연구에 몰두하였다.

구봉산 아래에서 살고 있던 구봉은 21세가 되던 해에 자신의 일생에 중대한 영향을 끼치는 사람들을 만나게 되었다. 이이와 성혼과 정철을 만난 것이다. 각자의 처지에 따라 서로 다른 곳에서 학문을 익히면서 두각을 나타내던 이들 네 사람은, 서울에서 한번 만나 보고는 그 즉시 마음이 통하여 마침내 평생토록 함께 절차탁마하는 도의지교(道義之交)를 맺었다.

구봉은 정계 진출이 좌절된 이후 구봉산 아래에서 종적을 끊은 채 성리학과 예학에 몰두하는 가운데서도 이이나 성혼 등과 끊임없이 서신을 주고받으면서 학문에 대해 토론하였다. 이렇듯 학문에 몰두해 있던 구봉이지만 현실 정치와 멀리 떨어져 있을 수만은 없었다. 당시 정계에 진출해 있던 이이와 성혼, 정철 등이 구봉의 정치적 식견을 높이 사서 수시로 서신을 보내어 자신들의 출처와 조정에서의 계책 등에 대해 물어 왔기 때문이다.

그러던 중 1583년(선조16) 이이와 정철이 동인 측의 사람들에게 크게 무함을 당하는 일이 발생하였다. 그때 마침 성혼이 임금의 부름을 받고 서울로 올라와 있다가 이 일에 대해 소장(疏章)을 올리려고 하면서 구봉에게 서신을 보내어 어떻게 하는 것이 좋겠느냐고 물었다. 이에 대해 구봉은, 자신의 의견을 분명히 말하여 공의(公議)가 펴지도록 해야 한다고 하였다. 이 말을 들은 성혼은 상소를 올려 선조로 하여금 동인들을 배척하게 하였다. 그러자 선조가 동인 계열의 박근원(朴謹元), 송응개(宋應漑), 허봉(許篈) 등을 조정에서 내쫓았다. 이것이 이른바 계미삼찬(癸未三竄) 사건이다. 이 일로 동인 측에서는 구봉을 '서인(西人)의 모주(謀主)'라고 하면서 드러내 놓고 보복하기를 꾀하였다.

계미삼찬 사건이 일어난 다음 해 1월에 이이가 죽었다. 이이의 죽음은 구봉에게도 큰 영향을 끼쳤다. 이이가 죽은 뒤에도 동인들은 이이에 대해 헐뜯는 말을 그치지 않았다. 이에 이이의 제자인 이귀(李貴)가 스승을 위하여 원통함을 하소연하는 상소를 올리려고 하였는데, 구봉이 그 상소를 기초(起草)하였다. 그러자 동인들은 서인의 막후 역할을 하는 구봉에 대하여 더욱 분노하여 어떻게든 처치하려고 하였다. 이에 마침내 안당의 자손을 부추겨 송사(訟事)를 하게 하여 구봉 집안의 사람들을 모두 천적(賤籍)으로 돌려보내려고 하였다.

구봉이 53세가 되던 해인 1586년 안씨 집안의 송사로 인해 구봉은 안씨 집안의 노비 신세로 전락하게 되었다. 이에 구봉은 그 화를 피하기 위해 온 집안사람 70여 명을 이끌고 성과 이름을 바꾼 채 도망쳤다. 서울에서 도망친 구봉은 충청도와 전라도 일대를 떠돌면서 정철을 비롯한 여러 사람의 도움을 받아 도피 생활을 이어 갔다.

구봉이 56세 되던 해인 1589년 정여립(鄭汝立)의 모반 사건이 일어났다. 역모가 있었다는 소식을 들은 정철이 구봉에게 정여립의 옥사에 대해 어떻게 대처하는 것이 좋겠느냐고 묻자, 구봉은 정철에게 조정에 들어가서 적극적으로 대처하라고 충고하였다. 이 말을 받아들인 정철은 조정으로 들어가 옥사를 다스렸다.

정여립의 모반 사건을 계기로 정권을 잡은 정철이 조정에 있으면서 구봉을 적극적으로 비호해 준 결과, 구봉은 천인의 신분에서 벗어나 양반의 신분이 회복되었다. 그러나 이 일로 구봉은 동인들로부터 기축옥사(己丑獄事)를 막후에서 조종한 인물로 지목되어 더욱더 질시를 받게 되었다.

구봉이 58세 되던 해인 1591년 정철이 건저(建儲) 문제로 인해 실각하고 강계(江界)로 유배를 가게 되었다. 정철을 몰아내고 정권을 잡은 동인 일파는 구봉까지도 처형하고자 하였다. 동인 측에서 자신을 처형하려 한다는 소식을 들은 구봉은 다시 도망쳐 전라도와 충청도 일대에서 도피 생활을 하였다.

이해 12월 동인들이 선조에게 "송구봉이 정송강의 집에 있으면서 유생들을 시켜 재상을 모해하였으며, 또 조헌(趙憲)을 사주하여 건저소(建儲疏)를 올리려고 하였습니다."라고 하자, 선조가 노하여 특별히 전교를 내려, 송구봉 형제를 잡아다가 문초(問招)하라고 하였다. 임금의 전교가 내려졌다는 소식을 들은 구봉은 더 이상 도망을 치는 것은 임금을 배반하는 것이라고 여겨 홍산(鴻山) 고을로 나와 자수하였다. 구봉은 형조로 압송되어 수차례 형신을 받은 뒤에 평안도 희천(熙川)으로 유배되었다.

구봉이 59세 때인 1592년 4월 임진왜란이 일어났다. 희천으로 유배되어 있던 구봉은 7월에 왜적을 피해 희천의 명문산(明文山)으로 들어가 피란하였으며, 다음 해 9월 유배형이 풀려 석방되었다. 이때 구봉의 네 형제는 모두 뿔뿔이 흩어져 있었는데, 큰형인 송인필(宋仁弼)은 행방불명되었으며, 중형 송부필(宋富弼)과 동생 송한필은 전란 중에 떠돌다가 죽었다.

전란 속에서 살 곳을 정하지 못하던 구봉은 황해도 일대를 떠돌다가 63세 때인 1596년 사계 김장생의 사돈인 김진려(金進礪)의 도움을 받아 충청도 당진(唐津)의 마양촌(馬羊村 지금의 당진시 숨은골)에 우거해 있었다. 구봉은 마양촌에 있는 동안 끊임없이 자신을 찾아오는 제자들과 함께 학문을 강론하다가 1599년 8월에 66세를 일기로 졸하였다.

구봉은 작고한 해에 당진의 원당리(元堂里) 숨은골에 장사 지냈으며, 죽은 뒤에도 종의 자식이라는 굴레에서 벗어나지 못하였는데 인조반정(仁祖反正) 이후에 문인 김집(金集) 등의 상소에 의해 1625년(인조3)에 천적(賤籍)을 씻었다. 이후 1751년(영조27)에 충청 감사 홍계희(洪啓禧)가 증직(贈職)을 청하는 장계를 올림으로써 지평(持平)에 추증되었으며, 조선 말기에 이르러 문경(文敬)이라는 시호(諡號)를 받았다.

4. 《구봉집》의 구성과 내용

《구봉집》은 운문(韻文)을 모아 놓은 시집 2권과 각종 산문(散文)을 모아 놓은 문집 1권, 〈현승편(玄繩編)〉 2권, 〈예문답(禮問答)〉 1권, 〈가례주설(家禮註說)〉 3권, 다른 사람들이 구봉에 대해서 쓴 부록(附錄) 1권 등 총 10권 5책으로 구성되어 있다. 11권에는 구봉의 동생인 운곡(雲谷) 송한필(宋翰弼)의 시문(詩文)이 1권으로 수록되어 있는데, 이는 번역을 하면서 제외하였으므로 설명을 생략한다.

1) 운문

권1에 부(賦) 1수가 실려 있으며, 시는 사언시(四言詩) 1수, 오언 고시(五言古詩) 28수, 칠언 고시(七言古詩) 8수, 오언 절구(五言絶句) 39수, 칠언 절구(七言絶句) 123수 등 총 199수가 실려 있다. 권2에 오언 율시(五言律詩) 139수, 오언 배율(五言排律) 8수, 칠언 율시(七言律詩) 108수, 칠언 배율(七言排律) 3수 등 258수가 실려 있어, 총 부 1수, 시 391제 457수이다.

1권에 수록된 〈영부(影賦)〉는 그림자에 대해 읊은 것으로, 송구봉이 어떤 철학 사상을 가지고 세상을 바라보았는지를 알 수 있는 내용이다.

시는 각 시체별(詩體別)로 창작 연대순으로 실려 있는데, 대부분 도피 생활 이후에 지은 것으로 추정되는 시들이다. 아마도 도피 생활 이전에 지은 시들은 경황이 없어 시고(詩稿)를 제대로 보관하지 못했던 탓인 듯하다.

또한 시의 제목을 살펴보면 일반적인 시제(詩題) 이외에 다른 사람들과 주고받은 시의 경우에는 대상 인물을 명확하게 표기하지 않고

'우인(友人)'이나 '혹인(或人)'으로 표기한 것이 많다. 이러한 시 가운데에는 정철을 대상으로 한 시로 추정되는 것이 특히 많은데, 구봉 자신이 도망자 신세이고 정철이란 인물이 정치적인 성향이 원체 강해 각 당파에 따라 호오(好惡)가 갈리던 인물이므로 다른 사람들의 시선을 의식해 이렇게 붙인 듯하다.

시의 내용을 살펴보면 도피 생활 중에 겪는 고통과 좌절 및 그 가운데에서 깨닫는 한정(閑情)과 자락(自樂)을 읊은 것이 대부분이며, 임진왜란 중에 허둥대는 조정의 상황과 전란으로 인해 떠도는 백성들의 참상 및 중국 군사들을 보고 느낀 심정 등을 읊은 시들도 종종 보인다. 또한 성수침(成守琛)이나 노경린(盧慶麟) 등 몇 사람에 대한 만시(挽詩)도 있으며, 이이나 성혼, 정철, 조헌 등이 죽은 뒤에 그들을 그리워하는 시도 몇 편 있다.

송구봉 시의 가장 큰 특징은 〈천(天)〉, 〈백발(白髮)〉, 〈망월(望月)〉, 〈족부족(足不足)〉 등에서 볼 수 있듯이 일반적인 한시와는 달리 같은 뜻과 같은 글자를 계속 되풀이해 쓰거나 운자(韻字)를 한 글자로만 쓰면서 그 의미를 표출한 점이다. 이 가운데 특히 유의해서 보아야 할 시로는 〈족부족〉을 들 수 있다.

〈족부족〉이 어떤 시인지는 초간본에 실려 있는 평자(評者)의 평만 보아도 잘 알 수 있다. 이 시에 대해 평자는 "이 시는 족(足) 자를 써서 압운하면서 잇달아 20개의 족 자를 운자로 썼는데, 옛날에도 이러한 시체(詩體)는 없었다. 이 시는 처음부터 족 자를 가지고 이끌어 갔는데, 서로 겹치는 법이 없으며 남아 있는 흔적도 없어서 질펀하면서도 거칠 것이 없다. 이에 읽어 보노라면 서로 중복된다는 것을 깨닫지 못하는바, 마치 하늘을 나는 용이 구름을 탄 것만 같아서 모사하거나 포착할 수가 없다. 참으로 기이한 볼거리이다. 시의 내용은 지극한 이치를 엿보아서 깨치는 것을 위주로 하였는데, 뛰어난 견해가 마치 태산이 무너지고 황하가 터지는 것만 같으니, 참으로 도(道)가 있는 사람의 말이다. 어찌 한갓 시만 좋겠는가."라고 극찬하였다. 이 시만 보아도 송구봉이 이룩한 경지를 알 수가 있다.

2) 산문

권3에 〈잡저(雜著)〉라는 제목 아래 문(問) 1편, 설(說) 2편, 전(傳) 1편, 제문(祭文) 4편, 명(銘) 2편, 애사(哀辭) 1편이 실려 있다. 이 가운데 〈태극문(太極問)〉은 글이 길고 내용 역시 성리학을 연구하는 데 중요한 글이므로 별도로 설명하고자 한다.

〈답인설(答人說)〉은 다른 사람의 물음에 답하는 형식을 빌려서 안씨 집안의 송사(訟事)로 1586년에 환천(還賤)된 이후 국법을 어기고 도피 생활을 하는 자신의 입장을 변명한 글이다. 이 글에서 구봉은 자신이 국법에 따르지 않고 도피하는 것은 임금의 명을 무시해서가 아니라 임금의 잘못된 명을 바로잡아 임금으로 하여금 허물이 없는 경지로 나아가게 하고자 해서라고 말하고 있다.

〈김은자직백설(金檃字直伯說)〉은 구봉의 제자인 사계 김장생의 부탁으로 김장생의 큰아들 김은(金檃)이 관례(冠禮)를 올릴 적에 자(字)를 직백(直伯)이라고 지어 주면서 지은 설이다. 은(檃)은 활이 굽은 것을 바로잡는 도지개를 뜻하는 말이므로, 이와 결부하여 직(直) 자를 써서 자를 지은 이유를 설명하였다. 이 '직' 자는 구봉의 사상에서 핵심이 되는 것으로, 후대에 김장생, 김집(金集)을 거쳐서 우암 송시열의 핵심 사상으로 이어졌다.

〈은아전(銀娥傳)〉은 종실(宗室)의 첩으로 정절을 지키다 죽은 은아를 기리기 위한 글로, 성혼이 지은 초고에 수정을 가해 완성하였다. 이 〈은아전〉은 《우계집(牛溪集)》 권6에도 수록되어 있는데, 구봉이 지은 〈은아전〉이 성혼의 것보다 작품 구성에 짜임새가 있고 서술이 좀 더 자연스러우며 문장 구사도 뛰어난 편이다. 그러나 이러한 표현상의 차이에도 불구하고 두 작품은 도학자적 입장에서 열녀를 표창한다는 공통점이 있다.

제문의 대상 인물은 구봉의 문인인 김장생의 부친 김계휘(金繼輝), 구봉과 평생토록 도의지교를 맺었던 이이, 구봉의 중형인 송부필이며, 한훤당(寒暄堂) 김굉필(金宏弼)과 정암(靜菴) 조광조(趙光祖)의 사당을 방문하고 지은 제문도 있다. 이 가운데에서 특히 이이에 대한 제문은 우리나라 제문 가운데에서 가장 명문(名文)으로 손꼽히는 글로, 이이의 죽음에 대한 애통한 심정과 그를 그리는 마음이 잘 나타나 있다. 송부필에 대한 제문 역시 이이에 대한 제문 못지않은 명문이다. 김굉필과 조광조의 사당을 방문하고 지은 제문은 구봉이 1592년(선조 25) 희천에 유배되었다가 임진왜란을 만나 풀려났을 때 지은 제문으로, 구봉의 학통(學統)과 사상에 대해 실마리를 제공해 주는 자료이다.

3) 태극문

권3에 수록된 〈태극문(太極文)〉은 성리학에서 가장 기본이 되고 또 성리학사(性理學史)를 통해 일관된 주제라고 할 수 있는 태극론(太極論)에 대해 굴원(屈原)의 〈천문(天問)〉을 본떠 일문일답 형식으로 차근차근히 설명하여 처음 성리학을 접하는 사람들이 쉽게 이해할 수 있도록 한 것이다. 이 〈태극문〉은 조선 중기 기호학파의 태극관(太極

觀)과 이기관(理氣觀)을 엿볼 수 있는 자료로, 송구봉의 저술 가운데서도 아주 중요한 작품으로 일컬어진다.

〈태극문〉은 모두 81개의 항목이 자문자답 형식으로 이루어져 있으며, 구봉 자신의 개인적인 견해가 아니라 주희(朱熹)의 견해를 끌어다가 설명한 것임을 자서(自序)에서 밝히고 있다. 그러나 그 내용을 자세히 살펴보면, 주희의 어의(語意) 범주 내에서 태극에 대해 설명하면서도 노장(老莊)과 불가(佛家)의 설을 등장시켜 유가(儒家)에서 말하는 태극이나 이기(理氣)는 물론, 음양(陰陽), 길흉(吉凶), 동정(動靜), 오행(五行), 사시(四時) 등에 대해서도 두루 설명하고 있다.

북송(北宋)의 유학자인 주돈이(周敦頤)가 《태극도설(太極圖說)》을 지어 우주의 생성 원리와 인간의 도덕은 하나라는 이론을 제시한 이후 각 성리학자들에 의해 태극에 대한 논의가 있어 왔으나, 구봉처럼 태극에 대해 알기 쉬우면서도 심도 있게 풀어놓은 사람은 없었다. 조선 성리학 사상 획기적인 업적이라고 해도 지나친 말이 아니다.

4) 현승편

구봉이 여러 우인(友人)과 주고받은 서간(書簡)과 별지(別紙)를 모아 놓은 것으로, 일명 '변론 서척(辯論書尺)'이라고도 한다. '현승(玄繩)'에 대해서는 구봉의 호(號)라는 설이 있으나 잘못으로 보인다. 필자의 생각으로는 현(玄)은 현묘(玄妙)를 뜻하고, 승(繩)은 준칙(準則)을 뜻하기도 하고 묶는 끈을 뜻하기도 하는바, 아마도 '현묘하고 아름다우면서도 귀중한 글을 모아 놓은 것'이라는 뜻인 듯하다.

이 〈현승편〉의 앞부분에는 구봉이 1599년(선조32)에 지은 자서(自序)가 있으며, 상하 두 권으로 이루어져 있다. 상권에는 성혼, 이이,

정철, 허우(許雨), 민순(閔純), 김장생 등과 주고받은 편지 29편이 실려 있는데, 대부분 성혼이나 이이와 주고받은 것이다. 하권에는 성혼, 이이 외에 이산보(李山甫), 조헌과 주고받은 편지 32편이 실려 있다. 상권이나 하권의 주된 내용은 예설(禮說)과 성리학적 논제(論題)부터 서로의 저작에 대한 비평과 단순한 근황 및 시사에 이르기까지 다양하다.

5) 예문답

권6에 수록된 〈예문답(禮問答)〉은 구봉이 당시의 사우(士友)들과 주고받은 글 가운데에서 예에 대해 문답한 글만 모아 놓은 것이다. 이 문답에 참여한 인물은 정철, 이이, 성혼, 김장생이다. 이 가운데 정철과의 문답이 51항목의 절반이 넘으며, 이이와의 문답이 17항목, 성혼과의 문답이 12항목, 김장생과의 문답이 2항목이다.

〈예문답〉의 내용을 보면, 정철은 주로 자신이 치르는 상례(喪禮)의 구체적인 문제에 대해 질문하고 구봉은 주자의 《가례(家禮)》에 의거하여 답하고 있다. 이이와는 서모(庶母)의 올바른 대우에 대한 것과 《격몽요결(擊蒙要訣)》의 잘못된 부분에 대해 논하고 있다. 이 〈예문답〉은 예서(禮書)에 없는 속례(俗禮)나 예서의 규정이 서로 모순되는 변례적(變禮的) 문제들에 대하여 문답한 것으로, 기호예학(畿湖禮學)에서 처음 선보인 예문답서(禮問答書) 형식의 저술이다. 이를 통해 당시 학자들이 예에 대해서 어떻게 이해하고 있는지를 알 수 있다.

6) 가례주설

주자의 《가례》에 나오는 용어에 대해 주해(註解) 형식으로 해설을 붙인 것으로, 구봉이 써 놓은 초고를 김상성이 교정하여 편집한 것이다.

모두 456항목으로 이루어져 있는데, 그 세부 내용을 살펴보면 다음과 같다.

권7에 수록된 〈가례주설(家禮註說) 1〉은 서(序) 15항목, 사당(祠堂) 52항목, 심의(深衣) 10항목, 거가잡의(居家雜儀) 18항목, 관례(冠禮) 41항목, 관변례(冠變禮) 1항목, 혼례(昏禮) 53항목, 혼변례(昏變禮) 1항목으로 이루어져 있다. 권8에 수록된 〈가례주설 2〉는 상례(喪禮) 161항목, 거상잡의(居喪雜儀) 11항목으로 이루어져 있다. 권9에 수록된 〈가례주설 3〉은 제례(祭禮) 87항목, 제변례(祭變禮) 1항목으로 이루어져 있다.

이 〈가례주설〉은 구봉의 저술 이후에 나온 각 예가(禮家)들의 설에 비해 그 내용이 소략하기는 하지만 주자의 《가례》에 대해 본격적으로 주설(註說)을 붙여서 완성한 최초의 주석서이며 사계 김장생의 《가례집람(家禮輯覽)》의 모태가 된 책으로, 우리나라의 예학을 연구하는 데 빼놓을 수 없는 중요한 자료이다. 또한 곳곳에 배치된 구봉의 안설(按說)은 구봉의 예학에 대한 수준을 엿볼 수 있는 자료이다.

7) 부록

권10에 수록된 부록은 구봉의 후인들이 지은 구봉과 관련된 글을 모아 놓은 것이다. 첫 부분에는 구봉의 제자인 김장생이 1625년(인조3)에 올린 〈신원소(伸冤疏)〉가 수록되어 있으며, 다음으로 이선(李選)이 찬한 구봉의 〈행장(行狀)〉, 송시열이 지은 〈묘갈문(墓碣文)〉, 김진옥(金鎭玉)이 지은 〈묘표음기(墓表陰記)〉와 〈제문(祭文)〉, 1750년(영조26)에 홍계희(洪啓禧)가 올린 〈청포증장(請褒贈狀)〉이 차례로 실려 있다. 그다음으로는 정엽(鄭曄), 신흠(申欽), 김장생이 지은 《구봉집》

의 서(序)와 후서(後序)가 실려 있으며, 이어 장유(張維)가 지은 〈서송구봉현승편후(書宋龜峯玄繩編後)〉와 이에 대해 반박하는 박세채(朴世采)의 〈장계곡박현승편변(張谿谷駁玄繩編辨)〉이 실려 있다. 마지막 부분에는 김상성이 지은 지(識)가 실려 있다.

이 가운데 〈신원소〉와 〈청포증장〉은 구봉이 사후에 신원되고 추증된 과정을 밝힐 수 있는 자료이고, 〈행장〉이나 〈묘갈문〉은 구봉의 연보(年譜)가 작성되어 있지 않은 상태에서 구봉의 일생을 단편적으로나마 조명할 수 있는 자료이다. 〈서송구봉현승편후)〉와 〈장계곡박현승편변〉은 구봉의 학술이 얼마나 치밀하였는지를 알게 해 주는 자료이며, 서와 후서 및 지는 구봉의 문학과 학문에 대한 연구 및 《구봉집》의 발간 과정을 밝힐 수 있는 자료이다.

5. 맺음말

이상에서 16세기 조선의 정치사, 사상사, 문학사에서 뚜렷한 성과를 이루고 지대한 영향을 끼친 구봉 송익필의 《구봉집》 편찬 과정과 구봉의 일생에 대해서 살펴보았으며, 《구봉집》의 구성과 내용 및 가치에 대해서 서술해 보았다. 문집 9권과 부록 1권, 도합 10권으로 이루어진 《구봉집》은 당시 다른 사람들의 문집과 비교해 볼 때 몇 가지 특징을 지닌다.

첫째, 시를 수록한 부분에 송구봉이 젊은 시절에 지었을 것으로 추정되는 시가 몇 편 없다는 점이다. 이는 송구봉이 신분을 숨긴 채 도피생활을 하고 임진왜란으로 인하여 피란하는 가운데 초기에 지은 작품들이 모두 산실되었기 때문이다. 또한 죽은 이후에 문집을 편찬하기 위해 시문을 모을 적에 그나마 남아 있던 시문조차도 집안의 몰락으로 제대로 수집하지 못하였기 때문이다.

둘째, 다른 사람들의 문집에서는 큰 비중을 차지하는 상소문과 묘갈문이 없다는 점이다. 상소문이 없는 것은 송구봉이 관직 생활을 하지 않았으며, 재야에서는 자신이 직접 상소문을 올리지 않고 성혼이나 정철 등에게 자신의 견해를 말하여 대신 써서 올리게 하였기 때문이다. 묘갈문이 없는 것은 송구봉이 비록 학문적 명성을 지니고 있었다고 하더라도 중도에 환천(還賤)된 탓에 신분상으로는 천인이었으며, 신분을 되찾은 이후에도 이에 대한 논란이 끊이지 않아 묘갈문을 지어 달라고 청하는 사람이 없었고, 청해 오는 경우에도 송구봉 자신이 모두 사양하였기 때문이다.

셋째, 다른 사람들의 문집과 달리 서(書) 부분이 〈현승편(玄繩編)〉과 〈예문답(禮問答)〉으로 별도로 편찬되었다는 점이다. 이는 후대에 편집하면서 송구봉의 학문적 성취를 특별히 중요하게 여겨 성리학과 도학에 관한 것은 〈현승편〉이라 제목을 붙이고, 예학에 관한 것은 〈예문답〉이라고 제목을 붙여 별도로 편집하였기 때문이다.

송구봉은 정치사적인 면에서는 천인의 신분임에도 이이, 정철과 함께 서인의 중심인물이 되어 실제적인 영수 역할을 하였다. 사상사적인 면에서는 성리학에 깊은 성취를 이루어 이이, 성혼과 함께 기호학파의 중심인물이 되어 활동하면서 〈태극론(太極論)〉 등의 중요한 저술을 남겼다. 또한 당시에 막 태동하기 시작한 예학 분야에서도 〈가례주설(家禮註說)〉을 저술하여 이후 17세기 예학의 시대를 여는 기반을 마련하였다. 문학사적인 면에서는 뛰어난 시 작품을 남겼을 뿐만 아니라,

후대에 조선의 명문(名文)으로 일컬어지는 여러 편의 산문 작품을 남겼다.

이상과 같이 각 분야에서 두드러진 활동을 하면서 뛰어난 업적을 남긴 송구봉에 대한 이제까지의 연구 성과를 살펴보면, 그동안 각 분야에 대해 상당한 수준의 연구 논문이 나와 있어 구봉의 일생이나 사상, 문학 등에 대해 어느 정도 실체에 접근한 것으로 보인다. 그러나 구봉이 이룬 성취에 비해 볼 때에는 아직 부족한 편이며, 특히 논문에서 인용된 원시(原詩)나 원문(原文)의 해석이나 해설 등은 미흡한 면이 있다. 본 번역서의 출간을 계기로 이러한 점이 보완되어 송구봉의 삶과 학문에 대해 보다 진전된 연구가 있기를 기대한다.

참고문헌

이종호, 《구봉 송익필》, 일지사, 1999.

김창경, 《구봉 송익필의 도학사상》, 책미래, 2014.

이상미, 《학이 되어 다시 오리》, 박이정, 2006.

______, 〈구봉 송익필의 도가적 성격고찰〉, 《한문고전연구》 14, 한국한문고전학회, 2007.

______, 〈구봉 송익필 시 연구〉, 성신여자대학교 석사학위논문, 1997.

문정자, 〈구봉 송익필의 시세계〉, 《한문학논집》 9, 근역한문학회, 1991.

김창경, 〈구봉 송익필의 도학적 수기론〉, 《유학연구》 24, 충남대학교 유학연구소, 2011.

금장태, 《朝鮮 前期 儒學思想》, 서울대학교 출판사 1997.

한기범, 〈구봉 송익필의 예학 사상〉, 《한국사상과 문화》 60, 한국사상문화학회, 2011.

구봉집

제1권

부賦
사언시四言
오언 고시五言古詩
칠언 고시七言古詩
오언 절구五言絶句
칠언 절구七言絶句

부 賦

그림자에 대한 부
影賦

그윽한 이 홀로 살며 사물 이치 살피면서	幽人獨居而觀物
우두커니 궤에 기대 지낸 지가 몇 년이네	嗒然憑几者幾年
생각이 저 바람 구름 밖으로다 들어가매	思入風雲之外
도는 이에 하늘과 땅 본원 이치 통하였네	道通天地之先
해가 환히 빛을 내며 동쪽에서 떠오르자	日杲杲而自東
사방 천지 구름 없어 온통 푸른 하늘이네	四無雲而青天
뭔가 있는 것 같거니 이게 무슨 물건인가	若有物兮何物
형체 있는 데 기대어 자기 형체 드러내네	憑有形而呈形
나무를 만나서는 사방으로 흩어지고	於樹扶疏
산을 만나서는 그 형체가 높고 높네	於山崢嶸
고운 것을 닮으면 그 모습이 곱게 되고	學姸而姸
추한 것을 모방하면 그 모습이 추해지네	模媸而媸
움직이면 움직이고 고요하면 고요하며	動又動而靜又靜
빠르면 또 빠르고 느리면 또 느리네	速則速兮遲則遲
그러지 않으려고 해도 절로 그러고	不然自然

하는 일이 없건마는 하는 일 있네	無爲有爲
귀신인가 싶으면 또 귀신 아니고	鬼耶非鬼
신령인가 싶으면 또 신령 아니네	神耶非神
이에 뜰에 내려서서 막대 짚고 서성이며	羌下庭而散策
나의 몸을 가지고서 시험하여 보았다네	乃自試之以吾身
나의 형체 삐쩍 말라 파리한 학 같으며	形枯槁兮瘦鶴
머리카락 부스스해 흩날리는 쑥대 같네	髮蕭疏兮飛蓬
나보다 앞서지도 뒤지지도 않으면서	不我先而我後
서쪽이나 동쪽이나 내 가는 곳 따라오네	隨乃西而乃東
내가 나아가면 그도 나를 따라 나아가고	進退進退
내가 서성이면 그도 나를 따라 서성이네	徘徊徘徊
이에 내가 내달려서 그를 벗어나려 하다	疾走欲逃
되레 크게 남들에게 비웃음만 당하였네	轉爲人咍
그가 나인 듯하지만 역시 나는 아니고	彼如我而非我
내가 그인 듯하지만 역시 그는 아니네	我如彼而非彼
이에 대한 시비 실로 황당하기 그지없고	荒斯是非
어사무사하여 실로 구분하기 어렵다네	怳難分矣
묵묵하니 말 없어도 미더웁거니	信默不言
혹 안자를 따라 배운 자이런가	學顏子者耶
허무해서 품은 욕망 아주 적으니	虛無寡慾
혹 노자를 흠모하는 자이런가	慕老氏者耶
다른 것을 본받아서 변화하거니	效他變化
허물 고치기를 꺼리지 않는 자인가	過勿憚改者耶
때에 맞춰 어둑해져 자취 숨기니	時晦隱迹

독 속에 옥 감추고 팔리길 기다리는 자인가[1] 韞櫝有待者耶

그 형체가 어둑하여 드러나지 아니하니 其形闇然

아름다운 문채를 속에다가 숨긴 자인가 藏文章者耶

가는 것을 보면 자취 하나 남지 않으니 其行無轍

새와 같이 날아다닐 수가 있는 자인가 得翱翔者耶

이 적선과 더불어서 셋을 이루었거니와 與謫仙而成三

꽃 아래서 시 읊을 때 몇 번이나 끼었던가[2] 幾參花下之詠詩

소동파를 흩트려서 백 개 동파 되게 하여 散東坡而爲百

서로 간에 물 위에서 즐거움을 제공했네[3] 相供水中之娛嬉

거울을 담아 놓은 청란갑[4] 속에서 青鸞匣裏

1 때에……자인가 : 공자(孔子)의 제자 자공(子貢)이 "여기에 아름다운 옥이 있다고 할 때, 이것을 상자 속에 그냥 보관해 두어야 합니까, 아니면 좋은 값을 받고 팔아야 합니까?"라고 묻자, 공자가 "팔아야지, 팔아야 되고말고. 나 역시 제값을 주고 살 사람을 기다리고 있다."라고 대답하였다. 《論語 子罕》

2 이……끼었던가 : 이 적선(李謫仙)은 당(唐)나라의 시인인 이백(李白)을 가리킨다. 《신당서(新唐書)》〈문예열전 중(文藝列傳中) 이백〉에 "하지장(賀知章)이 이백의 글을 보고 감탄하며 '그대는 인간 세상에 귀양 온 신선이오.'라고 하였다." 하였다. 이백의 〈월하독작(月下獨酌)〉에 "꽃그늘 아래에서 한 병의 술을, 친한 이도 하나 없이 홀로 마시네. 술잔 들어 밝은 달을 마중하노니, 나와 달과 그림자가 세 사람을 이루었네.〔花間一壺酒, 獨酌無相親. 擧杯邀明月, 對影成三人.〕"라는 시구가 있다. 《李太白集 卷20》

3 소동파(蘇東坡)를……제공했네 : 동파 소식(蘇軾)의 〈범영(泛潁)〉에 "갑자기 물결이 비늘처럼 일어, 나의 수염과 눈썹을 산란케 하네. 동파가 여러 사람으로 분산되었다가, 순식간에 다시 제자리에 있구나.〔忽然生鱗甲, 亂我鬚與眉. 散爲百東坡, 頃刻復在茲.〕"라고 하였는데, 이 시는 소식이 거울 같은 영수(潁水)에 자신의 얼굴을 비추어 보던 중 홀연 물고기 떼가 나타나 물에 비친 얼굴을 교란하여 자신의 얼굴이 여러 갈래로 갈리는 것을 보고 읊은 것이다. 《東坡全集 卷19》

문군이 눈썹 그리는 것[5]을 본받은 자인가　效畫文君之眉者耶
아니면 또 약야계[6]의 시내 곁에서　若耶溪傍
연밥 따는 아이에게 단장해 주는 자인가　倩粧採蓮之兒者耶
화전에선 이정이 늦는 거를 경계하였고[7]　花甎戒李程之晩
한지에선 한 무제의 미녀를 잠기게 했네[8]　漢池涵武皇之娥

4 청란갑(靑鸞匣) : 거울을 담아 놓는 상자를 말한다. 청란은 거울을 뜻한다. 옛날에 계빈국(罽賓國)의 왕이 난새 한 마리를 얻었는데, 3년 동안 울지 않았다. 그러자 그의 아내가 말하기를 "일찍이 듣건대 새는 자신의 동족을 본 이후에 운다고 합니다. 어찌하여 거울을 그 앞에다 걸어서 자신의 모습을 비춰 보도록 하지 않으십니까."라고 하였다. 이에 왕이 난새 앞에다가 거울을 걸어 두자, 난새가 제 형체를 보고는 매우 슬피 울다가 죽었다고 한다. 이로 인하여 후대에는 청란이 거울을 뜻하거나, 짝을 잃은 사람을 비유하는 말로 쓰였다. 《藝文類聚 卷90 註 鸞鳥詩序》

5 문군(文君)이……것 : 문군은 한(漢)나라 때의 문장가인 사마상여(司馬相如)의 아내 탁문군(卓文君)을 가리킨다. 《서경잡기(西京雜記)》 권2에 "사마상여의 아내 탁문군의 눈썹이 아름다워 마치 먼 산을 바라보는 것과 같았으므로, 그 당시의 사람들이 이를 본받아 화장을 하면서 원산미(遠山眉)를 그렸다."라고 하였다.

6 약야계(若耶溪) : 소흥(紹興)의 약야산(若耶山)에서 발원한 시내로, 미인 서시(西施)가 일찍이 여기에서 깁을 빨았다 하여 일명 완사계(浣紗溪)라고도 하는데, 예로부터 연(蓮)으로 이름난 곳이다. 이백의 〈채련곡(採蓮曲)〉에 "약야계 가에 모여 연꽃 따는 아가씨들이, 연꽃을 사이에 두고 서로 담소를 나누는데, 해는 화장한 얼굴을 비춰 물속에 환히 비치고, 바람은 향기로운 소매에 불어 공중에 펄럭이네.〔若耶溪傍採蓮女, 笑隔荷花共人語. 日照新粧水底明, 風飄香袖空中擧.〕"라고 하였다. 《李太白文集 卷3》

7 화전(花甎)에선……경계하였고 : 화전은 꽃무늬를 아로새긴 벽돌을 말한다. 당나라 때 한림원(翰林院) 뜰에 꽃무늬의 벽돌을 깔았는데, 이정(李程)이 한림학사가 되어 제시간에 출근하지 않고, 해그림자가 여덟 번째 줄의 벽돌에 왔을 때가 되어서야 출근을 하였으므로, 사람들이 팔전학사(八塼學士)라고 불렀다. 《新唐書 宗室宰相列傳 李程》

8 한지(漢池)에선……했네 : 한지는 한나라 때 장안(長安)의 건장궁(建章宮) 북쪽에 있던 연못인 태액지(太液池)를 가리킨다. 미녀는 한 무제의 후비(后妃)가 된 아교(阿

하얀 말이 틈 사이로 지나가는 것이라서　　隙過白駒
부질없이 송 태조의 탄식을 발하게 했고　　空發宋祖之嗟
촌음이 한 자 되는 구슬보다 중하여서　　寸重尺璧
대우께서 권계하는 말 남기게 하였네[9]　　曾垂大禹之勸
명월에다 큰 산하를 모두 끼워 넣어서는[10]　　芥山河於明月
공연스레 호사자의 한을 이루게 하였고　　謾成好事之恨
낙월에다 금기둥[11]을 거꾸로다 세워서는　　倒金柱於落月
일찍이 시인이 시 짓는 것을 도와줬네　　嘗助騷人之句
이 모두가 네 환영이 그리 만든 것으로　　皆爾幻之使然
참으로 그 단서를 알아내기 어렵구나　　固端倪之難喩
아아, 저 하늘과 땅은 형상이 있지만　　噫天地之有象
그 역시도 이 이치의 한 그림자일 뿐이네　　亦斯理之一影

嬌)를 가리킨다. 한 무제가 어릴 때 고종사촌 누이인 아교와 궁중에서 서로 즐겁게 놀았는데, 그 뒤에 아교는 한 무제와 결혼하여 진 황후(陳皇后)가 되었다. 그러나 얼마 지난 뒤에 한 무제가 위자부(衛子夫)를 사랑하면서 진 황후를 투기한다는 이유로 소박하여 장문궁(長門宮)으로 물러가 살게 하였다.

9 촌음(寸陰)이……하였네 : 대우(大禹)는 우 임금이다. 우 임금이 말하기를 "한 자 되는 큰 벽옥(璧玉)을 귀하게 여기지 않고, 촌음을 중하게 여긴다."라고 하였다. 《淮南子 原道訓》

10 명월(明月)에다……넣어서는 : 소식의 〈화황수재감공각(和黃秀才鑒空閣)〉에 "밝은 달은 본디 절로 밝기만 한데, 무심하게 누가 경계 만들었는가? 거울처럼 허공중에 걸려 있어서, 이 산하의 그림자를 만들어 내네.〔明月本自明, 無心孰爲境? 挂空如水鑒, 寫此山河影.〕"라고 하였다. 《東坡全集 卷25》

11 금기둥 : 구름 사이로 쏟아지는 햇살을 뜻하는 시어(詩語)인데, 여기서는 구름 사이로 달빛이 쏟아지는 것을 뜻한다.

허무하여 어둡지 않은 경계를 따르고	從虛無不昧之境
사물 있고 작위 있는 데 인해서 드러나네	因有物有爲而逞
이미 그림자에서 또 그림자가 생겼으니	旣於影而又影
어찌 이 그림자가 다할 수가 있겠는가	豈斯影之能窮
그댄 못 보았나, 망량이 영에게 묻는 걸[12]	君不見魍魎之問影
어느 누가 암놈이고 어느 누가 수놈인가	孰爲雌兮孰爲雄
잠시 뒤에 곤륜산의 까마귀가 숨어들자[13]	俄崑崙之烏匿
갑작스레 온갖 형상 앞다투어 거둬졌네	忽萬形之爭收
이 세상의 모든 일이 안 그런 게 없거니와	世間萬事無不然
가을 숲에 저녁 바람 부는 것만 바라보네	唯見秋林晩颼颼

12 망량(魍魎)이……걸 : 망량은 영(影) 밖에 다시 형성된 옅은 그림자를 가리키고, 영은 짙은 그림자를 가리킨다. 망량이 영에게 묻기를 "조금 전에는 걷다가 지금은 멈추고 조금 전에는 앉았다가 지금은 일어섰소. 어찌하여 그대는 지조가 없는 것이오?"라고 하자, 영이 답하기를 "나는 나와 흡사한 것이 있어서 그럴까요? 또 나를 닮은 것도 그것을 닮은 것이 있어서 그럴까요? 나는 뱀 허물이나 매미 허물을 닮아서 그럴까요? 어찌 그렇게 되는 까닭을 알겠으며, 어찌 그렇지 않을 수 있는 방법을 알 수 있겠습니까."라고 하였다. 《莊子 齊物論》

13 잠시……숨어들자 : 해가 서산 너머로 졌다는 뜻이다. 까마귀는 태양을 말하는데, 태양 속에 다리가 셋인 까마귀가 있다는 전설에서 유래하였다.

사언시 1수 四言 一首

낙천

樂天

저 하늘은 지극히도 어질거니와	惟天至仁
하늘 본디 사사로움 없는 것이네	天本無私
하늘 이치 따를 경우 편안해지고	順天者安
하늘 이치 거스르면 위태롭다네	逆天者危
병들거나 복록 받는 것들이 모두	痾癢福祿
하늘 이치 아닌 것이 없는 것이네	莫非天理
이런 이치 걱정하면 소인인 거고	憂是小人
이런 이치 즐긴다면 군자인 거네	樂是君子
군자에겐 이 즐거움 있는 법이라	君子有樂
옥루[14]에도 부끄럽지 아니하다네	不愧屋漏

14 옥루(屋漏) : 집에서 가장 어두운 서북쪽 방구석을 가리키는데, 아무도 모르는 자기의 마음속이라는 의미로 쓰인다. 《시경》〈대아(大雅) 억(抑)〉에 "혼자 방 안에 있는 그대의 모습을 살펴볼 때에도, 으슥한 방구석에 부끄러움이 없도록 할지어다.〔相在爾室, 尙不愧于屋漏.〕"라고 하였다.

자신의 몸 잘 닦아서 기다리면서　修身以俟
의심이나 좌절 따위 하지 않누나　不貳不夭
나 자신이 더하거나 깎지 않는데　我無加損
하늘 어찌 후하거나 박하게 하랴　天豈厚薄
존성[15]하며 하늘의 뜻 즐기거니와　存誠樂天
올려 보고 내려 봄에 부끄럼 없네　俯仰無怍

15 존성(存誠) : 성실한 마음을 지니는 것을 뜻한다. 《맹자》 〈진심 상(盡心上)〉에 "마음을 보존하여 성을 기르는 것은 하늘을 받들어 섬기는 일이요, 일찍 죽고 오래 사는 것에 의혹을 품지 않고서 몸을 닦으며 기다리는 것은 천명을 세우는 일이다.〔存其心, 養其性, 所以事天也; 夭壽不貳, 修身以俟之, 所以立命也.〕"라고 하였다.

오언 고시 28수 五言古詩 二十八首

비 온 뒤에 산에 오르다[16]

雨後登山

하늘이 가까우면 일월이 밝겠기에　　天近日月明
쌓인 안개 뚫고서 몸 솟구치었네　　騰身積霧中
연이어진 산은 푸름 다함이 없고　　連峯碧無盡
어두운 골 깊고 깊어 끝이 없구나　　幽壑深不窮
숲은 비어 온갖 소리 적막해지고　　林虛籟歸寂

16 비……오르다 : 구봉의 제자인 심종직(沈宗直)이 간행한 초간본에는 구봉의 시구에 대한 평자(評者)의 짤막한 시평이 있다. 평자는 허봉(許篈)이라고도 하고, 허균(許筠)이라고도 한다. 《송자대전》 권72 〈이택지(李擇之)에게 답하다〔答李擇之-己未四月二十五日-〕〉에 "구봉시평(龜峯詩評)은 항상 허봉이 한 것이라고 생각했는데, 만일 허균이 했다면 제거해야 할 듯하다."라고 하였다. 초간본에는 이 시의 1구에 대해서 "문득 훤하게 꿰뚫게 된다.〔便通透〕"라고 평하였고, 2구에 대해서 "높고 넓어서 특출하다.〔高曠特出〕"라고 평하였고, 3, 4구에 대해서 "그윽하고 고요하며 깊고 멀다.〔窈窕深遠〕"라고 평하였으며, 5, 6구에 대해서 "구애됨이 없는 유도자의 말이다.〔翛然有道者言〕"라고 평하였으며, 7, 8, 9, 10구에 대해서 "네 구절은 기상이 높아 우화등선하여 홀로 서 있는 뜻이 있다.〔四句軒擧, 有羽化獨立意.〕"라고 평하였으며, 이 시 전체에 대해서는 "이 적선의 맑은 운이 있다.〔有李謫仙淸韻〕"라고 평하였다.

물 고요해 연못 속에 하늘 잠겼네　水定淵涵空
낭랑하게 읊조리며 절벽 기대니　朗吟倚層壁
긴 소매가 무지개를 스치는구나　長袖拂彩虹
아득 멀리 시야가 탁 트이었는데　曠望極人目
저 멀리서 맑은 바람 불어서 오네　地遠來淸風
천문 이에 점점 더 가까워지거니　天門勢漸逼
구선은 또 어디로다 통하는 건가[17]　九扇何處通
지난날에 놀던 이들 돌아다보니　回看舊時伴
학구 되어 쑥대 속에 숨어 있구나[18]　鷽鳩藏蒿蓬

17 천문(天門)……건가 : 천문과 구선(九扇)은 모두 천상(天上)에 있는 문으로, 상제(上帝)가 사는 집이나 황제가 사는 대궐의 대문을 뜻한다. 한유(韓愈)의 〈봉수노급사운부사형……(奉酬盧給事雲夫四兄……)〉에 "나는 그때 서로 그리워서 나도 모르게 고개를 돌려보니, 천문과 구선이 서로 마주하여 열려 있었다.〔我時相思不覺一迴首, 天門九扇相當開.〕"라고 하였다. 《五百家注昌黎文集 卷7》

18 지난날에……있구나 : 예전의 벗들이 모두 움츠러든 채 있다는 말이다. 학구(鷽鳩)는 《장자(莊子)》에 나오는 학구(學鳩)와 같은 말로, 작은 비둘기를 말하는데, 흔히 소인(小人)을 비유한다. 북해(北海)에 사는 곤(鯤)이라는 대어(大魚)가 붕(鵬)이라는 큰 새로 변하여 구만리를 날아서 남명(南冥)으로 옮겨 가려고 하는 것을 보고는, 쓰르라미와 학구라는 조그만 새가 비웃기를 "내가 마음먹고 한번 날면 느릅나무와 빗살나무까지 갈 수 있다. 어쩌다가 가끔 이르지 못하여 땅에 곤두박질할 때가 있기는 하다. 그렇지만 무엇 때문에 구만리 창공을 날아 남쪽으로 간단 말인가."라고 하였다. 《莊子 逍遙遊》

김경숙 척암[19]에 대한 만시

挽金敬叔惕庵

그대 태어난 때 상고 시대 아니고	子生不古時
그대 태어난 곳은 또 동국이었네	子生又東國
가난과 병 그대만 한 이 없는데도	貧病無子比
군자의 덕 홀로 속에 품고 지냈네	獨抱君子德
팔을 베고 눕는 낙[20]이 흡족했기에	曲肱樂有餘
뜰 가득히 봄풀 수북 자라났다네	滿庭春草生
병든 나는 문밖 출입 안 하였기에	我病不出門
명성 듣고 만나 볼 맘 간절하다가	耿耿空聞聲
성 서쪽에 저녁 비가 살짝 내릴 때	城西薄暮雨
이생에서 오직 한 번 얼굴 보았네	此生唯一面
학문 논할 사람 이제 다신 없거니	論學更無人
소매 흠씬 다 젖도록 눈물 흘리네	霑襟淚如霰
정녕했던 한 백년의 우리 기약에	丁寧百年期
밤에 뜬 달[21] 차마 보지 못하겠구려	不忍看夜月

19 척암(惕庵) : 김근공(金謹恭, 1526~1568)으로, 본관은 강릉(江陵), 자는 경숙(敬叔), 호는 척암이다.

20 팔을……낙 : 청빈한 삶을 뜻하는 말이다. 공자가 "거친 밥을 먹고 물을 마시고 팔을 굽혀서 베더라도 즐거움이 그 가운데 있으니, 의롭지 않으면서 누리는 부귀는 나에게는 뜬구름과 같다."라고 하였다. 《論語 述而》

21 밤에 뜬 달 : 벗을 생각하며 추억에 잠길 때 쓰는 표현이다. 두보(杜甫)가 이백(李

나도 어찌 이 세상에 오래 살리오　　我亦豈久世
지금 이미 백발 나기 시작했다오　　卽今生白髮

白)을 그리워하며 지은 〈몽이백(夢李白)〉에 "들보 위에 가득히 든 저 달빛이여, 흡사 그대의 얼굴 비춰 주는 것만 같네.〔落月滿屋梁, 猶疑照顔色.〕"라고 한 구절에서 유래하였다. 《杜少陵詩集 卷7》

다른 사람의 시에 화답하다

和人

새 울건만 사람 아직 자고 있는데	鳥啼人尙眠
새벽 비 와 자리에는 찬 기운 도네	曉雨涼生席
사립문은 고요하여 찾는 이 없고	柴戶靜無過
책상 위엔 푸른 산빛 가득히 드네	滿案靑山色
성 남쪽의 벗님께서 보낸 사람만	城南故人使
애오라지 이 적막함 위로해 주네	聊以慰寂寞
도롱이를 쓰고 내게 온다 했기에	披蓑許相問
미리 나가 시냇가 돌 씻어 놨다오	預拂溪邊石

저녁나절에 제하다

晩題

산골 집에 저녁나절 맑게 개나니	山家値晩晴
연못 위엔 잔물결도 아니 이누나	池面息纖纊
하늘빛이 그 속으로 뚝 떨어지매	天容落其中
아래위가 한 빛깔로 어우러지네	一色同下上
연못 비록 위로 하늘 머금었지만	池雖上含天
하늘 멀어 아득하니 구만리라네	天遠九萬里
하늘과 못 끝내 서로 떨어졌거니	終然天隔池[22]
바람 불자 연못 물결 일어나누나	生風池不止
다시 바람 잦아들 때 어찌 없으랴	風定豈無時
잦아들면 하늘 다시 만나게 되리	定時天可逢
연못 이미 맑은 물빛 변치 않거니	池旣不改淸
하늘 역시 얼굴 모습 아니 변하리	天亦不改容

22 池 : 대본에는 '地'로 되어 있다. 초간본에 근거하여 수정하였다.

어떤 사람과 이별하다[23]

別人

사람 살며 어찌 이별 없으랴마는	人生豈無別
이 이별은 정말 나를 슬프게 하네	此別令我悲
머리 세어 가고 남는 두 사람 마음	白髮去留心
다시 서로 만나 볼 때 언제이려나	相見何年時
돈 많으면 추한 이도 고운 이 되니[24]	金多醜作姸
하늘 밖서 고운 아미 수심을 짓네	天外愁蛾眉
시냇물은 급한 소리 내며 흐르나	急節邁流水
곧은 맘은 옮겨 가는 법이 없어라	貞心無遷移
버려진들 옥이 무슨 말을 하랴만	棄捐玉何言
저 변씨[25]는 괜히 눈물 떨구었구나	卞氏空淚垂

23 어떤 사람과 이별하다 : 초간본에는 이 시의 5, 6구에 대해 "예로부터 어진 사람들은 모두 이런 탄식이 있었다. 어찌 오늘날만 유독 그렇겠는가.〔自古賢聖皆有此嘆, 何獨今日?〕"라고 평하였다.

24 돈……되니 : 돈이 많게 되면 사람이 변한다는 뜻이다. 이함용(李咸用)의 〈남우생고풍(覽友生古風)〉에 "좋은 옥이 깊숙하게 숨기어지자, 나쁜 옥이 바야흐로 눈같이 됐네. 돈이 많으면 추녀도 미녀가 되고, 나무가 썩으면 양공도 졸렬하게 되네.〔荊璞且深藏, 瑉石方如雪. 金多醜女姸, 木朽良工拙.〕"라고 하였다. 《全唐詩 卷644 李咸用》

25 변씨(卞氏) : 춘추 시대 초(楚)나라 사람 변화(卞和)를 가리킨다. 변화는 좋은 옥을 가지고 있다가 발꿈치가 잘리는 화를 당하였다.

적선의 시에 차운하다[26]

次謫仙韻

쓸쓸해라 청루[27] 안의 저 고운 여인　寂寞青樓女
흰 구름의 가에 홀로 거처하누나　單居白雲端
하얀 이를 열어 보인 적이 없거니　玉齒未曾啓
고운 봄이 와도 기쁜 일이 없다네　芳春無所歡
곧은 절개 있건마는 뉘라 알리오　有節何人識
가슴속의 일편단심 말한 적 없네　無言片心丹
푸른 구름 병풍으로 겹쳐 쌓인 속　重重翠雲屛
다른 이가 엿보도록 하지 않았네　不許他人觀
그러면서 되레 웃네, 진씨 집 여자[28]　却笑秦家女
몸 가벼이 고운 난새 타고 떠난 걸　輕身乘彩鸞

26 적선(謫仙)의 시에 차운하다 : 이백(李白)의 〈감흥(感興)〉 가운데 여섯 번째 시이다. 《李太白文集 권21》

27 청루(青樓) : 푸른색으로 칠해 아름답게 장식한 누각으로, 전하여 기원(妓院)을 뜻하는 말로 쓰인다.

28 진씨(秦氏) 집 여자 : 진(秦)나라 목공(穆公)의 딸 농옥(弄玉)을 가리킨다. 농옥은 음악을 아주 좋아하였는데, 소사(簫史)라는 사람이 퉁소를 잘 불어서 그 소리가 마치 봉새가 우는 것 같았다. 이에 목공이 농옥을 그에게 시집보내고 누각을 지어 주었는데, 두 사람이 퉁소를 불면 봉황이 날아와서 모였다. 그 뒤에 두 사람은 봉황을 타고서 함께 날아갔다. 《列仙傳 簫史》

벗이 지은 시에 차운하여 벗에게 부치다[29]

次友人韻寄友人

풍애(楓崖)[30]의 시에 차운하였다.

그리던 이 만나 보지 못한 탓인가	伊人阻歡會
추풍 불어 저녁 휘장 펄럭이누나	秋風搖夕幃
물 저편의 부용꽃을 원망하는 건	隔水怨芙蓉
찬 이슬이 나의 옷에 묻어서이네	寒露添我衣
외로운 배 밤에 물결 너무 깊어서	孤舟夜波深
달빛 속에 사립문을 못 두드렸네	負叩月中扉
흘러가는 세월이 애석하진 않으나	不惜流光遷
첫 소원이 어긋난 게 원망스럽네	但怨始願違
첫 소원은 비록 어긋나게 됐지만	始願雖可違
그대 손을 잡고 함께 돌아가리라	携君同有歸

29 벗이……부치다 : 이 시가 《풍애집(楓崖集)》 권1 〈회송운장(懷宋雲長)〉에도 실려 있다.

30 풍애(楓崖) : 안민학(安敏學, 1542~1601)으로, 본관은 광주(廣州), 자는 습지(習之)이다.

산속에서 읊다

山中

산에서는 맑고 맑게 흐르던 물이	山上泠泠水
산 나서면 흐린 물로 변하여지고	出山爲濁泉
산속에선 사슴과 벗 되어 노는데	山中鹿爲友
산 밖에선 하늘 가득 티끌이 이네	山外塵滿天
공리의 말 무슨 수로 미치어 오랴	功利聲何及
금준의 도 절로 현묘하기만 하네	琴樽道自玄
풀 한가해 아침이면 이슬에 젖고	草閑朝露濕
꽃 고요해 한낮이면 새들이 조네	花靜午禽眠
인간 세상 꿈결인 양 아득하여라	怳忽人間夢
물외에서 신선인 양 소요를 하네	逍遙物外仙
몸은 비록 진한 시대 뒤에 났으나	身生秦漢後
정신만은 우탕 앞과 계합을 하네	神合禹湯先

적선의 〈감흥〉 시에 차운하다[31]

次謫仙感興韻

주렴 걷자 봄은 이미 다 저물어서	捲簾春已晚
꽃가지에 남아 있는 꽃 얼마 없네	芳華枝上稀
비를 따라 지다가 또 바람을 따라	隨雨又隨風
분분하게 흩날리며 어디로 가나	紛紛何處歸
흘러가는 물을 따라 떠갈지언정	寧從流水去
진흙탕을 향해 날아가진 말아라	莫向塵泥飛
진흙탕은 사물을 꽉 붙잡아 두매	塵泥能滯物
네 고운 빛 잃게 될까 겁이 나누나	恐爾失光輝

31 적선(謫仙)의……차운하다 : 이백(李白)의 〈감흥(感興)〉 가운데 여덟 번째 시이다. 《李太白文集 권21》

어떤 사람을 전송하다
送人

그대는 왜 오는 거는 그리 더딘데	子來何遲遲
가는 거는 어쩜 그리 급하게 가나	告歸何局促
아침에 날 뿌리치고 이리 떠나서	朝揮辭我淚
저녁에는 어느 집서 묵을 것인가	暮投何人宿
북녘 바람 쉬지 않고 불어서 오고	朔風吹不休
시내 다리 물은 급히 흘러서 가네	河橋水流急
구불구불 뻗어 있는 성 아래 길서	威遲城下路
가는 그대 바라보매 수심이 깊네	望子愁欲絶
텅 빈 산에 우두커니 홀로 서 있다	獨自立空山
돌아보니 옷에는 눈 잔뜩 쌓였네	回看滿衣雪

부방하러 가는 남편을 떠나보낸 아낙네를 읊다
別赴防閨人

그리운 맘 하염없어 겹대문 나서	脈脈出重門
앞쪽 산에 저녁놀이 드는 걸 보네	前山看向夕
길 가던 이 이제는 다 끊기었는데	行人過又盡
몇몇 집서 기쁜 까치[32] 점쳤으려나	幾家占喜鵲
어린 아들 아낙네의 맘도 모르고	稚子不知心
옷을 끌며 잠을 자러 가자고 하네	牽衣求就席
잠자리선 긴 밤 몹시 괴롭거니와	就席苦夜長
적막 속에 이는 수심 어찌하리오	奈此愁寂寞
옷 남기고 가며 일찍 온다 했는데	留衣謂早歸
벌써 가을 낙엽 져서 선뜻 놀라네	旋驚秋葉落
아니 와도 한스럽지 아니한 거는	不歸亦不恨
생사조차 멀어 알 수 없어서라네	生死渺難測

32 기쁜 까치 : 옛날 민간의 전설에 까치가 아침에 울면 기쁜 소식이 있다고 하였다. 한유(韓愈)의 〈만추언성야회연구(晩秋郾城夜會聯句)〉에 "부인은 우는 황새를 탄식하고, 가인은 기쁜 까치를 기원하네.〔室婦歎鳴鸛, 家人祝喜鵲.〕"라고 하였다. 《韓昌黎集 卷8》

객사한 사람에 대한 만사

挽客死

객중에 병이 나서 못 돌아갔는데 客遊病未歸
옛 동산엔 봄풀들이 새로 났다네 故園春草生
아득 멀리 친애하는 이들 떠나와 悠悠隔親愛
낯선 서울 성안에서 홀로 지냈네 獨此長安城
안사람은 매일처럼 그대 그리며 家人日又日
평안하단 소식 오길 기다렸다네 佇望平安音
죽은 자는 앎이 없게 되는 법인데 死者卽無知
산 사람만 괜히 원망 깊게 하누나 生者空怨深
그대 죽음 통곡하며 눈물짓는 건 悽悽哭君淚
같은 마을 살던 정을 못 견뎌서네 不忍同里心
그대 상여 한강 가서 전송하노니 送君漢水上
전에 그대 맞이하던 그 길이라네 昔時迎君道
낮은 벼슬 뭐가 좋은 것이 있다고 薄宦有何好
그대 일찍 고향으로 못 돌아갔나 君歸苦不早
그대 상여 전송하며 한숨짓는 건 送君一長吁
타향 와서 사는 나도 늙어서라네 他鄉吾亦老

동지중추부사를 지낸 권진경의 아버지에 대한 만사[33]

挽權同知眞卿嚴君

인종께서 임금 자리 오르던 날에　　仁廟卽祚時
뭇 현인들 처음으로 -원문 1자 결락-　　群賢初有□
쑥대들이 갑작스레 조정에 차서[34]　　蕭艾忽盈幃
인사 모두 어그러져 피눈물 났네　　血泣人事違
타향 땅서 허연 머리 자라났거니　　異鄕生白髮
바닷가서 홀로 갇힌 신세 되었네[35]　　海曲爲孤囚
돌아와서 한 몸 겨우 보존했거니　　歸來一身存
예전 벗들 영락하여 슬퍼하였네　　零落悲舊遊
현도관에 천 그루의 복사꽃 피자　　玄都千樹花

33 동지중추부사(同知中樞府事)를……만사 : 권식(權寔, 1535～?)의 아버지인 권응창(權應昌, 1505～1568)에 대한 만사이다. 권응창의 자는 경우(景遇), 호는 지족당(知足堂)이다. 1547년(명종2) 양재역 벽서 사건(良才驛壁書事件)에 연루되어 순천(順天)으로 귀양 갔다가 1553년 풀려나와 1561년 남양 부사(南陽府使)를 지내고 동지중추부사를 역임하였다.

34 쑥대들이……차서 : 윤원형(尹元衡), 이기(李芑), 정순붕(鄭順朋) 등 소인배가 조정에 가득 찼다는 뜻이다. 쑥대는 소인배를 가리킨다. 굴원(屈原)의 〈이소경(離騷經)〉에 "난초와 지초는 변하여 향기를 잃고, 전초와 혜초는 바뀌어 띠풀이 되었네. 어찌하여 옛날엔 향기롭던 이 풀들이, 지금은 다만 쑥대가 되었는가.〔蘭芷變而不芳兮, 荃蕙化而爲茅. 何昔日之芳草兮, 今直爲此蕭艾也?〕"라고 하였다. 《楚辭》

35 타향……되었네 : 권응창이 양재역 벽서 사건에 연루되어 전라도 순천으로 귀양 갔으므로 한 말이다.

홀로 서서 끝도 없이 수심 잠겼네[36]	獨立無限愁
지금 와선 모든 일이 새롭게 되어	卽今事惟新
사람들 맘 석로에게 모두 쏠렸네[37]	時望歸碩老
그렇지만 병이 들어 못 일어나서	一疾竟不起
대문 안에 가을 풀이 우거졌다네	重門掩秋草
영구 이제 새벽이면 출발할 건데	靈輀待曉發
산곽에선 새벽닭이 일찍 우누나	山郭鷄鳴早
공이 살던 시냇가 집 처량하거니	悽涼溪上居
낙엽 져도 쓰는 사람 다신 없으리	葉落無復掃

36 현도관(玄都觀)에……잠겼네 : 권응창이 유배지에서 돌아와서 보니, 당시의 권신(權臣)들이 조정에 가득하였으므로 마음이 슬펐다는 뜻이다. 현도관은 당(唐)나라 때 장안(長安)에 있던 도관(道觀)이다. 당나라의 시인 유우석(劉禹錫)이 낭주 사마(朗州司馬)로 좌천되었다가 10년 만에 경사(京師)에 돌아와 보니, 현도관에 이전에 없던 복숭아나무가 많이 있었으므로, 그 복숭아나무를 당시의 권신들에 비유하여 풍자하는 뜻으로 시를 지었는데, 그 시에 "서울 거리 뿌연 먼지가 얼굴을 스치는데, 사람들이 모두 꽃구경 갔다 온다 말하네. 현도관 안에 있는 천 그루 복숭아나무는, 모두 유랑이 떠난 뒤에 심은 거라오.〔紫陌紅塵拂面來, 無人不道看花回. 玄都觀裏桃千樹, 盡是劉郎去後栽.〕"라고 하였다. 《舊唐書 劉禹錫列傳》《全唐詩 元化十一年朗州至京戲贈看花諸君子》

37 지금……쏠렸네 : 명종이 승하하고 선조가 즉위하여 조정이 새로워지자 권응창이 사람들의 기대를 한 몸에 받았다는 뜻이다.

장 상인[38]에 대한 만사

挽張喪人

슬프고도 슬프구나, 광릉[39] 여막에	哀哀廣陵廬
효자의 정 유독 홀로 맘 괴롭구나	孝子情獨苦
부여잡고 호곡하던 나무 죽었고[40]	攀號樹盡枯
흘린 눈물 땅 적셔서 마른 땅 없네	淚滴無乾土
질병 이에 효자 몸에 이르러서는	一疾仍至孝
좋은 약도 아무 소용 없게 되었네	良劑嗟無及
몸 파리해 옷의 띠가 헐렁하거니	羸悴衣帶寬
염습하는 모습 차마 볼 수가 없네	不忍看斂襲
연약한 저 아내에다 어린 두 아들	弱妻與二子
울부짖는 소리 어찌 차마 들으랴	那堪聞血泣

38 장 상인(張喪人) : 광주(廣州)에서 여묘살이를 하다가 죽은 장씨 성의 효자이다.

39 광릉(廣陵) : 한성부(漢城府) 또는 경기도 광주의 별칭인데, 여기서는 광주를 가리킨다.

40 부여잡고……죽었고 : 깊은 효심을 뜻하는 말이다. 진(晉)나라의 효자 왕부(王裒)가 아버지 무덤 앞에서 매일 슬피 울었더니 무덤 앞 잣나무가 눈물에 찌들어 잎과 가지가 말라 죽었다는 고사가 전한다. 《晉書 孝友列傳 王裒》

숙헌의 장인에 대한 만사[41]

挽叔獻外舅

머리 세어 몸이 삐쩍 마르게 된 건	白首患淸羸
벼슬 일찍 그만두지 못해서였네	休官殊未早
병든 몸을 이끌고서 의원을 찾아	曳疾尋良醫
다시 서울 들어와서 지내었다네	復涉長安道
대낮에도 텅 빈 집에 누워 지내니	白日臥空廊
옛 친구들 찾아오는 이 드물었네	舊遊稀相過
정이 아주 많았었던 우리 관하생[42]	情深館下甥
사는 동안 온갖 고생 많이 겪었네	死生勤苦多
통곡 속에 강가에서 제사 지낸 뒤	一哭江祖罷
붉은 명정 서해 바다 떠서 가누나[43]	丹旐浮西波
고을 정사 공평히 해 유애 남겨서	政平有遺愛
세 고을의 부로 와서 눈물 흘리네[44]	泣涕三州老

41 숙헌(叔獻)의……만사 : 이이(李珥)의 장인인 노경린(盧慶麟, 1516~ 1568)에 대한 만사이다. 노경린은 본관은 곡산(谷山), 자는 인보(仁甫)이다.

42 관하생(館下甥) : 사위를 뜻하는 말로, 여기서는 노경린의 사위인 이이를 가리킨다. 《맹자》 〈만장 하(萬章下)〉에 "요(堯) 임금이 사위인 순(舜)을 이실에 머물게 하였다.〔帝館甥于貳室.〕"라고 한 데서 나온 말이다.

43 붉은……가누나 : 노경린을 해주(海州) 북쪽에 있는 우이산(牛耳山)에 장사 지내기 위해 한강에서 서해로 나가는 모습을 묘사한 말이다.

44 고을……흘리네 : 노경린이 나주 목사(羅州牧使)와 성주 목사(星州牧使) 및 숙천

두 아이가 울며 상여 뒤따르는데	二兒哭隨柩
작은 아인 이제 겨우 품안 떠났네[45]	小者初離抱
슬픈 바람 물풀 위로 불어서 오고	悲風生綠蘋
새벽달은 앞 섬으로 내려와 지네	曉月下前島
우두커니 서 있을 제 물 유유한데	佇立水悠悠
배는 산을 돌아가서 노 소리 작네	山回棹聲少

부사(肅川府使)로 있으면서 뛰어난 치적을 남겼으므로 한 말이다.

45 두……떠났네 : 노경린은 본처에게서는 아들을 두지 못하고 딸 셋을 두었는데, 맏딸이 바로 이이의 아내이며, 뒤늦게 측실에게서 두 아들을 두었는데, 노효번(盧孝蕃)과 노효순(盧孝順)이다. 《栗谷全書 卷17 宗簿寺正盧公墓碣銘》

산꽃

山花

산에 사는 사람 홀로 문을 나서니	山人獨出門
온 산 가득 산꽃들이 활짝 피었네	滿山山花發
맑은 향기 밤에 많이 풍길 거기에	淸香夜應多
꽃 사이서 달이 뜨길 기다릴 제에	爲待花間月
광풍이 또 쉬지 않고 불어서 오매	狂風吹不休
홀로 서서 괜히 길게 탄식 토하네	佇立空嗟咄

서울 소식을 듣고 붓을 달려 적어서 친구와 이별하다[46]

聞京報走筆別親舊

만대 세상 나의 뒤에 있을 것이고　萬世在吾後
백대 세상 나의 앞에 이미 있다네　百世在吾上
이내 몸은 그 중간에 서서 있거니　此身立其中
맘 호연히 굽어보고 또 치켜 보네　浩然一俯仰
우리 사업 어찌 크지 아니하랴만　事業豈不大
옳고 그름 따지는 건 끝이 없다네　無窮非與是
젊었을 땐 선사들을 몹시 흠모해　少小慕先師
간절한 맘 가지고서 힘을 쏟았네　孳孳勤佇跂
제일등을 남들에게 양보 안 한 채[47]　不讓第一等

46 서울……이별하다 : 초간본에는 이 시의 3, 4구에 대해서 "달관하여 하수가 터지는 것 같다.〔達觀河決〕"라고 평하였으며, 5, 6구에 대해서 "얻는 것과 잃는 것을 같게 보았다.〔齊得喪〕"라고 평하였으며, 9, 10구에 대해서 "기대하는 것이 저절로 얕지 않다.〔期待自不淺〕"라고 평하였으며, 11, 12구에 대해서 "세속의 정을 익숙히 알았다.〔練世情〕"라고 평하였으며, 13, 14구에 대해서 "뼈에 사무치는 말이다.〔刺骨言〕"라고 평하였으며, 15, 16구에 대해서 "스스로 비유한 것이 너그럽다.〔自譬寬〕"라고 평하였으며, 17, 18구에 대해서 "의리와 천명에 편안하였다.〔安於義命〕"라고 평하였으며, 21, 22구에 대해서 "역시 아침에 도를 들으면 저녁에 죽어도 족하다는 뜻이다.〔亦朝聞夕死之意〕"라고 평하였다.

47 제일등(第一等)을……채 : 제일등은 사람에게 가장 중요한 일이라는 뜻으로, 부귀와 명예를 추구하지 않고 심신을 수양하여 지조를 지키는 일을 말한다. 《근사록(近思錄)》 권14 〈관성현(觀聖賢)〉에 "옛사람은 제일등의 일을 제일등의 사람에게도 양보하려 하지 않았다."라고 하였다.

그칠 바에 한번 그쳐 보려고 했네[48]　一欲止所止
예와 지금 그 도 서로 다르거니와　今古異其道
헛명성은 비방 더욱 많게 하였네　虛名增謗毁
내게 없는 것도 내게 있다고 하고　以無謂我有
내가 안 한 짓도 내가 했다고 하네　不爲謂我爲
현철들도 저 옛날에 그러했거니　賢哲古亦[49]然
나에 대해 그댄 너무 슬퍼 마시게　於吾君莫悲
살길 구함 진정 도가 아닌 것이나　求生固非道
죽음 가볍게 여김도 의리 아니네　輕死亦非義
그 사이에 아주 지극한 이치 있어　其間有至理
털끝만큼 잘못해도 큰 차이 나네　毫差謬千里
우리 이제 앞으로는 화복 가지고　休將禍與福
학문함에 있어 영향 받지 마세나　於學爲勸沮
그리하여 세모의 맘[50] 더욱 힘쓰며　勗哉歲暮心
이별 임해 나눈 말을 잊지 마세나　無忘臨別語

48 그칠……했네 : 자신이 할 도리에 최선을 다하여 어긋남이 없게 하였다는 뜻이다. 《시경》 〈소아(小雅) 면만(綿蠻)〉에 "꾀꼴꾀꼴 꾀꼬리가, 저 언덕에 앉아 있네.〔綿蠻黃鳥, 止于丘隅.〕"라고 한 것에 대해, 공자가 "저 새도 머물 곳에서 머물 줄을 아는데, 사람으로서 새만도 못해서야 되겠는가.〔於止, 知其所止, 可以人而不如鳥乎?〕"라고 하였다. 《大學章句 傳3章》

49 古亦 : 초간본에는 '自古'로 되어 있다.

50 세모(歲暮)의 맘 : 처지가 곤궁해도 지조를 잘 지키는 것을 말한다. 《논어》 〈자한(子罕)〉에 "날씨가 추워진 뒤에야 송백이 늦게 시드는 것을 알 수 있다.〔歲寒, 然後知松柏之後凋也.〕"라고 한 데서 온 말인데, 이는 곤궁한 처지나 난세(亂世)에 지조를 잃지 않는 군자의 태도를 비유한다.

회포가 있어서 적다[51]

有懷

뭇 풀들이 외로운 꽃 뒤덮었지만	衆草翳孤芳
그윽한 향 어찌 없앨 수가 있으랴	幽香何損益
흰 이슬은 한밤중에 내려 적시고	白露滴夜半
맑은 바람 아침저녁 불어서 오매	淸風吹日夕
곧은 맘을 제 스스로 잘 간직하며	貞心空自持
주위 사람 아는 거를 허락지 않네	不許傍人識

51 회포가 있어서 적다 : 초간본에는 이 시의 1, 2구에 대해서 "군자는 자신을 닦을 뿐 다른 사람이 알아주기를 구하지 않는 법이다.〔君子自修, 不求人知.〕"라고 평하였으며, 시 전체에 대해서는 "격조가 예스럽고 생각이 그윽하다.〔調古思幽〕"라고 평하였다.

또 회포가 있어서 적다[52]

又

나의 벗이 내게 일러 말을 하기를　　吾友謂吾曰
옛사람을 내가 기약할 수 있거니　　古人吾可期
옛사람과 같이 하면 옛사람 되며　　有爲卽其人
예와 지금 서로 다른 때가 없거니　　古今無異時
말을 함에 믿음 없을 걸 경계하고　　出言戒無信
행신함엔 자신의 맘 아니 속여서　　行身惟不欺
자기 자신 이루고 또 남 이뤄 주면　　成己又成物
우리 도가 여기 있을 거라고 했네　　吾道其在玆
그런 내 벗 홀연 먼저 죽어 떠나서　　吾友忽先逝
크나큰 뜻 중도에 다 어그러졌네　　大志中道虧
학문 좋아하는 사람 이제 없거니　　好學今也無
상심함은 나만 위해서가 아니네　　傷心非爲私
서로 만나 질정할 이 이젠 없는데　　相觀更無質
홀로 남은 나도 역시 늙어 쇠했네　　隻影吾亦衰

율곡(栗谷)의 이름은 이이(李珥)이고, 자는 숙헌(叔獻)이다. 도학(道學)

52 또……적다 : 초간본에는 이 시의 3, 4구에 대해서 "무언가 하려고 하는 사람은 역시 이와 같은 법이다.〔有爲者亦若是〕"라고 평하였으며, 11, 12구에 대해서 "몹시 슬퍼하는 말이다.〔深悲之語〕"라고 평하였으며, 이 시 전체에 대해서 "이 시는 율곡이 일찍 죽은 것을 슬퍼하여서 지은 것이다."라고 평하였다.

을 창도하여 일으켜서 장차 크게 무언가를 할 만하였는데, 우리 동방이 불행하여 50세가 되기도 전에 죽고 말았다.

붓을 달려 회포를 적다[53]

走筆書懷

눈 안 가득 전쟁 상처 보이는 속에	滿目干戈裏
한 가지에 구차하게 깃들어 사네	偸安一枝棲
부평같이 이곳저곳 떠돌거니와	萍蹤無遠近
함께 가는 짝은 바로 부부 사이네	行伴是夫妻
누더기 옷 짧아 허리 못다 덮는데	百結未掩骼
서릿바람 쌀쌀하게 불어서 오네	霜風蕭瑟兮
밥만 놓는 제사조차 못 지내면서	一飯祭不得
밤에 우는 까막 소리 누워서 듣네	臥聞烏夜啼
형제들은 소식조차 아예 끊긴 채	骨肉斷音書
생사 간에 동쪽 서쪽 떨어져 있네	生死隔東西
흰머리도 이젠 쇠해 다 빠졌는데	白髮零落盡
이별 길어 꿈속서도 모습 흐리네	別久魂夢迷
만 리 아득 밝은 달은 같이 뜨련만	萬里同明月
타향 땅인 데다가 또 고비[54] 울리네	他鄕又鼓鼙
농사일은 예전 하던 일이 아니라	農桑無舊業
가을 풀이 수북해도 내버려 두네	秋草任萋萋

53 붓을……적다 : 초간본에는 이 시에 대해 "고시도 아니고 율시도 아니면서 기상이 절로 힘차다.〔非古非律, 氣自淋漓.〕"라고 평하였다.

54 고비(鼓鼙) : 군중에서 사용하는 큰북과 작은북으로, 흔히 전란을 뜻하는 말로 쓰인다. 여기서는 임진왜란을 뜻한다. 《예기(禮記)》 〈악기(樂記)〉에 "군자가 고비 소리를 들으면 장수의 신하를 생각한다.〔君子聽鼓鼙之聲, 則思將帥之臣.〕"라고 하였다.

운곡[55]에 대한 애사
雲谷哀辭

사람들이 내 동생이 죽었다는데　人言吾弟死
죽은 곳은 동해 바닷가라고 하네　地是東海湄
산 자치고 어느 누가 안 죽으랴만　有生誰不死
네 죽음에 내 맘 몹시 비통하구나　爾死爲最悲
머리 세어 허옇게 된 우리 사형제　白頭四弟兄
각각 천 리 바깥에서 떠돌며 사네　蓬轉各千里
형편조차 서로 간에 알지 못하니　飢寒兩不知
살아 있는 것만 해도 기쁜 바이네　所慶惟不死
살았을 때 내게 편지 부치었는데　生時寄我書
편지 본 지 겨우 열흘밖에 안 됐네　見書纔一旬
길 멀어서 말을 믿지 못하였지만　路遠言莫信
물어보려 해도 누굴 통해 물으랴　欲問憑何人
남들 눈이 두려워서 울음 삼키매　畏人哭吞聲
흐느끼는 소리 서로 이어졌다네　淚滴聲相連
우리 집의 척령 언덕[56] 그곳에서는　吾家鶺鴒原

55 운곡(雲谷) : 송한필(宋翰弼)로, 자는 계응(季鷹), 호는 운곡이다. 구봉의 막냇동생이다.

56 척령(鶺鴒) 언덕 : 할미새가 노는 언덕이라는 뜻으로, 우애가 있는 형제를 뜻하는 말이다. 《시경》 〈소아(小雅) 상체(常棣)〉에 "저 할미새 들판에서 호들갑 떨듯, 위급한 때에는 형제가 서로 돕는 법이라오. 항상 좋은 벗이 있다고 해도, 그저 길게 탄식만을

너의 나이 아주 젊어 소년이었지	汝年爲少年
항상 내가 먼저 죽게 되었을 경우	常擬我先死
네게 나의 시신 묻게 하려고 했지	使汝藏我骨
생각건대 젖을 먹던 아기였을 때	憶在提哺時
너에 대한 자애의 맘 각별했었지	慈愛於汝別
젖 먹은 건 네가 가장 늦게였는데	飮乳汝最後
반함함은 네가 어찌 먼저 하는가	含飯汝何先
너 아프면 난 반드시 아파하였고	汝病我必痛
나 아프면 너 역시도 그리하였지	我病汝亦然
오늘날엔 네 죽음도 알지 못하매	今日死不知
하늘 향해 하소해도 하늘은 머네	呼天天漠漠
너 죽어서 내가 묻어 주지 못하니	汝死不我土
외로운 뼈 어느 골짝에서 썩을꼬	孤骨委何壑

두 번째 其二

너에게는 딸아이가 셋이 있는데	汝有三女子
난리 만나 시집 아직 못 보냈었지	丁難未歸人
너에게는 아들아이 하나 있는데	汝有一男兒
배고프다 울어 몸에 병이 들었지	啼飢病嬰身
땅끝에서 상구 실어 오려고 하나	旅櫬地盡頭

늘어놓을 뿐이라오.〔鶺鴒在原, 兄弟急難. 每有良朋, 況也永歎.〕"라고 한 데에서 유래하였다.

고향 땅이 몇 리 되는 줄이나 알랴　家鄕知幾里
죽은 뒤엔 바로 앎이 없게 되거니　死後卽無知
죽음 임해 정이 어찌 끝 있었으랴　臨絶情何已
햇빛조차 너를 위해 어둑해지고　日色爲汝昏
강물조차 너를 위해 흐느끼누나　江流爲汝咽
통곡조차 못 하면서 울음 삼키니　含聲哭不得
이 원통함 어느 때나 다 씻어 낼꼬　有怨何時洩

세 번째 其三

네가 병이 났을 적에 구완 못 했고　汝病不得救
네가 죽은 뒤엔 곡도 할 수 없구나　汝死不得哭
외그림자 구덩이 속 떨어졌거니　一影落坎井
천 리 밖서 형제들이 비통해하네　千里悲骨肉
우리 집안 형님들과 동생들 모두　吾門兄及弟
어린 시절 정이 아주 도타웠었지　少小情愛篤
금년 봄에 선친의 묘 개장했거니　今春改先窆
외로운 묘 겨우 석 자 높이였었지　孤墳土三尺
서로 의지하여 한 번 곡하였는데　相持哭一聲
그때 곡이 그만 영결 되고 말았네　是哭爲永訣
내가 너의 뼈를 부장하고자 하나　吾欲祔汝骨
세상 혼란하니 어찌 기필하겠나　世亂何可必

네 번째[57] 其四

나보다도 젊은 네가 세상 떴는데	少我汝已死
너보다도 늙은 내가 오래 살겠나	老汝吾能久
지난봄에 너의 손을 잡았을 적에	去春握汝手
서로 간에 백발 보며 비통해했지	相視悲白首
전에 앓던 병을 이젠 앓지 않기에	昔病今不病
사람들 다 네가 오래 살 거라 했지	人皆謂汝壽
태어난 게 나보다 더 앞이 아닌데	生旣不我先
죽는 거는 어찌 나의 뒤가 아닌가	死何不我後
몸 병들고 시절은 또 위태로우매	身病又時危
앎이 없는 네가 되레 내 부럽구나	無知羨汝夭
죽은 자가 혹시 서로 만나게 되면	死者或相逢
이별한 때 적은 줄을 끝내 알리라[58]	終知別時少

이 뒤에 또 동생이 보낸 편지를 받아 보았는데도 정말 죽었는지, 혹시 살아 있지는 않은지 의심이 되었다. 상복을 입고 몇 달 동안 울부짖다가 비로소 잘못 전해진 부음(訃音)이었다는 것을 알고는 상복을 벗었다. 대개 몹시 걱정스러운 시절을 만나 서슬이 시퍼런 칼날이 에워싸고 있는 탓에 서로 간에 왕래할 수 없고 게다가 서신조차 끊어져서 마치 병란 중에 있는 것과 같았으니, 슬픈 일이다.

57 네 번째 : 초간본에는 이 시에 대해서 "네 편의 시가 모두 괴로운 마음을 쏟아내었으나, 이 편이 유독 더 애통한 작품이다."라고 평하였다.

58 죽은……알리라 : 구봉 자신도 얼마 뒤에는 죽게 될 것이라는 뜻이다.

백발
白髮

봄바람이 흰머리에 불어와서는	春風吹白髮
흰 꽃 속에 머리카락 떨어뜨리네	吹落白花中
머리 세면 다시 소년 되기 힘든데	髮白難少年
꽃은 져도 봄바람은 다시 또 부네	花落又春風
정이 없는 사물 저리 끝이 없건만	無情物無窮
정이 있는 사람 이에 끝이 있구나	有情人有終
호연하게 한 번 길게 휘파람 불며	浩然一長嘯
천고의 옛 영웅들을 슬퍼하누나	千古弔英雄

하늘

天

군자들을 보고 또 소인들을 보면	君子與小人
떠받드는 바는 오직 저 하늘이네	所戴惟此天
군자들을 보고 또 군자들을 보면	君子又君子
만고토록 한 하늘을 똑같이 하네	萬古同一天
소인들의 하늘 보면 천만 개라서	小人千萬天
하나하나 그 하늘을 멋대로 하네	一一私其天
제멋대로 하려 하다 끝내 못 하면	欲私竟不得
이에 되레 그 하늘을 속이려 하네	反欲欺其天
그 하늘을 속이려다 아니 속으면	欺天天不欺
하늘 향해 되레 하늘 원망을 하네	仰天還怨天
무심한 건 군자들의 저 하늘이고	無心君子天
지공한 건 군자들의 저 하늘이네	至公君子天
궁해서도 그 하늘을 잃지 않으며	窮不失其天
현달해도 그 하늘을 아니 어기네	達不違其天
잠시라도 그 하늘을 안 떠나거니	斯須不離天
그 때문에 능히 하늘 섬기는 거네	所以能事天
하늘의 명 따르고 또 공경히 하며	聽之又敬之
생사 간에 오직 하늘 명만 따르네	生死惟其天
이미 능히 자기 자신 천명 즐기고	既能樂我天
남과 함께 하늘의 명 즐거워하네	與人同樂天

벗과 이별하면서 주다[59]

贈別友人

그윽하게 살매 오만 소리가 없고	幽居萬籟息
우두커니 서매 천봉 적막만 하네	佇立千峯寂
벗님 보낸 심부름꾼 날듯이 오매	翩翩故人使
눈이 내린 시냇가에 발자취 남네	溪雪初成迹
그 편지에 철옹성[60]에 왔다 하기에	書云客鐵瓮
그대 오길 기다려서 달을 읊었네	待君吟月夕
한 백년의 우리들의 뜬 인생에서	浮生百年間
이런 기회 능히 며칠이나 되려나	此會能幾日
어젯밤의 꿈에 화산 다다랐는데[61]	昨夢落華山
보자마자 바로 이별하겠다 하네	纔見旋言別
동해에는 부는 바람 아니 그치니	東海風不止
이 전란은 어느 때나 끝이 나려나	兵戈何時畢
죽은 자야 이제 이미 그만이지만	死者旣已矣
살아 있는 자도 역시 영결을 하네	生亦爲永訣

59 벗과 이별하면서 주다 : 시의 내용으로 보아 구봉이 희천(熙川)에 유배되어 있을 때 지은 듯하다.

60 철옹성(鐵瓮城) : 평안도 영변(寧邊)에 있는 산성으로, 일명 약산산성(藥山山城)이라고도 한다.

61 어젯밤의……다다랐는데 : 벗과 함께 자다가 옛날에 서울에서 함께 노닐던 꿈을 꾸었다는 뜻이다.

하염없는 속에 서로 말이 없거니	脈脈兩無言
마주 대해 허연 머리 바라보누나	相對看白髮

마양촌에 우거하다가 새벽녘에 이백의 〈담현〉 시에 차운하다[62]

寓馬羊[63]村曉次李白談玄韻

일천 산에 새벽 되자 새들이 울어	千山鳥聲曉
그윽한 이 꾸던 꿈을 먼저 깨었네	幽人夢先覺
돌아가는 구름은 잔잔하게 흐르고	歸雲流靜態
지는 달은 찬 모습을 가리고 있네	落月掩寒貌
이슬 젖은 꽃 축축해 못 나는데	露花濕不飛
이미 진 꽃이 되레 날려고 하네	旣落還有要
숲 끝에서 하얀 빛이 생겨나더니	林端白色生
점차 창문 사이로 와 비추어 주네	漸入窓間照
차는 것과 비는 것이 한 이치이매	盈虛只一理
한가한 중에 묘함 묵묵히 아네	默契閑中妙
담백함을 맛보면서 내수[64] 높이고	味淡尊內守

62 마양촌(馬羊村)에……차운하다 : 마양촌은 충청남도 당진시 송산면 매곡리에 있는 마을이다. 구봉은 1596년(선조29) 유배에서 풀려나 마양촌에 있는 김진려(金進礪)의 집에서 지내면서 찾아오는 문인들과 함께 어울리며 학문을 토론하곤 하였다. 이백의 〈담현〉 시는 《이태백집(李太白集)》 권20에 실려 있는 〈여원단구방성사담현작(與元丹丘方城寺談玄作)〉을 말한다. 초간본에는 이 시에 대해서 "은연중에 도잠(陶潛)이나 사영운(謝靈運)의 시와 합치한다.〔暗合陶謝.〕"라고 평하였다.

63 馬羊 : 대본에는 '羊馬'로 되어 있다. 《구봉집》 권1 〈제마양촌벽(題馬羊村壁)〉에 근거하여 바로잡았다. 초간본에도 '羊馬'로 되어 있다.

적막함을 좋아하여 외소[65] 얕보네　　慕寂輕外召
혼자 앉았거니 뉘와 함께 감상하며　　獨坐誰同賞
사사로움 없으니 어찌 곡조 다르랴　　無私豈異調
깊은 상념 속에 홀연 깨우침 있어　　遐想忽有會
가끔씩은 빙그레 웃기도 하네　　時或宛爾笑
발걸음이 뜰 밖으로 안 나서거니　　足不下庭戶
어느 해나 산에 올라 조망해 볼꼬　　何年事登眺

64 내수(內守) : 자신의 내면을 잘 지키는 것을 말한다.

65 외소(外召) : 자신의 몸 바깥에서 오는 것으로, 부귀영화 따위를 말한다.

칠언 고시 8수 七言古詩 八首

꺾인 대나무에 대한 노래

折竹吟

한밤중에 광풍 불어 몇 그루 대 부러지매	半夜狂風折竹數叢
새벽녘에 대를 보고 나의 몸을 쓰다듬네	曉起對竹翻撫躬
꺾일지언정 버들처럼 시들지는 않으니	雖然可折不可凋落同蒲柳
돌아와서 높이 누워 위로하다 슬퍼하네	歸來高臥一慰一忡忡

강에 뜬 달에 대한 노래

江月吟

내가 강가에서 사는 객이 된 것은　我爲江上客
강물 위에 뜨는 저 달 사랑해서네　爲愛江上月
강이 비면 달도 또한 밝게 비추고　江空月亦白
달 밝으면 내 마음도 또한 밝다네　月白心亦白
호연하게 마주해 서로 밝게 비추거니　浩然相對洞相照
맑은 밤은 길고 길며 하늘은 적막하네　淸夜漫漫天寂寂

운양산[66]에 있으면서 벗이 보내 준 시에 차운하다

在雲陽山中次友人見寄韻

맑은 밤은 고요하고 골짜기는 그윽한데　清夜沈沈洞壑幽

외로운 학 솔 위에서 눈 떨어져 놀라누나　獨鶴頻驚松上雪

새벽바람 어느 절의 종소리를 실어 오나　曉風吹落何處鍾

한 소리가 천 봉우리 달빛 속을 건너오네　一聲迥度千峯月

깊은 샘의 얼음 깨니 차 달이기 더뎌지고　叩氷玄竇煎茶遲

어린 동자 꿈을 깨니 향 연기가 눅눅하네　小奚斷夢香煙濕

산중에서 오래 산 탓에 도심 온전하여　山中住久道心全

산 바깥에 풍진 급히 일어남을 믿지 않네　山外不信風塵急

들쭉날쭉 산봉우리 아침 해 떠 붉어지매　參差疊巘埋早紅

창 저편의 새벽빛이 나뉘었다 또 모이네　隔窓曙色分又集

고요하니 되레 세월 더딘 것이 싫어지고　靜闃還嫌日月遲

맘 비우니 되레 시서 난삽하여 의아하네　沖虛翻訝詩書澁

신선이란 단지 사람 마음속에 있거니와　神仙只在方寸中

표륜[67] 멀리 못 간다는 말을 하지 말지어다　休道飆輪遠無及

무릉[68]서도 세상일은 단절할 수 없거니와　武陵終未絶世間

어떤 벗이 되레 창생 향해 눈물 흘렸구나　有友却向蒼生泣

66 운양산(雲陽山) : 절의 종소리가 들려온다는 등의 표현으로 볼 때 경기도 김포시 운양동에 있는 운양산을 가리키는 듯하다.

67 표륜(飆輪) : 바람을 타고 날아다니는 수레로, 신선들이 타고 다닌다고 한다.

68 무릉(武陵) : 여기서는 구봉이 머물고 있는 운양산을 이른다.

백발

白髮

흰머리는 무단히도 찾아서 오고	白髮無端至
봄바람은 우연하게 부는 법인데	春風偶爾來
지난해에 둘이 함께 날 찾은 곳은	前年共尋我
만 리나 먼 장사[69] 땅의 구석이었고	長沙萬里隈
올해에 또다시 나를 찾아온 곳은	今年又來尋
바람 불고 물결 이는 호해[70] 끝이네	風波湖海頭
정성스레 날 찾아올 필요 없거니	不須慇懃尋我至
해마다 내게 고향 시름만 더하네	年年添我故國愁

69 장사(長沙) : 전라도 무장(茂長)의 별호로, 이 지역에 구봉이 숨어 살았던 운장산(雲長山)이 있는바, 이곳을 가리키는 듯하다.

70 호해(湖海) : 구봉이 만년에 숨어 지냈던 충청남도 당진(唐津)의 바닷가 지방을 가리키는 듯하다.

어떤 사람을 그리워하다

懷人

구름 사이에 떠 있는 밝고 밝은 달	皎皎雲間月
이지러지고 둥글어질 때가 있지만	月缺圓有時
구름은 흩어지면 모일 기약이 없네	雲散會無期
물속에 떠 있는 배 유유히 떠가거니	悠悠水中舟
물은 흘러간 뒤 조수 되어 혹 오지만	水流潮或來
배는 한번 가면 어느 때나 돌아오나	舟去何年廻
정든 사람 배를 타고 구름 따라갔기에	情人浮舟逐雲去
만 리 멀리 바라보매 하늘만이 보이누나	萬里一望唯見天
혼자서 때맞추어 오는 조수를 대해	獨對有信潮
이지러지고 둥글어지는 달을 서글피 보네	悵然看缺圓

금성[71]의 옛터를 지나면서 읊다

歷金城故墟

백제가 험준함에 의지하여 피란했던 곳이다.

금성이 나라 된 게 언제 적의 일이던고	金城爲國問何時
금성이란 이름 이에 고금 세월 흘러왔네	城帶金名今古流
금성 아니 변했는데 나라 이미 없어져서	金城不改國已無
반쯤 남은 성첩에는 찬 달빛만 유유하네	半堞寒月空悠悠
연기 걷힌 푸른 물은 천년토록 한 빛이고	煙開碧水千年色
새 스치는 붉은 단풍 만 골짝에 가을이네	鳥拂紅楓萬壑秋
나라 흥망 관계없이 산하 모습 곱거니와	興亡不關山河美
아득 멀리 바라보매 되레 과객 시름 이네	極目還成過客愁

71 금성(金城) : 전라남도 담양군 금성면과 전라북도 순창군의 경계를 이루는 산인 금성산에 위치한 금성산성(金城山城)을 가리키는 듯하다.

만족과 불만족에 대하여[72] 읊다
足不足

군자들은 어찌하여 길이 만족해하는데	君子如何長自足
소인들은 어찌하여 길이 불만족해하나	小人如何長不足
부족함을 족해하면 항상 여유롭겠지만	不足之足每有餘
족한데도 부족해하면 늘 부족한 법이네	足而不足常不足
여유로움 즐긴다면 부족함이 없게 되나	樂在有餘無不足
부족함을 걱정하면 어느 때나 족해지랴	憂在不足何時足
안시처순[73]하면 다시 무슨 걱정 있겠냐만	安時處順更何憂

72 만족과……읊다 : 초간본에는 이 시의 1, 2구에 대해서 "두 개의 격구대(隔句對)를 세운 것이 문득 기발하게 느껴진다.〔立兩扇, 便奇拔.〕"라고 평하였으며, 중간의 여러 구에 대해서 "많은 족(足) 자를 써서 서술해 나갔는데, 그 뜻이 끊임없고 끝이 없다.〔敍開多少足, 意滔滔莽莽.〕"라고 평하였으며, 마지막 두 구절에 대해서 "결구가 유쾌하다.〔結得快活〕"라고 평하였다. 또한 이 시에 대해서 "이 시는 족(足) 자를 써서 압운(押韻)하면서 잇달아 20개의 족 자를 운자로 썼는데, 옛날에도 이러한 시체(詩體)는 없었다. 이 시는 처음부터 족 자를 가지고 이끌어 갔는데, 서로 겹치는 법이 없으며 남아 있는 흔적도 없어서 질펀하면서도 거칠 것이 없다. 이에 읽어 보노라면 서로 중복된다는 것을 깨닫지 못하는바, 마치 하늘을 나는 용이 구름을 탄 것만 같아서 모사하거나 포착할 수가 없으니 참으로 기이한 볼거리이다. 시의 내용은 지극한 이치를 엿보아서 깨치는 것을 위주로 하였는데, 뛰어난 견해가 마치 산이 무너지고 하수가 터지는 것만 같으니, 참으로 도가 있는 사람의 말이다. 어찌 한갓 시만 좋겠는가.〔此作用一"足"字爲押, 連用二十"足"字, 古無是格. 此爲紉始而無砌疊, 無痕迹, 淋漓恣肆. 讀之不覺其複, 猶飛龍乘雲, 不可模捉, 信一奇觀也. 主其覰破至理, 達見如峽決河潰, 眞有道者言. 豈徒文哉!〕"라고 평하였다.

원천우인[74]하면 필시 부족하여 슬프리라	怨天尤人悲不足
내게 있는 걸 구하면 부족함이 없겠지만	求在我者無不足
밖에 있는 걸 구하면 어찌 능히 족하리오	求在外者何能足
한 표주박 물로써도 즐거움이 충분했고[75]	一瓢之水樂有餘
한 끼 만전 식사로도 부족함을 걱정했네[76]	萬錢之羞憂不足
예로부터 지극한 낙 족함 아는 데에 있고	古今至樂在知足
천하의 큰 근심 바로 부족해함에 있다네	天下大患在不足
저 이세는 망이궁서 베개 높이 베고서는	二世高枕望夷宮

73 안시처순(安時處順) : 어떤 시운(時運)을 만나든 그 변화를 편안히 여기면서 순응하는 것을 말한다. 《장자》 〈양생주(養生主)〉에 "마침 그때에 태어난 것은 선생이 올 때가 되었기 때문이요, 마침 이때에 세상을 떠난 것은 선생이 갈 때가 되었기 때문이니 도리상 순응해야 할 일이다. 자기에게 닥친 시운을 편안히 여기고서 그 도리를 이해하여 순순히 받아들인다면 슬프고 기쁜 따위의 감정이 들어올 수 없을 것이다.〔適來, 夫子時也; 適去, 夫子順也. 安時而處順, 哀樂不能入也.〕"라고 하였다.

74 원천우인(怨天尤人) : 하늘을 원망하고 사람을 탓하는 것을 말한다. 공자(孔子)가 말하기를 "하늘을 원망하지 않고 사람을 탓하지 않는다.〔不怨天, 不尤人.〕"라고 하였다. 《論語 憲問》

75 한……충분했고 : 공자의 제자 안연(顔淵)이 가난한 살림에도 분수를 지키며 즐겁게 산 것을 말한다. 공자가 안회에 대해 "어질도다, 안회여! 한 소쿠리의 밥과 한 표주박의 물로 누추한 시골에서 지내자면, 남들은 그 곤궁한 근심을 감당하지 못하거늘, 안회는 도를 즐기는 마음을 바꾸지 않으니, 어질도다, 안회여!〔賢哉回也! 一簞食、一瓢飮, 在陋巷, 人不堪其憂, 回也不改其樂. 賢哉回也!〕"라고 하였다. 《論語 雍也》

76 한……걱정했네 : 자제할 줄 모르고 사치스러운 생활을 하는 것을 말한다. 진 무제(晉武帝) 때의 태위(太尉) 하증(何曾)이 호사하기를 좋아하여 궁실, 거마, 의복, 음식 등을 왕보다도 사치스럽게 하였는데, 특히 끼니때마다 만전(萬錢)의 값이 나가는 음식상을 받았는데도 "젓가락으로 집어 먹을 것이 없다.〔無下箸處.〕"라고 투정을 부렸다. 《晉書 何曾列傳》

내 수명을 다하여도 부족하다 여기었네[77]	擬盡吾年猶不足
당 현종은 마외파서 길이 막히었을 적에	唐宗路窮馬嵬坡
내생을 점치면서 부족하다 말했었네[78]	謂卜他生曾未足
필부들은 일포[79]라도 만족한 낙 알건마는	匹夫一飽知足樂
왕공들은 부귀해도 부족하게 여긴다네	王公富貴還不足
천자 자리 차지해도 족할 줄을 모르는데	天子一坐不知足
가난한 저 필부들은 그 족함을 선망하네	匹夫之貧羨其足
불만족과 만족 모두 자기 맘에 달렸거니	不足與足皆在己
외물 어찌 만족함과 부족함이 되겠는가	外物焉爲足不足
나의 나이 칠십인데 깊은 골짝 누웠으니	吾年七十臥窮谷
남들 부족하다 하나 난 만족히 여긴다네	人謂不足吾則足
아침나절 만 봉우리 이는 구름 바라보면	朝看萬峯生白雲

77 저……여기었네 : 이세(二世)는 진 시황(秦始皇)의 둘째 아들 호해(胡亥)를 말하고, 망이궁(望夷宮)은 중국 섬서성(陝西省) 경양현(涇陽縣) 동남쪽에 있는 궁궐이다. 진 시황이 죽은 뒤에 이사(李斯)와 조고(趙高)가 진 시황의 유조(遺詔)를 위조하여 장자 부소(扶蘇)를 죽이고 호해를 세웠다. 그 뒤에 조고가 정사를 마음대로 하여 관동(關東)에서 도적이 일어나 이세가 조고를 책망하자, 조고가 그의 사위인 염락(閻樂)을 시켜 망이궁에서 이세를 시해하게 하였다. 《史記 秦始皇本紀》

78 당……말했었네 : 당 현종이 일찍이 양 귀비(楊貴妃)의 팔을 베고 밤하늘을 쳐다보다가 견우(牽牛)와 직녀(織女)의 일에 감동하여 은밀히 연리지(連理枝)처럼 세세생생 부부가 되기를 약속했는데, 안녹산(安祿山)의 난이 일어나 촉(蜀) 땅으로 가던 중 마외파(馬嵬坡)에 이르렀을 때, 군사들이 안녹산의 난의 원인이 된 양 귀비를 제거하도록 요구하자 현종은 하는 수 없이 허락하였다. 양 귀비는 마외파에서 고 역사(高力士)에 의해 교살(絞殺)되었다. 《古文眞寶 前集 卷9 長恨歌》《新唐書 玄宗皇帝本紀》

79 일포(一飽) : 대본에는 '一抱'로 되어 있다. 문맥에 근거하여 '抱'를 '飽'로 바로잡아 번역하였다.

제 스스로 오고 가서 높은 정취 충분하고	自去自來高致足
저물녘에 바다가 달 토하는 걸 바라보면	暮看滄海吐明月
넓고 넓은 금물결에 나의 안계 풍족하네	浩浩金波眼界足
봄철에는 매화 있고 가을에는 국화 있어	春有梅花秋有菊
끊임없이 피고 지니 그윽한 흥 족하다네	代謝無窮幽興足
책상 위의 경서 보면 도의 맛이 깊거니와	一牀經書道味深
만고 옛 분 사귀어서 사우들이 족하다네	尙友萬古師友足
나의 덕이 선현들에 비해 부족하긴 하나	德比先賢雖不足
허연 머리 가득하여 나인 이미 족하다네	白髮滿頭年紀足
나와 함께 즐기는 건 진정 때가 있거니와	同吾所樂信有時
내 몸에 잘 간직하매 즐거움이 풍족하네	卷藏于身樂已足
천지간에 부앙하며 자유롭게 내 살거니	俯仰天地能自在
하늘이 날 대우함이 족하다고 할 만하리	天之待我亦云足

명은 실의 빈이라는 시를 읊다
名者實之賓詩

산속 집이 무릉[80]에 온 봄에 깊이 잠겼는데	山家深鎖武陵春
연하 속에 십 년 동안 천진을 잘 닦았다네	煙霞十載修天眞
고운 옥은 독 속에 잘 감춰 둬야 하거니와[81]	美玉從來宜韞櫝
그 이름이 홍진 속에 오는 거를 허락 않네	姓名不許來紅塵
나라 안에 이름이 꼭 알려질 걸 바란다면	在邦在家慕必聞
실을 잊고 빈만 다투는 게 정말 우스우리	笑他忘實爭其賓
실은 본디 안에 있고 빈은 밖에 있는 거니	實固在內賓在外
외물 따위 이내 몸에 무슨 상관 있으리오	外物何有於吾身
박옥 비록 변화[82]가 아니라도 박옥이거니와	璞雖非和璞則璞
어찌 이름 있은 뒤에 능히 보배 되겠는가	豈待名後能爲珍
덕 있는 이 기다려서 울면 바로 봉황이고	鳴俟有德卽鳳凰
산 풀 밟지 않는다면 또한 모두 기린이네	踐不生草皆麒麟
이름만을 좋아하면 실은 되레 없어져서	名之是好實反蔑
철로보란 맞지 않는 이름만이 분분하리[83]	鐵爐冒號頗紛繽

80 무릉(武陵) : 여기서는 구봉이 머물고 있는 운양산을 이른다.

81 고운……하거니와 : 고운 옥을 잘 갈무리해 두듯이 자신의 재능을 감추고 쓰일 때가 오기를 기다리는 것을 말한다. 51쪽 주1 참조.

82 변화(卞和) : 춘추 시대 초(楚)나라 사람으로, 좋은 옥을 가지고 있다가 발꿈치가 잘리는 화를 당하였다.

83 이름만을……분분하리 : 이름을 좋아하면 실제는 없어지고 만다는 뜻이다. 철로보

억만이 맘 떠났으니 주가 어찌 임금이며	離心億萬紂豈君
삼천이 덕 같이하니 주는 신하 아니었네[84]	三千同德周非臣
유명으로 묵행하니 쇠한 세상 탄식하고[85]	儒名墨行歎衰世
사슴 보고 말이라 한 진나라를 기롱하네[86]	指鹿稱馬譏狂秦
송나라의 바보 깊이 감춘 보배 돌이었고[87]	宋愚藏寶定是石

(鐵爐步)는 철공소(鐵工所)를 말한다. 당나라 유종원(柳宗元)의 〈영주철로보지(永州鐵爐步志)〉에 "전에는 철공소가 있었으므로 철로보라 하였지만 지금은 철로가 없는데도 그대로 철로보라 하니 이름만 있고 실제는 벌써 없어졌다."라고 하였다. 《柳河東集 卷28》

84 억만(億萬)이……아니었네 : 임금이라는 이름이 있더라도 백성들이 따르지 않으면 임금 노릇을 할 수 없다는 뜻이다. 주(周)나라 무왕(武王)이 은(殷)나라를 치러 가면서 군사를 모아 놓고, "힘이 같을 경우에는 덕을 헤아리고 덕이 같을 경우에는 의를 헤아리니, 은나라 왕 수(受)는 신하가 억만이 있지만 억만의 마음이고, 나는 신하가 삼천이 있는데 오직 한마음이다."라고 하였다. 《書經 泰誓上》

85 유명(儒名)으로……탄식하고 : 겉으로는 유자(儒者)의 행색을 하고 있지만 속으로는 묵자(墨子)의 도를 따르는 것을 보면 탄식이 나온다는 뜻이다. 한유(韓愈)의 〈송부도문창사서(送浮屠文暢師序)〉에 "사람 중에는 본디 이름은 유자이지만 묵자의 도를 행하는 자가 있다. 이름을 물어보면 유자이지만 행동을 따져 보면 유자가 아니다. 이런 자와는 어울려 노닐 수가 없다. 반대로 이름은 묵자이지만 유자의 도를 행하는 자가 있다. 이름을 물어보면 유자가 아니지만 행동을 따져 보면 유자이다. 이런 자와는 어울려 노닐 수가 있다."라고 하였다. 《古文眞寶 後集 卷2》

86 사슴……기롱하네 : 진(秦)나라의 환관 조고(趙高)가 이세황제(二世皇帝)를 기만하여 권세를 장악한 것을 비웃는다는 뜻이다. 조고가 자신을 따르지 않는 신하들을 제거하기 위해 사슴을 이세황제에게 보이면서 말이라 하였다. 황제가 괴이하게 여겨 여러 신하에게 물었는데, 신하들이 조고의 위세를 겁내 사슴을 말이라고 하였다. 사실대로 사슴이라 한 사람들은 모두 조고에게 죽음을 당하였다. 《史記 秦始皇本紀》

87 송(宋)나라의……돌이었고 : 송나라의 어리석은 사람이 연산(燕山)에서 나는 돌을 오대(梧臺)의 동쪽에서 얻고는 큰 보물이라 여겨 비단으로 몇십 겹을 싸서 잘 보관하

주 목왕 때 만든 목인 진짜 사람 아니었네[88]	穆王刻木誠非人
애당초에 사물 없음 이름 역시 없는 거니	當初無物名亦無
지로써 지 설명함은 전혀 방도 없는 거네[89]	以指喩指都無因
한번 구멍 뚫어지자 혼돈 이에 죽었으며[90]	一自竅成渾沌死
세상 만물 화화함은 마치 홍균과도 같네[91]	萬物化化如洪鈞
높으면 산이라 하고 깊으면 물이라 하며	高以云山深以水

였으나, 결국 일반 돌과 다름이 없는 돌이라서 주(周)나라의 어떤 나그네에게 비웃음을 당하였다. 《太平御覽 卷51 引 闞子》

88 주……아니었네 : 주(周)나라 목왕(穆王) 때 어떤 사람이 나무로 깎아 만든 목인(木人)을 목왕에게 바쳤는데, 목인은 내달리고 구부리고 펴고 말하고 춤추고 하는 것을 진짜 사람과 똑같이 하였다. 목인이 목왕의 궁녀들을 희롱하자, 목왕이 몹시 화를 내면서 그것을 바친 사람을 죄주려고 하니, 그 사람이 목인의 배를 갈라 진짜 사람이 아님을 보여 주었다. 이에 목왕이 그 사람에게 크게 상을 내렸다. 《金樓子 卷5》

89 지(指)로써……거네 : 《장자(莊子)》 〈제물론(齊物論)〉에 "손가락을 가지고 손가락이 손가락이 아님을 설명하는 것은 손가락이 아닌 것을 가지고 손가락이 손가락이 아님을 설명하는 것만 못하고, 말을 가지고 말이 말이 아님을 설명하는 것은 말이 아닌 것을 가지고 말이 말이 아님을 설명하는 것만 못하다. 하늘과 땅은 하나의 손가락이요, 만물은 하나의 말이다."라고 하였다.

90 한번……죽었으며 : 《장자》 〈응제왕(應帝王)〉에 "남해의 황제 숙(儵)과 북해의 황제 홀(忽)과 중앙의 황제 혼돈(渾頓)이 어느 날 혼돈의 땅에서 만났는데, 혼돈이 그들을 극진히 대접하였다. 이에 숙과 홀이 혼돈의 은혜에 보답하고자 상의한 끝에, 그에게 구멍을 뚫어 주기로 하였다. 사람은 모두 일곱 개의 구멍이 있어 보고 듣고 먹고 숨을 쉬는데, 혼돈만 구멍이 없기 때문이었다. 그들은 하루에 하나씩 구멍을 뚫었는데, 이레째가 되는 날에 혼돈이 그만 죽고 말았다."라고 하였다.

91 세상……같네 : 화화(化化)는 생생화화(生生化化)와 같은 말로, 만물이 상생(相生)하는 것이 끊이지 않으며 변화하는 것이 그치지 않는 것을 말한다. 《列子 天瑞》 홍균(洪鈞)은 도자기를 만들 때 돌리는 큰 물레를 말하는데, 흔히 대자연이 원기를 조화시켜 만물을 생성하는 것을 뜻하는 말로 쓰인다.

누런 건 금이라 하고 흰 건 은이라 하네	黃遂稱金白又銀
그러므로 이름 이에 다른 곳에서 와서는	名於是乎自他來
번갈아서 군신 되어 날로 새로워진다네	遞爲君臣日以新
실과 빈은 참과 거짓이 뒤섞이어 있거니	實與爲賓渾眞僞
월조 호칭 달리하나 자주자주 -원문 1자 결락-	月朝異號□頻頻
고 아닌 걸 고라 하여 괜히 뜨게 하였거니[92]	不觚稱觚謾尙浮
세도 한번 오염되면 순박해질 수 없다네	世道一洿無由淳
왕안석이 요 말한들 행실 어찌 요겠으며	安石言堯行豈堯
원헌은 집 가난해도 도는 아니 가난했네[93]	原憲家貧道不貧
모두 허만 가리키고 실은 아니 가리키니	皆指其虛不指實
이 사이의 빈과 주를 누가 능히 말하리오	此間賓主誰能陳
아아, 나는 일찌감치 내외 분수 정하여서	嗟我早定內外分
진흙 속에 꼬리 끌며 숨어 살길 즐기누나[94]	曳尾塗中樂隱淪

92 고(觚)……하였거니 : 이름과 실제가 맞지 않게 하였다는 뜻이다. 고는 고대에 의식에 사용하던 네모난 술잔인데, 춘추 시대로 오면서 이 술잔이 네모꼴을 잃게 되었다. 이에 공자가 그 이름만 있고 실제가 없는 것을 탄식하면서 말하기를 "고가 네모꼴이 아니면 고이겠는가, 고이겠는가."라고 하였다. 《論語 雍也》

93 원헌(原憲)은……가난했네 : 원헌은 공자의 제자로 자가 자사(子思)인데, 노(魯)에 살면서 너무 가난하여 토담집에 거적을 치고 문짝 하나도 제대로 된 것이 없어 비만 오면 지붕이 새어 방 안이 젖곤 하였다. 어느 날 동문인 자공(子貢)이 큰 말을 타고 호화로운 차림으로 찾아와 그의 험한 꼴을 보고 무슨 병이 들었느냐고 묻자, 원헌이 대답하기를 "나는 들으니, 재물이 없는 자를 가난하다 말하고 도를 배우고서도 제대로 행하지 못하는 자를 병들었다고 말한다고 하였습니다. 나는 가난한 것이지 병든 것은 아닙니다."라고 하니, 자공이 부끄러움을 느꼈다고 한다. 《莊子 讓王》

94 진흙……즐기누나 : 이 세상의 헛된 명예 따위는 돌아보지 않은 채 전원 속에서

밭 갈아도 유신[95] 들엔 들어가지 아니했고	耕田莫入有莘野
낚시해도 반계[96] 가엔 이르지를 아니했네	垂釣不到磻溪濱
요의 천하 사양하여 도리어 이름이 났던	讓堯天下反有名
저 기영을 향하여서 일민임을 비웃노라[97]	却向箕穎[98]笑逸民

천성대로 살아간다는 뜻이다. 초왕(楚王)이 초나라의 정치를 맡아 달라고 부탁하자, 장자가 말하기를 "초나라에는 죽은 지 3000년이나 되는 신귀(神龜)가 있는데, 초왕이 이것을 천에 싸서 상자에 넣어 묘당(廟堂)에 간직하고 있다고 한다. 그런데 이 거북은 죽어서 뼈를 남기어 귀중하게 되기를 바라겠는가, 아니면 살아서 진흙 속에 꼬리를 끌고 다니기를 바라겠는가?"라고 했다. 《莊子 秋水》

95 유신(有莘) : 중국 고대의 지명으로, 이곳의 들판에서 상(商)나라의 명신(名臣)인 이윤(伊尹)이 농사를 짓다가 탕왕(湯王)의 초빙을 받고 조정에 들어가 재상이 되어 왕업을 성취시켰다. 《맹자》 〈만장 상(萬章上)〉에 "이윤은 유신의 들판에서 농사를 지으면서도 요순의 도를 즐겼다."라고 하였다.

96 반계(磻溪) : 중국 위수(渭水) 가에 있는 지명으로, 강태공(姜太公) 여상(呂尙)이 이곳에서 낚시질하다가 문왕(文王)을 처음 만나 사부(師傅)로 추대되었고, 뒤에 문왕의 아들인 무왕(武王)을 도와서 은(殷)나라를 멸망시키고 천하를 평정하였다. 《史記 齊太公世家》

97 요(堯)의……비웃노라 : 요 임금 때의 고사(高士)인 소부(巢父)와 허유(許由)조차도 우습게 본다는 뜻이다. 기영(箕穎)은 기산(箕山)과 영수(穎水)를 가리킨다. 요 임금 때 허유가 기산에 들어가 숨어 살았는데, 요 임금이 허유를 불러 구주(九州)의 장(長)으로 삼으려고 하였다. 그러자 허유가 더러운 말을 들었다고 하면서 영수의 물에 귀를 씻었다. 소부가 영수 가로 소를 끌고 와서 물을 먹이려고 하다가 그 귀를 씻은 물을 먹이면 소의 입이 더러워지겠다고 하면서, 소를 끌고 상류로 올라가 버렸다. 《高士傳 許由》

98 穎 : 대본에는 '穎'으로 되어 있다. 문맥에 근거하여 수정하였다.

오언 절구 39수 五言絶句 三十九首

적벽[99]의 기암 위에 있는 어떤 마을
赤壁奇巖上一村

작은 주막 험한 절벽에 기대 있고　小店倚絶崖
사립문은 개울 쪽을 향해 열렸네　柴門向水開
물 길으러 하얀 구름 밖으로 가고　汲泉雲外去
약초 캐어 거울 속으로 돌아오네　採藥鏡中廻

99 적벽(赤壁) : 전라남도 화순군(和順郡) 이서면(二西面) 창랑천(滄浪川) 일대의 절벽을 말한다. 적벽이라는 명칭은 기묘사화(己卯士禍) 때 동복(同福)으로 귀양 온 최산두(崔山斗)가 중국의 적벽에 버금간다 하여 붙였다고 한다.

주인이 나가서 돌아오지 않기에 우연히 제하다

主人出不還偶題

적적해라 빈집의 문 닫혀 있는데	寂寂掩空堂
유유하게 산 너머로 해가 지누나	悠悠山日下
문밖으로 나갔다 또 들어와서는	出門又入門
우두커니 서 있다가 도로 앉누나	佇立還成坐

산에서 내려오며 읊다

下山

새벽녘에 맑은 경쇠 소리 울릴 때	殘夜鳴淸磬
막대 짚고 푸른 산을 내려오누나	携笻下碧山
바위틈에 핀 꽃들은 이별 아쉬워	巖花猶惜別
물을 따라 인간 세상으로 나오네	隨水出人間

서하당에 부쳐 사는 객을 읊다[100]

詠棲霞寓客

시절 걱정하는 탓에 흰머리 나고	念時生白髮
문을 닫고 있노라면 찬 매화 지리	閉戶落寒梅
서울 사는 벗들은 다 소식 끊겼고	京友斷書札
산새들만 날아가고 날아올 거리	山禽惟去來

100 서하당(棲霞堂)에……읊다 : 서하당은 전라남도 담양군 남면 지곡리에 있는 정자로, 서하당 김성원(金成遠)이 지었다. 서하당에 부쳐 사는 객은 정철(鄭澈)을 가리킨다. 김성원은 정철의 처외재당숙으로 정철보다 11년이나 연상이나 정철이 성산에 와 있을 때 같이 환벽당(環壁堂)에서 공부하던 동문이다. 정철은 이곳과 식영정(息影亭) 등을 무대로 고경명(高敬命), 백광훈(白光勳), 구봉 등과 교유하면서 지냈다.

비 내리는 밤
雨夜

외로운 객 맘 경경해 잠 설치는데 獨客耿無夢
대숲 사이 오는 산비 차고도 차네 竹間山雨寒
이에 되레 외로운 배 뱃전에 기대 還如倚孤棹
가을날 밤 사탄[101]에서 묵는 것 같네 秋夜宿沙灘

101 사탄(沙灘) : 만경강(萬頃江)의 옛 이름인데, 특히 전주 근처의 만경강을 이른다. 《택리지(擇里志)》에 "주줄산(珠崒山) 이북의 여러 골짜기 물이 고산현(高山縣)을 지나 전주 경계에 들어오면서 율담, 양전포, 오백주 등의 큰 시내가 된다.……서쪽의 사탄으로는 생선과 소금을 실은 배가 통한다."라고 하였다. 주줄산은 구봉이 숨어 살던 운장산의 옛 이름이다.

천원역[102] 누각에서 송강의 시에 차운하다

泉源驛樓次松江韻

길은 남쪽 바다 닿아 끊어졌으며 路窮南極海
마음은 해 언저리의 구름 따르네 心逐日邊雲
아득 멀리 송강 노인 떠올리거니 遙憶松江老
맑은 시절에도 삽짝 닫고 지내리 淸時掩竹門

역정에서 저물녘에 술을 마시고 驛亭[103]殘日酒
말을 타고 초산[104]의 구름 속 가네 征馬楚山雲
누대 아래 조잘대며 흐르는 물은 樓下濺濺水
사람 따라 동구 밖을 나서는구나 隨人出洞門

송강의 원시(原詩)이다.

102 천원역(泉源驛) : 천원역(川原驛)으로, 전라북도 정읍시 입암면에 있던 역이다.

103 亭 : 초간본에는 '樓'로 되어 있다.

104 초산(楚山) : 정읍(井邑)의 옛 이름이다.

저물녘에 읊다

暮詠

긴 대숲이 찬 연기에 덮여 있어서	脩竹翳寒煙
찬 기운이 저물녘에 생기어 나네	涼生近夕天
이내 몸은 천 리 밖을 떠돌거니와	一身千里外
일 없으니 이는 바로 신선이라네	無事是神仙

우연히 읊조리다

偶吟

나는 진정 매화나무 흡사한 탓에 我似梅花樹
남쪽 오자 북쪽으로 가기가 싫네 南移厭北還
서울 안에 복사 오얏 꽃피는 날에 長安桃李日
누가 다시 나의 안부 물어 주려나 誰復問孤寒

대나무[105]

竹

천년토록 푸른빛을 잘 보전하면　　遠保千年碧
뒷날에는 봉황 필히 내려오리라　　他時鳳下來
석 달 봄이 능히 며칠이나 가겠나　　三春能幾日
복사 오얏 꿈속에서 활짝 피었네　　桃李夢中開

105 대나무 : 초간본에는 이 시에 대해서 "세속을 조롱하며 스스로 높이 여긴다.〔嘲俗而自高〕"라고 평하였다.

남계에서 저물녘에 배를 띄우다[106] 2수

南溪暮泛 二首

방초 자란 물가에다 배를 대고는	一棹依芳渚
천 봉우리 이는 구름 바라다보네	千峯看白雲
고개 돌려 술을 가져오라는 곳엔	回頭喚[107]酒處
꽃 이파리 분분하게 떨어지누나	花雨落紛紛

꽃에 빠져 돌아갈 길 이미 늦었고	迷花歸島[108]晚
달 보려고 여울 더디 내려오누나	待月下灘遲
취해 졸며 낚싯줄을 드리우거니	醉睡[109]猶垂釣
배는 옮겨 가나 꿈은 안 옮겨 가네	舟移夢不移

106 남계(南溪)에서……띄우다 : 남계는 전라북도 순창군 순창읍에 있는 시내이다. 초간본에는 이 시의 첫째 수에 대해서 "시사가 걸핏하면 바뀌는 것을 탄식한 것이다.〔歎時事易影〕"라고 평하였으며, 둘째 수에 대해서 "마음이 경물에 빼앗기지 않았다.〔心不爲境所奪〕"라고 평하였다.

107 喚 : 초간본에는 '換'으로 되어 있다.

108 島 : 초간본 및 《성소부부고(惺所覆瓿藁)》 권26 〈학산초담(鶴山樵談)〉에는 '棹'로 되어 있다.

109 睡 : 《성소부부고》 권26 〈학산초담〉에는 '裏'로 되어 있다.

고요하게 앉아 있다가[110]

靜坐

남쪽 뜰의 밖으로는 아니 나가며　不出南庭[111]畔
유람함은 오직 하늘 공경에 있네　遊觀唯敬天
마음속에 한 물건도 안 들었으매　心中無一物
형태 있기 전과 묵묵히 계합하네　默契未形前

"유람함은 오직 하늘 공경에 있네.〔遊觀唯敬天〕"라는 시구는 꿈속에서 얻은 구절로, 하늘을 공경한다는 것은 만상(萬象)이 발하기 이전에 삼연(森然)함을 이른 것이다. 그러니 유람하는 즐거움은 오직 하늘을 공경할 때에 있는 것이다. 그러므로 이를 앞 구절에 이어 붙여서 한 연(聯)을 이루었다.

110 고요하게 앉아 있다가 : 초간본에는 이 시에 대하여 "격양 시의 기운(氣韻)이 있다.〔擊壤舊氣〕"라고 평하였다. 격양은 송나라의 시인이자 학자인 소옹(邵雍)을 가리킨다.

111 庭 : 초간본에는 '程'으로 되어 있다.

차운하다[112] 2수

次韻 二首

나직하게 읊조리며 한번 취하매	沈吟成一醉
외로운 꿈 맑은 놀에 의지해 있네	孤夢倚晴霞
졸다 깨니 바위에서 향기 나는 건	睡起香生石
철 늦은 꽃 저 혼자서 떨어져서네	無風落晩花

맑은 하늘 저 밖 멀리 바라다보니	極目晴天外
돌아가는 새가 지는 노을 짝했네	歸禽伴落霞
타향에서 올봄도 또 지나가거니	他鄉春又過
서울에 핀 꽃들도 다 떨어졌으리	飛盡洛陽花

112 차운하다 : 초간본에는 이 시의 첫째 수에 대해서 "조사의 선어이다.〔祖師禪語〕"라고 평하였다. '조사의 선어'는 선종(禪宗)의 용어로, 조사들이 대대로 서로 전한 불립문자(不立文字), 교외별전(敎外別傳)의 선법(禪法)을 말한다.

시냇가에서 읊다
川上

긴 바람은 저녁놀에 비끼어 불고	長風吹夕霞
초승달은 잔물결에 일렁이누나	微月動川華
흰 이슬은 높은 나무 위에 내리고	白露落高樹
향기는 또 깊은 골짝 꽃에서 나네	香生幽谷花

칠월 초하루에 읊다

七月初一日

을사년의 종천 애통 있었던 뒤로	乙巳終天痛
지금 벌써 이십 년의 세월 흘렀네[113]	于今二十秋
매년마다 오늘이면 눈물 흘림은	年年今日淚
모두가 다 백성들을 위해서라네	一一爲民流

113 을사년의……흘렀네 : 인종(仁宗)이 승하한 지 20년의 세월이 흘렀다는 뜻이다. 을사년은 인종이 죽은 1545년을 가리킨다. 인종은 이해 7월 초하루에 승하하였다. 종천애통(終天哀痛)은 자신의 몸이 죽을 때까지 계속되는 슬픔이라는 뜻으로, 보통 부모의 상을 말하는데, 여기서는 인종의 상을 뜻한다.

밤길을 가면서 읊다

夜行

눈보라가 치는 깊은 산속의 길을	風雪窮山路
소를 타고 밤에 홀로 지나가누나	騎牛夜獨過
마을 멀어 깊숙한 곳 등불 보이고	村遙深見火
강 고요해 멀리 물결 소리 들리네	江靜迥聞波

홍산

鴻山

당금(黨禁)이 있다는 말을 듣고 스스로 홍산에서 초수(楚囚)가 되었는데,[114] 뒤에 과연 풀려나게 되었으니 시참(詩讖)이라고 할 만하다.

기러기가 하늘 높이 날 뜻 품었다	鴻抱凌霄志
여기 와서 갇혀 있는 신세 되었네	來投絆紲中
새장 활짝 열리는 날 있을 것이니	開籠應有日
한번 날면 바다와 산 바람을 타리	一擧海山風

114 당금(黨禁)이……되었는데 : 구봉이 신묘년(1591, 선조24)에 관가로 나와 자수하라는 선조의 엄명에 따라 홍산 고을로 나가 스스로 감옥에 갇힌 것을 말한다. 구봉은 이곳에 갇혀 있다가 다음 해에 평안도 희천(熙川)으로 유배되었다. 홍산은 지금의 충청남도 부여군 홍산면을 말한다. 당금은 당인(黨人)들을 금고(禁錮)하는 것을 말한다. 초수는 타국에 잡혀 온 초나라의 포로로, 궁박해서 어찌할 도리가 없는 처지에 놓인 신세를 가리킨다.

남쪽 땅에 파리가 아주 많기에 장난삼아 짓다

南土多蠅戲題

북산에선 백액호를 걱정했는데	北山愁白額
남해에선 파리 떼에 곤욕 당하네	南海困蒼蠅
장사들이 지금까지 못 잡았기에	壯士今無搏
시인 괜히 미워하는 시를 읊누나	騷人謾賦憎

우연히 읊조리다

偶吟

죽을 고비 겪으면서 남쪽에 오니	萬死投南國
외로운 집 대지팡이 싸늘도 하네	孤棲竹杖寒
두견새는 내 괴로움 슬퍼해 주고	杜鵑悲獨苦
백로는 또 내 한가함 부러워하네	鷗鷺羨長閑

홀로 앉아서 읊다

獨坐

책상 기대 저무는 해 걱정할 제에	隱几愁將夕
가을 기운 작은 누에 가득히 드네	秋陰滿小樓
물 흐르듯 나는 반디 해를 얕보고	流螢欺白日
나무숲을 뚫고 나와 앞다퉈 나네	穿樹各爭頭

고을 수령의 시에 차운하여 알리다 2수

次邑倅韻以報 二首

온 정성을 다하면서 말은 않지만	瀝血竟無言
백성 사랑하는 맘은 도리어 깊네	愛民心轉苦
구중궁궐 깊숙하고 또 깊숙하여	九天深復深
맘 서글피 바라보니 오운[115] 막혔네	悵望五雲阻

발 안에는 해와 달이 길기만 한데	簾中日月長
대문 밖엔 바람 서리 저리 괴롭네	戶外風霜苦
한가로운 곳이 바로 선궁이거니	閑處是仙宮
산과 바다 막혔다고 말하지 마소	莫言山海阻

115 오운(五雲) : 다섯 가지 빛깔을 내는 상서로운 구름으로, 흔히 임금이 있는 곳을 가리킨다.

객중에 다른 사람이 지은 〈서울을 생각하다〉 시에 차운하다 7수

客中次人憶京韻 七首

진성[116]에는 하얀 해골 버려져 있고	白委秦城骨
초새[117]에선 푸른 봉화 계속 오는데	青連楚塞烽
상양궁[118]의 안을 환히 비추던 달은	上陽宮裏月
예전같이 서쪽 산에 걸리어 있네	依舊掛西峯
천 관원이 가시덤불 헤치고 가며	千官披草棘
몇 밤이나 새로 오른 봉화 살폈나	幾夜候新烽
내리는 비 궁궐 나무 위를 적시고	雨泣宮中樹
가는 봄은 지팡이 밖 산에 남았네	春殘仗外峯
내 아우를 그리면서 새 시 지으며	念弟題新句
시대 상심하여 먼 곳 봉화 점치네	傷時占遠烽

116 진성(秦城) : 진나라 때 쌓은 만리장성을 가리키는데, 여기서는 우리나라 북쪽의 변경 지역을 뜻하는 말로 쓰였다.

117 초새(楚塞) : 초나라의 변경 지역 요새로, 여기서는 우리나라 남쪽의 변경 지역을 뜻하는 말로 쓰였다.

118 상양궁(上陽宮) : 당나라 고종(高宗)이 세운 궁전인데, 현종(玄宗) 때에 와서는 양 귀비(楊貴妃)가 현종의 총애를 독차지하면서 궁녀 중에 미인들을 모두 이 상양궁으로 옮겨 방치하였다고 한다.

꿈속에선 신선 궁궐 가까웠거니	夢裏仙宮近
봉래산[119]의 몇 번째 봉우리인가	蓬萊第幾峯
모든 집엔 봄에도 불 아니 때는데	萬井春無火
천산에선 한밤중에 봉화 오르네	千山夜有烽
행궁 안엔 물시계가 돌아갈 거고	行宮璇漏轉
부아봉[120]엔 꽃이 져서 떨어질 거리	花落負兒峯
손으로다 용천검[121]을 어루만질 새	手撫龍泉劍
하늘 멀리 위급하단 봉화 오르네	天遙照急烽
흰머리로 부질없이 서 있노라니	白頭空佇立
차가운 비 높은 산에 떨어지누나	寒雨落危峯
여관에선 나그네가 늙어 가거니	旅館人虛老
어느 때나 승전 소식 들려오려나	何時有捷烽

119 봉래산(蓬萊山) : 발해(渤海) 가운데 있다고 하는 삼신산(三神山) 가운데 하나로, 여기에는 신선들이 살며 불사약이 있고 새와 짐승이 모두 희며, 궁궐이 황금으로 지어졌다고 한다.

120 부아봉(負兒峯) : 서울에 있는 삼각산(三角山)의 별칭으로, 산꼭대기의 바위가 어린아이를 업고 있는 모양이라서 이런 이름이 붙었다고 한다. 부아악(負兒嶽)이라고도 한다.

121 용천검(龍泉劍) : 보검(寶劍) 이름으로, 진(晉)나라 때 장화(張華)가 오(吳) 땅에서 자색 기운이 하늘의 우수(牛宿)와 두수(斗宿) 사이로 뻗치는 것을 보고 얻었다고 한다. 《晉書 張華列傳》

지는 꽃은 무릎 빠질 만큼 지는데　落花深沒膝
첩첩산중 속에서 문 닫고 지내네　門掩萬重峯

부상[122]으로 가는 길을 직시해 보니　直視扶桑路
매년마다 해봉[123] 올라 시달리누나　頻年困海烽
어느 누가 석 자 되는 검을 가져다　誰將三尺劍
일변[124] 있는 봉우리에 높이 걸려나　高掛日邊峯

122 부상(扶桑) : 본디 전설에서 동쪽의 해 뜨는 곳에 있다는 나무로 해가 처음 떠오르는 장소를 뜻하는데, 여기서는 일본을 가리킨다.

123 해봉(海烽) : 바닷가에 있는 봉수대에서 올리는 봉화로, 여기서는 왜적의 침입을 살피는 봉화를 말한다.

124 일변(日邊) : 도성(都城) 또는 임금을 뜻하는 말이다. 동진(東晉)의 명제(明帝)가 어렸을 적에 부왕인 원제(元帝)로부터 장안(長安)과 해〔日〕 중에 어떤 것이 거리가 먼지 질문을 받고 대답한 고사에서 유래하였다. 《世說新語 夙惠》

강가에서 회포를 적다 4수

江上書懷 四首

만 리나 긴 하늘 물에 이어졌는데	萬里天連水
외로운 배 탄 나그네 못 돌아가네	孤舟客未歸
백옥에선 고기 꼬리 붉어 슬픈데[125]	白屋悲魚尾
푸른 산은 초위[126] 속에 떨어졌구나	青山落楚圍

매인 배엔 병든 사람 누워 있는데	繫舟人臥病
호해에는 다시금 또 봄바람 부네	湖海又春風
호시[127]하는 탓에 삼한 곤욕 당하자	虎視三韓困
요 임금의 맘이 만국 똑같이 봤네[128]	堯心萬國同

125 백옥(白屋)에선……슬픈데 : 백성들의 생활이 몹시 힘들다는 뜻이다. 백옥은 띠풀로 이은 집으로, 가난한 자가 사는 집을 이른다. 고기 꼬리가 붉다는 표현은 《시경》 〈주남(周南) 여분(汝墳)〉에 "방어 꼬리 붉어지고, 왕실은 불타는 듯.〔魴魚赬尾, 王室如燬.〕"이라고 한 데서 유래하였는데, 그 주에 "방어는 힘이 약하고 비늘이 가늘다. 물고기는 피곤하면 꼬리가 붉어진다. 방어 꼬리가 원래 흰데 지금 붉어졌다면 힘을 많이 써서 매우 피곤해진 것이다."라고 하였다.

126 초위(楚圍) : 초나라의 포위망이라는 뜻으로, 여기서는 임진왜란 때 왜적들이 쳐들어온 것을 뜻한다.

127 호시(虎視) : 호시탐탐(虎視耽耽)의 준말이다. 여기서는 왜적이 우리나라를 침략한 것을 뜻한다.

128 요……봤네 : 명나라 신종황제(神宗皇帝)가 우리나라를 구원해 줄 마음을 먹었다는 뜻이다.

이때 명나라 군사들이 우리나라를 구원하기 위하여 나왔다.

흰머리의 영웅들이 곤욕 겪으매　白首英雄困
전쟁이 난 세월이라 마음 놀라네　干戈歲月驚
임금께선 죄기 교서[129] 내리고 난 뒤　天書方罪己
변방 계책 위해 군사 또 징발하네　邊策又徵兵

용이 어복 입는 데서 형세 잃었고[130]　勢失龍魚服
사슴이 범 가죽 쓰매 다툼이 많네[131]　爭多鹿虎皮
시름 속에 긴긴밤을 지새웠거니　沈吟終永夕
지는 달빛 강기슭에 가득히 드네　落月滿江湄

129 죄기 교서(罪己教書) : 나라에 위급한 사태가 일어났을 때 임금이 자기 자신에게 죄가 있다고 온 백성에게 사과함으로써 민심을 고무하는 교서를 말한다.

130 용이……잃었고 : 임금이 미복(微服)을 입고 출행하는 것으로, 여기서는 선조가 전란을 만나 의주(義州)로 파천(播遷)한 것을 이른다. 어복은 평범한 물고기를 말한다. 유향(劉向)의 《설원(說苑)》에 백룡(白龍)이 물고기로 변하여 청령연(淸泠淵)에서 노닐다가 예저(豫且)라는 어부의 작살에 눈을 맞았다는 일화가 나오는데, 이는 일반적으로 귀인(貴人)이 미복으로 잠행하다가 뜻밖의 변을 당하는 것을 비유하는 말로 쓰인다.

131 사슴이……많네 : 능력이 안 되는 자가 조정에서 높은 자리를 차지하고 위세를 부려 조정이 시끄럽다는 뜻인 듯하다.

이 적선의 〈사호묘〉 시를 읽고 느낌이 있어서 읊다[132]

覽李謫仙四皓墓詩有感

범 다투던 날에 바둑 취해 있었고[133]	酣棋爭虎日
큰기러기 읊던 때에 우익 되었네[134]	成翼詠鴻時
저황[135] 위해 자신 죽기 원하였거니	願爲儲皇死
옳고 그름 가지고서 말하지 마라	休言定是非

132 이……읊다 : 이 적선은 이백(李白)을 가리키고, 시는 이백의 〈과사호묘(過四皓墓)〉를 가리킨다. 사호(四皓)는 상산사호(商山四皓)로, 진말 한초(秦末漢初)의 은자인 동원공(東園公), 기리계(綺里季), 하황공(夏黃公), 녹리선생(甪里先生)을 말한다. 이들은 진(秦)나라의 학정을 피해 상산에 은둔하였는데 한 고조(漢高祖) 유방(劉邦)이 초빙해도 응하지 않았다. 그러나 뒤에 장량(張良)의 요청을 받아들여서 태자(太子)를 도와 왕권을 안정시킨 뒤 다시 은둔하였다.

133 범……있었고 : 상산사호가 진나라와 유방과 항우 등이 천하를 놓고 다툴 적에 상산에 숨어서 바둑을 두며 지냈다는 뜻이다.

134 큰기러기……되었네 : 상산사호가 조정에 나가 태자 자리를 안정시킨 것을 말한다. 한 고조가 여후(呂后)의 소생으로 태자를 책봉하고 난 뒤에 다시 척 부인(戚夫人)의 소생인 조왕(趙王) 여의(如意)로 바꾸려고 하였는데, 대신들이 굳이 간쟁하여도 듣지 않았다. 이에 장량이 계책을 써, 태자로 하여금 상산사호에게 서찰을 보내 초빙해 오게 하였다. 고조가 마침내 상산사호가 태자를 보좌하는 모습을 보고는 척 부인을 불러 이르기를 "내가 태자를 바꾸려고 했으나, 저 네 노인이 태자를 보좌하여 우익(羽翼)이 이미 이루어졌으니, 이제는 움직일 수 없게 되었다. 기러기가 공중에 높이 날았으니 비록 그물이나 화살이 있은들 어이하랴."라고 하였다. 《史記 留侯世家》

135 저황(儲皇) : 태자를 뜻하는 말로, 여기서는 한나라 여후(呂后)의 소생인 태자를 말한다.

어떤 사람과 이별하면서 그가 지어 준 시에 차운하다

別人次所贈韻

만나는 이마다 생사 소식 묻나니	逢人問死生
함께 놀자 했던 약속 저버리었네	同樂負初計
양쪽 소매 얼룩덜룩 흔적 있는 건	斑斑兩袖痕
이별 슬퍼 눈물 흘려서가 아니네	非爲別離涕

밤중에 앉아서 읊다

夜坐

성 위에서 멀리 피리 소리 들을 제	層城聞遠笛
달은 훤히 비단 창에 빛을 비추네	月照紗窓明
이리저리 뒤척이며 잠 못 드는 건	展轉不成睡
누굴 위한 끝이 없는 정 때문인가	爲誰無限情

강가에서 읊다[136]

江上

찬 피리가 석양 밖서 흐느끼는데 寒角斜陽外
강 마을엔 한두 채의 집만이 있네 江村一二家
뗏목 띄움[137] 내가 어찌 감히 하리오 乘桴吾豈敢
창해에도 역시 풍파 일어날 거리 滄海亦風波

136 강가에서 읊다 : 초간본에는 이 시에 대해서 "시대를 걱정하는 마음이 간절하다.〔憂時之懇〕"라고 평하였다.

137 뗏목 띄움 : 난세를 피해서 배를 타고 바다로 나가는 것을 말한다. 공자가 "나의 도가 행해지지 않으니, 뗏목을 타고 바다로나 나갈까 보다."라고 탄식하였다. 《論語 公冶長》

새 울음소리에 느낌이 있어서 읊다

鳥鳴有感

족족대며 길게 울음 우는 저 새는	足足長鳴鳥
어찌하여 길이 만족하게 여기나	如何長足足
세인들은 만족할 줄 모르는 탓에	世人不知足
이 때문에 길이 부족한 것이라오	是以長不足

칠언 절구 123수 七言絶句 一百二十三首

율곡이 지은 시에 차운하다
次栗谷韻

무서리가 내린 밤에 이른 추위 생겨나고	微霜一夜早涼生
일천 나무 바람 따라 지는 잎이 흩날리네	千樹隨風落葉輕
창문 밖의 외로운 솔 울 아래의 누런 국화	窓外孤松籬下菊
무정해도 되레 깊은 정이 있는 것만 같네	無情還似有深情

풍진세상 얽매여서 흰머리가 생겨나고	風塵局束[138]二毛生
조각배로 돌아오니 만사 모두 하찮구나	一葦歸來萬事輕
강물 가의 가을 산은 싫증 나지 않거니와	江上秋山不相厭
이 세상의 교제의 도 무정한 데 있구나	世間交道在無情

율곡의 원시(原詩)이다.

138 束 : 초간본에는 '促'으로 되어 있다.

가을밤에 연당에서 읊다[139] 4수

秋夜蓮堂 四首

친구[140]와 더불어 술을 마시다가 갑자기 비바람을 만났다.

연못 연꽃 일렁이어 이슬방울 굴러가고 池荷蕩漾珠難定
뚝방 버들 흔들리어 그림자가 어지럽네 堤柳顚狂影不留
맑은 하늘 달이 뜨면 다시 좋을 것이기에 月到晴天應更好
잠시 치는 비바람도 몹시 시름겹게 하네 片時風雨亦甚愁

주렴 밖에 광풍 불어 늦은 연꽃 떨어지고 簾外狂風落晩荷
술 단지의 푸른 술엔 가는 물결 일렁이네 樽中綠酒漾微波
이 세상은 그 모두가 정이 없는 물건이니 世間摠是無情物
옆 사람아 밤 얼마나 깊었는가 묻지 마라 休問傍人夜幾何

바람 돌아오려 할 때 빗방울은 드문드문 風欲還時雨點稀
한잔 술을 기울이자 온갖 걱정 사라지네 一杯傾處百憂微
배 돌리며 구름 속 달 기다리지 않는 거는 回舟不待雲中月
붉은 꽃이 배를 따라 흩날릴까 해서라오 爲惜紅芳逐棹飛

139 가을밤에 연당(蓮堂)에서 읊다 : 초간본에는 이 시에 대해서 "네 수 모두 용의가 심원하다.〔四首皆用意深遠〕"라고 평하였다.

140 친구 : 아래의 자주(自註) 내용으로 보아 여기서는 정철을 가리키는 것으로 보인다. 정철은 여러 벗들에게 주색을 얼마간 경계하라는 충고를 자주 들었다.

옥술잔의 좋은 술은 그림자가 전혀 없고 　玉杯美酒全無影
하얀 뺨의 옅은 놀은 잠깐 흔적 생기누나 　雪頰微霞乍有痕
무영이나 유흔 모두 즐거운 뜻이겠지만 　無影有痕皆樂意
즐거워도 경계 알아 정을 두진 마시게나 　樂能知戒莫留恩

첫 번째 시는 근심이 있어도 끝내는 반드시 기쁨이 있음을 이른 것이고, 두 번째 시는 근심을 당했을 때는 그대로 내맡겨 두어야 할 뿐임을 이른 것이며, 세 번째 시는 나쁜 운이 가고 좋은 운이 오더라도 그 즐거움을 한껏 누려서는 안 됨을 이른 것이고, 네 번째 시는 친구에게 주색(酒色)을 조금 경계하라고 이른 것이다.

다른 사람을 만나 보고 싶지 않았는데, 가형이 권하기에 만나 보고서 감히 제하다

不欲見人家兄勸見之敢題

고요 속의 진정한 맛 늙을수록 더욱 깊어	靜中眞味晩逾深
취한 술을 깨고 나니 버들 그늘 옮겨졌네	微醉醒來柳轉陰
거문고 줄 본래 없어 줄이 아니 끊기거니	琴自無絃絃不斷
이 세상에 지음 친구 적다는 건 아니라오	世間非謂少知音

병중에 어떤 사람에게 부치다

病中寄人

병든 몸이 가을 소리 겁나 주렴 아니 열고	病惻秋聲簾不開
발 너머로 달을 보니 달은 응당 싫어하리	隔簾看月月應猜
매년마다 지난해에 했던 일들 줄어들거니	年年減却前年事
어느 누가 누런 국화 대해 술잔 잡으려나	誰對黃花把酒杯

홀로 누워 읊다

獨臥

방초 수북 자란 데서 사슴 대해 졸거니와	芳草如煙對鹿眠
꽃은 지고 물 흐르는 해 저무는 무렵이네	落花流水夕陽邊
무위만이 참 낙인 줄 다시금 또 깨닫나니	無爲更覺爲眞樂
한가 속에 별천지가 있는 줄을 뉘 믿으랴	誰信閑中別有天

보름달

望月

둥글기 전에는 늘 더디 둥글어 한이더니	未圓常恨就圓遲
둥근 뒤엔 어쩜 그리 쉽사리도 이우는가	圓後如何易就虧
서른 밤 중 둥근달은 하룻밤일 뿐이거니	三十夜中圓一夜
한 백년의 심사 이에 모두 이와 같으리라	百年心事總如斯

한가로움을 읊다

詠閑

읊조리고 산보하며 천진을 잘 기르거니	微吟徐步養天眞
종일토록 산속에서 사람 보지 못하겠네	盡日山中不見人
솔 위에는 하얀 구름 솔 아래엔 맑은 물	松上白雲松下水
이 세상의 높은 운치 청빈함에 있는 거네	世間高致在淸貧

지도에서 황하의 물을 보고 느낌이 있어서 읊다[141]

見地圖黃河水有感

우의 자취[142] 황량하여 찾을 수가 없거니와	禹迹荒涼不可尋
맑은 물[143]을 언제 볼까, 길게 읊조릴 뿐이네	見淸何日只長吟
강물 임해 탄식함을 아는 이가 없거니와	臨流有歎無人識
만고토록 구해 주지 못한 맘을 뉘 전하랴	萬古誰傳不濟心

141 지도에서……읊다 : 초간본에는 이 시에 대하여 "내용이 아주 심오하다.〔寓意甚厚〕"라고 평하였다.

142 우(禹)의 자취 : 하(夏)나라 우 임금이 황하(黃河)의 물길을 다스린 자취를 말한다. 요(堯) 임금 때 홍수가 나 황하의 물이 자주 범람하여 요 임금이 걱정하자, 우순(虞舜)이 하우(夏禹)를 시켜 물길을 다스리게 하였다. 이에 하우가 배수로를 잘 파서 바다에 주입시키고, 뱀과 용 등 사람을 해치는 짐승들을 저(菹)로 몰아내었다. 이 공으로 인해 순 임금이 뒤에 우를 임금으로 삼았다.《書經 舜典》

143 맑은 물 : 황하의 물이 맑아지는 것으로, 태평 시대가 오는 것을 뜻한다. 삼국 시대 위(魏)나라 이강(李康)의 〈운명론(運命論)〉에 "황하가 맑아지면 성인이 나온다."라고 하였는데, 그 주석에 "황하는 천 년에 한 번 맑아지는데, 황하가 맑아지면 성인이 그때에 나온다."라고 하였다.

맹자가 등 문공에게 정전제에 대해 말한 부분[144]을 읽고 난 뒤 책을 덮고는 느낌이 있어서 읊다

讀孟子說滕以井田之制掩卷有感

상주 시대 적막해져 백성들 삶 곤궁하매	商周寂寞困蒼生
맹자조차 그 당시에 뜻 이루지 못하였네	孟氏當年志未成
그 뒤에는 장횡거가 탄식한 지 오래라서	儂後橫渠嗟又遠
왕제 괜히 가져다가 경전 뒤에 붙였구나[145]	謾將王制付殘經

144 맹자(孟子)가……부분 : 《맹자》 〈등문공 상(滕文公上)〉에 나온다. 등 문공이 맹자에게 정전제에 대해 묻자, 맹자가 말하기를 "인정(仁政)은 반드시 경계(經界)로부터 시작되니, 경계가 바르지 않으면 정지(井地)가 고르지 못하고 곡록(穀祿)이 공평하지 못하게 됩니다. 이 때문에 포악한 군주와 부정한 관리는 반드시 그 경계를 소홀히 하나니, 경계가 바르게 되면 토지를 분배하고 녹봉을 제정하는 일은 가만히 앉아서도 정할 수 있을 것입니다."라고 하였다.

145 그……붙였구나 : 횡거(橫渠)는 송나라 때 관중(關中)에 살았던 학자인 장재(張載)의 호이다. 《맹자》 〈등문공 상〉에 나오는 정전제에 대한 주석에 장재가 정전제를 시행하려고 하다가 뜻을 이루지 못하였다는 내용이 나온다.

우연히 읊조리다

偶吟

일천 봉의 하얀 눈은 티끌 없어 고요한데	千峯白雪靜無塵
한 오라기 향 연기가 이내 몸과 짝하누나	一炷香煙伴此身
산 밖에는 세금 독촉 하는 일이 급하거니	山外催租官事急
이 세상에 한가한 자 있는 줄을 모르리라	不知人世有閑人

운암. 벗이 지은 시에 차운하다

雲庵次友人韻

밤새도록 눈 내려서 층대 내리누르는데	連宵寒雪壓層臺
스님은 어느 산에 가서 자고 아니 오네	僧到何山宿未廻
절간에는 향 꺼지고 바람 소리 고요한데	小榻香消[146]靈籟靜
맑게 갠 달이 홀로 솔 사이로 떠오르네	獨看晴月過松來[147]

146 消 : 초간본에는 '燒'로 되어 있다.

147 連宵……松來 : 이 시가 허균(許筠)의 《성소부부고(惺所覆瓿藁)》 권26 〈학산초담(鶴山樵談)〉에는 '連宵寒雪壓層臺, 僧在他山宿未廻. 小閣殘燈靈籟靜, 獨看明月過松來.'로 되어 있으며, "구격(句格)이 맑고 뛰어나니, 어찌 사람의 지체 때문에 좋은 말까지 무시할 것인가."라는 해설이 붙어 있다.

구봉산으로 가는 도중에 읊다[148] 2수

龜山道中 二首

벼슬 나갈 마음 없어 앉은 채로 가길 잊고 無心進取坐忘行
솔 그늘서 말 먹이며 냇물 소리 듣고 있네 秣馬松陰聽水聲
내 뒤에 온 몇몇이나 먼저 이 길 갔으려나 後我幾人先此路
각자 제 길 가는데 또 그 무엇을 다투리오 各歸其止又何爭

앞 시냇물 다 건너자 오랜 비가 활짝 갬에 過盡前溪宿雨晴
해당화 꽃 붉은빛이 점차 선명해지누나 海棠花色漸分明
울타리 곁 잔풀에는 누런 소가 졸고 있고 籬邊細草眠黃犢
목동 피리 태평 시절 가락 가끔 들려오네 牧笛時聞弄太平

148 구봉산(龜峯山)으로……읊다 : 초간본에는 이 시의 첫째 수에 대해서 "젊은 시절에 이미 도복을 마련해 둔 것이다.〔少日已具道服〕"라고 평하였고, 둘째 수의 1, 2구에 대해서 "점철된 것이 몹시 아름답다.〔點綴甚媚〕"라고 평하였으며, 3, 4구에 대해서 "담아하고 한적하다.〔淡雅閑適〕"라고 평하였다.

강 마을에서 묵다[149]

宿江村

촌 막걸리 잔뜩 먹고 밝은 달빛 속에 눕자　　過飮村醪臥月明
묵은 구름 다 걷히고 새벽 강은 아주 맑네　　宿雲飛盡曉江淸
동행한 이 날 재촉해 어서 가자 하는 거는　　同行催我早歸去
집주인이 나의 이름 알까 겁을 내서라네　　恐被主人知姓名

149 강 마을에서 묵다 : 초간본에는 이 시의 1구에 대해서 “자유자재하다.〔自在〕”라고 평하였으며, 2구에 대해서 “문득 산뜻하고 속됨이 없게 느껴진다.〔便脫洒〕”라고 평하였으며, 이 시 전체에 대해서 “이 시는 참으로 절창이다.〔此儘絶唱〕”라고 평하였다.

산사에서 묵다

宿山寺

외로운 중 마주하여 둘 다 잠 못 이루어	坐對孤僧兩不寐
한밤 내내 향 사르며 바람 소리 들었네	焚香一夜聽蕭蕭
새벽 구름 잔뜩 끼어 돌아갈 길 없는데도	曉雲滿壑無歸路
어린 동자 문을 열고 돌다리를 쓰는구나	童子開門掃石橋

아침에 일어나 혼자 앉아 있으면서 읊다

朝起獨坐

봄꽃이 다 떨어져서 새벽 창이 한적하매	春花落盡曉窓閑[150]
오직 바람 소리만이 대사립 밖 나가누나	惟放風琹出竹關
흰 구름이 와서 묵다 도로 돌아가면서는	白雲來宿還歸去
해 넘기고 하산 안 함 괴이하게 여기리라	應怪經年不下山

150 閑 : 초간본에는 '寒'으로 되어 있다.

입춘이 지난 뒤에 읊다

立春後

평상 위에 해그림자 길어져서 놀랐다가	靜榻初驚日影差
책 읽으매 되레 낮이 길어진 게 기쁘구나	觀書還喜晝功多
뜰 매화에 오는 봄뜻 치우침이 없는 탓에	庭梅春意無偏化
남쪽 가지 북쪽 가지 구분 없이 꽃 피누나	不別南柯與北柯

궁녀의 원망

宮怨

은혜 입은 몇 곳에선 즐거움이 아니 그쳐	幾處承歡樂未休
깊은 밤에 음악 소리 속에 서루 향해 가네	夜深歌管向西樓
온 궁중에 저녁달은 그 모습이 다 같건만	宮中一樣黃昏[151]月
장문[152]에 막 닿자마자 문득 수심 일어나네	纔到長[153]門便作愁

151 黃昏 : 초간본에는 '靑天'으로 되어 있다.

152 장문(長門) : 한(漢)나라 때의 궁전인 장문궁(長門宮)으로, 무제(武帝)의 총애를 듬뿍 받았던 진 황후(陳皇后) 아교(阿嬌)가 총애를 잃고 유폐되어 지내던 곳이다. 후대에는 흔히 임금의 총애를 잃은 여인이 사는 곳을 뜻하게 되었다.

153 長 : 초간본에는 '無'로 되어 있다.

새벽녘에 읊다

曉詠

새벽이슬 꽃 적시니 방울방울 향기 일고	曉露霑花滴滴香
발 안으로 드는 산빛 옷 가득히 스미누나	入簾山色滿衣裳
사립문에 해가 떠도 부르는 이 없거니와	柴扉日上無人喚
티끌세상 일 많아서 바쁘단 말 못 믿겠네	不信塵寰萬事忙

숙헌의 집에서 만난 시승에게 주다[154]

贈叔獻家相逢詩釋

시선 방문하기 위해 중이 서울 들어오매	爲訪詩仙到洛中
연기 노을 산 내려온 지팡이에 이는구나	煙霞猶惹下山笻
생각 없이 밤비 내려 매화꽃이 피었거니	無端夜雨梅花發
청계산[155]의 몇째 봉이 꿈속으로 들었을꼬	夢入靑溪第幾峯

154 숙헌(叔獻)의……주다 : 숙헌은 이이(李珥)의 자이고, 시승(詩僧)은 청계산에 사는 중이다.

155 청계산(淸溪山) : 서울시 서초구 남쪽에 있는 산이다.

상을 마친 뒤에 형제들과 함께 어머님을 모시고 술잔을 올리다[156]

去喪同兄弟侍母獻杯

삼 년 동안 피눈물에 죽지 못한 몸인데도	泣血三年未死身
되레 풍악 울리면서 홀어머니 위로하네	還將絲管慰孀親
바다와 산 가을빛은 온통 예전 그대론데	海山秋色渾依舊
서로 눈물 머금고서 백발 된 분 바라보네	含淚相看白首人

156 상(喪)을……올리다 : 초간본에는 이 시에 대해 "그 정이 몹시 간절하여 사람의 마음을 움직이게 한다.〔情切動人〕"라고 평하였다.

진위사로 가는 사람을 전송하다

送陳慰使

이때 가정천자(嘉靖天子)께서 붕어하시어 송찬(宋贊)이 사신으로 가게 되었는데,[157] 시를 지어 달라고 하기에 지어 주었다.

도롱이에 삿갓을 쓴 태평 시대 사람이라	輕蓑短笠太平人
거친 동산 가꾸면서 이십 년을 지냈어라	手理荒園二十春
슬픈 눈물 몇 줄기로 이별하는 뜻이거니	悲淚數行臨別意
내 비로소 소허[158] 역시 요민임을 알겠구나	始知巢許亦堯民

157 이때……되었는데 : 가정천자는 명나라 세종(世宗)으로, 1566년(명종21) 12월에 죽었다. 송찬(1510~1601)은 본관은 진천(鎭川), 자는 치숙(治叔), 호는 서교(西郊)이다. 한성부 우윤으로 있던 중 명나라 세종이 죽자 진위사(陳慰使)가 되어 명나라에 다녀왔다.

158 소허(巢許) : 요 임금 때의 고사(高士)인 소부(巢父)와 허유(許由)를 가리킨다. 107쪽 주97 참조.

선비 정귀응[159]에 대한 만사 2수

挽鄭生龜應 二首

전에 자네 모친께서 자네 부친 곡할 적에	昔時君母哭君父
자넨 모친 품속에서 처음 젖을 먹었었지	君在懷中初飮乳
오늘 자네 곡을 하는 소리 차마 못 듣거니	哭君今日不堪聞
밤은 오경 되었는데 곡소린 더 애달프네	夜到五更聲轉苦

그 모친의 모습을 형용하여 만사를 지었다.

젊은 아낙 상차 와서 명정 대해 곡하는데	弱妻來對銘旌哭
한 아들은 말 배우고 하나는 배 속에 있네	一子學言一在腹
무단히도 밤비 내려 봄 물결이 불었는데	夜雨無端春浪生
새벽녘에 상여 뜨니 몸은 더욱 외롭구나	靈車曉出身逾獨

그 아내의 모습을 형용하여 만사를 지었다.

159 정귀응(鄭龜應) : 영일 정씨(迎日鄭氏)로 포은(圃隱) 정몽주(鄭夢周)의 후손이며, 사직서 참봉(社稷署參奉)을 지낸 사람인 듯하다.

종부에 대한 만사

挽從父

나에게 종부는 이 한 분뿐인데, 곤궁하여 수문장(守門將)이 되었다.

동쪽 성곽 붙어산 지 이십 년의 세월인데	東郭僑居二十春
추운 밤에 문 지키느라 살쩍이 다 세었네	抱關寒夜鬢毛新
지난 옛날 중양절에 모였던 일 생각하매	追思舊日重陽會
숙부뻘의 항렬로는 단지 이분뿐이었네	諸父行中只一人

대로의 어머니에 대한 만사

挽大老慈闈

두 집안의 자모로서 유독 아들 사랑하여	二家慈母偏憐子
병 걱정을 하던 그해 심부름꾼 잦았었네	憂疾當年信使頻
고로여생 남은 몸에 질병조차 앓거니와	孤露餘生猶帶疾
상복 입고 신음하는 모습 차마 못 보겠네	忍看衰絰又吟呻

청조당[160] 주인의 아들에 대한 만사

挽聽潮堂主人子

한마을에 정이 깊은 할아버지 아들 손자　同里情深祖子孫
태어난 건 달랐지만 길 갈 때엔 견수[161]했네　生雖先後卽隨肩
삽짝 낮에 닫아건 건 새로 병이 나서인데　江扉晝掩添新病
머리 세어 젊은 아들 곡할 줄 뉘 알았으랴　白首誰知哭少年

160 청조당(聽潮堂) : 경기도 고양시와 파주시의 경계에 자리한 심학산(尋鶴山) 자락에 있던 정자로, 중종 때 강원도 관찰사를 지낸 신자건(愼自健)이 지었다. 심학산은 구봉이 살던 구봉산의 현재 이름이다. 심악산(深岳山)이라고도 한다.

161 견수(肩隨) : 길을 갈 적에 나란히 가면서도 예를 다하는 것이다. 《예기》 〈곡례 상(曲禮上)〉에 "나이가 배 이상이 많으면 아버지처럼 섬기고, 열 살 이상이 많으면 형처럼 섬기고, 다섯 살 이상이 많으면 어깨를 나란히 하고 걷되 조금 뒤처져서 따른다.〔年長以倍, 則父事之; 十年以長, 則兄事之; 五年以長, 則肩隨之.〕"라고 한 데서 유래하였다.

서하당[162]의 네 가지 흠에 대하여 읊다

霞堂四欠

송강(松江)과 제목을 나누어서 지었다.

제품함에 어쩜 저리 경과 중을 잃었는가 題品如何失重輕
꽃잎 붉은 모란꽃은 뜰 가운데 바짝 있고 牧丹紅紫近中庭
수염 푸른 늙은 잣은 울타리의 밖에 있어 蒼髯古柏疏籬外
한밤중에 바람 불자 원망 소리 나는구나 半夜風來有怨聲

이 시는 울타리 밖을 읊은 것으로, 잣나무를 멀리에다 심은 것이 마땅치 않음을 말하였다.

대 홈통을 통하여서 샘솟는 물 끌어오고 剖竹泠泠水有源
연못가엔 고운 풀들 세세하게 심어 놨네 池邊瑤草細相分
구름 없는 날에 하늘 전체 모습 보려 하니 無雲擬見全天影
풀 줄기로 연못 물에 파문 일게 하지 마라 莫遣青絲惹縠紋

이 시는 연못 주변을 읊은 것으로, 새삼을 여기저기 심어 놓은 것이 마땅치 않음을 말하였다.

162 서하당(棲霞堂) : 전라남도 담양군 남면 지곡리에 있는 정자로, 서하당 김성원(金成遠)이 지었다. 바로 곁에 있는 식영정(息影亭)에서 임억령(林億齡), 김성원, 고경명(高敬命), 정철(鄭澈) 네 사람이 자주 어울려 놀면서 시문을 지었는데, 이들을 흔히 '식영정 사선(息影亭四仙)'으로 부른다.

백일홍이 솔과 대의 틈 사이서 곱거니와	百日嫣然松竹叢
본디부터 그 물색이 서로 같지 아니하네	元來物色不相同
앞쪽 개울 큰길과는 정히 마주 대했거니	前灘正對輪蹄路
행인 눈에 붉은빛을 비추는 게 합당하리	合作行人照眼紅

이 시는 자미화(紫薇花)를 밖에 있는 여울 가로 옮겨 심기를 청한 것이다. 송강이 지었다.

봄철에는 복사 오얏 꽃과 아니 다투고는	不向春天競桃李
붉고 고운 빛을 되레 풍상에다 부치누나	却將紅艶寄霜風
그 어찌 바로 곁에 천 그루의 솔이 있어	豈知傍有松千樹
사계절에 한 빛으로 창창할 줄 알았으랴	一色蒼蒼四序中

이 시는 솔 사이에 있는 단풍나무를 뽑아 버리고 새로 심기를 청한 것이다. 송강이 지었다.

내제[163]인 평원의 아내에 대한 만사

挽內弟平原妻

외숙부가 유배 중에 객지에서 혼 됐을 때[164]	舅氏謫中爲客魂
영령 이에 노모 잡고 북쪽 보며 통곡했네	靈攀老母哭望北
애처롭네, 혼령이 또 뿌리치고 떠났으니	可憐靈又棄而歸
노모께선 이제 다시 누굴 잡고 곡하시나	老母如今誰爲哭

163 내제(內弟) : 손아래 처남이나 외사촌을 이르는데, 여기서는 외사촌을 이른다.

164 외숙부가……때 : 구봉의 외숙부는 정상(鄭瑺)이다. 정상은 금루학(禁漏學) 정인년(鄭麟年)의 아들이고, 관상감 직장(觀象監直長) 정지(鄭漬)의 손자로, 사족(士族)이었으며, 어머니는 판관(判官) 노공유(盧公裕)의 서녀였다. 1549년(명종4) 분수에 뛰어넘게 사치를 부렸다는 이유로 옥에 갇혔는데, 이를 변명하던 중에 대간(臺諫)을 헐뜯는 일이 있었다. 이에 조정에서는 대간을 모함한 죄로 부령(富寧)에 유배 보냈는데, 정상은 그곳에서 30년을 지내다가 죽었다. 《己卯錄續集 禍媒 鄭瑺傳》

소군사[165] 2수

昭君辭 二首

다른 사람을 위하여 지었다.

오랑캐 땅 사막 향해 이별 원망하지 마라　休向胡沙怨別離
지척 있는 장문[166] 역시 천애처럼 멀었다네　長門咫尺亦天涯
꽃 사이에 뿌려 놓은 임 그리는 이 눈물은　花間留灑思君淚
조만간에 바람 따라 옥지[167] 위에 오르리라　早晩隨風上玉墀

옥은 옮겨 감이 없고 바다는 또 끝없는데　玉無遷轉海無窮
부질없이 단사 취해 벽궁[168] 시험하여 봤네　虛取丹砂試辟宮

165 소군사(昭君辭) : 소군은 왕소군(王昭君)이다. 왕소군은 전한 효원제(前漢孝元帝) 때의 궁녀로 이름은 장(嬙)이며, 명비(明妃)라고도 한다. 원제가 후궁이 매우 많아 그림으로 시중들 여인을 고르고는 하였는데, 왕소군은 뇌물을 쓰지 않아 화공이 제대로 그려 주지 않았으므로 천자를 모시지 못하고 있었다. 그러던 차에 흉노(匈奴)가 그들의 왕비인 알지(閼氏)로 삼을 미인을 보내 달라고 요청해 왔기에, 그림을 보고 왕소군을 보내기로 하였다. 그런데 왕소군이 흉노로 떠날 때 원제가 그녀를 불러서 보니 후궁 가운데 제일 미인이었으므로 노하여 화공들을 모두 처형하였다. 왕소군은 흉노의 왕비가 되어 그곳에서 죽었으며, 그녀의 무덤을 청총(靑塚)이라 한다. 《西京雜記 卷2》

166 장문(長門) : 한(漢)나라 때의 궁전인 장문궁(長門宮)으로, 흔히 임금의 총애를 잃은 여인이 사는 곳을 뜻한다. 52쪽 주8 참조.

167 옥지(玉墀) : 옥석으로 만든 층계를 이르는 말로, 전하여 궁전을 가리킨다.

168 벽궁(辟宮) : 수궁(守宮)과 같은 말로, 처녀인지 아닌지를 판별하기 위해 붉은 단사를 찧어 여자의 몸에 찍어 두는 것을 말한다. 《박물지(博物志)》에 "도마뱀의 한 종류인 벽호(辟虎)에게 주사(朱砂)를 먹여서 기르면 몸이 빨개진다. 어느 정도 자란

한나라를 떠나는 날 한 번 군왕 보았지만	一識君王辭漢日
평생토록 한마음은 한궁 안에 가 있었네	百年心在漢宮中

뒤에 이를 곱게 찧어서 여자의 몸에 찍어 두면 붉은 점이 없어지지 않는데, 결혼하면 없어지므로 수궁이라 한다."라고 하였다. 두목(杜牧)의 〈궁사(宮詞)〉에 "깊은 궁궐 잠가 두고서도 오히려 의심하여, 다시 단사 가져다가 벽궁 시험하여 보네.〔深宮鎖閉猶疑惑, 更取丹砂試辟宮.〕"라고 하였다. 《全唐詩 卷5》

임석천[169]이 석상에서 운을 불러 짓다 2수
林石川席上呼韻 二首

상국[170] 지은 시편 본디 속되지가 않거니와　相國詩篇元不俗
미치광이[171] 신세와는 본디 서로 무관하네　狂生身世本無關
술 취해서 가려는데 산달 져서 떨어지고　醉後欲歸山月落
흰 구름 와 적시어서 우의 몹시 차갑구나　白雲來濕羽衣寒

산골 냇물 콸콸대고 길은 오르막길인데　山川決決路登登
밤중이라 인적 없고 달만 등불 되어 주네　半夜無人月作燈
골짝 구름 -원문 2자 결락- 눈이 막 그쳤는데　□□洞雲初罷雪
노는 신선 서너 명이 밟은 탓에 얼음 됐네　游仙三四踏成氷

생각건대 오래전에 비로봉 위 올랐다가　憶昔毗盧頂上登
눈 쌓인 집 돌아오니 등불 하나 파랬었지　歸來雪屋一靑燈
오신 분들 어느 곳에 사는 신선들이신가　叩門何處神仙骨
시원스러운 이 골짝 나온 얼음[172]이네　瀟灑人皆出壑氷

169 임석천(林石川) : 임억령(林億齡, 1496～1568)으로, 본관은 선산(善山), 자는 대수(大樹), 호는 석천이다.

170 상국(相國) : 우의정을 지낸 정철을 가리키는 듯하다.

171 미치광이 : 구봉 자신을 가리킨다.

172 골짝 나온 얼음 : 사람의 깨끗하고 시원스러운 풍모를 표현하는 말이다. 두보의 〈입주행증서산검찰사두시어(入奏行贈西山檢察使竇侍御)〉에 "두 시어는 천리마나 봉

이 시는 석천(石川)이 지은 것이다.

황의 새끼 같아서, 나이 서른도 되기 전에 충의를 다 갖추어, 강직하기가 세상에 다시없으니, 환하기가 마치 만학에서 나온 한 조각 맑은 얼음을, 영풍관 한로관의 옥병에 넣어 둔 것 같구나.〔竇侍御, 驥之子, 鳳之雛. 年未三十忠義俱, 骨鯁絶代無. 炯如一段淸氷出萬壑, 置在迎風寒露之玉壺.〕"라고 한 데서 나온 말이다. 《杜少陵詩集 卷10》

봄날 한낮

春晝

백운요[173]를 손에 들고 금술통을 베고서는　　雲謠在手枕金罍
꿈속에서 신선 찾다 취해서 못 돌아왔네　　夢裏尋仙醉未廻
산새들이 울지 않아 봄날 온통 적막한데　　山鳥不鳴春寂寂
꽃 그림자 살금살금 층대 위로 내려오네　　閑花移影下層臺

173 백운요(白雲謠) : 주 목왕(周穆王)이 곤륜산(崑崙山)에 이르러 선녀인 서왕모(西王母)와 요지(瑤池) 가에서 잔치를 벌일 적에, 서왕모가 목왕의 장수를 비는 뜻으로 불렀다는 가요(歌謠)이다.

눈이 내린 새벽

雪曉

종 울리는 옛 절에서 스님은 막 일어나고	鍾鳴古寺僧初起
뜸이 덮인 외로운 배 낚시꾼은 아니 갔네	篷掩孤舟釣不歸
한 점의 외로운 솔, 다 묻히지 아니하여	一點孤松埋未盡
푸르른 빛 아침 해에 비치는 걸 홀로 보네	獨看寒碧映朝暉

농가

田家

성근 울이 물에 비친 서너 채의 시골집에	映水疏籬三四家
살랑바람이 작은 복사꽃을 불어 보내누나	微風吹送小桃花
늙은 농부 방문 열고 관도 쪽을 바라보나	田翁排戶望官道
아이 아직 안 왔는데 산에 해가 기우누나	兒子不來山日斜

도촌에서 늦게 일어나니 유숙했던 객이 이미 가 버렸다
桃村晩起宿客已歸矣

봄 새들이 늦잠 자는 이 재촉해 깨웠건만	春鳥催人睡起遲
해는 높이 솟았는데 사립문은 안 열었네	日高猶未啓山扉
한적한 집 적막하여 아침밥도 안 지으매	閑居寂寞休煙火
시선 이에 한밤중에 돌아간 게 부끄럽네	慙愧詩仙半夜歸

우연히 짓다

偶題

나는 아니 사절해도 남들이 날 아니 찾아	我不謝人人不來
흰 구름 낀 산길에는 푸른 이끼 자라났네	白雲山徑長青苔
방 안에는 절로 끝이 없는 낙이 있거니와	室中自有無窮樂
일만 권의 경서에다 또 한 잔의 술이로다	萬卷經書酒一杯

어떤 사람이 꽃을 보내 준 데 대해 사례하다

謝人寄花

곱디고운 꽃병에다 맑은 강물 떠 담고는　　仙壺貯得淸江水
찬 향기[174]를 꽂아서는 병든 내게 보내 줬네　　挿寄寒香病臥家
우습구나 온 봄이 다 꿈결 속인 듯한데도　　堪笑一春渾似夢
꿈속에서 도리어 또 꿈속 꽃을 기다리네　　夢中還待[175]夢中花

174 찬 향기 : 매화 향기를 뜻하는데, 여기서는 매화를 가리킨다.

175 待 : 초간본에는 '對'로 되어 있다.

서호처사[176]를 읊다

詠西湖處士

송이송이 매화 보며 걸음마다 시 읊었고	片片梅花步步詩
사립문에 손님 오면 학이 먼저 알았다네	柴門有客鶴先知
인간 세상 황혼 달은 그 모습이 같건마는	人間一樣黃昏月
서호에 뜬 황혼 달은 유난히도 기이했네[177]	月在西湖分外奇

176 서호처사(西湖處士) : 송나라 때의 은사(隱士)인 임포(林逋)이다. 임포는 서호의 고산(孤山)에 은거하여 20년 동안 성시(城市)에 발을 들여놓지 않았으며, 서화와 시에 능하였는데 특히 매화시가 유명하다. 장가를 들지 않아 자식이 없었으며 매화를 심고 학을 길러 짝을 삼으니, 당시에 '매처학자(梅妻鶴子)'라고 하였다. 사후(死後)에 화정선생(和靖先生)이라는 시호를 받았다. 《宋史 隱逸列傳上 林逋》

177 인간……기이했네 : 임포의 〈산원소매(山園小梅)〉에 "성긴 그림자는 맑고 얕은 물에 비끼어 있고, 은은한 향기는 황혼 달 아래 떠 움직이누나.〔疏影橫斜水淸淺, 暗香浮動月黃昏.〕"라고 하였다. 《林和靖集 권2》

새벽
曉

어린 동자 숲 뚫고 가 얇은 얼음 깨고서는	童子穿林叩薄氷
정성스레 차 달여서 가는 스님 붙잡는데	慇懃烹茗留歸僧
주인옹은 창 아래서 봄잠 실컷 자느라고	主人窓下足春睡
산 밖에는 아침 해가 떴는 줄도 모르누나	山外不知朝日昇

청계협을 지나다[178]

過淸溪峽

흐드러진 꽃 떨어져 온 시냇물 붉은데　繁花飄落一溪紅
하얀 새는 짝을 지어 금수[179] 속을 나누나　白鳥雙飛錦[180]繡中
취한 객이 무심하게 도사 찾아가다 보니　醉客無心尋道士
작은 배가 가고 오는 바람 속에 떠 있네　小舟浮在去來風

178 청계협(淸溪峽)을 지나다 : 초간본에는 이 시의 소주에 "장조(張潮)의 운(韻)을 써서 지었다."라고 하였는데, 장조는 당나라 때의 시인이며 시는 〈채련사(采蓮詞)〉를 가리킨다. 초간본에는 이 시의 결구에 대해서 "결구도 별조이다.〔結亦別調〕"라고 평하였다.

179 금수(錦繡) : 화려하게 수놓은 비단을 말하는데, 여기서는 봄날의 고운 풍경을 형용하는 말로 쓰였다.

180 飛錦 : 초간본에는 '錦飛'로 되어 있다.

배 안에서 잠이 깨다

舟中睡起

뱃노래 한 가락 속에 광릉 서쪽 지나자니	棹歌一曲廣陵西
꽃다운 풀 무성한데 해는 넘어가려 하네	芳草萋萋日欲低
명산을 다 지나도록 정신 들지 아니하여	過盡名山渾不省
꿈속에서 흐르는 물 따라 청계 들어가네	夢隨流水入晴溪

잡영[181]

雜詠

문 한적해 새 한 마리 빈 뜰로 내려올 제　　門閑獨鳥下空庭
솔 그늘에 누운 사람 술이 아니 깨었다네　　人臥松陰醉未醒
시냇물 가 있는 꽃에 바람 정히 급하거니　　邊水有花風政急
봄빛 흘러 지나간 뒤 몇 산이나 파래질까　　春光流過幾山青

181 잡영(雜詠) : 초간본에는 이 시의 1, 2구에 대해서 "글자를 놓은 것이 묘하면서도 잘 선택하였다.〔字妙而琢〕"라고 평하였으며, 3, 4구에 대해서 "생각이 아주 깊어서 쉽게 도달할 수 없는 곳이다.〔思甚淵, 未易到處.〕"라고 평하였다.

산사에서 유숙하고 새벽에 나오다

宿山寺曉出

만 골짝에 구름 일어 떠나갈 길 흐릿한데	萬壑雲生去路迷
맑은 경쇠 한 소리가 다리 가서 끊기누나	一聲淸磬斷橋西
앞쪽 숲에 달이 지고 중이 절로 돌아올 제	前林月落僧歸院
층층 바위 홀로 올라 새벽 시내 소리 듣네	獨上層巖聽曉溪

산중에서

山中

홀로 천 봉 마주하여 하루 종일 졸다 보니	獨對千峯盡日眠
저녁 이내 비에 섞여 주렴 앞에 내리누나	夕嵐和雨下簾前
귓가에는 말 없거늘 어찌 씻은 적 있으랴[182]	耳邊無語何曾洗
푸른 사슴 와서 놀며 맑은 샘물 마시누나	青鹿來遊[183]飮碧泉

182 귓가에는……있으랴 : 속세의 시끄러움이 전혀 없다는 뜻이다. 요 임금 때 허유(許由)가 자신을 구주(九州)의 장(長)으로 삼으려고 한다는 소리를 듣고는 더러운 말을 들었다며 영수(潁水)에서 귀를 씻었다는 고사에서 유래한 표현이다. 107쪽 주97 참조.

183 遊 : 초간본에는 '庭'으로 되어 있다.

잡영
雜詠

처마에 해가 지나도록 사립문을 닫고 있다	日過茅簷掩短扉
얼음 깨다 밥 지으니 점심 짓는 연기 피네	叩氷炊食午煙遲
밤 눈 내려 찬 대숲이 묻힌 줄도 모르고서	不知夜雪埋寒竹
동쪽 다리 걸어 나가 아이 향해 물어보네	步出東橋問小兒

눈이 온 뒤 밤에 앉아 있다가 읊다

雪後夜坐

하얀 구슬 한 빛깔이 온 사방에 끝없는데	瓊瑤一色四無垠
새 끊기고 강도 비어 밤이 깊어지려 하네	鳥絶江空夜欲分
마음 근원 고요하여 건곤과 딱 합하거니	心源靜與乾坤合
어떤 것도 저 달에 티가 될까 꺼려지네	有物還嫌月作痕

새장 속의 학이 마을 아이들에게 상처를 입다[184] 2수
籠鶴爲村童所傷 二首

정이 많은 호수[185]께서 애써 새장 지켰는데	多情湖叟勤籠護
생각 없는 거리 아이 날개 깃털 뽑아냈네	無意街童擢羽毛
이 세상의 은원 관계 전혀 알지 못하지만	恩怨世間渾不省
푸른 하늘 돌아갈 꿈 정히 멀어져 갔구나	碧霄歸夢政迢迢

구고 늪의 맑은 소리 되레 몸을 해쳤거니[186]	九皐淸響反戕身
생각 없이 먹이 쪼다 속세 세상 다가왔네	飮啄無心近世塵
가마 타는 은혜 내림 기르는 법 아니지만[187]	軒上殊恩非所養
다시 돌을 던지는 이 그 어떠한 사람인가	更投沙礫是何人

184 새장……입다 : 초간본에는 이 시의 첫째 수에 대해서 "진정 스스로 애도했기 때문이다.〔良以自悼〕"라고 평하였다.

185 호수(湖叟) : 단순히 호숫가에 사는 노인이라고 볼 수도 있고, 당시 인물이라면 낮은 관직에 있으면서도 명사(名士)로 칭해진 남상문(南尙文, 1520~1602)을 가리키는 듯하다. 남상문은 본관은 의령(宜寧), 자는 중소(仲素), 호는 쌍호(雙湖)이다.

186 구고(九皐)……해쳤거니 : 학이 청아한 소리로 울다가 사람들에게 잡혔다는 뜻이다. 구고는 깊숙한 늪을 가리키는데, 《시경》 〈소아(小雅) 학명(鶴鳴)〉에 "학이 깊은 늪에서 울거늘, 그 소리가 하늘에 들리도다.〔鶴鳴于九皐, 聲聞于天.〕"라고 하였다.

187 가마……아니지만 : 학을 지나치게 잘 기르는 것은 학을 기르는 올바른 방법이 아니라는 뜻이다. 춘추 시대 위(衛)나라 의공(懿公)이 학을 좋아하여 학에게 대부(大夫)의 직질(職秩)을 주고 대부의 녹(祿)으로 먹이게 하였는데, 뒤에 전쟁이 나자 갑옷을 지급받은 위나라 군사들이 모두 말하기를 "학에게는 녹과 지위가 있는데 내가 어떻게 싸울 수 있겠는가."라고 하였다. 《春秋左氏傳 閔公2年》

노은장[188]을 찾아뵙다

尋老隱丈

아계(鵝溪)[189]의 부친이다.

한 줄기의 시냇물이 만첩 산을 감돌거니	一水回通萬疊山
한가한 꽃 푸른 구름 사이로 떠 나오누나	閑花浮出碧雲間
그윽한 이 약초 캐러 앞쪽 산에 가셨는지	幽人採藥前山去
방초 자란 시냇가에 대 사립문 닫혀 있네	芳草連溪掩竹關

188 노은장(老隱丈) : 이지번(李之蕃, ?~1575)으로, 본관은 한산(韓山), 자는 형백(馨佰), 호는 성암(省菴)·사정(思亭)·구옹(龜翁)·노은이다. 《토정비결(土亭秘訣)》로 유명한 이지함(李之菡)의 형이다.

189 아계(鵝溪) : 이산해(李山海, 1539~1609)로, 본관은 한산, 자는 여수(汝受), 호는 아계·종남수옹(終南睡翁)이다.

무제[190] 2수

無題 二首

죽 늘어선 수양버들 붉은 처마 가렸는데　一行垂柳掩紅簷
막 그려 낸 두 눈썹은 초승달의 모양이네　畫罷雙眉月樣纖
제 스스로 고운 꽃을 꺾어 손님 조롱하다　自折嬌花調外客
부끄러운 척하면서 수정 주렴 내리누나　佯羞還下水晶簾

당시의 습속을 조롱한 것이다.

여지는 단지 일개 강남땅의 풀이었고[191]　荔枝一箇江南草
연리는 별 뜻 없이 한밤중에 말한 거네[192]　連理無情半夜言

190 무제(無題) : 두 번째 시는 흔히 〈여지시(荔枝詩)〉로 칭해지는데, 후대 사람들이 이 〈여지시〉로 인해서 이산해가 구봉에 대해 노해, 구봉을 모함하여 유배 보냈다고 하였다. 《宋子大全 附錄 卷15 鄭纘輝錄》《宋子大全 卷172 龜峯先生宋公墓碣》《靑城雜記 卷3 醒言》

191 여지(荔枝)는……풀이었고 : 여지는 중국 복건(福建), 광동(廣東), 사천(四川) 등지에서 생산되는 과일인데, 살은 희고 맛은 달고 과즙이 많으며, 모양은 용안(龍眼)의 열매와 비슷하다고 한다. 당 현종(唐玄宗)의 비(妃)인 양 귀비(楊貴妃)가 이를 매우 즐겨 먹었는데, 양 귀비에게 여지를 실어 나르기 위해 천하의 병마(兵馬)가 시달렸다고 한다. 두목(杜牧)의 〈과화청궁(過華淸宮)〉에 "말발굽에 이는 티끌 귀비가 좋아하는데, 여지가 올라온 줄 아는 이 없네.〔一騎紅塵妃子笑, 無人知是荔枝來.〕"라고 하였다. 《樊川文集 卷2》 여기서는 양 귀비가 좋아했다는 여지가 구하기 어려운 특별난 과일이 아니라 강남땅에서 나는 평범한 과일인데, 세상 사람들이 양 귀비가 그것을 좋아했다고 비난한다는 뜻이다.

192 연리(連理)는……거네 : 연리는 두 나무의 가지가 서로 맞닿아서 결이 통한 것으

남자들 몇몇이나 되레 총애 굳혔던가[193] 男子幾人還固寵

향라건 아래에는 원통한 혼 남아 있네[194] 香羅巾下有冤[195]魂

비자(妃子)[196]가 죄가 없다고 이른 것은 아니다.

로, 흔히 화목한 남녀 사이나 부부 사이를 뜻하는 말로 쓰인다. 101쪽 주78 참조. 여기서는 연리지라는 말은 양 귀비가 아무런 생각 없이 무심코 한 말인데, 세상 사람들은 양 귀비가 현종을 미혹시키기 위하여 그런 말을 하였다고 비난한다는 뜻이다.

193 남자들……굳혔던가 : 양 귀비를 통하여 양국충(楊國忠) 등이 현종(玄宗)의 총애를 굳혔다는 뜻이다. 여기서는 이산해와 김공량(金公諒) 등이 인빈(仁嬪) 김씨를 통해 선조에게 구봉과 정철 등을 참소하여 자신들의 입지를 굳혔다는 뜻을 은연중에 내포한 것으로 보인다.

194 향라건(香羅巾)……있네 : 안녹산(安祿山)의 난으로 파천하던 중에 마외파(馬嵬坡)에서 군사들에 의해 처형당한 양 귀비의 원통한 혼이 남아 있다는 뜻이다. 양 귀비가 마외파에서 처형당할 때 비단 수건으로 목을 매어 죽었다. 여기서는 인빈 김씨가 결국에는 임금의 총애를 잃을 것이라는 뜻인 듯하다. 향라건은 비단으로 된 수건으로, 주로 아녀자들이 사용하는 것이다.

195 冤 : 《송자대전》 부록 권15 〈정찬휘록〉에는 '芳'으로 되어 있다.

196 비자(妃子) : 양 귀비를 가리킨다. 여기서는 은연중에 김공량의 딸 인빈 김씨를 가리키는 듯하다.

홀로 눕다[197]

獨臥

발 안으로 드는 산빛 푸르러서 은은한데 　入簾山色碧依依
하루 종일 문 닫은 채 나직하게 읊조리네 　盡日微吟掩竹扉
누운 채로 오락가락하는 백운 비웃나니 　臥笑白雲無定態
이미 서쪽 가 놓고는 무슨 일로 동쪽 오나 　旣西何事又東歸

197 홀로 눕다 : 초간본에는 이 시의 3구에 대해서 "오만함이 심하다.〔傲甚〕"라고 평하였고, 4구에 대해서 "세상 사람들이 번복하는 것을 좋아함을 기롱한 것이다.〔以譏世人之喜飜覆〕"라고 평하였다.

외숙[198]을 전송하다

送舅氏

마운령[199] 밖 길을 가면 길에 눈이 가득하여	行出摩雲雪滿程
우정[200]에서 묵는 밤엔 객의 수심 일어나리	郵亭遙夜客愁生
바다 파도 소리 속에 집은 멀어 천 리이니	海濤聲裏家千里
새벽녘에 일어나서 고향 쪽 별 자주 보리	曉起頻看故國星

198 외숙 : 정상(鄭瑺)을 가리킨다. 166쪽 주164 참조.

199 마운령(摩雲嶺) : 함경남도 이원군 동면과 단천군 부귀면 사이에 있는 고개이다.

200 우정(郵亭) : 역촌(驛村)의 객사이다.

외숙의 첩에게 지어 주다

贈舅氏妾

매일처럼 강가에서 멀리 간 임 기다리니	日日江頭望遠人
금년의 버들은 바로 작년 봄의 버들이네	今年楊柳去年春
전날 밤에 꾸었던 꿈 분명하게 기억나서	分明記得前宵夢
장루[201] 위에 올라서는 거울 먼지 털어 내리	試上粧樓拂鏡塵

201 장루(粧樓) : 곱게 단장한 누각으로, 부인의 거실을 뜻한다.

잠을 자고 일어나다

睡起

천 리 타향 떠돌면서 살아가는 여섯 자 몸	千里飄蓬[202]六尺身
십 년이나 떠도느라 서울의 봄 저버렸네	十年虛負洛陽春
술통 앞의 취한 꿈은 진정 나의 고향이고	樽前醉夢眞吾土
창문 밖의 푸른 산은 바로 나의 친구라네	窓外靑山是故人

202 飄蓬 : 초간본에는 '蓬飄'로 되어 있다.

광한루 앞 시내에서 밤에 배를 띄우다[203] 2수

廣寒前溪夜泛 二首

배에 이슬 가득하여 밤기운이 서늘한데　　滿船風露夜凄凄
어느 곳의 청산에서 두견새가 울어 대나　　何處靑山杜宇啼
오작교가 은하수를 통하여서 있거니와　　烏鵲橋通銀漢水
온 하늘의 꽃과 달이 사람 미혹시키누나　　一天花月使人迷

한 시내서 배 옮기니 밤 구름이 길고 긴데　　一溪移棹夜雲長
양쪽 언덕 그윽한 꽃 얼굴 스쳐 향기롭네　　兩岸幽花拂面香
술에 취해 배 내린 걸 전혀 기억 못 하는데　　扶醉下船渾不記
백사장서 꿈을 깨니 옷에 달빛 가득하네　　夢回沙渚月盈裳

203 광한루(廣寒樓)……띄우다 : 초간본에는 이 시의 첫째 수에 대해서 "아주 맑으면서 곱다.〔十分淸麗〕"라고 평하였다.

매화를 보다가 어떤 사람을 그리워하다[204] 2수

對梅懷人 二首

강남땅은 아득 멀어 가는 신사[205] 드물거니 迢遞江南信使稀
몇 밤이나 달 밝은 때 돌아가는 꿈 꾸었나 幾宵歸夢月明時
가지 잡고 봄바람에 소식 부치려고 하니 攀枝欲寄春風晚
매화꽃의 옛 생각이 옮겨진 건 아니라네 不是梅花舊意移

필 땐 어찌 늦게 피고 질 땐 어찌 빨리 지나 開何不早落何忙
어젯밤의 센 바람에 향기 땅에 가득하네 昨夜狂風滿地香
가인[206] 있는 북쪽 보매 머리카락 세려는 건 北望佳人頭欲白
한 해의 봄 다 가는데 또 타향에 있어서네 一年春盡又他鄉

204 매화를……그리워하다 : 초간본에는 이 시의 둘째 수의 1구에 대해서 "현자가 때를 만나지 못한 것을 비유한 것이다.〔喩賢者不逢時〕"라고 평하였다.

205 신사(信使) : 서로 간에 소식을 전해 주는 심부름꾼으로, 역사(驛使)와 같은 말이다. 남북조(南北朝) 시대 송(宋)나라의 육개(陸凱)와 범엽(范曄)이 서로 친하게 지냈는데, 육개가 강남에서 매화 한 가지를 장안(長安)에 있는 범엽에게 부쳐 보내면서 시를 짓기를 "역사를 만나서 매화를 꺾어, 농두 사는 사람에게 보내 주누나. 강남땅엔 별다른 것이 없으매, 애오라지 한 가지의 봄을 보내네.〔折花逢驛使, 寄與隴頭人. 江南無所有, 聊贈一枝春.〕"라고 하였다. 《太平御覽 卷970》

206 가인(佳人) : 아름다운 사람으로서 군자나 현인을 가리키는데, 여기서는 서울에 있는 어떤 사람을 가리킨다.

우정에서 잠이 깨다

睡起郵亭

객의 꿈이 새벽닭의 소리 듣고 놀라는데	客夢頻驚聽早鷄
새벽하늘 지는 달은 그림자가 높고 낮네	曉天殘月影高低
숫돌처럼 평평한 길 고생될까 걱정됨은	道平如砥愁辛苦
바람 불어 티끌 날고 비에 진창 되어서네	風作飛塵雨作泥

연산의 신도[207]를 찾아가다

尋連山新都

인화 이룬 당일에는 용 서린 곳 버렸으나[208]	人和當日棄龍盤
신선 자취 아직까지 만세산[209]에 남아 있네	仙迹猶存萬歲山
한강 남쪽 돌아보니 봄 풍경은 적적한데	回首漢南春寂寂
석양 무렵 높이 걸린 오색구름[210] 차갑구나	夕陽高掛五雲寒

207 신도(新都) : 충청남도 계룡시 신도안면 지역으로, 계룡산(鷄龍山) 아래에 있다. 조선 태조가 처음 즉위하였을 때, 이 계룡산 쪽으로 도읍을 옮기려고 친히 와서 순시하고 길지를 택하여 대략 그 기지를 정하고는 역사(役事)를 시작하였다. 결국 조운(漕運)의 길이 멀다 하여 그만두었다. 《新增東國輿地勝覽 卷18 忠淸道 連山縣》

208 인화(人和)……버렸으나 : 조선 태조가 신도안에다 도읍을 정하려고 하다가 포기하였다는 뜻이다.

209 만세산(萬歲山) : 중국 북경(北京) 서원(西苑)의 태액지(太液池) 북쪽에 인공으로 조성한 산인데, 여기서는 계룡산 근처에 있는 어느 산을 가리키는 듯하다.

210 오색구름 : 다섯 가지 빛깔을 내는 상서로운 구름으로, 흔히 임금이 있는 곳을 가리키는 말로 쓰인다. 여기서는 대궐을 가리킨다.

김희원의 〈황산정〉 시에 차운하다[211] 3수
次金希元黃山亭韻 三首

금과 술잔 흩어 놓고 작은 정자 기대앉자	散擲琴樽倚小亭
연못 연꽃 향기 진동하여 취한 정신 맑아지네	池荷香動醉魂清
모래 고운 십 리 길에 성근 비가 내리다가	沙明十里映疏雨
해가 온 숲을 비추자 저녁나절 맑게 개네	日照千林猶晚晴

하늘 모습 구름 빛깔 산 정자를 흔드는데	天容雲彩撼山亭
돌을 뚫어 만든 못에 흐르는 물 해맑구나	石鑿方塘活水清
이 늙은이 친구 할 이 없다고는 말을 마라	休道此翁無可友
백로 한 쌍 맑은 가을날에 날아 내려오네	一雙幽鷺下秋晴

짙고 푸른 가을빛이 숨은 정자 적시거니	秋光濃翠滴幽亭
저물녘에 술이 깨자 베개 자리 시원하네	晚醉醒來枕簟清
밤 깊을 때 아주 좋은 일을 상상해 보나니	遙想夜深奇絶事
바퀴 같은 밝은 달에 온 산이 다 환하리라	一輪明月萬山晴

211 김희원(金希元)의……차운하다 : 김희원은 김장생(金長生, 1548~1631)으로, 본관은 광산(光山), 자는 희원, 호는 사계(沙溪), 시호는 문원(文元)이다. 김계휘(金繼輝)의 아들이며, 구봉의 제자이다. 황산정(黃山亭)은 충청남도 논산시 강경읍 황산리에 있는 정자로, 김장생이 강학하는 장소로 삼기 위해 지었다. 현재는 임리정(臨履亭)이라는 편액이 붙어 있다.

어떤 사람에게 주다

贈人

한밤중에 모시고서 구천에서 내려올 제	午夜承歡下九天
비단옷엔 어로연[212]의 향기 듬뿍 배었었네	羅衣香帶御爐煙
고운 모습 전 같은데 은혜 되레 끊겼거니	花容如昨恩還斷
고운 얼굴 십 년도 채 못 간다고 말을 마소	盛[213]色休言未十年

212 어로연(御爐煙) : 어전에서 피우는 향 연기를 말한다. 어로는 궁중의 어전에 놓인 임금의 향로이다.

213 盛 : 초간본에는 '歲'로 되어 있다.

느낌이 있어서 읊다

有感

꽃과 대가 모두 우로 은혜 속에 자라지만	花竹咸生雨露天
마음 기약 서리 오기 전에 누가 믿으리오	心期誰信雪霜前
태평할 때 함께 즐김 어려운 일 아니거니	太平同樂非難事
궁한 곳서 평소 지킴 굳은 것을 알게 되리	窮處方知雅守堅

중추절의 보름달. 우계에게 부치다

中秋月寄牛溪

구름 됐다 비가 됐다 제멋대로 어지럽고 爲雲爲雨任紛紛
부귀에다 번화 역시 주인 자주 바뀌지만 富貴繁華換主頻
유독 홀로 중추절의 하늘에 뜬 저 달만은 獨有中秋天上月
매년마다 예전처럼 한인[214]에게 속하리라 年年依舊屬閑人

214 한인(閑人) : 일이 없이 한가로운 사람을 말하는데, 여기서는 우계 성혼(成渾)을 가리킨다.

새벽에 일어나다

曉起

피리 소리 외로운 성 달그림자 잠겼는데	吹角孤城月影沈
연못 연꽃 향기 젖고 새벽 구름 자욱하네	池荷香濕曉雲深
그윽한 이 처음으로 진관[215]의 꿈 깨어서는	幽人初罷秦關夢
말이 없이 난간 기대앉자 마음 무한하네	脈脈憑欄無限心

215 진관(秦關) : 진나라의 변경 지역을 뜻하는 말인데, 여기서는 구봉이 현재 머물고 있는 지역을 가리킨다.

새벽에 비가 개다

曉霽

가을 하늘 광활하여 새들 놀라 잠 깨는데	秋空寥廓鳥驚棲
남은 방울 영롱하고 대 그림자 나직하네	餘滴玲瓏竹影低
비 머금은 새벽 구름 앞 섬으로 돌아가고	曉雲含雨歸前島
지는 달은 옛 성첩의 서쪽 편에 남아 있네	落月猶留古堞西

가을밤[216]

秋夜

천 나무에 잎 다 지는 거를 어이 견디리오　　那堪千樹葉皆飛
이별한 뒤 가을 지나 꿈도 드물게 꾸누나　　一別經秋夢亦稀
해서 땅에 집 있으나 소식이 다 끊겼거니　　家落海西消息斷
달 밝은 곳 어느 곳서 겨울옷을 다듬을꼬　　月明何處擣寒衣

216 가을밤 : 초간본에는 이 시의 3구에 나오는 '가락해서(家落海西)'의 '낙(落)' 자에 대해서 "이 글자를 쓴 데에는 깊은 뜻이 있다.〔字有深意〕"라고 평하였다.

떠돌던 중에 적선의 시운을 써서 짓다[217] 5수

流離中用謫仙韻 五首

투벽[218]하고 문 나섬에 안고 업기 괴로운데 投璧出門煩抱負
큰아이는 흐느끼고 작은놈은 울어 대네 大兒呑哭小兒啼
행인들은 다 갔건만 나는 갈 길 없는 속에 行人過盡無歸路
눈 안 가득 수북 자란 방초만이 보이누나 極目萋萋芳草齊

사람들 말 곳곳마다 다른 것이 상심되나 人語傷心殊處處
산새만은 옛 고향의 소리 내어 울어 대네 山禽猶作故園啼
날품 팔며 이전 습관 그대론 게 우습거니 爲傭笑未除前習
늙은 아내 눈썹 보니 상 높이와 나란하네[219] 老妻愁眉與案齊

217 떠돌던……짓다 : 초간본에는 이 시의 둘째 수에 대해서 "스스로 〈오희가〉에 비하였다.〔自比五噫〕"라고 평하였다. 〈오희가〉는 동한(東漢)의 양홍(梁鴻)이 지은 노래로, 모두 5구로 이루어져 있는데, 구절마다 모두 '희(噫)'로 끝냈으므로 〈오희가〉로 불리게 되었다.

218 투벽(投璧) : 벽옥을 강물에 던진다는 뜻으로, 온 집안사람들을 다 거느리고 함께 떠나는 것을 말한다. 춘추 시대 오패(五霸)의 하나인 진 문공(晉文公)이 공자(公子)로 있을 때 그의 외삼촌 호언(狐偃)과 함께 진(秦)나라에 망명하였다가 본국으로 돌아오는 길에 황하에 이르렀는데, 호언이 공자에게 구슬을 주면서 "제가 공자를 따라 온 천하를 다니면서 잘못을 많이 저질렀습니다. 이제 작별을 고합니다."라고 하니, 진 문공이 "외삼촌과 마음을 함께하겠습니다. 저 하수를 두고 맹세합니다."라고 하고는 그 구슬을 황하에 던졌다. 《春秋左氏傳 僖公24年》

219 날품……나란하네 : 구봉이 떠돌면서 날품을 팔아 살게 되었는데도 구봉의 아내

형은 산동으로 아우는 해서로 떠나가는데　兄寄山東弟海西
갈림길서 남이 볼까 울지조차 못하누나[220]　臨岐不敢向人啼
강남에서 매화 필 때 다시 만날 것이거니　江南再見梅花發
맹자 이에 제나라에 오래 있을 맘 없었네[221]　孟子無心久於齊

부모 제사 지내려도 집 멀어서 만 리기에　欲祭吾親家萬里
근심스레 창 너머로 밤 까마귀 소리 듣네　隔窓愁聽夜烏啼
떠나올 때 내가 심은 뜰 앞의 그 나무가　來時手種[222]庭前樹
말 듣건대 하마 벌써 지붕만큼 자랐다네　聞道如今與屋齊

동해에서 살아가며 다시 서쪽 못 가지만　東海悠悠不復西
대장부가 어찌 아낙 우는 거를 본받으랴　丈夫那效婦人啼
성현 되길 바랐었던 그 당시에 품은 뜻은　希賢希聖當年志
수신제가 치국까지 다 잘하는 거였었네　國可治之家可齊

가 구봉을 예전처럼 공경한다는 뜻이다. 후한(後漢) 때의 학자 양홍(梁鴻)이 아내인 맹광(孟光)과 함께 패릉(霸陵) 산골에서 농사짓고 살다가 〈오희가〉를 지어 나라의 정사를 비방한 일로 화를 피해 오(吳) 땅으로 도망가 살았는데, 양홍이 집에 돌아오면 맹광은 남편을 극진히 공경한 나머지 남편의 밥상을 눈썹 높이로 받쳐 들고 내왔다고 한다. 《後漢書 逸民列傳 梁鴻》

220 갈림길서……못하누나 : 구봉의 가족들이 임금의 명을 어기고 도망하는 것을 남들이 알게 될까 걱정스러워 남들이 보는 데서는 울지조차 못한다는 뜻이다.

221 맹자(孟子)……없었네 : 구봉 자신이 형제들과 헤어져 객지에서 오래 살고 싶은 마음이 없다는 뜻이다. 맹자가 제(齊)나라에 있으면서 말하기를 "제나라에 오래도록 있는 것은 나의 뜻이 아니다."라고 하였다. 《孟子 公孫丑下》

222 種 : 초간본에는 '植'으로 되어 있다.

형제를 그리워하다 2수

憶兄弟 二首

지금 어느 고을 살까 바라보면 공허하고	今在何州望亦虛
꿈에 소식 전하지만 깨면 되레 멀어지네	夢傳書信覺還疏[223]
앞뒤에서 끌어 주고 먹여 주던 그 당시 일	前提後哺當時事
애쓰신 걸 생각하니 눈물 줄줄 흐르누나	念及辛勤淚滿裾

여러 가지 일 생각나 글로 적기가 힘든데	心非一事書難盡
동남으로 거처 옮겨 꿈속서도 못 만나네	居轉東南夢亦違
슬프게도 우리 후생 이제 백발 되었으니	嗟我後生今白首
함께 송백 잡을 날이 다시 어느 때이려나[224]	共攀松柏更何時

223 疏 : 초간본에는 '無'로 되어 있다.

224 함께……때이려나 : 형제들이 함께 고향에 가 부모님의 산소에 성묘할 날이 언제일지 모른다는 뜻이다. 진(晉)나라의 효자인 왕부(王裒)가 그 아버지 무덤 앞에서 잣나무를 잡고서 매일 슬피 울어, 무덤 앞에 있는 잣나무가 눈물에 찌들어 잎과 가지가 말라 죽었다고 한다. 《晉書 孝友列傳 王裒》

새벽에 일어나다

曉起

형제들 다 영락하여 강천 멀리 있거니와　　雁行零落江天遠
강피[225] 보니 처량하고 새벽달은 빛 차갑네　　姜被凄涼曉月寒
십 년이나 형제들이 구름 밖에 막혀 사니　　十載弟兄雲外隔
고향 산의 솔과 잣을 꿈속에나 잡아 보네　　故山松柏夢中攀

225 강피(姜被) : 강굉(姜肱)의 이불로, 흔히 형제간의 우애를 뜻하는 말로 쓰인다. 강굉은 후한(後漢) 사람으로 자가 백회(伯淮)인데, 두 아우와 우애가 지극하여 항상 한 이불을 덮고 잤으므로 강굉공피(姜肱共被)라는 고사가 생기게 되었다. 《後漢書 姜肱列傳》

추석
秋夕

손수 심은 높은 솔이 땔나무로 쓸 만한데 手植高松入採薪
어버이의 외로운 혼 어디 의탁해 계시나 爺[226]孃何處托孤魂
태평하던 사람 이제 떠도는 몸 되었거니 太平人作流離子
누가 맑은 샘물 떠다 황폐한 묘 위로할꼬 誰酌淸泉慰廢墳

하원(下元)[227]은 묘소에 잔을 올리는 세속 명절이다. 북쪽을 향해 부르짖으며 사모하니, 한갓 서리를 밟는 슬픔[228]만이 깊을 뿐이다. 밝은 시절을 만나서 도리어 난을 피해 도망 다니는 사람이 되었으니, 불효가 하늘에 통하여 죄에서 벗어날 길이 없다. 때는 만력(萬曆) 병술년(1586, 선조19)이었다.

226 爺 : 대본에는 '娜'로 되어 있다. 문맥에 근거하여 수정하였다.

227 하원(下元) : 삼원(三元)의 하나로 10월 15일을 가리킨다. 이날에는 각 집안에서 5대조 이상의 산소를 찾아가 묘제(墓祭)를 지낸다.

228 서리를 밟는 슬픔 : 돌아가신 부모를 그리워하는 마음을 가리킨다. 《예기》 〈제의(祭義)〉에 "서리와 이슬이 내리면 군자가 밟아 보고 반드시 슬픈 마음이 생기니, 날이 추워져서 그런 것이 아니다. 봄에 비와 이슬이 내려 축축해지면 군자가 밟아 보고 반드시 두려운 마음이 생기니 죽은 부모를 곧 만날 것 같기 때문이다."라고 하였다.

김이정[229]에게 지어 주다

贈金而精

세인들 말 닿지 않는 공정하고 밝은 곳서　　人言不到公明地
눈보라가 몰아치는 속에 홀로 선 자태네　　風雪偏侵獨立姿
양쪽 살쩍 시사 따라 각각 변하여졌거니　　雙鬢各隨時事變
수종사[230]의 가을 달이 바로 마음 기약이네　　水鍾秋月是心期

길이 평산(平山)으로 나가게 되었는데, 김이정이 마침 평산 고을의 수령으로 있었다. 이에 개연한 마음으로 시사에 대해 개탄하였다. 내가 일찍이 수종사에서 김이정을 만났는데, 서로 보지 못한 지가 거의 30년이나 되었다.

229 김이정(金而精) : 김취려(金就礪)로, 본관은 안산(安山), 자는 이정, 호는 잠재(潛齋)·정암(靜庵)이다. 김휘(金暉)의 아들이며, 퇴계(退溪) 이황(李滉)의 문하에서 수학하였다.

230 수종사(水鍾寺) : 경기도 남양주시 조안면 운길산(雲吉山)에 있는 절이다.

화학루[231]

化鶴樓

안개 걷힌 못에 버들 그림자가 나란한데	池面煙消柳影齊
긴 젓대의 한 소리에 석양빛이 나직하네	一聲長笛夕陽低
붉은 난간 아득한데 사람 아직 취하여서	朱欄縹緲人猶醉
신선 꿈이 바다 섬의 서쪽에서 돌아오네	仙夢初回海島西

231 화학루(化鶴樓) : 황해도 수안군(遂安郡)에 있는 정자이다. 《성소부부고(惺所覆瓿藁)》 권6에 〈중수화학루기(重修化鶴樓記)〉가 수록되어 있다.

율곶진[232]에서 남창 김현성[233]의 증별시에 차운하다

栗串津上次南窓 金玄成 贈別韻

서로 간에 만났다 또 이별하는 사람 되니　相逢又作別離人
나부끼는 허연 머리 벽진 물에 비치누나　白髮飄然映碧津
나룻가에 있는 솔은 세상 난리 겪고서도　津上有松經世亂
사철 봄을 차지하고 있는 것이 부럽구나　羡渠長占四時春

강안에서 반형[234]하고 가는 이를 전송할 제　班荊江岸送行人
아스라한 찬 조수가 나루터에 가득하네　漠漠寒潮正滿津
북풍 불어 그대 행적 거두어서 가 버리니　朔吹卷君行迹去
하늘 끝서 어느 날에 봄을 만나게 되려나　天涯幾日可逢春

김현성의 원시(原詩)이다.

232 율곶진(栗串津) : 황해도 봉산(鳳山)에서 서쪽으로 30여 리 되는 곳에 있는 나루이다.

233 김현성(金玄成) : 1542～1621. 본관은 김해(金海), 자는 여경(餘慶), 호는 남창(南窓)이다.

234 반형(班荊) : 풀을 펴고 앉는 것으로, 친구 간에 이별의 정을 나누는 것을 말한다. 초(楚)나라의 오삼(伍參)과 채(蔡)나라의 자조(子朝)가 친하게 지냈는데, 그들의 아들인 오거(伍擧)와 성자(聲子)도 서로 친하게 지냈다. 그 뒤에 오거가 정(鄭)나라로 도망쳤다가 진(晉)나라로 들어가려고 하는데, 성자 역시 진나라로 가다가 정나라 교외에서 둘이 만나 형초(荊草)를 펴고 길가에 앉아서 함께 초나라로 돌아가는 것을 의논하였다. 《春秋左氏傳 襄公26年》

강가에서 읊다[235] 4수

江上吟 四首

듣는 것과 보는 것은 깊고 얕음 다른 거고	耳聞目見殊深淺
말만 함과 실제 행함 어려움과 쉬움 있네	口說身行有易難
대문 밖의 신발들이 봄꿈 따라 흩어진 뒤	戶外屨隨春夢散
바람 이슬 강 가득해 한 도롱이 차갑구나	滿江風露一蓑寒
선성 마음 알겠어도 얼굴 뵙긴 힘이 들고	先聖見心難見面
세인 얼굴 알겠으나 속마음은 알 길 없네	世人知面不知心
만 리 부는 봄바람에 서로 물을 길 없는데	春風萬里無相問
강 달만이 유유하게 옥거문고 비춰 주네	江月悠悠照玉琴
일엽편주 작은 배로 사해 밖에 나아가서	一葉扁舟四海心
만 겹 산을 돌아보니 흰 구름이 자욱하네	萬山回首白雲深
우리 유가 공업 바로 자신 안의 일인데도	儒家功業身中事
예와 지금 영웅들은 괜히 밖서 찾았다네	今古英雄謾外尋
배 돌리려 할 때에는 바람 더욱 거세지고	舟欲返時風更急

235 강가에서 읊다 : 초간본에는 이 시 첫째 수의 1, 2구에 대해서 "공부하는 자들을 위하여 약간의 공정을 말해 주었다.〔爲學者說些功程〕"라고 평하였으며, 둘째 수의 3구에 대해서 "공중누각을 얽어 내었다.〔構得空中樓閣〕"라고 평하였다.

낚시 던지려는 곳에 물 유난히 깊었다네	釣將投處水偏深
세상만사 무심하여 한번 술에 취해서는	萬事無心成一醉
먼 산 위로 밝은 달이 솟는 것을 누워 보네	臥看明月出遙岑

위성에 귀양 가 있을 적에 임금의 어가가 서쪽으로 난을 피해 옮겨 가는 도중에 고관들이 많이 죽었기에[236] 거울을 보다가 읊어서 친구에게 주다[237]

謫在威城龍御西移衣冠多死對鏡吟得以贈故人

낙양 땅에 꽃 피는데 봄은 주인 잃었으매[238]	洛陽花發春無主
천 리 밖의 장사 땅이 경기 지역 되었구나[239]	千里長沙作帝畿
고개 돌려 바라보니 저 옛날의 친구들 중	回首昔年知舊裏
몇몇이나 귀밑머리 희어질 수 있으려나	幾人能得鬢邊絲

236 위성(威城)에……죽었기에 : 위성은 평안도 희천(熙川)의 별칭이다. 구봉은 1591년(선조24) 관가로 나와 자수하라는 선조의 엄명에 따라 홍산(鴻山) 고을로 나가 스스로 감옥에 갇혀 있다가 유배의 명을 받고 1592년 1월 평안도 희천에 도착하였다. 그해 4월 임진왜란이 일어나 선조가 의주(義州)로 파천하였는데, 파천하는 도중에 많은 사람이 죽었다.

237 위성에……주다 : 초간본에는 이 시에 대해서 "이른바 늙기도 쉽지 않다는 것이니, 말이 몹시 비통하고 처창하다.〔所謂老亦不易者, 語甚悲愴.〕"라고 평하였다.

238 낙양(洛陽)……잃었으매 : 서울에 봄이 와서 봄꽃이 피었으나, 전란으로 인해 봄꽃을 구경할 사람이 아무도 없다는 뜻이다. 낙양은 서울을 가리킨다.

239 천……되었구나 : 임진왜란으로 인해 선조가 의주로 파천해 옴으로써 의주가 서울이 되어 의주와 가까운 희천이 경기 지역과 같이 되었다는 뜻이다. 장사(長沙)는 한(漢)나라 때 가의(賈誼)가 좌천되어 가서 죽은 곳으로, 흔히 귀양지를 뜻하는 말로 쓰이는데, 여기서는 희천을 가리킨다.

홀로 눕다

獨臥

어느 누가 다시 백성 구제할 수 있으려나	何人能復濟生靈
방 안에서 궤 기대자 끝없는 정 일어나네	隱几堂中萬里情
봄날의 꿈 절반이나 풍우 따라 흩어지니	春夢半隨風雨散
서울 땅의 꽃과 달은 분명치가 아니하네	洛陽花月未分明

벗이 보낸 시에 차운하다
次友人見贈韻

동으로 온 중국 군사 추상같이 늠름하여	天戈東出凜秋霜
조제[240]들의 죄를 묻고 죽은 자를 위로하네	問罪雕題慰死傷
기린각[241]서 누구 공이 첫째가는 공이 될꼬	麟閣何人功第一
쓸모없는 늙은 거북 상 괴는 게 합당하리[242]	老龜無用合支牀

240 조제(雕題) : 이마에 문신하는 것으로, 고대 중국 남방에 살던 야만족의 풍속인데, 여기서는 왜적을 지칭한다. 《초사(楚辭)》 〈초혼(招魂)〉에 "조제와 흑치(黑齒)는 인육(人肉)으로 제사를 지내고 그 뼈로 젓을 담근다."라고 하였다.

241 기린각(麒麟閣) : 한 선제(漢宣帝)가 일찍이 곽광(霍光), 장안세(張安世), 소무(蘇武) 등 공신(功臣) 11인의 초상을 그려서 걸게 했던 전각(殿閣)으로, 곧 국가에 큰 공훈을 세운 사람들을 공신으로 책봉하고 그들의 화상을 모셔 두는 공신각(功臣閣)을 말한다.

242 쓸모없는……합당하리 : 구봉 자신과 같이 쓸모없는 사람은 아무 역할도 못 할 것이라는 뜻이다. 늙은 거북은 몸이 속박을 받고 있거나 마음이 몹시 적막한 것을 비유하는 말로 쓰인다. 《사기(史記)》 〈귀책열전(龜策列傳)〉에 "남방의 한 노인이 거북에게 와상 다리를 괴게 하고 20여 년을 지내다가 죽었는데, 노인이 죽은 뒤에 그 와상을 옮기다 보니, 그때까지 거북은 죽지 않고 살아 있었다."라고 한 데서 온 말이다.

장량 3수

張良 三首

비단옷을 입은 초후 울며 슬퍼하였으며[243] 衣繡楚猴悲玉涕
지초 먹던 진로들이 신선산서 내려왔네[244] 食芝秦老下仙山
차분하여 군막에서 많은 말을 안 했으나 從容帷幄無多說
지시하고 적 쫓느라 한가롭지 아니했네[245] 指示追奔總不閑

옛터로다 향하면서 상심했을 뿐 아니라 不獨傷心向故墟
잔흉까지 겸하여서 필부 위해 제거했네 殘凶兼爲匹夫除
조룡의 머리에 인 혼을 먼저 부쉈으니 祖龍戴首魂先碎

243 비단옷을……슬퍼하였으며 : 초(楚)나라 항우(項羽)가 한(漢)나라 유방(劉邦)과 다툴 적에 장량(張良)의 계책에 의해 패하였다는 뜻이다. 비단옷을 입은 초후(楚猴)는 항우를 가리킨다. 초와 한이 각축하던 때에, 항우가 진(秦)나라의 수도 함양(咸陽)에 들어가서 항복한 왕 자영(子嬰)을 죽이고 진나라 궁궐을 불태운 뒤 보물을 싣고서 돌아가려 하자, 어떤 사람이 항우에게 관중(關中)에 도읍을 정하라고 설득하였다. 그러나 항우는 "부귀하게 되어 고향으로 돌아가지 않는다면 비단옷을 입고 밤길을 다니는 것과 같다."라고 하며 자신의 고향 강동(江東)으로 가려고 하였다. 그가 말하기를 "사람들이 '초나라 사람은 원숭이가 의관을 차려입은 격'이라 하더니, 과연 그렇구나!"라고 하니, 항우가 그 사람을 삶아 죽였다. 《史記 項羽本紀》

244 지초(芝草)……내려왔네 : 진나라의 학정(虐政)을 피해 상산(商山)에 숨어 살던 상산사호(商山四皓)가 장량의 계책으로 인해 한나라 조정으로 나와 태자(太子) 자리를 안정시킨 것을 말한다. 133쪽 주134 참조.

245 차분하여……아니했네 : 장량이 유방의 참모로서 군막에 있으면서 많은 말을 하지 않았으나, 모든 계책이 그의 머리에서 나왔다는 뜻이다.

박랑사서 부거 맞힌 일 한하지를 마라[246] 莫恨沙中中副車

초에 원수 있었으니 한 위한 게 아닌데도 吾讎在楚非私漢
그 당시에 괜히 황제 스승이라 칭해졌네[247] 當世虛稱帝者師
시서 읽지 않아 오래 있기 어려웠거니와 不事詩書難久處
적송자의 높은 자취 아는 이가 적었다네[248] 赤松高迹少人知

246 조룡(祖龍)의……마라 : 장량이 한나라의 원수를 갚기 위하여 박랑사(博浪沙)에서 진 시황을 철퇴로 때려 죽이려고 하다가 실패하였는데, 비록 실패하기는 하였으나 그때 진 시황의 혼이 이미 달아났으니 한탄하지 말라는 뜻이다. '조룡'은 진 시황을 뜻하는 말로, 조(祖)는 시(始)의 뜻이고, 용(龍)은 임금을 상징하는 말이다. 《사기》 〈진시황본기(秦始皇本紀)〉에 "금년에 조룡이 죽을 것이다.〔今年祖龍死〕"라고 한 예언에서 나온 말이다. '박랑사'는 중국 하남성(河南省) 박랑현(博浪縣) 동남쪽에 있는 지명이다. '부거(副車)'는 뒤따라오는 수레를 말한다.

247 초(楚)에……칭해졌네 : 장량이 한 고조 유방을 위해 항우와 싸운 것이 아니라, 자신의 원한을 갚기 위해 항우와 싸운 것인데도 황제의 스승으로 칭해졌다는 뜻이다.

248 시서(詩書)……적었다네 : 장량이 한나라의 건국이 완료된 뒤에 속세의 미련을 버리고 떠나가 신선술을 닦은 것을 말한다. '시서를 읽지 않은 사람'은 유방을 가리킨다. 《사기》 〈육가열전(陸賈列傳)〉에 "육가(陸賈)가 유방에게 늘 시서의 중요성을 말하였는데, 유방이 꾸짖기를 '내가 말 위에서 천하를 얻었는데 어찌 시서 따위를 배우겠느냐.' 하였다."라고 하였다. '적송자(赤松子)'는 전설상의 선인(仙人)이다. 한나라가 건국되고 장량이 유후(留侯)에 봉해진 뒤에 속세의 미련을 버리고 신선술을 닦으며 말하기를 "지금 세 치의 혀를 가지고 임금의 스승이 되었을 뿐만 아니라 만호에 봉해지고 열후의 지위에 올랐으니, 이는 포의가 누릴 수 있는 최대의 영광으로 나에게는 이미 충분하다고 하겠다. 그러니 이제는 인간 세상의 일을 버리고 적송자를 따라 노닐고 싶다."라고 하였는데, 이는 한신(韓信)과 같은 화(禍)를 면하기 위해서였다고 한다. 《史記 留侯世家》

벗의 시에 차운하다 2수

次友人韻 二首

웅대한 맘 기둥에 쓴 먹물 아니 말랐는데[249]	題柱雄心墨未乾
뜸 가리고 홀로 눕자 빗소리만 차갑구나	掩篷孤臥雨聲寒
인간 세상 평지에도 풍랑 많이 이는데도	人間平地多風浪
배 안에서 베개 베는 편함 듬뿍 얻었구나	贏得舟中一枕安

비 온 뒤라 가을 산이 마르지 않았는데	雨後秋山染不乾
일엽편주 신세라서 한 도롱이 차갑구나	扁舟身世一蓑寒
치란 일에 무심하다 말하지를 말지어니	莫道無心治亂事
꿈속에서 혼은 가끔 괴안국[250]에 이른다오	有時魂夢到槐安

249 웅대한……말랐는데 : 웅대한 꿈을 품었던 때로부터 얼마 안 지났다는 뜻이다. 한나라의 문장가 사마상여(司馬相如)가 고향인 촉(蜀) 땅을 떠나 장안(長安)으로 향할 적에, 성도(成都)의 승선교(昇仙橋) 다리 기둥에 "화려한 고관의 수레를 타지 않으면 이 다리를 건너서 돌아오지 않으리라."라고 적어 놓았는데 그 뒤에 과연 뛰어난 문장 실력으로 한 무제(漢武帝)에게 인정을 받아 현달하게 되었다. 《華陽國志 蜀志》

250 괴안국(槐安國) : 당나라 때 이공좌(李公佐)의 〈남가태수전(南柯太守傳)〉에 나오는 남가일몽(南柯一夢)의 무대이다. 순우분(淳于棼)이라는 사람이 괴목(槐木) 아래에서 술 취해 잠깐 누워 잠든 사이에 괴안국의 부마(駙馬)가 되어 남가(南柯)의 태수로 30년 동안 있으면서 온갖 부귀영화를 누렸는데, 꿈을 깨고 보니 괴안국은 바로 괴목의 남쪽 가지 밑에 있는 개미구멍이었다고 한다. 《類說 卷28》

소나무 아래에 모여서 술을 마시다

松下會酌

눈에 가득 난리 모습 천하가 다 똑같은데	滿目干戈四海同
우연히도 솔 밑에 와 맑은 바람 소리 듣네	偶來松下聽淸風
한 가지도 새가 편히 깃들일 곳 없거니와	一枝無處安巢鳥
어느 때나 삼고하여 저 와룡[251]을 일으킬꼬	三顧何時起臥龍

251 와룡(臥龍) : 삼국 시대 촉(蜀)나라의 승상인 제갈량(諸葛亮)을 일컫는 말인데, 여기서는 누운 소나무를 가리킨다.

난리를 겪은 곳에 막 와서 다른 사람의 시에 차운하다[252]

新到經亂地次人

몇 그루의 남은 버들 위로 석양 물드는데	數株[253]殘柳夕陽天
꽃다운 풀 한가한 꽃 옛 언덕을 뒤덮었네	芳草閑花覆古阡
한식날이 지난 뒤에 한소리로 새 울거니	啼鳥一聲寒食後
외로운 성 어디에서 새로 나는 연기 볼꼬	孤城何處見新煙

252 난리를……차운하다 : 초간본에는 이 시에 대해서 "어찌 수주나 좌사보다 못하겠는가.〔何減隋州、左司乎?〕"라고 평하였다. 수주는 당나라 때 수주 자사(隋州刺史)를 지낸 유장경(劉長卿)으로, 시어(詩語)가 정련되고 구의(句意)가 청신(清新)하며, 오언 율시에 특히 능하여 오언장성(五言長城)이라고 일컬어졌다. 좌사는 원(元)나라 때 좌사도사(左司都事)를 지낸 원호문(元好問)을 가리킨다. 원호문은 7세부터 시에 능해 시문으로 일대 종장이 되었는데, 특히 오언시에 뛰어났다.

253 株 : 초간본에는 '柯'로 되어 있다.

홀로 서서 읊다
獨立

파람 불며 우러르니 하늘 넓어 아득하고 長嘯仰天天浩浩
너른 바다 굽어보니 바다는 또 끝이 없네 俯臨滄海海無窮
그 사이에 홀로 서매 아무 일도 없거니와 獨立此間無一事
되레 홍폐 다투었던 영웅들을 비웃노라 却將興廢笑英雄

다른 사람의 시에 차운하다
次人

백마 맹세 식은 뒤에 내공 저버렸거니와[254]	白馬盟寒負乃公
나라 안위 지초 캐는 노인에게 달렸었네[255]	安危只係採芝翁
하늘 이치 아주 밝아 끝내는 못 숨기나니	天理至明終不隱
한 사람이 만 사람과 의당 같아야만 하리	一人宜與萬人同

254 백마(白馬)……저버렸거니와 : 한 고조(漢高祖)가 천하를 통일한 뒤 백마를 잡아 놓고 맹서하기를 "유씨(劉氏)가 아닌 사람이 왕이 되면 천하가 함께 공격하라."라고 하였다. 그 뒤 고조가 죽고 여후(呂后)가 실권을 잡고는 여씨를 왕으로 봉하고 싶어서 우승상 안국후(安國侯) 왕릉(王陵)에게 묻자, 왕릉이 고조 때 한 맹서를 말하면서 "지금 여씨를 왕으로 세우는 것은 맹서를 어기는 것입니다."라고 한 데 반해, 진평(陳平)과 주발(周勃) 등은 여후의 뜻에 반대하지 않아 황통(皇統)이 여씨에게 넘어갈 뻔하였다. 《史記 呂太后本紀》 내공(乃公)은 내공(迺公)이라고도 하는데 유방(劉邦)을 가리킨다. 육가(陸賈)가 한 고조 유방에게 시서(詩書)의 중요성을 강조하자, 유방이 "나는 말 위에서 무력으로 천하를 얻었다. 시서 따위가 무슨 필요가 있겠는가.〔迺公居馬上而得之, 安事詩書!〕"라고 매도했던 데에서 나온 말이다. 《史記 陸賈列傳》

255 나라……달렸었네 : 상산사호(商山四皓)가 아니었으면 한나라의 황통이 잘못되었을 것이라는 뜻이다. 133쪽 주134 참조.

객지에 우거하면서 친구가 보낸 시에 차운하다

旅寓中次友人見寄韻

꽃이 지는 깊은 곳에서 홀로 조는 사람이	落花深處獨眠人
산속에서 두건으로 술 거름을 저버렸네[256]	虛負山中漉酒巾
연월[257] 속의 명원 모임 지금 와서 생각하니	追思煙月名園會
옥루 소리 느릿하고 온 숲이 다 봄이었네	玉漏聲遲萬樹春

256 산속에서……저버렸네 : 도잠(陶潛)처럼 운치 있게 술 마시는 일을 저버렸다는 뜻이다. 진(晉)나라 때 처사(處士)인 도잠은 술을 무척 좋아하여, 매양 술이 익으면 머리에 쓴 갈건(葛巾)을 벗어서 술을 걸러 마신 뒤에 다시 썼다고 한다. 《晉書 隱逸列傳 陶潛》

257 연월(煙月) : 연화풍월(煙花風月)로, 풍류와 운치가 있는 것을 뜻한다.

함께 유숙한 벗의 시에 차운하다
次同宿友人韻

창 너머에 눈 날리고 새벽바람 가벼운데	隔窓飛雪曉風輕
솔 소리는 전과 같아 고향 땅의 소리구나	松籟依然故國聲
돌아가고 싶은 꿈은 호해 먼 줄 모르고서	歸夢不知湖海遠
되레 지는 달을 따라 찬 물가에 떨어지네	却隨殘月落寒汀

같이 피란하기로 약속한 사람에게 주다

贈同約避寇人

구름 밖의 행장이야 달빛 아래 한 도롱이	雲外行裝月一蓑
가벼운 배 닿는 곳엔 생애 만족할 것이리	輕舟隨處足生涯
주위 사람 어부 온 줄 잘못 착각하더라도	傍人錯訝漁郎至
게으른 몸 무심하게 또다시 꽃 심을 거리	懶惰無心又種花

홀로 가다
獨往

산골짜기 비 갠 뒤에 봄을 찾아가기 위해	洞裏尋春微雨餘
저는 나귀 홀로 타고 도화 뜬 물 찾아갔네	蹇驢獨訪桃花水
숲은 깊고 날 어두워서 도로 돌아왔거니	林深景黑還歸來
그 밖에는 응당 속세 피한 이들 살 것이리	此外應留避世子

십일국[258]을 대하여 때가 지나갔음을 탄식하다

對十日菊歎過時

구일 향기 십일 날에 쇠하는 건 아니지만	九日香非十日衰
오늘 아침 무슨 일로 사람 슬프게 하는가	今朝何事使人悲
멀리서도 내 알겠네, 홀로 선 동문 밖은	遙知獨立東門外
당우 시절 옥백 올리던 때와 다르다는 걸[259]	不似唐虞玉帛時

258 십일국(十日菊) : 중양절(重陽節) 이튿날인 9월 10일에 핀 국화를 말한다.

259 당우(唐虞)……걸 : 태평스러운 시절이 아님을 알 것이라는 뜻이다. 당우는 도당(陶唐)과 유우(有虞)로, 요순(堯舜) 시대를 의미한다. 옥백(玉帛)은 규장(圭璋)과 속백(束帛)으로, 회맹하거나 조빙할 때 사용하는 예물이다.

생각하는 바가 있어서 읊다

有所思

대문 밖이 막막하여 가야 할 길 아득한데 門外漠漠迷去路
눈 안에는 흐릿하게 요서[260] 쪽이 보이누나 眼中依依見遼西
매화 꺾은 뒤로부터 잠 이루지 못하고는 自折梅花眠不得
밝은 달빛 속에 자규 울음만을 듣는구나 謾聽明月子規啼

260 요서(遼西) : 사랑하는 사람이 있는 곳을 말하는데, 여기서는 선조가 파천해 있는 의주(義州)를 가리킨다. 고시(古詩)에 "시녀 불러 까마귀를 쫓아내어서, 나뭇가지 위에서 울지 못하게 한 건, 울어 대면 신첩의 꿈 놀라 깨어서, 임이 계신 요서 땅에 못 가서라네.〔喚婢打鴉兒, 莫教枝上啼, 啼時驚妾夢, 不得到遼西.〕"라고 하였다. 《詩人玉屑 卷5 詩要聯屬》

병중에 읊다

病中

방에 가득 금서라서 성정 맑아지긴 하나　琴書一室性情淸
몸져누운 탓에 매년 풀만 절로 나는구나　臥病年年草自生
산 바깥의 인간 세태 변한 줄도 모르고서　山外不知人事變
화월[261] 보곤 착각하여 태평성세 읊고 있네　錯將花月詠升平

261 화월(花月) : 아름다운 경색을 말한다.

우계를 그리워하다

懷牛溪

태평하던 시절에 우계옹과 더불어 첫째가는 일[262]을 하기로 기약하였는데, 지금은 병란으로 인하여 서로 그리워하면서도 만나 보지 못하니, 참으로 슬프다.

봉래산[263]의 제일봉에 오르지를 않았다면	不上蓬萊峯第一
그 당시엔 심진[264]했다 허여하지 않았었네	當時猶未許尋眞
만 리에서 하늘 밖의 달만 서로 바라보며	萬里相看天外月
평생토록 꿈속 사람 길이 생각할 것이리	百年長憶夢中人

262 첫째가는 일 : 사람에게 가장 중요한 일이라는 뜻으로, 부귀와 명예를 추구하지 않고 오로지 심신을 수양하여 지조를 지키는 일을 말한다. 77쪽 주47 참조.

263 봉래산(蓬萊山) : 129쪽 주119 참조.

264 심진(尋眞) : 진(眞)은 이상경(理想境)을 뜻하는 말로, 이상경을 찾는 것을 의미한다.

우연히 읊다

偶吟

구만리나 먼 하늘에 밤기운이 맑은 속에	九萬迢迢夜氣清
조각구름 다 없어져 달빛 더욱 분명하네	片雲飛盡月分明
세상에는 신선 자취 아는 엄자[265] 없거니와	世無嚴子知仙迹
뗏목 타고 천하[266]까지 혼자서만 가는구나	槎到天河只獨行

265 엄자(嚴子) : 한(漢)나라 때의 고사(高士)인 엄준(嚴遵)을 가리킨다. 엄준은 자가 군평(君平)으로, 벼슬하지 않고 은거하여 성도(成都)에서 점을 쳐 주며 지냈는데, 한 무제(漢武帝) 때 장건(張騫)이 뗏목을 타고 대하국(大夏國)에 사신으로 가는 길에 황하(黃河)의 근원을 찾아가다가 달포쯤 지나 한 곳에 이르러 베를 짜는 여자와 소를 끌고 물을 먹이는 남자를 만났는데, 뒤에 돌아와서 엄군평(嚴君平)에게 물어보니, 엄군평이 말하기를 "아무 해 아무 달에 객성(客星)이 견우성을 범했는데, 연월을 계산해 보니 바로 이 사람이 은하(銀河)에 이른 때이다."라고 하였다. 《荊楚歲時記》

266 천하(天河) : 은하수를 가리킨다.

밤에 앉아서 읊다

夜坐

선루[267] 더디 가는 탓에 만 생각이 싸늘한데	仙漏遲遲萬念灰
긴 젓대의 한 소리가 달 속에서 들려오네	一聲長笛月中來
도를 몹시 사모하나 정성 되레 박해서니	只緣慕道誠猶薄
천관[268] 크게 안 열렸다 말하지는 말지어다	休說天關不大開

267 선루(仙漏) : 옛날에 시간을 알려 주던 물시계의 미칭(美稱)이다.

268 천관(天關) : 하늘의 문으로, 임금이 있는 곳을 뜻한다.

머리가 세다

頭白

백발 됨은 수심 많은 탓이라고 말들 하나	人言頭白爲多愁
나는 수심 없는데도 머리 세어 하얘졌네	我自無愁亦白頭
머리 세어 남과 함께 늙어 가긴 할지언정	白頭雖許人同老
늙지 않은 맘 있으니 죽어서도 안 쉬려네	不老存中死不休

저자도[269]에서 친구의 시에 차운하다
楮子島次友人

평호에서 달과 놀며 산 오르길 미적대매	弄月平湖懶上山
바람 이슬 배 가득해 한 도롱이 차갑구나	滿船風露一蓑寒
술에 취해 돌아와선 솔 아래의 돌에 누워	醉來歸臥松根石
밤새도록 잠 못 들고 먼 여울물 소리 듣네	盡夜無眠聞遠灘

269 저자도(楮子島) : 서울시 강남구 삼성동에 있던 섬으로, 무동도(舞童島)라고도 한다. 옛날에 이곳에 닥나무가 많이 자란 데에서 이름이 유래하였으며, 경치가 아주 좋아 명사들의 별장이 많았다고 한다.

격양[270]의 시에 차운하다

次擊壤韻

숲속에는 맑은 회포 뒤흔드는 것이 없어	林間無物撓淸懷
하늘 달의 흐르는 빛 술잔 속에 들어오네	天月流光入酒杯
어느 곳의 신선 노인 학을 몰아 지나가나	何處仙翁調鶴過
바람 젓대 두어 소리 구름 길서 떨어지네	數聲風篴落雲街

270 격양(擊壤) : 송(宋)나라의 학자 소옹(邵雍)을 가리킨다.

아침에 일어나다

朝起

꾀꼬리는 숲서 울고 새벽 구름 자욱한데	鸎啼綠樹曉雲深
숙취 살짝 깨어서는 옥거문고 잡아 드네	宿醉微醒倚玉琴
창밖에는 꽃이 이미 다 진 줄을 모르고서	窓外不知花落盡
일어나서 부질없이 봄 그리는 노래 뜯네	起來虛奏戀春音

한가한 가운데 읊다

閑中

세상 멀매 절로 훼예 없다는 걸 알겠으며	世遠始知無毁譽
산 깊으매 정말 신선 있다는 걸 믿겠구나	山深方信有神仙
머리 세어 천하의 일 깡그리 다 잊고서는	白首都忘天下事
물 마시곤 달빛 속에 높이 누워 잠자누나	一瓢高臥月中眠

새벽에 일어나다[271]

曉起

그윽한 꿈 처음 깨니 바다에는 해가 밝고　　幽夢初回海日明
꽃이 지고 새 우는데 사립문은 닫혀 있네　　落花啼鳥掩山扃
흰 구름이 깊은 곳에 두 다리를 펼 만한데　　白雲深處堪伸脚
누가 대궐 향해 가서 객성 되려 하겠는가[272]　　誰向君門作客星

271 새벽에 일어나다 : 초간본에는 이 시의 3, 4구에 대해서 "거만한 태도를 면치 못하였다.〔未免倨態.〕"라고 평하였다.

272 누가……하겠는가 : 벼슬하기 위하여 임금 곁으로 가지 않겠다는 뜻이다. 후한 광무제(後漢光武帝) 때의 은사(隱士)인 엄광(嚴光)은 본디 광무제와 어릴 때 친구로서 함께 공부하였다. 광무제가 제위에 오른 뒤에 엄광은 성명을 바꾸고 숨어 살았는데, 우여곡절 끝에 엄광을 찾아낸 광무제는 그에게 함께 세상을 다스리자고 하였으나 엄광은 응하지 않았다. 다시 엄광을 궁중으로 불러들여 회포를 풀고 같이 자던 중에 엄광이 발을 들어 광무제의 배 위에 얹었다. 이튿날 태사(太史)가 객성이 어좌(御座)를 범하였다고 아뢰니, 광무제가 웃으면서 "짐(朕)의 옛 친구 엄자릉(嚴子陵)이다."라고 하였다. 자릉은 엄광의 자이다. 엄광은 끝내 벼슬을 사양하고 부춘산(富春山)에 은거하였다. 《後漢書 逸民列傳 嚴光》

술을 대해 읊다

對酒吟

꽃만 있고 달 없으면 꽃의 향기 줄어들고	有花無月花香少
달만 있고 꽃 없으면 달빛이 또 외롭다네	有月無花月色孤
달도 있고 꽃 있으며 술조차 또 있거니와	有月有花兼有酒
학을 탄 저 왕교조차 바로 나의 종이로다[273]	王喬乘鶴是家奴

273 학을……종이로다 : 학을 타고 놀았던 왕교(王喬)조차 부럽지 않다는 뜻이다. 왕교는 왕자교(王子喬)로, 주 영왕(周靈王)의 태자인 진(晉)을 가리킨다. 왕자교는 태자 시절에 왕에게 직간하다가 폐해져 서인이 되었다. 생황을 불어 봉황의 울음소리를 잘 내었는데, 신선 부구공(浮丘公)을 만나 숭산(嵩山)으로 들어가 도술을 배운 지 30여 년 후 백학(白鶴)을 타고 구씨산(緱氏山) 산마루에 올라가 며칠을 있다가 떠났다고 한다.《列仙傳 王子喬》

어떤 사람을 전송하다

送人

끝이 없이 잎 지는데 가는 그대 전송하니	無邊落木送君歸
금강에는 서풍 불고 해 저무는 때이로다	錦水西風日暮時
밤에 밝은 달을 보며 외로운 배 매어 두고	夜看明月維孤棹
하늘 남쪽 돌아보니 옛 친구는 안 보이네	回望天南故舊非

과일을 보내 준 사람에게 사례하다

謝人送果

소년이 과수원의 주인이 되어 치생(治生)을 잘하였다.

씹어 삼키기도 전에 신선 깔볼 만하거니	嚼未呑之可傲仙
꽃 피는데 삼천 년을 기다릴 게 뭐 있으랴[274]	花開何必待三千
주머니에 넣어 바닷가로 가져갈 계획이니	囊歸海上吾多計
죽림칠현 중에 씨를 뚫은 이[275]를 닮지 마소	莫學林中鑽核賢

274 씹어……있으랴 : 신선들이 먹고서 불로장생한다고 하는 반도(蟠桃)조차도 얕볼 만하다는 뜻이다. 반도는 전설 속에 나오는 신선들이 먹는 복숭아로, 3000년마다 한 번 열매를 맺으며, 이 복숭아를 먹으면 불로장생한다고 한다.

275 죽림칠현(竹林七賢)……이 : 진(晉)나라 때의 죽림칠현 가운데 한 사람인 왕융(王戎)을 가리킨다. 왕융은 혜제(惠帝) 때에 가후(賈后)에게 신임받아 사도(司徒)가 되었으나 한 일이 없었고, 욕심이 많아 전원(田園)을 각 주(州)에 두고서 친히 주판을 놓아 밤낮 회계를 맞추었으며, 집에 좋은 오얏나무가 있었는데 누가 종자를 받을까 싶어 씨에다 송곳질했다 한다. 《晉書 王戎列傳》

구봉집

제2권

오언 율시 五言律詩

오언 배율 五言排律

칠언 율시 七言律詩

칠언 배율 七言排律

오언 율시 139수 五言律詩 一百三十九首

남악에서 노닐다[1]

遊南嶽

풀 옷을 입은 사람 서넛이 모여	衣草人三四
풍진세상 밖에 나가 노닐었다네	於塵世外遊
골짝 깊어 꽃 피려는 뜻 게을렀고	洞深花意懶
산이 겹쳐 냇물 소리 그윽하였네	山疊水聲幽
작은 산은 술잔 속의 그림이었고	斷嶽杯中畫
긴 바람은 소매 속의 가을이었네	長風袖裏秋
흰 구름이 바위틈서 일어날 때에	白雲巖下起
돌아오는 길에 푸른 소를 탔노라	歸路駕青牛

1 남악(南嶽)에서 노닐다 : 이 시가 《송강집(松江集)》 별집 권1에도 실려 있다. 제목은 〈유남악연구(遊南嶽聯句)〉이며, 1·2구는 구봉이, 3·4구는 이이(李珥)가, 5·6구는 정철(鄭澈)이, 7·8구는 성혼(成渾)이 읊은 것으로 되어 있다.

새벽에 길을 가다

曉行

평탄한지 험한지 물어볼 사람 없어	夷險無人問
높든 낮든 말이 가는 대로 맡겼네	高低任馬行
찬 종소리 어느 절서 들리어오나	寒鍾何處寺
흐르는 물 숲 너머서 소리를 내네	流水隔林聲
샛길 돌자 외로운 별 사라져 가고	徑轉孤星沒
날이 밝자 먼 데 산이 다 드러나네	天開遠岫生
창해에서 뜨는 해가 멀리 보이매	遙看滄海日
가는 길이 환히 밝아 마음 기쁘네	此路喜重明

군산철적[2]

君山鐵箋

쇠 젓대로 불어 대는 〈자형곡〉[3] 소리 鐵箋紫荊曲
동정호에 있는 산의 위에서 부네 洞庭湖上山
바람 타고 기러기 등 지나와서는 引風經雁背
달과 함께 구름 새로 떨어지누나 和月落雲間
몇 곡 불자 애간장이 녹을 듯하고 數闋腸能斷
곡 끝나자 귀밑머리 세려고 하네 三成鬢欲斑
외로운 배 어느 곳의 나그네인가 孤舟何處客
천 리 길을 일찍이 못 돌아갔구나 千里未曾還

2 군산철적(君山鐵箋) : 군산에서 부는 쇠 젓대 소리라는 뜻이다. 군산은 중국 동정호(洞庭湖) 가운데에 있는 산인데, 순(舜) 임금의 두 비(妃), 즉 아황(娥皇)과 여영(女英)의 신(神)인 상군(湘君)이 노는 곳이라 하여 이렇게 이름한 것이라 한다. 상산(湘山)이라고도 한다.

3 자형곡(紫荊曲) : 형제를 그리워하는 노래이다. 자형(紫荊)은 박태기나무로, 형제간에 우애가 깊은 것을 뜻한다. 남조(南朝) 양(梁)나라 경조(京兆) 사람인 전진(田眞)의 세 형제가 모든 재산을 공평하게 나누고 나니 집 앞의 자형수(紫荊樹) 한 그루만 남았으므로 이것마저 쪼개서 나누기로 하였다. 다음 날 자형수를 베려고 가 보니 자형수가 마치 불에 탄 것처럼 말라 죽어 있었다. 이를 본 세 형제가 서로 크게 뉘우치자 그 나무가 금세 다시 살아났다고 한다. 《續齊諧記 紫荊樹》

우연히 읊다

偶吟

인간들은 하얀 백발 서글퍼하여　　人間悲白髮
하늘 밖의 신선 뗏목 바라보누나　　天外望仙槎
꽃다운 풀 자라 남기 기운이 일고　　芳草起嵐氣
저녁 바람 불어 물결 더 높아지네　　夕風增水波
먼 하늘에 외로운 새 사라지는데　　長空獨鳥沒
지는 해는 푸른 산을 유독 비추네　　落日青山多
우두커니 홀로 서서 먼 생각 하니　　佇立有遙想
그윽한 그 기약을 어쩔 수 없네　　幽期無奈何

교외에 거처하며 회포를 쓰다[4]

郊居述懷

빗방울이 오동잎을 후드득 쳐서	數滴梧桐雨
잠을 깨니 새벽녘의 기운이 맑네	高眠曉氣淸
집은 가난해도 꽃은 저절로 피고	家貧花自發
사람 게으르매 풀은 쑥쑥 자라네	人臥草偏生
적막하여 맘엔 허물 하나도 없고	寂寞心無累
번화함은 꿈에서도 또한 놀라네	繁華夢亦驚
반성 속에 참 깨달음 있는 법이니	省中眞有悟
몸 밖의 것 모두 헛된 이름이라네	身外總虛名

4 교외에……쓰다 : 초간본에는 이 시의 3, 4구에 대해서 "그윽한 생각이 싸늘하다.〔幽思冷然〕"라고 평하였으며, 7, 8구에 대해서 "이미 자신의 뜻이 있다.〔已有自家意〕"라고 평하였다.

저자도[5]에서 유숙하다

宿楮子島

봄 여울의 아래에다 배 매어 놓고	舟泊春灘下
철쭉꽃에 기대어서 잠이 들었네	眠依躑躅花
향 연기는 취한 꿈을 미혹시키고	香煙迷醉夢
바람 이슬 도롱이를 흠씬 적시네	風露滴漁蓑
아직 새벽 아닌데도 말소리 들려	未曉人猶語
배 돌리자 달은 이제 지려고 하네	回檣月欲斜
남은 여정 따져 보니 몇 밤이런가	計程知幾夜
운수[6] 따라 끝이 없는 데로 들리라	雲水入無涯

5 저자도(楮子島) : 서울시 강남구 삼성동에 있던 섬으로, 무동도(舞童島)라고도 한다. 옛날에 이곳에 닥나무가 많이 자란 데에서 이름이 유래하였으며, 경치가 아주 좋아 명사들의 별장이 많았다고 한다.

6 운수(雲水) : 구름과 물로, 여기저기 정처 없이 떠도는 것을 형용하는 말이다.

관란대[7]

觀瀾臺

평구역[8]서 한밤중에 배 돛 내리니 　　颿落平丘夜
두미포[9]에 봄이 와서 꽃 이어졌네 　　花連斗尾春
강 복판엔 조각달의 그림자 지고 　　半江殘月影
외론 배엔 홀로 자는 사람이었네 　　孤棹獨眠人
여울 급해 물소리는 베개에 닿고 　　灘急聲依枕
산 길어서 푸른빛이 두건 적셨네 　　山長翠濕巾
물새 울어 짧은 꿈을 놀래서 깨니 　　沙禽驚短夢
새벽빛이 푸른 마름 위에서 이네 　　曙色起青蘋

7 관란대(觀瀾臺) : 옛 평구역 근처에 있던 누대인 듯하다. 초간본에는 이 시의 3, 4구에 대해서 "분명히 하늘이 갠 것이다.〔的是開天〕"라고 평하였으며, 7, 8구에 대해서 "산뜻하고 짧은 말이 사람의 흐린 눈을 깨운다.〔楚楚短語醒人瞙〕"라고 평하였다.

8 평구역(平丘驛) : 조선 시대 경기 양주(楊州)에 속한, 지금의 남양주시 삼패동 평구마을에 있었던 역으로, 한강에서 얼마 떨어지지 않은 곳에 있었다.

9 두미포(斗尾浦) : 두미강(斗尾江)이나 두미협(斗尾峽)이라고도 하는데, 지금의 남양주시 와부읍과 조안면의 경계에 있는 두미마을 앞을 흐르는 강이다.

노은장을 찾아뵙다[10]

尋老隱丈

맑은 강의 물굽이에 배를 대고서	繫纜淸江曲
나귀 타니 서산으로 해 지려 하네	騎驢日欲斜
한 시냇물 남쪽 북쪽 양쪽 언덕에	一溪南北岸
수양버들 늘어진 집 두세 채 있네	垂柳兩三家
들사슴은 향긋한 풀 위에서 졸고	野鹿眠芳草
산새는 철 늦은 꽃에 내리어앉네	山禽落晩花
은자의 집 멀지 않은 줄 알겠거니	幽居知漸近
오솔길이 맑은 노을 속으로 드네	小路入晴霞

10 노은장(老隱丈)을 찾아뵙다 : 노은장은 이지번(李之蕃, ?~1575)으로, 본관은 한산(韓山), 자는 형백(馨佰), 호는 성암(省菴)·사정(思亭)·구옹(龜翁)·노은이다. 《토정비결(土亭秘訣)》로 유명한 이지함(李之菡)의 형이자 영의정 이산해(李山海)의 아버지이다. 초간본에는 이 시의 3, 4구에 대해서 "분명하지 않아 숨어 있는 것이 마치 그림 같다.〔隱約如畫〕"라고 평하였으며, 5, 6구에 대해서 "몹시 맑으면서도 싸늘하다.〔亦淸冷〕"라고 평하였다.

강가에서 시승과 이별하다

江上別詩僧

흰 갈매기 짝하여서 함께 잠잔 곳	白鷗同伴宿
외로운 섬 밤 구름 낀 물가였었네	孤島夜雲隈
삿갓에는 서촌의 눈 쌓여 무겁고	笠重西村[11]雪
지팡이엔 옛 절 매화 향기 스몄네	筇香古寺梅[12]
진경 찾아 헤매느라 세월 잊었고	尋眞忘歲月
학을 시켜 봉래산[13]을 지키게 했네	留鶴守蓬萊
가고 머묾 그 모두가 정처 없거니	行止皆無地
이로부터 며칠 지나 다시 오려나	從今幾日廻

11 村 : 이 부분의 자주(自註)에 "어떤 데에는 교로 되어 있다.〔一作郊〕"라고 하였는데, 초간본에는 '郊'로 되어 있다.

12 寺梅 : 초간본에는 '梅寺'로 되어 있다.

13 봉래산(蓬萊山) : 발해(渤海) 가운데 있다고 하는 삼신산(三神山) 가운데 하나로, 여기에는 신선들이 살며 불사약(不死藥)이 있고 새와 짐승이 모두 희며, 궁궐이 황금으로 지어졌다고 한다.

적벽[14]의 기암 위에 있는 어떤 마을

赤壁奇巖上一村

은하수는 방 창문과 이어져 있고	明河連戶牖
산기운은 안석까지 스미어드네	嶽氣惹几筵
저녁밥을 짓자 연기 달을 감추고	夕炊煙藏月
아침 양치하자 비가 하늘서 오네	朝漱雨落天
풍진세상 떠나야만 딴 세상이지	離塵眞異府
넋을 단련한들 어찌 신선이 되랴[15]	鍊魄豈神仙
어찌하면 시내 닿은 이곳 차지해	何能占連溪
높은 자취 시원스레 이어 갈거나	高躅繼泠然

14 적벽(赤壁) : 전라남도 화순군(和順郡) 이서면(二西面) 창랑천(滄浪川) 일대의 절벽을 말한다. 적벽이라는 명칭은 기묘사화(己卯士禍) 때 동복(同福)으로 귀양 온 최산두(崔山斗)가 중국의 적벽에 버금간다 하여 붙였다고 한다.

15 풍진세상……되랴 : 풍진세상을 떠나야만 신선이 될 수 있지, 술법을 아무리 연마해도 신선이 될 수 없다는 뜻이다. 넋을 단련한다는 것은, 도가의 한 수련 방법인데, 《지유자(至遊子)》 〈음부(陰符)〉에 "양이라는 것은 수은으로, 그 성질이 물에 뜨는 것이다. 음이라는 것은 납으로, 그 성질이 물에 가라앉는 것이다. 성인은 양인 수은을 가라앉게 해서 그 넋을 단련하고, 음인 납을 뜨게 해서 그 혼을 얽어맨다."라고 하였으며, 이백(李白)의 〈증숭산초련사(贈嵩山焦鍊師)〉 시에 "빛을 잠기게 하여 숭악에 숨고, 넋을 단련하여 운악에 깃들었다.〔潛光隱嵩嶽, 鍊魄棲雲幄.〕"라고 하였다. 《李太白文集 卷8》

북쪽에서 온 소식을 보고 탄식하다

歎北報

계획을 할 때마다 늘 서제하나니	運籌每噬臍
죽은 뼈는 모두가 다 검려들이네	枯骨盡黔黎
바다 달에 창과 검이 이어져 있고	海月連戈劍
산 바람에 고비[16] 소리 울리어 오네	山風響鼓鼙
장군은 개 꼬리로 담비 꼬리 잇고[17]	將軍貂續狗
모사는 또 학이 닭과 같이 되었네[18]	謀士鶴同鷄
말 듣건대 저 무도한 천교자[19]가	聞說天驕子

16 고비(鼓鼙) : 군중에서 사용하는 큰북과 작은북으로, 흔히 전란을 뜻하는 말로 쓰인다. 여기서는 임진왜란을 뜻한다. 《예기(禮記)》 〈악기(樂記)〉에 "군자가 고비의 소리를 들으면 장수의 신하를 생각한다.〔君子聽鼓鼙之聲, 則思將帥之臣.〕"라고 한 데서 나온 말이다.

17 장군은……잇고 : 장군으로 제수되는 자들이 모두 능력이 없다는 뜻이다. 진(晉)나라 때 조왕(趙王) 사마륜(司馬倫)의 당파 사람들이 모두 경상(卿相)이 되어 노졸(奴卒)들까지 작위를 얻었으므로, 시중(侍中), 중상시(中常侍) 등의 관(冠)에 장식으로 쓰는 담비 꼬리가 부족하여 개 꼬리로 대신했는데, 사람들이 이를 구미속초(狗尾續貂)라고 비난하였다. 《晉書 趙王倫列傳》

18 모사(謀士)는……되었네 : 뛰어난 지략을 가진 모사들이 제대로 쓰이지 않아 제 역할을 못 하고 있다는 뜻이다.

19 천교자(天驕子) : 하늘이 낸 교만한 자라는 뜻으로, 중국에서 북방의 오랑캐를 부르는 말인데, 여기서는 청나라를 건국한 누르하치(奴爾哈赤)를 가리킨다. 《한서(漢書)》 〈흉노전(匈奴傳)〉에 "북방 오랑캐는 하늘이 낸 교만한 자들이다.〔胡者, 天之驕子也.〕"라고 하였으며, 두보(杜甫)의 시 〈유화문(留花門)〉에 "화문 땅의 교만한 자들,

압록강의 서쪽서 왕 칭한다 하네　　稱王鴨綠西

고기 먹고 호기 부리네.〔花門天驕子, 飽肉氣勇決.〕"라고 하였다. 《杜少陵詩集 卷7》

친구가 공신이 되었다는 말을 듣고 받들어 부치다 2수
聞故人作功臣奉寄 二首

문장으로 경국할 줄 내 믿었는데	雅信文經國
되레 무력으로 충성 행해 놀랐네	還驚武秉忠
산가지를 빌려[20] 임금 계책 도와서	借籌資上策
싸움 없이 이긴 공을 아뢰게 했네	無戰奏成功
조양에서 우는 봉의 광채 빛나고[21]	彩着陽鳴鳳
풀 눕히는 바람처럼 위엄 있으니[22]	威行草偃風
장맛비가 되어 갑옷 핏물을 씻고[23]	爲霖仍洗甲

20 산가지를 빌려 : 원문의 '차주(借籌)'는 젓가락을 빌린다는 뜻인 차저(借箸)와 같은 말로, 모신(謀臣)이 임금 앞에서 작전 계획을 세우는 것을 말한다. 한 고조(漢高祖) 유방(劉邦)이 장량(張良)에게 역생(酈生)의 말을 들려주며 의견을 물었다. 그러자 장량이 "신이 앞에 있는 젓가락을 가지고 대왕을 위해 계책을 세워 보겠습니다."라고 하고는, 그 자리에서 대책을 강구하여, 마침내 유방으로 하여금 천하를 차지하게 하였다. 《史記 留侯世家》

21 조양(朝陽)에서……빛나고 : 덕이 출중하고 강직하여서 과감하게 직간하였다는 뜻이다. 《시경》〈대아(大雅) 권아(卷阿)〉에 "봉황이 우니, 저 높은 산에서 우는도다. 오동이 자라니, 저 조양에서 자라는도다.〔鳳凰鳴矣, 于彼高岡. 梧桐生矣, 于彼朝陽.〕"라고 한 데서 온 말인데, 흔히 '조양봉명(朝陽鳳鳴)'이라는 성어로 쓰인다.

22 풀……있으니 : 백성들이 뛰어난 덕과 위엄에 쉽게 감화되었다는 뜻이다. 《논어》〈안연(顔淵)〉에 "군자의 덕은 바람과 같고 소인의 덕은 풀과 같다. 풀 위에 바람이 불면 반드시 눕는다."라고 하였다.

23 장맛비가……씻고 : 전란을 완전히 종식한다는 뜻이다. 두보(杜甫)의 〈세병행(洗兵行)〉에 "어찌하면 장사가 은하수를 끌어와서, 갑병을 깨끗이 씻어 영원히 쓰지 않을

잘 조정[24]해 오랑캐와 화합하시게　調鼎更和戎

내부의 어려움을 안정시키는 것은 참으로 한 정승의 공이 아니므로, 다시금 기이한 계책을 내고 신묘한 지혜를 써서 외적의 침입을 막아 주기를 바란 것이다.

하늘에서 교하로[25]를 내보낸 탓에　天假交河虜
우리 군사 세류영[26]에 주둔해 있네　兵屯細柳營
창을 베고 늙은 장수 잠을 잘 거고　枕戈眠老將
피리 소리 외로운 성을 뒤덮으리라　吹角掩孤城
닭과 개는 처음으로 분산이 되고　鷄犬初分散
어린아이 아직은 다 크지 못했네　稚兒未長成
변방 안정시킬 계책 있을 것으로　安邊應有策

꼬.〔安得壯士挽天河, 淨洗甲兵長不用.〕"라고 하였다.《杜少陵詩集 卷6》

24 조정(調鼎) : 솥에서 끓는 국의 간을 적절하게 맞춘다는 뜻으로, 흔히 재상이 국정 수행을 잘하는 것을 비유하는 말로 쓰인다.《서경》〈열명 하(說命下)〉에, 은 고종(殷高宗)이 부열(傅說)을 재상으로 임명하면서 "내가 술이나 단술을 만들려고 할 때에는 그대가 누룩이 되어 주고, 내가 솥에 국을 끓이려 할 때에는 그대가 소금과 매실이 되어 주오."라고 부탁한 내용이 나온다.

25 교하로(交河虜) : 중국의 변경 지역인 교하 근처에 사는 흉노족을 가리키는데, 여기서는 왜적을 뜻한다. 교하는 중국 신강성(新疆省)에 있는 강인데, 이 일대에 대대로 흉노족이 살았다.《전당시(全唐詩)》 권812〈조발섬주도중증엄비서(早發陝州途中贈嚴秘書)〉에 "백성들 집 옛 보루에 의지해 있고, 관새 길은 층성으로 막혀 있네. 교하로를 다 없애지 아니했기에, 세류영의 군사들이 주둔해 있네.〔人家依舊壘, 關路閉層城. 未盡交河虜, 猶屯細柳兵.〕"라고 하였다.

26 세류영(細柳營) : 한나라가 흉노를 방어할 때에 장수 주발(周勃)이 주둔하던 곳으로, 흔히 군율이 엄격한 군대의 진영(陣營)을 지칭한다.

저 가의[27]도 바로 일개 서생이라오　　　　　　　　　　賈誼是書生

경원(慶源)이 함락된 뒤에 여러 해에 걸쳐 포로들이 잡혀간다고 하니,[28] 그 말을 듣고는 애처롭게 여기면서 감히 언급하였다.

27 가의(賈誼) : 서한(西漢) 때 낙양(洛陽) 사람으로, 시문에 뛰어나고 제자백가에 정통하여 20세에 박사(博士)가 되었다가 태중대부(太中大夫)로 승진하였다. 정삭(正朔)과 복색(服色)을 고치고 법률을 제정하며 예악(禮樂)을 일으키려 하였으나, 주발(周勃) 등 당시 고관들의 시기로 장사왕(長沙王)의 태부(太傅)로 좌천되었다. 4년 뒤 복귀하여 양회왕(梁懷王)의 태부가 되었으나 왕이 낙마하여 급서하자 이를 애도한 나머지 33세의 젊은 나이로 죽었다. 《漢書 賈誼傳》

28 경원(慶源)이……하니 : 임진왜란 때 왜장 가등청정(加藤淸正)이 북상하여 함경도로 침입해 들어가다가 회령(會寧) 가까이에 이르자, 회령의 아전 국경인(鞠景仁)이 경성부의 아전 국세필(鞠世弼), 명천의 아전 정말수(鄭末守) 등과 함께 부민을 선동하여 반란을 일으켰다. 그러고는 당시에 근왕병(勤王兵)을 모집하기 위해 이곳에 와 있던 임해군(臨海君)과 순화군(順和君) 및 그들을 호종했던 대신 김귀영(金貴榮)과 황정욱(黃廷彧)·황혁(黃赫) 부자, 남병사(南兵使) 이영(李瑛), 부사 문몽헌(文夢軒), 온성부사 이수(李銖) 등을 그 가족과 함께 잡아 왜적에게 넘겨 포로로 잡혀가게 하였다.

적벽촌에서 묵다 2수

宿赤壁村 二首

피곤한 객 찬 주막을 찾아서 들자	倦客投寒店
성긴 대에 저물 무렵 바람이 부네	疏篁薄暮風
한 스님은 들녘 절로 되돌아가고	一僧歸野寺
그윽한 새 갈대밭에 날아 내리네	幽鳥下蘆叢
자리 펴니 구름 노을 자욱해졌고	布席雲霞濕
문을 여니 차가운 달 허공에 있네	開門氷[29]月空
객점 주인 찾아와서 성씨 물으매	主人來問姓
마주 보는 두 사람의 쇠한 옹이네	相對兩衰翁

작은 집이 퇴락한 절 이웃해 있어	小屋隣殘寺
언덕 저편 바람 타고 종소리 오네	疏鍾隔岸風
돌아가고 싶은 마음 물 따라가고	歸心隨逝水
외로운 꿈 찬 수풀에 기대어 있네	孤夢倚寒叢
달이 져서 가을 산은 고요만 하고	月入秋山靜
닭이 울어 새벽 동네 텅 비었는데	鷄鳴曉洞空
떠나려고 할 제 앞길 멀기만 하매	欲行前路遠
주인옹을 향해 다시 길을 또 묻네	重問主人翁

29 氷 : 초간본에는 '水'로 되어 있다.

아침에 적벽을 떠나다

朝發赤壁

어린 동자 그윽한 꿈 불러 깨우니	童子喚幽夢
객창에는 아침 해가 환히 밝았네	客窓朝日紅
고향 땅을 생각하니 물길 만 리요	懷鄕水萬里
앞길 물어보니 산은 몇 겹이런가	問程山幾重
도 배움은 장보관[30]에 남부끄럽고	學道愧章甫
몸 떠돌매 단봉[31] 신세 서글프구나	行身悲斷蓬
허리춤에 삼척검을 차고 있으나	腰間三尺劍
공동에 가 비끼어들 계책이 없네[32]	無計倚崆峒

30 장보관(章甫冠) : 은(殷)나라 때의 관 이름으로, 공자(孔子)가 이 관을 썼다 하여 유자(儒者)들이 쓰는 관을 지칭하기도 하며, 전하여 유자를 가리키기도 한다.

31 단봉(斷蓬) : 뿌리 없이 흩날리는 쑥대라는 뜻으로, 정처 없이 떠도는 신세를 비유하는 말이다.

32 허리춤에……없네 : 난리를 평정할 칼을 가지고 있으나 전쟁터로 나가 왜적과 싸울 길이 없다는 뜻으로, 구봉 자신이 왜적을 물리칠 지략을 품고 있으나 신분상의 제약으로 재주를 시험해 볼 길이 없다는 말이다. 삼척검(三尺劍)은 난세를 평정하는 데 대한 상징으로, 한 고조(漢高祖) 유방(劉邦)이 천하를 통일한 뒤에 "내가 포의의 신분으로 일어나서 삼척검을 쥐고 천하를 차지하였으니, 이것이 하늘의 명이 아니고 무엇이겠는가."라고 하였다. 《史記 高祖本紀》 공동(崆峒)은 섬서성에 있는 산이다. 두보(杜甫)가 공동산에 주둔하고 있던 가서한(哥舒翰)에게 보낸 〈투증가서개부이십운(投贈哥舒開府二十韻)〉에 "몸 방어할 장검 한 자루를, 공동산에서 비껴들고 싶다오.〔防身一長劍, 將欲倚崆峒.〕"라고 하였다. 《杜少陵詩集 卷3》

담양 부사 김여물[33] 가 금성의 수령으로 전임되어 가는 것을 전송하다 4수

送潭伯 金汝岉 移守錦城 四首

담양 부사의 자는 사수(士秀)인데, 재주가 문무를 겸비하여서 곤외(閫外)의 직임[34]을 자부하였다

모든 이들 그대 지략 높다고 하매　　僉望歸高智
깃발 옮겨 가서 원이[35] 진압을 하네　　移旌壓遠夷
위엄 명성 가을날에 바다 건너고　　威聲秋渡海
호기는 또 달 뜬 밤에 성에 임하리　　浩氣月臨陴
장한 뜻은 삼한조차 작게 여기고　　壯志三韓小
외로운 충성 한 자루 칼이 알리라　　孤忠一劍知
간서에는 채색 빛깔 더 불어나니[36]　　簡書增彩色
누가 다시 때 위급함 탄식을 하랴[37]　　誰復歎時危

33 김여물(金汝岉) : 1548~1592. 본관은 순천(順天), 자는 사수, 호는 피구자(披裘子)·외암(畏菴)이다.

34 곤외(閫外)의 직임 : 임금으로부터 정벌의 명을 받고 전권(全權)을 행사하는 장군을 뜻한다.

35 원이(遠夷) : 멀리 있는 오랑캐로, 여기서는 우리나라를 쳐들어오려고 하는 왜적을 가리킨다.

36 간서(簡書)에는……불어나니 : 김여물에 대한 임금의 기대가 더욱 늘어난다는 뜻이다. 간서는 조정에서 벼슬아치를 발령할 때 내리는 공문서이다. 《시경》〈소아(小雅) 출거(出車)〉에 "어찌 돌아갈 맘 없으랴마는, 이 간서를 두려워하여서라오.〔豈不懷歸? 畏此簡書.〕"라고 한 데서 나온 말이다.

저 기황[38]은 세상 피한 것이 아니고　綺黃非避世
공자는 또 구이에서 살려고 했네[39]　夫子欲居夷
변방 비에 진나라 숲 아스라하고　塞雨迷秦樹
가을 구름 초나라의 성에 비치네　秋雲映楚陴
도는 지금 쓰임에는 어긋나지만　道違今日用
이름은 먼 후세 사람들이 알리라　名許後人知
골짝에서 편히 지냄 부끄럽거니　丘壑慙多逸
그대 홀로 투구 쓰고 고생을 하네　兜鍪歎獨危

문장 이에 호중 학문 일으키었고[40]　文起湖中學
정신은 또 섬오랑캐 놀라게 했네　魂驚日下夷
풍상 이에 바다 장기 몰아낼 거고[41]　風霜驅海瘴
가송은 또 산성 담을 에워쌀 거리[42]　歌誦擁山陴

37 누가……하랴 : 사람들이 모두 김여물과 같은 사람이 고을을 맡고 있어서 안심할 것이라는 뜻이다.

38 기황(綺黃) : 진(秦)나라 말기에 어지러운 세상을 피하여 상산(商山)에 숨어 살았던 상산사호(商山四皓) 가운데 기리계(綺里季)와 하황공(夏黃公)을 말한다. 나머지 두 사람은 동원공(東園公)과 녹리선생(甪里先生)이다.

39 공자(孔子)는……했네 : 공자가 구이(九夷)에 살려고 하니, 혹자가 말하기를 "그곳은 누추하니, 어떻게 사시렵니까?"라고 하였다. 이에 공자가 대답하기를 "군자가 거처한다면 무슨 누추함이 있겠는가."라고 하였다. 구이는 동방을 가리킨다. 《論語 子罕》

40 문장……일으키었고 : 호중(湖中)은 충청도 지방을 가리킨다. 김여물이 일찍이 충청 도사(忠淸都事)로 있으면서 교육하는 데 힘써 문풍(文風)을 진작하였다는 뜻이다.

41 풍상(風霜)……거고 : 김여물의 매섭고 엄숙한 기상이 바다 장기조차 몰아낼 것이라는 뜻이다. 풍상은 고결하고 굳센 지조나 매섭고 엄숙한 기상을 뜻하는 말이다.

홀로 서서 나의 의리 지키거니와 獨立持吾義
경생[43]하며 상이 알아줄 걸 믿누나 輕生信主知
생번[44]함이 자신 봉양 때문 아니니 省煩非自養
동방 땅이 편안할 걸 점치겠구나 東土卜安危

동진에선 사안석을 생각하였고[45] 東晉思安石
서경에선 부민후를 생각하였네[46] 西京念富民
한 고을만 맡김 상의 뜻 아니거니 一州非聖意

42 가송(歌誦)은……거리 : 백성들이 칭송하는 소리가 산을 울릴 것이라는 뜻이다. 가송은 가송(歌頌)과 같은 말로, 칭송하는 노래를 말한다.

43 경생(輕生) : 자신의 목숨을 가볍게 여기는 것으로, 나라를 위하여 목숨을 바치려는 마음을 말한다.

44 생번(省煩) : 번거로움을 줄인다는 뜻으로, 백성의 부담을 줄여 주는 것을 말한다.

45 동진(東晉)에선 사안석(謝安石)을 생각하였고 : 왜적이 쳐들어올 염려가 있어서 백성들이 김여물처럼 뛰어난 사람이 조정에 등용되기를 생각한다는 뜻이다. 사안석은 동진의 명신(名臣)인 사안(謝安)으로 안석은 그의 자이다. 사안이 세상에 나갈 뜻이 없어 계속 동산(東山)에 은거하고 있다가, 대장군 환온(桓溫)의 천거로 나이 마흔에 처음 사마(司馬)가 되었다. 그 후로 점차 중용되어 전진(前秦)의 부견(苻堅)이 쳐들어왔을 때 전진의 백만 대군을 격파하였고, 또 진실(晉室)을 찬탈하려던 환온의 음모를 깨뜨려 동진을 반석같이 보호하였다.《晉書 謝安列傳》

46 서경(西京)에선 부민후(富民侯)를 생각하였네 : 백성들의 생활이 곤궁해졌으므로 백성들의 생활을 윤택하게 해 줄 어진 사람을 생각한다는 뜻이다. 서경은 장안(長安)에 도읍한 서한(西漢)으로, 전한(前漢)을 가리킨다. 부민후는 천하를 안정시키고 백성을 부유하게 하는 제후라는 뜻으로, 한 무제(漢武帝) 때 설치한 관직이다. 무제가 말년에 해마다 정벌을 일삼아 백성들이 곤궁해진 것을 뉘우치고는, 차천추(車千秋)의 건의를 받아들여 유굴리(劉屈氂)를 승상으로 삼고 부민후에 봉하여 백성들의 생활을 안정시켰다.《漢書 車千秋傳》

오두 봉록 어찌 자신 위해서겠나[47]	五斗豈謀身
책략 깊어 가슴속에 병갑 숨겼고[48]	略祕胸藏甲
어짊 깊어 범이 나루 건너갔다네[49]	仁深虎渡津
섬 사이서 제사 지낼 것이라 하니	島間聞設祭
파도 잦아들어 임금 곁에 봄 오리[50]	波定日邊春

47 오두(五斗)……위해서겠나 : 김여물이 벼슬자리에 있는 것이 자신의 몸을 봉양하기 위해서가 아니라, 나라와 백성을 위해서라는 뜻이다. 오두는 쌀 다섯 말을 봉록으로 받는 것으로, 낮은 관원들의 하찮은 봉록을 뜻한다.

48 책략(策略)……숨겼고 : 김여물이 사직을 안정시킬 만한 책략을 흉중에 품고 있다는 뜻이다. 송 인종(宋仁宗) 때의 명상(名相)인 범중엄(范仲淹)이 연안(延安)을 진수(鎭守)하고 있을 때 하인(夏人)이 서로 경계하여 감히 범하지 못하면서 말하기를 "소범노자(小范老子)의 가슴속에는 수만의 갑병(甲兵)이 있다."라고 하였다. 《宋史 范仲淹列傳》

49 어짊……건너갔다네 : 김여물이 어진 정사를 펼쳐 백성들을 돌볼 것이라는 뜻이다. 후한(後漢)의 유곤(劉昆)이 강릉 영(江陵令)으로 있을 때 고을에 화재가 났는데, 유곤이 불을 향해 머리를 숙이자 불이 잠시 뒤에 꺼졌다. 그 뒤에 홍농 태수(弘農太守)가 되었는데, 3년 동안 어진 정치를 베풀자 호랑이가 새끼를 업고 하수(河水)를 건너 도망쳤다. 황제가 기이하게 여겨서 유곤을 불러 어떤 덕정(德政)을 행하여 이런 일이 있게 되었는지 물으니, 유곤이 "우연일 뿐입니다."라고 대답하였다. 황제가 탄식하며 "이것은 장자(長者)의 말이다."라고 하고, 사책(史策)에 기록하도록 명하였다. 《通鑑節要 卷17 東漢紀 世祖光武帝22年》

50 파도……오리 : 김여물로 인해 왜적들이 쳐들어오지 않아 임금의 마음이 편안할 것이라는 뜻이다.

새로 우거한 집의 이웃 사람에게 주다.[51] 두보 시의 운을 써서 짓다

贈新寓隣人用杜詩韻

혜초 꿰어 엮어서 긴 패물 만들고[52]	紉蕙成長佩
연잎 잘라 짧은 치마 지어 입누나[53]	裁荷作短裳
집 없으니 늘 객지의 밥을 먹으며	無家常旅食
술 마시지 않더라도 청광[54]이 되네	不飮亦淸狂
새로 알면 바로 친척 되는 법이고	新識爲親戚
타향 땅이 바로 고향 땅인 것이네	他山是故鄕
가을 하늘 바라보니 멀기만 한데	秋天看更遠
돌아가는 새는 석양빛 띠고 가네	歸鳥帶斜陽

51 새로……주다 : 초간본에는 이 시의 1, 2구에 대하여 "입는 옷을 가지고 개결한 행실을 비유하였다.〔以被服喩潔行〕"라고 평하였으며, 3, 4구에 대해서 "법도에 구애받지 않으면서 세속에서 도피하였다.〔任誕逃俗〕"라고 평하였으며, 7, 8구에 대해서 "아주 높이 솟아서 우뚝하며, 또한 돌아가고 싶은 생각을 부쳤다.〔甚突兀, 且寓歸思.〕"라고 평하였다.

52 혜초(蕙草)……만들고 : 혜초는 난초과에 속하는 풀로 향기가 아주 짙은데, 흔히 은사(隱士)를 상징한다. 굴원(屈原)의 《초사(楚辭)》 〈이소(離騷)〉에 "추란을 꿰어 패물로 삼는다.〔紉秋蘭以爲佩.〕"라는 구절이 있다.

53 연잎……입누나 : 《초사》 〈이소〉에 "연꽃잎 따다 옷 만들어 입는다.〔製芰荷以爲衣兮〕"라고 하였다. 연꽃 역시 은자를 상징한다.

54 청광(淸狂) : 병이 들거나 방탕한 것은 아니면서 원대한 포부를 가지고 자유롭게 지내는 사람을 가리킨다.

귀학정[55]에서 묵다 4수

宿歸鶴亭 四首

귀학정의 정자 아직 남아 있는데	歸鶴亭猶在
정자 비고 학은 아니 머무르누나	亭空鶴不留
쌓은 단은 은하수가 가까워 밝고	壇明天漢近
쳐진 발은 해운 흘러와서 무겁네	簾重海雲流
달은 지고 물은 우는 밤인 데다가	月落泉鳴夜
산은 높고 이슬 오는 가을이건만	山高露滴秋
먼 피리의 소리 들을 길이 없기에	無由聞遠篴
갈림길서 머리 가득 눈 맞고 있네	岐路雪盈頭

나의 벗은 남쪽 지방 객 되었는데	吾友客南國
정자에는 묵적 아직 남겨져 있네	高亭墨尚留
외로운 배 매어 둘 곳 없어졌기에	孤舟無繫處
풍해에서 편히 떠갈 생각을 하네	風海憶安流
이별 속에 밝은 달을 바라보나니	別裏看明月
시름 속에 또 한 가을 지나가누나	愁邊又一秋
뜬구름이 한양 나무 이어졌거니	浮雲連漢樹

55 귀학정(歸鶴亭) : 충청남도 보령시 청라면 장현리 오서산 명대계곡 입구에 있는 정자를 말하는 듯하다. 이산해(李山海)의 동생인 이산광(李山光)이 지은 정자로, 주변에 두루미가 많이 날아와서 정자 이름을 이렇게 지었다고 한다.

긴긴밤에 몇 번이나 돌아보려나 遙夜幾回頭

바다에 떠 가는 것이 늦어져서는 浮海嗟吾晩
남방에서 오래도록 머물러 있네 蠻鄉迹久留
때 느꺼워 하늘 북쪽 바라다보고 感時天北望
옛 생각에 물은 동쪽으로 흐르네 懷舊水東流
필마로다 진경 가는 길을 찾으니 匹馬尋眞路
천 봉우리 잎이 지는 가을이구나 千峯落木秋
그리운 이 생각나서 주렴 걷으니 思人簾政捲
외로운 달 산머리에 걸리어 있네 孤月在山頭

한 마리 학 현포[56]로다 돌아간 뒤에 一鶴歸玄圃
천년토록 정자 홀로 남겨져 있네 千年亭獨留
별빛은 섬돌에 기대어서 쏟아지고 星光依砌落
산 그림자 시냇물에 잠겨 흐르네 山影入溪流
대나무는 하늘 밖의 꿈에 놀라고 竹驚天外夢
연잎은 달빛 속의 가을에 깨지네 荷破月中秋
뛰어난 뜻 티끌세상 초월했지만 逸志超塵世
길게 읊자 허연 머리 부끄럽구나 長吟愧白頭

56 현포(玄圃) : 천계(天界)와 통한다고 일컬어지는 곤륜산(崑崙山) 정상에 있는 신선의 거처를 말한다. 그 위에는 금대(金臺), 옥루(玉樓)가 있고 기화요초(琪花瑤草)가 만발한다고 하는데, 보통 선경(仙境)의 뜻으로 쓰인다.

송루에 홀로 앉다

獨坐松樓

지난밤의 비에 구름 다 흩어지매　雲散前宵雨
누각 높고 하늘빛은 더욱 환하네　樓高霽色明
일 년 중에 오늘 밤에 떠 있는 저 달　一年今夜月
천 리 길에 돌아가지 못한 정이네　千里未歸情
처마 넓어 뭇 봉우리 작게 보이고　簷豁群峯小
뜨락 비어 물굽이의 물은 더 맑네　庭虛曲水淸
궁액 크게 당해서도 자적하나니　阨窮猶自適
서생이라 비웃어도 부끄럼 없네　無愧笑書生

눈[57]

雪

무등산의 산머리로 내리던 눈이 無等山頭雪
바람 따라와서 뜰에 가득 쌓이네 隨風落滿庭
발 가까이 와서 새벽빛 재촉하고 近簾[58]催曙色
대숲 속에 들어가선 찬 소리 돕네 入竹助寒聲
아득하니 흐려 관로 잃게도 하고 浩渺迷關路
어지럽게 날려 객정 자아도 내네 繽紛惹客情
맑게 개인 하늘에 뜬 동해의 달은 霽天東海月
무슨 일로 또 와서는 밝게 비추나 何事又來明

57 눈 : 초간본에는 이 시의 1, 2구에 대해서 "호방하여 얽매이지 않았다.〔豪縱不羈〕"라고 평하였으며, 7, 8구에 대해서 "결구가 아주 참신하다.〔結得甚新〕"라고 평하였다.

58 簾 : 초간본에는 '窓'으로 되어 있다.

여관의 맑은 새벽[59]

旅館清[60]曉

숨어 사는 이는 절로 꿈이 없는데 幽人自無夢
비 지나가 빈 대청은 싸늘하구나 雨過虛堂[61]寒
꽃은 젖었는데 새로 뜬 해 환하고 花濕明新旭
대나무 숲 나직하여 먼 산이 많네 竹低多遠山
티끌세상 맘은 궁한 곳서 다하고 塵心窮處盡
참된 맛은 또 고요한 속에서 보네 眞味靜中看
반평생을 사는 동안 교유했던 일 半世交遊事
뜬구름이 모이고 흩어지는 사이네 浮雲聚散間

59 여관의 맑은 새벽 : 초간본에는 이 시의 1, 2구에 대해서 "소산하여 범속한 데서 벗어났다.〔蕭散脫凡〕"라고 평하였고, 3, 4구에 대하여 "천취가 저절로 있다.〔天趣自在〕"라고 평하였으며, 5, 6구에 대하여 "이치가 다다른 것이 문득 아름답다.〔理到便佳〕"라고 평하였다.

60 清 : 초간본에는 '晴'으로 되어 있다.

61 堂 : 초간본에는 '室'로 되어 있다.

객중에서. 두보 시[62]의 운을 써서 짓다
客中用杜詩韻

바다 가까우니 구름 대숲 닿았고 海近雲連竹
갖옷 차가우니 저녁 거미 내리네 裘寒夕翠霑
냇물 소리 지는 낙엽 뚫고서 오고 溪聲穿落葉
가을빛은 겹친 발에 떨어져 오네 秋色下重簾
땅이 끝난 곳이라서 푸른 산 멀고 地盡靑山遠
때 위급해 허연 머리 더 늘어나네 時危白髮添
북창에는 이제 돌아갈 수 없거니 北窓歸未得
어디에서 도잠처럼 누워 볼거나[63] 何處臥陶潛

62 두보(杜甫) 시 : 〈만청(晩晴)〉을 말한다.

63 북창(北窓)에는……볼거나 : 이제 다시는 전원에서 한가로이 즐기는 은일(隱逸)의 삶을 누릴 수 없게 되었다는 뜻이다. 북창에 눕는다는 것은 전원에서 한가로이 즐기는 은일의 정취를 뜻하는 말이다. 진나라의 은사인 도잠(陶潛)이 자기 아들에게 보낸 〈여자엄등소(與子儼等疏)〉에 "오뉴월 중에 북창 아래 누워 시원한 바람이 선들 부는 때를 만나면, 스스로 복희 시대의 사람이라고 생각하곤 했다."라고 하였다. 《陶淵明集 卷7》

가을밤에 강천사[64]에서 유숙하다

秋夜宿剛泉寺

이 절은 바로 눌재(訥齋)와 충암(冲庵)이 상소를 지은 곳이다.[65]

날씨 맑아 천 봉우리 고요만 한데	氣肅千峯靜
하늘 비어 온갖 형상 매달려 있네	天虛萬象懸
어찌 알았으랴 나라 흥하게 한 절[66]에	那知興國寺
나루 묻는 사람[67] 다시 묵게 될 줄을	更滯問津人
봉황 떠난 지금 세상[68] 슬퍼하면서	鳳去悲今世

64 강천사(剛泉寺) : 전라북도 순창군 팔덕면 청계리 강천산(剛泉山)에 있는 절이다.

65 이……곳이다 : 눌재(訥齋)는 박상(朴祥, 1474~1530)으로, 본관은 충주(忠州), 자는 창세(昌世), 호는 눌재, 시호는 문간(文簡)이다. 충암(冲庵)은 김정(金淨, 1486~1521)으로, 본관은 경주(慶州), 자는 원충(元冲), 호는 충암·고봉(孤峯), 시호는 문간(文簡)이다. 김정이 1514년(중종9) 순창 군수(淳昌郡守)가 되었는데, 이때 왕의 구언(求言)에 응하여 담양 부사(潭陽府使)로 있던 박상과 함께 일찍이 중종이 왕후 신씨(愼氏)를 폐출한 처사가 명분에 어긋나는 일이라 하여, 신씨의 복위를 주장하고 아울러 신씨 폐위의 주모자인 박원종(朴元宗) 등을 추죄(追罪)할 것을 상소하였다가 왕의 노여움을 사서 보은(報恩)에 유배되었다.

66 나라……절 : 강천사에서 박상과 김정이 폐비 신씨의 복위를 청하는 상소를 올려 나라의 윤기와 기강을 바로잡고자 하였으므로 한 말이다.

67 나루 묻는 사람 : 이곳저곳으로 자주 떠돌아다니는 사람을 말하는데, 여기서는 구봉 자신을 가리킨다. 공자가 채(蔡)나라로 갈 적에 자로(子路)를 시켜 주위에서 밭을 갈던 장저(長沮)와 걸닉(桀溺)에게 나루터로 가는 길을 묻자, 장저가 공자를 가리키며 "저 사람은 나루터를 잘 알 것이다."라고 하면서 공자가 자주 떠돌아다니는 것을 비꼬았다.《論語 微子》

강직하게 말한 석현[69] 애도하누나 言危悼昔賢
순박했던 풍습 어찌 적막해졌나 淳風何寂寞
진세 밖의 진나라 백성[70] 부럽네 塵外羨秦民

68 봉황……세상 : 어지러운 오늘날의 세상을 말한다. 봉황은 원래 태평성대에나 나타나는 상서로운 새로, 옛날 사람들은 봉황이 출현하면 성군(聖君)이 나온다고 믿었다. 옛날에 황제(黃帝)가 낙수(洛水) 가에서 노닐 때 봉황이 도서를 입에 물고 내려오자 황제가 절을 하고 받았다는 전설이 전해 온다. 《春秋合誠圖》

69 강직하게 말한 석현(昔賢) : 상소를 올려 폐비 신씨의 복위를 주장했던 박상과 김정을 가리킨다.

70 진(秦)나라 백성 : 진나라의 학정을 피해 무릉도원에 들어가 숨어 살았던 사람들을 말한다.

새벽에 강천사에서 연대를 지나 월연대에 오르다[71]

曉自剛泉過蓮臺上月淵臺

비 흩뿌린 연대에 새벽이 오자	雨散蓮臺曉
남은 한기 돌문에 걸리어 있네	餘寒掛石門
숲 흔들려 가을 색이 떨어지고	林搖秋色落
새가 잠 깨 풍경 소리 갈라지네	鳥起磬聲分
술 가지고 이끼가 낀 절벽을 따라	壺酒緣蒼壁
시낭[72] 들고 하얀 구름 높이 올랐네	囊詩上白雲
점차 높이 올라가자 하늘이 크니	漸高天宇大
이군[73]한 걸 탄식할 필요가 없네	不必歎離群

71 새벽에……오르다 : 초간본에는 이 시의 3, 4구에 대하여 "물속의 달이나 거울 속의 꽃과 같아서 잡을 수가 없다.〔如水月鏡花, 不可捉.〕"라고 평하였으며, 이 시 전체에 대해서 "이 시는 극히 그윽하면서도 굳세다.〔此作極幽勁〕"라고 평하였다.

72 시낭(詩囊) : 시를 담는 주머니라는 뜻이다. 당나라 때 이하(李賀)가 매일 아침이면 다 떨어진 비단 주머니 하나를 어린 종의 등에 지우고 비쩍 마른 나귀를 타고 나가 벗들과 놀다가 좋은 시구가 생각나면 그 즉시 적어서 주머니 속에 던져 넣었다가 해가 지면 함께 집으로 돌아왔다. 《新唐書 文藝列傳 李賀》

73 이군(離群) : 이군삭거(離群索居)의 준말로, 벗들과 떨어져 외로이 사는 것을 뜻하는데, 여기서는 구봉이 서울에 있는 친구들을 떠나와 남쪽 지방을 떠돌고 있는 것을 말한다. 자하(子夏)가 "내가 벗을 떠나 쓸쓸히 홀로 산 지가 오래이다.〔吾離群而索居亦已久矣〕"라고 한 데서 유래하였다. 《禮記 檀弓上》

9월 9일 다음 날에 선비가 사는 마을에 투숙하다. 그날이 마침 선비의 생일이고, 또 아들이 사마시에 합격하였으므로 그 처가 술을 권하다

九九之明日投士人村居云是士人初度日子中司馬新婦獻觴

국화 띄워 술 마시는 중양절인데[74]	泛菊重陽節
그다음 날 이에 바로 길진이라네[75]	明朝是吉辰
베개 차매 쓰던 부채 갈무리하고[76]	枕涼藏舊扇
고당 편해 새 색동옷 장난하누나[77]	堂穩戲新斑
신부의 덕 하늘 나는 봉황새에다	婦德天中鳳
임금 은혜 율려 밖의 봄이로구나[78]	君恩律外春

74 국화……중양절(重陽節)인데 : 옛날 풍속에 음력 9월 9일, 즉 중양절에는 문사(文士)들이 등고회(登高會)를 열어서 시문(詩文)을 짓고 술에 국화를 띄워 마시면서 풍류를 한껏 발휘하면서 놀았다.

75 그다음……길진(吉辰)이라네 : 길진은 길한 날을 말하는데, 여기서는 집주인의 생일에다가 아들이 사마시에 합격하여 축하연을 함께 여는 날이므로 이렇게 말한 것이다.

76 베개……갈무리하고 : 음력 9월 9일이 지나 여름이 가고 가을도 지나 부채가 필요 없어졌으므로 한 말이다.

77 고당(高堂)……장난하누나 : 아들이 부모에게 지극한 효성을 바친다는 뜻이다. 고당은 남의 집을 높여서 부르는 말인데, 부모의 별칭으로 흔히 쓴다. 색동옷은 효자를 상징하는 말이다. 초(楚)나라의 은사이면서 효자인 노래자(老萊子)가 일흔 살이 되어서도 어버이를 즐겁게 해 드리기 위하여 어린아이처럼 색동저고리를 입고서 새끼새를 가지고 장난을 치며 놀았다고 한다.《初學記 卷17 孝子傳》

78 임금……봄이로구나 : 아들이 사마시에 합격하였으므로 한 말이다. 율려(律呂)는 본디 옛날에 악률(樂律)을 정하던 기구인데, 여기서는 계절을 뜻한다.

시와 예의 가르침[79]이 아주 깊어서	慇懃詩禮訓
헌수하는 술잔 위로 경하 넘치네	慶溢壽杯間

79 시(詩)와 예(禮)의 가르침 : 부형으로부터 전승되는 가학(家學)을 말한다. 공자가 홀로 뜰에 서 있을 때 아들 리(鯉)가 지나갔다. 공자가 리에게 시를 배웠느냐고 묻자, 배우지 않았다고 대답했다. 그러자 "시를 배우지 않으면 말을 할 수가 없다."라고 말해주었다. 뒤에 공자가 예를 배웠느냐고 물었고 배우지 않았다고 대답하자, "예를 배우지 않으면 사회에 발 딛고 설 수 없다."라고 하였다. 《論語 季氏》

새벽 눈[80]

曉雪

창이 비어 꾸던 꿈이 절로 깼는데	窓虛夢自驚
얼음 두꺼워서 물은 소리 안 내네	氷厚水無聲
대숲 눌려 자던 새는 자주 깨나고	竹壓禽頻起
중은 추워 종은 소리 아니 울리네	僧寒磬不鳴
적막하여 마음과 혼 안정이 되고	寂默心魂定
아득히 먼 데서 세계 밝아올 제에	迢遙世界明
엄숙하게 홀로 오뚝 앉아 있는 맛	森然成獨坐
이 참맛을 어느 누가 능히 다투랴	眞味孰能爭

80 새벽 눈 : 초간본에는 이 시의 1, 2구에 대하여 "옛사람의 시에서 일찍이 말하지 않았던 바이다.〔古人不曾道〕"라고 평하였으며, 3, 4구에 대해서 "묘사가 매우 청절하다.〔寫得十分淸絶〕"라고 평하였다.

새벽에 일어나서 친구의 편지를 보다

曉起見故人書

나그네 잠 흡족하게 잔 적 없거니	客睡未曾洽
긴긴밤에 먼 여울의 물소리 듣네	夜長聞遠灘
새벽녘 빛 하얀 눈과 연하여 희고	晨光連雪白
행낭은 또 구름 띠어 몹시 차갑네	行橐帶雲寒
지킴이 있으니 곤궁해도 태평하고	有守窮猶泰
근심이 없으니 험난해도 편안하네	無憂險亦安
저 대명은 능히 만물 환히 비추니	大明能照物
내 친구여 너무 깊이 탄식 마시게[81]	親舊莫深歎

81 저……마시게 : 임금이 구봉의 억울함을 환하게 알게 될 날이 있을 것이니, 지나치게 걱정하지 말하는 뜻이다. 대명(大明)은 해와 달을 말하기도 하고, 현명한 임금을 뜻하기도 한다.

아우를 생각하다

念弟

외로운 꿈 아직 관새 향해 가는데	孤夢猶關塞
몸 서울에 매여 있단 말이 들리네[82]	人傳繫洛師
생존한 건 모두 우리 성상의 덕분	生存皆聖澤
죄 없으매 밝은 때를 내가 믿누나[83]	不罪信明時
외로운 학 돌아가도 갈 데 없으니	獨鶴歸無托
지고 남은 매화 꺾어 뉘께 부치랴	殘梅折寄誰
은정 베어 내려 해도 할 수 없거니	割恩終未得
구학에서 우는 어린 자식이 있네[84]	溝壑有啼兒

82 외로운……들리네 : 구봉 자신은 동생이 북쪽 변경 지역에 있는 줄로 알았는데, 서울에 붙잡혀 있다는 소식이 들려온다는 뜻이다.

83 생존한……믿누나 : 밝은 시절이 되면 은혜로운 임금이 자신들의 무죄를 알아줄 것이라는 뜻이다.

84 은정(恩情)……있네 : 구봉 자신이 동생을 찾아가려고 해도 굶주림에 시달리는 자식들을 버려두고 갈 수가 없다는 뜻이다. 구학(溝壑)은 시궁창과 산골짜기로, 굶주림과 추위에 시달리는 것을 형용하는 말이다.

밤에 광한루에 오르다
夜登廣寒樓

신령한 빛 별도에서 생기어나고[85]	靈光生別島
신선의 전 방당에서 피어오르네[86]	仙篆在方塘
홀로 서서 산 고요함 사랑하다가	獨立愛山靜
허공 밟고 밤 시원함 탐닉하누나	步虛耽夜涼
흰 구름은 하늘빛에 이어져 멀고	白連天色遠
맑은 기운 물소리에 들어 길어라	淸入水聲長
부는 바람 눈과 같이 노을을 떨궈	風落霞如雪
어지러이 우상[87]에다 빛을 비추네	紛紛映羽裳

85 신령한……생기어나고 : 광한루가 오작교(烏鵲橋)로 이어진 섬 안에 서 있으므로 한 말이다.

86 신선의……피어오르네 : 광한루 앞에 있는 네모진 못에서 연기나 안개가 피어오른다는 뜻이다. 전(篆)은 연기나 안개가 전자(篆字)처럼 꼬불꼬불하게 피어오르는 것을 형용하는 말이다.

87 우상(羽裳) : 새의 깃털로 만든 옷으로, 주로 신선이나 도사가 입는 옷을 가리킨다.

우연히 짓다
偶題

도 곧으니 은혜 먼저 빌리어주고[88]	道直恩先貸
정 깊으매 잘못된 걸 쉽게 가리네	情深枉易分
공은 천심으로 상대방을 진압하고	功將天鎭物
일은 고요로써 시끄러움 통제하네	事以靜持喧
믿음 있는 것은 구름 속의 해이고	有信雲中日
형체 없는 것은 비 갠 뒤의 기이네	無形霽後氛
시비 진정 숨길 수가 없는 것이니	是非眞不隱
헝클어진 실 같다고 탄식을 마소	休歎若絲棼

88 도(道)……빌리어주고 : 《도덕경(道德經)》 제31장에 이르기를 "오직 도만이 잘 빌려주고 또 이루어 준다.〔夫唯道, 善貸且成.〕"라고 하였다.

회포를 쓰다

書懷

광한루(廣寒樓) 앞의 물은 모두 서쪽으로 흐른다.

천 리 길에 다시금 또 천 리 길이라	千里又千里
머리 세어 초수 신세[89] 되고 말았네	白頭爲楚囚
하늘이 같으니 봄은 한 빛깔이고	天同春一色
산이 바뀌어도 물은 서로 흐르네	山換水西流
도를 믿어 마음 지키기를 따르고	信道遵中守
이름 버려 외물에서 구하지 않네	遺名斷外求
때 걱정해 새벽까지 괜히 있나니	念時空達曙
고향을 그리는 시름만은 아니네	不是故鄕愁

89 초수(楚囚) 신세 : 타향을 떠돌면서 고향을 그리워하는 신세를 말한다. 초수는 춘추 시대 초(楚)나라 악관(樂官)인 종의(鍾儀)가 진(晉)나라에 잡혀가서 갇혀 있을 때 진 혜공(晉惠公)이 그를 불러다가 여러 가지 일을 물어보고 거문고를 주었더니, 그가 그곳에서도 자기 고향인 초나라의 음악을 탔다는 고사에서 온 말이다.《春秋左氏傳 成公9年》

홀로 앉아서 읊다

獨坐

방초 자라 한가로운 사립 가리고	芳草掩閑扉
꽃이 피매 산속 세월 더디게 가네	出花山漏遲
버들 짙어 연무 뚝뚝 떨어질 듯하고	柳深煙欲滴
못 고요해 하얀 백로 날기를 잊었네[90]	池靜[91]鷺忘飛
믿는 것이 있으니 나이 듦도 가볍고	有恃輕年暮
다툼 없어 저들 하는 대로 버려두네	無爭任彼爲
승침[92]이야 천고 옛적 일이거니와	升沈千古事
봄날 꿈이 절로 다시 흐릿해지네	春夢自依依

90 버들……잊었네 : 이 구절에 대해서 상촌(象村) 신흠(申欽)은 "운장(雲長) 송익필(宋翼弼)은 서출(庶出)이라는 신분의 구속을 받았지만 천품이 무척 고매하고 문장 역시 고상하였다. 가령 '버들 짙어 연무 뚝뚝 떨어질 듯하고, 못 고요해 하얀 백로 날기를 잊었네.〔柳深煙欲滴, 池淨鷺忘飛.〕'라고 한 구절을 보면, 그 시격(詩格)이 여러 사람을 뛰어넘는데, 그 청파(淸葩)한 점이 귀하게 여겨질 뿐만 아니라, 이치로 따져도 저절로 수긍이 간다."라고 하였다.《象村稿 卷52 晴窓軟談下》

91 靜 : 이선(李選)이 지은 구봉의 행장(行狀)과 신흠의 〈청창연담 하〉에는 '淨'으로 되어 있다.

92 승침(升沈) : 벼슬길에서의 득실이나 진퇴를 말하기도 하고, 만난 처지의 행과 불행을 말하기도 한다.

객중에서 읊다[93]

客中

나그네의 살쩍 온통 눈과 같으니　旅鬢渾如雪
사귀는 정 그 모두가 뜬구름이네　交情總是雲
위태하매 사물 이치 환하게 되고　艱危明物理
적막하니 마음 근원 보게 되누나　寂寞見心源
세대 멀어지면 말을 누가 믿을까　世遠言誰[94]信
종적 외로우니 비방 아니 떠나네　蹤孤謗未分
산꽃은 피었다가 다시 또 지고　山花開又落
강 달 절로 이울었다 둥글어지네　江月自虧圓

93 객중(客中)에서 읊다 : 초간본에는 이 시의 3, 4구에 대해서 "도를 아는 자가 아니면 말이 이 경지에 도달하기가 어렵다.〔非知道者, 語難到此.〕"라고 평하였으며, 5, 6구에 대해서 "애석하다.〔可傷〕"라고 평하였으며, 7, 8구에 대해서 "어쩔 수 없는 데에 부쳐 버렸다.〔付之無可奈何〕"라고 평하였다.

94 誰 : 초간본에는 '難'으로 되어 있다.

고요히 앉아서 읊다

靜坐

도미 담박해 평탄함과 험함 없고	味淡無夷險
세정 가벼워 가고 머묾 맘대로네	情輕任去留
공정은 풀이 자라는 데에 보이고	功程看草長
세도는 강물 흘러가는 데 부치네	世道付江流
물외의 세상은 장생의 말[95]인 거고	物外莊生馬
인간의 세상은 범려의 배[96]인 거네	人間范蠡舟
높이 날아오르는 게 즐겁긴 하나	高翔雖可樂
조용히 앉음도 근심을 잊게 하네	靜坐亦忘憂

95 장생(莊生)의 말 : 장생은 장자(莊子)를 가리킨다. 이 말은 구봉이 《장자》 〈제물론(齊物論)〉에 "하늘과 땅은 하나의 손가락이요, 만물은 하나의 말이다.〔天地一指也, 萬物一馬也.〕"라고 한 말을 잘못 인용한 것이다. 구봉이 이렇게 잘못 인용하게 된 것은 당나라 시인 고적(高適)의 〈상진좌상(上陳左相)〉에 "천지는 장생의 말이요, 강호는 범려의 배이다.〔天地莊生馬, 江湖范蠡舟.〕"라고 한 구절을 그대로 따온 탓이다. 이에 대해서는 중국 사람들이 고적의 시를 평하면서 잘못이라고 말한 바 있다. 《詩話總龜 後集 卷13》

96 범려(范蠡)의 배 : 벼슬자리에 있다가 때에 맞게 은퇴하면서 관직에 연연하지 않는 것, 또는 심경(心境)이 한가로워 강호에 배를 띄우는 것을 뜻하나, 여기서는 인간 세상의 무상함을 뜻한다. 범려는 춘추 시대 월(越)나라의 대부로, 월왕 구천(句踐)을 20여 년간 섬기면서 오(吳)나라를 멸망시켜 회계(會稽)의 치욕을 씻었다. 그 뒤 월나라를 떠나 조각배를 타고 강호를 떠돌아다니다가 수천만 금(金)을 모아 거부(巨富)가 되었다. 《史記 貨殖列傳》

길 위에서 읊다

道上

들판에는 슬픈 바람 급히 부는데	曠野悲風急
쓸쓸하게 마을 집들 드물게 있네	蕭條閭井稀
때 위태해 일찍 문을 닫아거는데	時危門閉早
산 멀어서 나그네의 걸음 더디네	山遠客行遲
외로운 구름 밖으로 석양 지는데	落照孤雲外
먼 하늘에 새 한 마리 돌아가거니	長天一鳥歸
동쪽 남쪽 어디서고 거처 못 정해	東南居未定
맘 서글피 갈림길에 다시 임하네	惆悵更臨岐

교룡산을 찾아가다[97]

尋蛟龍山

한 가닥 길 시냇물을 따라 났기에	一路緣流水
근원 찾아 푸른 산속 들어가누나	窮源入翠微
들사슴은 풀밭에 누운 지 오래고	鹿閑眠草久
취한 이는 꽃 속에서 더디 나오네	人醉出花遲
바윈 아침 지나는 비 비호해 주고	巖護經朝雨
숲은 때 이른 저녁 빛을 감추었네	林藏未夕暉
신선 바람 이 늙은이 살쩍에 불어	仙風吹老鬢
나의 짧고 긴 백발을 검게 만드네	玄我短長絲

97 교룡산(蛟龍山)을 찾아가다 : 교룡산은 전라북도 남원시 대산면 옥률리에 있는 산으로, 남원의 진산(鎭山)이다. 초간본에는 이 시의 3, 4구에 대해서 “한가롭고 고아하여 맹양양의 그윽한 운치가 있다.〔閑雅有孟襄陽幽韻〕”라고 평하였는데, 맹양양은 당나라의 시인 맹호연(孟浩然)을 가리킨다. 또 5, 6구에 대해서 “말을 만든 것이 신묘한 경지에 들어갔다.〔造語入神〕”라고 평하였으며, 7, 8구에 대해서 “결구가 험절하다.〔結得險絶〕”라고 평하였다.

홀로 서서 읊다[98]

獨立

저물 무렵 골짝 속은 고요만 한데 向晩洞門靜
한 소리는 어느 절의 종소리인가 一聲何寺[99]鍾
시냇가의 돌 위에서 외로이 졸다 孤眠溪上石
대 사이로 바람 불어 술이 깨었네 醉起竹間風
지는 해가 성근 비를 비춰 주다가 落照映疏雨
구름 개자 먼 봉우리 열리는 속에 晴雲開遠峯
마음 맑아 우두커니 서 있노라니 澄心空佇立
나는 새가 먼 하늘로 들어가누나 飛鳥入長空

98 홀로 서서 읊다 : 초간본에는 이 시에 대해서 "화평하고 드넓으며 아주 쾌활하여서 이 노인네의 흉금에 임하의 풍모가 있음을 볼 수 있다.〔夷曠快活, 可見此老胸襟有林下風.〕"라고 평하였다.

99 寺 : 초간본에는 '處'로 되어 있다.

다시 송루에 머물다

更滯松樓

천명이 있어 내 의리에 편안하고	有命安吾義
사사로움 없어서 저 천리 즐기네	無私樂彼天
객창에서 보검을 잘 갈무리하며[100]	客窓藏寶劍
세도 따윈 한가로운 잠에 부치네	世道付閑眠
다섯 차례 초강에는 낙엽이 졌고[101]	五落楚江葉
세 번이나 오시에서 신선 되었네[102]	三爲吳市仙
가고 머묾 계교할 게 뭐가 있으랴	去留何計較
늦고 빠름 당연함에 맡길 뿐이네	遲速任當然

100 객창(客窓)에서……갈무리하며 : 구봉이 자신의 재주를 드러내지 않은 채 떠돈다는 뜻이다. 보검은 자신이 품고 있는 재주를 뜻한다.

101 다섯……졌고 : 구봉이 5년 동안이나 남쪽 지방에서 떠돌이 생활을 하였다는 뜻이다. 초강(楚江)은 중국 초(楚) 지방의 강으로, 여기서는 남쪽 지방을 뜻한다.

102 세……되었네 : 구봉이 남쪽을 떠도는 동안 매화가 피는 것을 세 번 보았다는 뜻이다. 오시(吳市)는 오(吳) 지방의 시가(市街)로, 지금의 강소성(江蘇省) 소주(蘇州)에 있었던 시장의 거리이다. 전한(前漢)의 은사(隱士)인 매복(梅福)은 경학(經學)에 뛰어나 군(郡)의 문학(文學)이 되고 남창 현위(南昌縣尉)를 지냈으나, 왕망(王莽)이 정권을 전횡하자 처자를 버리고 구강(九江)으로 가서 은둔하였다. 뒤에 이름을 바꾸고 오나라 시장의 문지기로 있었다고 하며, 신선이 되어 하늘로 올라갔다고도 한다. 《漢書 梅福傳》

가을밤[103]

秋夜

땅은 외져 궁벽해도 개들은 짖고	地僻犬猶吠
촌마을은 황폐해져 문을 안 거네	村荒門不扃
시냇가에 임해 있는 늙은 고목은	臨溪有老樹
한밤중에 찬 소리를 잇달아 내네	半夜連寒聲
외로운 객 잠을 들지 못하고서는	獨客耿無夢
고향 땅을 그리면서 먼 별을 보네	懷鄉瞻遠星
구봉산[104]의 푸른 수풀 위에 뜬 달은	龜峯綠蘿月
응당 옛 못 향하여서 밝게 비추리	應向舊池明

103 가을밤 : 초간본에는 이 시의 3, 4구에 대해서 "시율(詩律)에 얽매이지 않았는데도 도리어 고상하고 예스럽다.〔不縛律, 却高古.〕"라고 평하였으며, 7, 8구에 대해서 "용이 하늘을 씩씩하게 난다.〔龍矯雲霄〕"라고 평하였다.

104 구봉산(龜峯山) : 파주시와 고양시의 경계에 있는 심학산의 옛 이름이다. 구봉은 심학산 남쪽에 있는 지금의 고양시 구산리에 살았다.

우거하는 중에 홀로 앉아 있다가 이백 시[105]의 운을 써서 짓다

獨坐寓中用李白韻

저녁 바람 소나기를 몰고서 가고	夕風吹片雨
차가운 해 외로운 성 내리비추네	寒日照孤城
저편 섬에 쓸쓸한 절 하나가 있어	隔島有蕭寺
구름 속서 종소리가 들리어오네	響雲來磬聲
마음 비워 도의 생각 응집시키고	曠然凝道想
말이 없이 앉아 세정 씻어 내누나	默坐蕩[106]塵情
몸 늙어서 되레 아무 일이 없건만	身老轉無事
때 위태해 괜히 먼 길 떠나가누나	時危空遠征

105 이백(李白) 시 : 〈사구성하기두보(沙丘城下寄杜甫)〉이다. 《李太白文集 卷10》

106 蕩 : 초간본에는 '滌'으로 되어 있다.

밤에 두릉의 시냇가에서 묵다[107]

夜宿豆陵溪上

시냇가의 바위에서 짧은 꿈 꿀 제	短夢溪頭石
시원스런 기운 이에 밤들어 맑네	泠泠入夜清
골짝 깊어 방아 소리 하나 울리고	谷深一杵響
마을 멀어 몇 등잔의 불이 밝구나	村遠數燈明
살짝 가엔 찬 반딧불 날아다니고	鬢上寒螢度
옷 속에선 흰 이슬이 생겨나누나	衣中白露生
집 없어서 너와 함께 짝이 됐거니	無家來伴爾
자는 새야 우리 서로 놀라지 말자	宿鳥莫相驚

107 밤에……묵다 : 두릉(豆陵)은 충청남도 청양군(青陽郡) 정산(定山)의 옛 이름이다. 초간본에는 이 시의 1, 2구에 대해서 "문득 맑은 정취가 느껴진다.〔便覺清奧〕"라고 평하였으며, 3, 4구에 대해서 "정치하고 쓸쓸하다.〔幽渺蕭瑟〕"라고 평하였으며, 5, 6구에 대해서 "경물 묘사가 비록 옛 시를 본받지는 않았으나 저절로 뛰어나다.〔卽景雖非銓古, 亦自逸.〕"라고 평하였으며, 7, 8구에 대해서 "매우 좋다.〔亦好.〕"라고 평하였다.

가을밤

秋夜

꿈 싸늘해 떨어지는 잎에 놀라고 夢寒驚落葉
몸 떠돌아 오는 서리 슬퍼하누나 身遠愴飛霜
백발 빠져 얼마 남지 아니했는데 白髮餘無幾
국화 피는 계절에 또 타향이라네 黃花又異鄕
허명으로 온 세상의 미움 받아도 虛名憎一世
유술은 또 저 삼왕을 사모하누나[108] 儒術慕三王
한밤중에 일어나서 외론 칼 보니 夜起看孤劍
웅대한 맘 만 리 길게 뻗치는구나 雄心萬里長

108 유술(儒術)은……사모하누나 : 구봉 자신이 학문을 익히는 것은 천하를 태평하게 하기 위해서라는 뜻이다. 유술은 유가(儒家)의 학술을 말하고, 삼왕(三王)은 하(夏)나라 우왕(禹王), 은(殷)나라 탕왕(湯王), 주(周)나라 문왕(文王)·무왕(武王)을 가리키는데, 이 시대는 천하가 태평하였다.

객중에서 읊다 2수
客中 二首

길 있건만 나는 이제 어디로 가나	有路吾何適
집 없으매 꿈에서도 못 돌아가네	無家夢不歸
사람 피함 세속 떠나 숨음 아니고[109]	避人非遯世
뜻 말한들 어찌 시가 제대로 되랴	言志豈爲詩
도 있으나 재주 시험하기 어렵고	道在才難試
때 위태해 계획 더욱 어긋나누나	時危計轉違
〈하도〉 이제 나오기는 다 글렀거니[110]	出圖嗟已矣
바다 뜨려 했던 선사 사모하노라[111]	浮海慕先師

금수 물은 뜬구름의 밖에 있으며	錦水浮雲外

109 사람……아니고 : 구봉 자신이 사람들을 피해 다니는 것은 세상을 피해 은거하려고 해서가 아니라, 자신의 행적이 발각될까 두려워서라는 뜻이다.

110 하도(河圖)……글렀거니 : 성스러운 임금이 다스리는 태평성대가 오기는 이미 글렀다는 뜻이다. 〈하도〉는 성왕(聖王)의 출현을 알리는 상서(祥瑞)이다. 복희씨(伏羲氏)가 천하를 다스릴 때 하수(河水)에서 용마(龍馬)가 나왔는데, 그 등에 점으로 된 그림 즉 〈하도〉가 있었다고 한다. 공자가 "봉황이 오지 않고 하수에서 도(圖)가 나오지 않으니, 나는 이제 끝났구나."라고 하였다. 《論語 子罕》

111 바다……사모하노라 : 구봉 자신이 도가 행해지지 않는 이 세상을 떠나 살고 싶다는 뜻이다. 선사(先師)는 공자를 가리킨다. 공자가 일찍이 천하에 현군(賢君)이 없어 도(道)를 행할 수 없음을 탄식하면서 이르기를 "도가 행해지지 않으니, 뗏목을 타고 바다에 떠서 떠나가리라."라고 하였다. 《論語 公冶長》

광산 땅은 한번 취한 속에 있구나[112] 光山一醉中
맘은 능히 오래거나 빠름을 잊고 心能忘久速
땅은 동쪽 서쪽조차 따지질 않네[113] 地不問西東
소식 전해 오는 말은 믿기 어렵고[114] 消息言難信
고향 감은 꿈에서도 꾸이질 않네 歸來夢亦空
품엔 글자 막 배우는 아이 있는데 在懷兒學字
나그네 된 이 아비는 다 늙었구나 爲客父成翁

112 금수(錦水)……있구나 : 구봉 자신이 도피 생활을 하였던 전라도 지역을 떠나와 다시 낯선 곳을 떠돌아다닌다는 뜻이다. 금수는 호남 지역의 남쪽을 흐르는 물 이름이고, 광산은 광주를 가리킨다.

113 맘은……않네 : 구봉 자신이 여기저기를 하도 많이 떠돌아다녀서 이젠 굳이 좋은 곳을 따지지 않고 아무 곳에서나 묵는다는 뜻이다.

114 소식……어렵고 : 시절이 위태롭고 수상하여 사람들이 전해 오는 형제들에 대한 소식을 믿기 어렵다는 뜻이다.

서울 소식을 듣고 조여식에게 부치다[115]

聞洛報寄趙汝式

조여식이 상소를 올렸다가 유배되었다.[116]

북쪽 전장에는 죽은 귀신이 많고[117]	戰北多新鬼
남쪽 근심하는 신하 적게 되었네	憂南少舊臣
백등에는 천고의 한 남아 있는데[118]	白登千古恨

115 서울……부치다 : 이 시는 조헌(趙憲)의 《중봉집(重峯集)》 부록 권5에도 수록되어 있다. 조여식(趙汝式)은 조헌(1544~1592)으로, 본관은 배천(白川), 자는 여식, 호는 중봉(重峯)·도원(陶原)·후율(後栗)이다.

116 조여식이……유배되었다 : 조헌이 1589년(선조22) 4월 1일 백의 차림으로 도끼를 들고 궐문에 엎드려 상소를 올려 시사(時事)에 대해 극언(極言)하였다가 선조의 노여움을 사서 길주(吉州)의 영동역(嶺東驛)에 유배되었다. 《宣祖修正實錄 22年 4月 1日》

117 북쪽……많고 : 함경도 일대의 백성과 군사들이 야인(野人)인 이탕개(泥湯介)의 난과 그 이후 계속된 야인들의 침입으로 많이 죽었다는 뜻이다. 1583년 이탕개를 중심으로 회령(會寧) 지방의 여진족들이 경원(慶源)에서 반란을 일으켰는데, 경원 부사 김수(金璲)가 이들에게 패하여 여진인들이 우리 백성과 군사를 많이 죽이고 부내의 모든 진보(鎭堡)를 점령하여 기세를 떨쳤다. 그 뒤에 온성 부사(穩城府使) 신립(申砬)과 첨사 신상절(申尙節) 등이 오랑캐의 소굴을 소탕하여 난이 평정되었다. 《燃藜室記述別集 卷18 邊圉典故 北邊》

118 백등(白登)에는……있는데 : 오랑캐에게 굽실대며 치욕을 당하는 것을 말한다. 백등은 산서성(山西省) 대동현(大同縣) 동쪽에 있는 백등산을 말한다. 한 고조(漢高祖) 유방(劉邦)이 직접 군대를 인솔하고 흉노의 묵특(冒頓) 선우(單于)를 치기 위해 출정하였는데, 적정을 탐지할 목적으로 파견한 사신 유경(劉敬)의 간언을 듣지 않고 공격했다가 묵특 선우의 복병에 걸려 평성(平城) 부근의 백등산에서 7일 동안이나 흉노의 30만 대군에게 포위를 당하였다. 이때 진평(陳平)이 꾀를 내어 선우의 부인 알지(閼氏)

현도에는 어느 해나 봄이 오리오[119] 玄菟幾年春
도해했던 높은 절개[120] 생각을 했고 蹈海懷高節
현담하며 보신함[121]을 천하게 봤네 談玄鄙保身
청상에서 지는 해에 시름할 거로[122] 淸湘愁落日
선견이 또 임금 진노 받게 되었네[123] 先見又逢嗔

를 설득해서 포위가 풀렸다. 《史記 劉敬列傳》

119 현도(玄菟)에는……오리오 : 우리나라에 태평 시절이 오기를 바라면서 한 말이다. 현도는 한 무제(漢武帝)가 고조선을 멸망시키고 설치한 한사군(漢四郡)의 하나로, 흔히 우리나라 북쪽 지방 또는 우리나라 전체를 뜻한다.

120 도해(蹈海)했던 높은 절개 : 도해는 바다에 빠져 죽는 것을 의미하는 말로, 전국시대 제(齊)나라 사람 노중련(魯仲連)이 절개를 지켜 동해에 빠져 죽겠다고 한 고사에서 나온 말이다. 《史記 魯仲連列傳》

121 현담(玄談)하며 보신함 : 현담은 심묘(深妙)한 이야기라는 뜻으로, 황로(黃老)의 도(道)를 말한다. 진(晉)나라 사람 왕연(王衍)은 현묘한 말을 하기를 좋아하여 종일토록 노장(老莊)에 대해서만 말하였는데, 의리(義理)를 논하면서는 수시로 변경하였으므로 세상에서는 그를 '구중자황(口中雌黃)'이라고 불렀다. 당시에 시국이 어수선하였으므로 왕연은 자신을 보호할 계책을 세워 그의 동생인 왕징(王澄)을 형주 자사(荊州刺史)로, 족제(族弟)인 왕돈(王敦)을 청주 자사(靑州刺史)로 보내고는 "삼굴(三窟)의 계책이 이루어졌다."라고 하였다. 그러나 그 뒤에 여러 사람의 추대를 받아 원수(元帥)가 되었다가 석륵(石勒)에게 패하여 처형당하였다. 《晉書 王戎列傳 衍》

122 청상(淸湘)에서……거로 : 조헌이 유배지에 있으면서도 나랏일에 대해 상심할 것이라는 뜻이다. 청상은 맑은 상강(湘江)이라는 뜻으로, 흔히 유배지를 뜻하는 말로 쓰이는데, 여기서는 길주의 영동역 근처에 있는 시냇물을 말한다.

123 선견(先見)이……되었네 : 조헌이 국정(國政)을 쇄신하고 왜적의 침입에 대해 방비하기를 주장하였다가 선조의 노여움을 샀다는 뜻이다.

우연히 짓다

偶題

광언[124] 비록 비방함에 가깝긴 하나　狂言雖近訕
그 성의는 단지 임금 걱정한 거네　誠意只憂君
바다 넓어 정위[125] 새가 비통해했고　海闊悲精衛
강물 깊어 초혼[126] 이에 원망하였네　江深怨楚魂
그 충성은 흰 칼날도 편히 여겼고　忠能安白刃
그 의기는 성문[127]조차 움직였으리　氣欲動星文
형문 사는 이 늙은이 언급했다니　按及衡門老
방명 함께하게 된 게 부끄럽구려　芳名愧竝存

조여식이 상소하였다가 기휘(忌諱)에 저촉되자, 백의 차림에 도끼를 지고 대궐 문 앞에 엎드려 죽여 주기를 청했는데, 그 상소문 가운데에서 매번 나에 관한 말을 했다고 들었기에 마지막 구절에서 언급하였다.

124 광언(狂言) : 미치광이가 하는 말이라는 뜻인데, 여기서는 조헌이 상소에서 말한 과격한 말들을 뜻한다.

125 정위(精衛) : 염제(炎帝)의 막내딸 여와(女娃)가 동해에서 놀다가 빠져 죽어 변했다는 신화 속의 새이다. 이 정위 새가 동해에 대해 원한을 품고서 복수를 하려고 늘 서산(西山)의 목석(木石)을 물어다 빠뜨려 바다를 메우려 했다고 한다. 《山海經 卷3 北山經》

126 초혼(楚魂) : 초(楚)나라 충신 굴원(屈原)의 넋을 말하는데, 송옥(宋玉)은 굴원의 죽음을 불쌍히 여겨 그의 넋을 부르는 의미로 〈초혼(招魂)〉을 지었다.

127 성문(星文) : 천문(天文)과 같은 말로 별의 운행 현상을 말하는데, 흔히 어떤 상황에 대한 별자리의 움직임을 뜻하는 말로 쓰인다.

취옹의 시에 차운하다[128]

次醉翁韻

청춘 시절 서울 일찍 떠나와서는	青春辭漢早
대낮에도 구름 깊은 곳에 누웠네	白日臥雲深
온 섬에는 부슬부슬 봄비 내리고	一島桃花雨
먼 하늘엔 바닷새의 나는 맘이네	長空海鳥心
취향[129]에는 근심 생각 안 닿을 거며	醉鄕愁不到
선빈[130]에는 하얀 눈이 침범 못 하리	仙鬢雪難侵
티끌세상 서로 잊은 지가 오래니	塵世相忘久
배를 매고 부질없이 시 읊지 마소	維舟莫浪吟

128 취옹(醉翁)의 시에 차운하다 : 손곡(蓀谷) 이달(李達)의 〈증우인(贈友人)〉이라는 시에 "강 숲에는 잎새 소리 드물어지고, 강 누각엔 가을 기운 깊어졌구나. 가는 세월 머무르게 할 수 없으매, 먼 이별에 유독 마음 상하는구려. 체류함에 시름 다하기가 어렵고, 바람과 서리에 병이 들기 쉽구나. 그저 돌아가지 못하는 뜻 가지고, 그대와 더불어 길게 읊조리누나.〔江樹葉聲薄, 江樓秋氣深. 流年不可駐, 遠別獨傷心. 留滯愁難盡, 風霜病易侵. 聊將未歸意, 與子共長吟.〕"라고 하여, 구봉의 시와 운자(韻字)도 내용도 아주 흡사하니, 취옹은 혹 이달을 가리키는 듯하다. 이달은 본관은 신평(新平), 자는 익지(益之), 호는 손곡·서담(西潭)·동리(東里) 등이다. 최경창(崔慶昌), 백광훈(白光勳)과 더불어 삼당시인(三唐詩人)으로 불렸다. 이달의 행적을 보면 구봉과 많이 흡사하였는바, 《구봉집》에 나오는 취옹은 이달일 확률이 아주 높다.

129 취향(醉鄕) : 술에 취해 정신이 몽롱한 경지를 말한다. 당나라 왕적(王績)이 술을 몹시 좋아하여 두강(杜康)과 의적(儀狄) 이래의 애주가들을 모아 《취향기(醉鄕記)》라는 주보(酒譜)를 저술하였다. 《新唐書 隱逸列傳 王績》

130 선빈(仙鬢) : 신선의 귀밑머리를 말한다.

홀로 앉아서 읊다[131]

獨坐

구름과 물 깊은 데서 책상에 기대	隱几深雲水
경서 궁리할 새 푸른 벽라[132] 자랐네	窮經長薜蘿
구하는 게 없으니 일 적음 알겠고	不求知事少
지키는 게 있어 천리 많이 얻었네	有守得天多
산 고요해 풀에서는 향기 생기고	山靜香生草
강 맑으매 물결에는 달이 잠겼네	江澄月在波
마음 근원 비운 지가 이미 오래라	心源虛已久
휘파람도 아니 불고 노래도 않네	無嘯亦無歌

131 홀로 앉아서 읊다 : 초간본에는 이 시의 3, 4구에 대해서 "뜻을 지킴이 이와 같으니 어찌 궁액을 당하는 것을 걱정하겠는가.〔操志若是, 何患阨窮?〕"라고 평하였다.

132 벽라(薜蘿) : 벽려(薜荔) 넝쿨과 여라(女蘿) 넝쿨을 병칭한 말이다. 옛날에 은자(隱者)들이 흔히 이것으로 옷을 지어 입었으므로, 흔히 은자나 고사(高士)의 처소를 상징하는 말로 쓰인다.

숨어 사는 집[133]

幽居

봄풀 자라 암비[134] 위로 기어오르는	春草上巖扉
그윽한 거처엔 속세 일이 드무네	幽居塵事稀
꽃 가까워 베개에는 향기가 배고	花低香襲枕
산 가까워 푸른 기운 옷에 스미네	山近翠生衣
빗방울이 가는 줄은 연못서 알고	雨細池中見
바람 가벼운 건 버들 보고서 아네	風微柳上知
하늘 기미 아무 흔적 없는 곳에선	天機無迹處
담담함이 이 마음과 안 어긋나네	淡不與心違

133 숨어 사는 집 : 초간본에는 이 시의 3, 4구에 대해서 "참신하나 독특하지는 않다.〔新而不尖〕"라고 평하였으며, 5, 6구에 대해서 "교묘하기는 하나 각박하지는 않다.〔巧而不刻〕"라고 평하였다.

134 암비(巖扉) : 암동(巖洞)의 문으로, 은사(隱士)의 처소를 뜻한다. 당나라 맹호연(孟浩然)의 〈야귀녹문가(夜歸鹿門歌)〉에 "암비와 송경은 늘 적요한데, 오직 유인만이 스스로 오고 가네.〔巖扉松徑長寂寥, 惟有幽人自來去.〕"라고 하였다.

잠[135]

睡

뭇 새들은 날아서 다 돌아갔으며　衆鳥歸飛盡
맑은 바람 저녁 숲에 불어오는데　淸風生夕林
사람 자는 바위 위론 달이 오르고　人眠石上月
이슬 젖은 꽃 사이엔 거문고 있네　露滴花間琴
한 물에는 하늘 기미 아득히 멀고　一水天機遠
천 봉우리 고요한 맛 깊고도 깊네　千峯靜味深
고금 사람 누가 잠들 아니 자랴만　古今誰不睡
고상한 이 운치 아는 자는 적으리　高致少知音

135 잠 : 초간본에는 이 시의 3, 4구에 대해서 "고고하며 소산하다.〔高古蕭散〕"라고 평하였다.

맑게 갠 새벽[136]

晴曉

푸른 풀은 구름 닿아 축축해졌고 碧濕雲連草
붉은 꽃은 비에 눌려 낮게 숙였네 紅低雨壓花
숨은 샘물 먼 골짜기 속에서 울고 暗泉鳴遠谷
뜨는 해는 짙은 안개 속에서 있네 初日在深霞
너른 바위 자리 삼아 혼자서 자고 獨臥巖爲席
숲 나무를 집 삼으니 대문이 없네 無門樹作家
일천 봉에 가고 머묾 아득만 하여 千峯迷去住
하늘가에 기대어 긴 휘파람 부네 長嘯倚天涯

136 맑게 갠 새벽 : 초간본에는 이 시의 3, 4구에 대해서 "묘사가 그윽한 경지에 올랐다.〔描寫入幽〕"라고 평하였으며, 5, 6구에 대해서 "드러난 상황을 서술하여 표현한 것이 아주 산뜻하다.〔敍暴露狀, 甚楚楚.〕"라고 평하였다.

높이 누워서 읊다

高臥

높이 누워 지내면서 현빈[137] 기르고 　高臥養玄牝
노을에 깃들어 살며 적막 벗하네 　霞棲傍寂寥
숲 소리는 갠 날에는 빗소리 되고 　林聲晴作雨
강 빛은 밤에서 아침까지 이어지네 　江色夜連朝
산 고요해 봄 기약은 멀기만 하고 　山靜春期遠
하늘 길어 학 가는 길 아득만 하네 　天長鶴路遙
은하수의 저 밖에다 회포를 부쳐 　寄懷雲漢表
바람 타고 아득한 곳 멋대로 가네 　風御任迢迢

137 현빈(玄牝) : 만물을 자생(孳生)하는 근원인 도(道)를 가리키는데, 《도덕경(道德經)》 제6장에 "곡신(谷神)은 영원히 죽지 않나니, 이것을 현빈이라 하고 현빈의 문을 천지의 근원이라 한다."라고 한 데서 온 말이다.

여수[138]에게 부쳐서 권면하다

寄勉汝受

그대 생각함은 진정 뜻이 있거니	懷君眞有意
서로 이별 한탄하는 것은 아니네	不是恨相離
마을 외져 닭이 우는 소리 끊기고	村僻鷄聲斷
구름 끼어 새벽빛도 더디게 오네	雲沈曙色遲
잠이 없어 괜히 홀로 일어나서는	無眠空獨起
눈물 흐른 거를 단지 맘만이 아네	有淚只心知
뜻 있으면 하늘이 꼭 이뤄 주리니	志在天必遂
내가 무얼 하겠냐고 말하지 말게	休道我何爲

138 여수(汝受) : 이산해(李山海, 1539~1609)로, 본관은 한산(韓山), 자는 여수, 호는 아계(鵝溪)·종남수옹(終南睡翁)·죽피옹(竹皮翁)·시촌거사(柿村居士) 등이며, 시호는 문충(文忠)이다. 처음에는 구봉을 비롯하여 성혼(成渾), 정철(鄭澈) 등 구봉의 벗들과 친하게 지냈으나, 나중에는 서로 당파가 갈려 구봉을 떠돌게 하는 데 일조하였으며, 1591년(선조24)에는 정철을 탄핵하여 강계(江界)로 유배 보냈다.

어떤 사람을 전송하다[139]

送人

교제의 도 마음 아는 것이 귀하니	交道知心貴
서로 자주 만날 필요 뭐가 있겠나	相尋豈在頻
떠날 때에 작별하는 말 구하는 건	臨行求別語
평상시에 쌓은 정이 돈독해서네	平昔是情親
역수[140]에서 새로 뜨는 달을 볼 거며	易水看新月
장성[141]에서 옛 진나라 슬퍼할 걸세	長城弔古秦
돌아오면 그대 얻은 것이 있어서	歸來君有得
일반 사람 똑같이는 되지 마시게	莫作一般人

139 어떤 사람을 전송하다 : 중국에 사신으로 가는 사람을 전송하면서 지어 준 시이다.

140 역수(易水) : 중국 하북성(河北省)에 있는 강이다. 전국 시대 자객 형가(荊軻)가 연(燕)나라 태자(太子) 단(丹)의 원수를 갚기 위해 진왕(秦王)을 죽이려고 떠날 때, 역수 가에서 전송 나온 지기(知己)들과 작별하면서 "바람이 쌀쌀하니 역수가 차도다. 한번 간 장사는 다시 돌아오지 않으리.〔風蕭蕭兮易水寒, 壯士一去兮不復還!〕"라고 노래하였다.《戰國策 燕策3》

141 장성(長城) : 만리장성(萬里長城)을 가리킨다.

벗에게 주다

贈友人

속계에는 약수[142] 있단 말을 들었고	塵寰聞弱水
선계엔 또 은하수가 있다고 하네	仙界有銀河
한번 이별한 뒤로는 소식 끊기어	一別音容[143]斷
서로 간에 그리느라 살쩍이 세리	相思鬢髮華
좋은 시절 꿈속같이 여겨질 거고	良辰如夢裏
거니는 건 하늘가의 먼 곳이지만	跬步卽天涯
좋게 만날 가을 날짜 가까워지니	好會秋期近
곁사람아 원망하며 탄식 마시게	傍人莫怨嗟

142 약수(弱水) : 봉래산(蓬萊山)이 있는 섬으로부터 약 30만 리쯤 떨어져서 인간 세상과 격리시키며 그 섬을 둘러싸고 있다는 전설 속의 물 이름이다. 그 물은 새털처럼 가벼운 물체도 바로 가라앉히기 때문에 사람이 도저히 건너갈 수가 없다고 한다. 《海內十洲記》《太平廣記 卷21 神仙》

143 容 : 초간본에는 '書'로 되어 있다.

의탁할 데가 있게 되다

有托

이때 마음에 경계해야 할 일이 있어 기약 없이 찾아왔는데, 숲과 못은 맑고 고요하며 주인은 의리를 좋아하여, 소 강절(邵康節)이 "이르는 곳이 바로 내 집과 같다."라고 한 즐거움이 있었다.

의탁할 데 있어 생각 덜게 됐거니	有托捐思慮
맘 비우자 도의 맛이 길기만 하네	沖虛道味長
물은 깊은 곳 만나야 안정이 되고	水逢深處定
연꽃은 또 고요해야 향기 풍기네	荷到靜時香
높이 베고 눕자 산새 소리 끊기고	高枕山禽斷
발을 열자 여름 저녁 서늘하거니	開簾夏夕涼
신선이 꼭 속세 밖의 일이 아니매	神仙非物外
성훼 간에 모두 양을 잃어버렸네[144]	成毁總亡羊

144 성훼(成毁)……잃어버렸네 : 구봉이 의리가 있는 주인을 만나 의탁할 곳을 얻게 되어 마음이 편해진 덕에, 성패 간에 모든 일을 다 잊게 되었다는 뜻이다. 성훼는 이루어지는 것과 허물어지는 것으로, 성패(成敗)와 같은 말이다. '양을 잃었다'는 것은 어떤 일에 몰두하다가 모든 것을 잃어버리는 것을 말한다.

희천으로 귀양 가는 도중에 읊다[145]

謫熙川途中

임진년(1592, 선조25) 1월에 희천에 이르렀다.

외로운 몸 사랑하는 이들 버리고	隻影捐親愛
구름 낀 산 가는 길이 몇천 리런가	雲山路幾千
몸을 따르는 건 오직 백발뿐이고	隨身唯白髮
얼굴 아는 것은 단지 청천뿐이네	識面但靑天
밤에 야경 도는 거는 남북이 같고	夜柝同南北
지방 사투리는 앞과 뒤가 다르네	方言異後前
마음 상하는 건 기자 살던 나라에	傷心箕子國
유현 찾을 만한 자취 없는 것이네[146]	無迹問遺賢

145 희천(熙川)으로……읊다 : 구봉은 1591년(선조24) 관가로 나와 자수하라는 선조의 엄명에 따라 홍산(鴻山) 고을로 나가 스스로 감옥에 갇혀 있다가 유배의 명을 받고 다음 해 1월에 평안도 희천에 도착하였다. 그해 4월 임진왜란이 일어나자 석방되었다.

146 마음……것이네 : 옛날에 기자(箕子)가 와서 살았던 평양(平壤) 일대에 이제는 현인을 찾아볼 수 없어서 마음이 상한다는 뜻이다.

묘향산

香山

산악 위령 혁혁하게 빛이 나서는	山嶽威靈赫
들판에는 비와 이슬 고르게 왔네	田原雨露均
해와 별은 오고 감을 멈추었으며	日星休往復
하늘과 땅 밤과 낮을 잃어버렸네	天地失昏晨
골짜기는 천년 쌓인 눈에 막혔고	竇閉千年雪
꽃은 오월 되어서야 겨우 핀다네	花開五月春
강구에서 임금 덕을 노래하던 때[147]	康衢歌帝德
저 옛날에 신인 내려왔다고 하네[148]	聞昔降神人

147 강구(康衢)에서……때 : 중국의 요(堯) 임금이 다스리던 때를 말한다. 강구는 백성들이 모여 사는 사통오달(四通五達)의 큰 길거리이고, 노래는 〈격양가(擊壤歌)〉를 말한다. 요 임금이 천하를 다스린 지 50년 만에 미복(微服) 차림으로 강구에 나가서 동요를 들어 보니, 어떤 노인이 배를 두드리고 흙덩이를 두드리며 노래하기를 "해 뜨면 나가서 일하고, 해 지면 들어가서 쉬노라. 우물 파서 물 마시고, 밭을 갈아서 밥 먹으니, 임금의 힘이 나에게 무슨 상관 있는가."라고 하였다. 《十八史略 帝堯陶唐氏》

148 저……하네 : 요 임금이 다스리던 때 하늘에서 묘향산으로 단군이 내려왔다는 뜻이다. 묘향산에는 단군의 개국과 관련된 단군대(檀君臺)나 단군굴(檀君窟)과 같은 지명들이 전해진다. 《삼국유사(三國遺事)》 권1 〈기이(紀異) 고조선(古朝鮮)〉에 "나라를 열어 국호를 조선이라 하였는데, 요 임금과 같은 때였다."라고 하였다.

산중에서 느낌이 있어서 읊다

山中有感

임진년(1592, 선조25) 1월에 희천(熙川)에 이르고, 7월에 왜적을 피해 명문산(明文山)으로 들어갔는데, 바로 희천에 있는 산이다.

산 밖에는 전란 먼지 잔뜩 일어도	山外黃埃合
산중에는 하얀 해가 밝고도 밝네	山中白日晴
지초를 먹으면서 세상일 걱정하고	茹芝憂世道
돌에 누운 채로 민생 염려를 하네	臥石念民生
범람하는 홍수 누가 겸제해 주랴	汎濫誰兼濟
깊이 숨어 독성함이 남부끄럽네[149]	深藏愧獨成
삼도[150]에는 풍화 몹시 다급하거니	三都風火急
어느 곳이 왕이 계신 도성이런가	何處是王城

149 범람하는……남부끄럽네 : 전란이 일어나 천하가 혼란스러운데, 자신만 홀로 산속에서 편안하게 지내는 것이 부끄럽다는 뜻이다. 겸제(兼濟)는 온 천하를 함께 구제하는 것을 말하고, 독성(獨成)은 자신만 홀로 선하게 하는 것을 말한다. 《맹자》 〈진심 상(盡心上)〉에 "옛사람들은 뜻을 얻으면 은택이 백성에게 가해지고, 뜻을 얻지 못하면 몸을 닦아 세상에 드러나니, 궁하면 그 몸을 홀로 선하게 하고, 영달(榮達)하면 천하를 겸하여 선하게 하는 것이다."라고 하였다.

150 삼도(三都) : 한성(漢城), 개성(開城), 평양(平壤)을 가리킨다. 임진왜란 때 이 세 곳이 모두 함락되어 선조는 의주로 파천하였다.

백관들이 피란하는 도중에 많이 도망간 탓에 난리가 일어난 지 시일이 많이 지났는데도 나라를 중흥할 계책을 세우지 못하였다는 말을 듣고 마음이 상하고 탄식이 터져 감히 제하다 2수

聞百官在道多亡經亂踰時未見中興之策傷歎敢題 二首

서울에 살던 백성들이 술과 밥을 마련해 적을 대접하며 맞아들이고서 항복하였다는 말을 들었는바, 비통하다.

배 안에서 강학한 지 오래이건만	講學舟中久
임금 수레 아득하여 못 돌아갔네[151]	金輿杳莫還
저 어두[152]는 만백성을 편케 했는데	魚頭安萬姓
조도에선 관원들 다 달아났다네[153]	鳥道散千官

151 배……돌아갔네 : 선조가 파천한 지 이미 오래되었는데도 아직까지 도성을 수복하지 못하여 도성으로 못 돌아갔다는 뜻이다. 남송(南宋) 말엽에 원(元)나라의 공격을 받아 남쪽 바닷가로 파천을 하다가 애산(厓山)으로 가게 되었는데, 당시에 행조(行朝)에서 좌승상(左丞相)으로 있던 육수부(陸秀夫)는 여기저기 떠도느라 경황이 없는 중에도 날마다 《대학장구》를 직접 베껴서 어린 왕에게 강론하면서 나라를 수복하기를 권면하였다. 《宋史 忠義列傳 陸秀夫》

152 어두(魚頭) : 송나라 때 직신(直臣)으로 유명한 어두 참정(魚頭參政) 노종도(魯宗道)를 가리킨다. 어두는 골경(骨鯁)과 같은 말로, 가시뿐인 물고기 머리를 뜻하는데, 시비(是非)를 분명히 따져 임금에게 바른말을 한 데서 붙여진 별명이다. 노종도가 해염영(海鹽令)으로 있을 때 동남항(東南港)을 다시 준설하여 백성들에게 혜택을 주었는데, 백성들이 그 항구를 노공포(魯公浦)라 불렀다. 《宋史 魯宗道列傳》

153 조도(鳥道)에선……달아났다네 : 선조가 의주로 파천하여 가는 도중에 관원들이

과일이 익은들 누가 천신을 하랴 果熟新誰薦
제단 비어 향화 이미 다 식었으리 壇空火已寒
마음 몹시 상하는 건 서울 길에서 傷心京洛路
한나라의 의관[154] 볼 수 없는 것이네 不見漢衣冠

만백성의 목숨 아침 이슬과 같아 萬命危朝露
천 대문이 석양 속에 잠기어 있네 千門鎖夕陽
술로 맞이하는 거는 새 부곡이고 酒迎新部曲
피 흘리는 것은 옛날 농사꾼이네[155] 血濺舊農桑
백우 이에 황옥거의 뒤를 따르고[156] 白羽追黃屋

많이 달아났다는 뜻이다. 조도는 나는 새만이 통과할 수 있는 좁고 험준한 산길을 말한다.

154 한(漢)나라의 의관(衣冠) : 나라에서 종묘에 제사 지내는 것을 뜻하기도 하고, 우리나라의 문물과 제도를 뜻하기도 한다. 한나라 때 매월 초하룻날이면 능묘의 궁전에서 고제(高帝)의 의관을 꺼내서 법가(法駕)에 싣고 고제를 제사 지내는 종묘로 옮겨가 제사를 지냈다.《漢書 叔孫通傳》또한 한나라 때 왕망(王莽)에게 나라를 빼앗겼다가 다시 광복(光復)하여 후한(後漢)을 건국한 뒤 광무제(光武帝) 유수(劉秀)가 보낸 관리들이 한관(漢官)의 의식을 회복시키니, 백성들이 감탄하여 말하기를 "오늘날에 한관의 위의(威儀)를 다시 보게 될 줄은 몰랐다."라고 하였다.《後漢書 光武帝紀上》

155 술로……농사꾼이네 : 술을 빚어 왜적들을 맞이하는 것은 도성에 살던 부유한 자들이고, 의병을 일으켜 싸우다 죽거나 왜적에게 살해되는 것은 예전에 농사짓던 사람들이라는 뜻이다. 도성 백성들이 왜적을 맞이해 들인 것을 비난한 것이다.

156 백우(白羽)……따르고 : 군사를 지휘하는 자들이 파천하는 임금의 뒤를 따른다는 뜻이다. 백우는 옛날에 주장(主將)이 군대를 지휘할 때 들고 가던 깃발이다.《여씨춘추(呂氏春秋)》〈불구(不苟)〉에 "무왕(武王)이 왼손에는 백우를 들고 오른손에는 황월(黃鉞)을 들었다."라고 하였다. 황옥거(黃屋車)는 노란 비단으로 덮개를 한 천자의 수레를 말하는데, 여기서는 선조가 파천하면서 타고 가는 수레를 뜻한다.

금성은 또 옥당 안에 들어가는데[157]	金聲入玉堂
임금 총애 굳힌다는 말만 들리고	唯聞全佞幸
충성 바치는 사람은 보이지 않네	不見效忠良

157 금성(金聲)은……들어가는데 : 학문을 토론하고 조정의 정사에 대해 논해야 하는 홍문관에 전쟁의 기운만 감돌고 있다는 뜻이다. 금성은 군대에서 퇴각할 때 울리는 징 소리를 말한다. 《순자(荀子)》 〈의병(議兵)〉에 "북소리를 들으면 진군하고, 징 소리를 들으면 퇴각한다.〔聞鼓聲而進, 聞金聲而退.〕"라고 하였다.

김사수[158]가 전사하여 제대로 묻히지 못했다는 말을 듣고 짓다

聞金士秀戰歿不埋

장수(將帥)로 있는 자가 적임자가 아닌 탓에 자신의 뜻을 제대로 펴지 못하였다고 한다.[159]

남쪽에는 전쟁 아직 그대로여서	南土猶征戰
충신 해골 돌아오지 못하였다네	忠臣未返骸
붉은 마음 응당 해를 비출 것이고	丹心應照日
푸른 피[160]에 어찌 이끼 생겨나리오	靑血豈生苔

158 김사수(金士秀) : 김여물(金汝岉, 1548~1592)로, 본관은 순천(順天), 자는 사수, 호는 피구자(披裘子)·외암(畏菴)이다.

159 장수(將帥)로……한다 : 김여물이 왜적을 물리칠 방책을 가지고 있었으나, 장수로 있던 신립(申砬)으로 인해 자신의 방책을 시행하지 못하였다는 뜻이다. 김여물이 신립의 종사관이 되어 출전하였는데, 신립이 단월역(丹月驛)에 이르러 왜적의 북상로인 조령(鳥嶺)의 형세를 정찰할 때, 상주(尙州)에서 패주해 온 순변사 이일(李鎰)을 만나 조령 방어의 어려움을 알고 충주(忠州)로 가 배수진을 치기로 결정하였다. 그러자 김여물이 이에 대해 반대하면서, 적은 수의 군사로 많은 적을 물리치기 위해서는 먼저 조령을 점령해 지키는 것이 좋겠다는 내용으로 강력히 주장했으나, 채택되지 않았다. 이에 결국 충주의 달천(㺚川)에서 배수진을 치고 신립을 따라 탄금대(彈琴臺) 아래에서 용전분투했으나, 왜적에게 패해 강물에 투신, 순국하였다.

160 푸른 피 : 충신(忠臣)이나 열사(烈士) 등 정대한 이들이 흘린 피를 말한다. 춘추시대 주 경왕(周敬王)의 대부(大夫)인 장홍(萇弘)이 일찍이 진(晉)나라의 범씨(范氏)와 중항씨(中行氏)의 난에 간여했다가 진나라 사람들의 참소를 입어 경왕에게 버림을 받자, 촉(蜀) 땅으로 들어가서 울분을 견디지 못해 자결하였다. 촉 지방 사람들이 그의

귀신 되어 적 칠 줄을 알겠거니와	爲鬼知殲賊
하늘 위에 올라가선 벼락이 되리	升天庶作雷
전사한 자 몇몇이나 무덤 있으랴	有墳多少死
죽어서도 못 묻힌 걸 한탄 마시게	休歎死無埋

충성에 감격하여 그의 피를 잘 간직해 두었는데, 3년 뒤에 그의 피가 푸른 구슬로 변화했다고 한다. 《國語 周語下》

조여식[161]을 생각하다

憶趙汝式

종묘사직이 기울어질 것을 미리 알고 상소했다가 귀양 갔으며, 난리가 일어나자 의병을 일으켜 요로를 지키다가 전사하였다.[162]

굴원[163]처럼 종척 신분 아니었고　　屈子非宗戚

161 조여식(趙汝式) : 조헌(趙憲, 1544~1592)으로, 본관은 배천(白川), 자는 여식, 호는 중봉(重峯)·도원(陶原)·후율(後栗)이다.

162 종묘사직이……전사하였다 : 조헌이 1589년(선조22) 4월 1일 백의 차림으로 도끼를 들고 궐문에 엎드려 상소를 올려 시사(時事)에 대해 극언하였다가 선조의 노여움을 사서 길주(吉州)의 영동역(嶺東驛)에 유배되었다가 풀려난 뒤 옥천(沃川)에서 지냈다. 1591년 일본의 풍신수길(豐臣秀吉)이 현소(玄蘇) 등을 사신으로 보내 명나라를 칠 길을 빌리자고 하여, 조정의 상하가 어찌할 바를 모르고 있을 때, 다시 옥천에서 상경, 지부 상소(持斧上疏)로 대궐 문 밖에서 3일간 일본 사신의 목을 벨 것을 청했으나 받아들여지지 않았다. 1592년 4월 임진왜란이 일어나자 옥천에서 의병을 일으켜 8월 1일 영규(靈圭)가 이끄는 승군(僧軍)과 함께 청주성(淸州城)을 탈환하였다. 그러나 충청도 순찰사 윤국형(尹國馨)의 방해로 의병이 강제 해산당하고 불과 700명의 병력을 이끌고 금산(錦山)으로 나가, 전라도로 진격하려던 소조천융경(小早川隆景)의 왜군과 전투를 벌인 끝에 중과부적으로 모두 전사하였다.

163 굴원(屈原) : 전국 시대 초나라의 충신이다. 이름은 평(平), 자는 원(原), 호는 영균(靈均)이다. 초나라의 왕족으로 태어나 처음에는 회왕(懷王)의 신임을 받아 삼려대부(三閭大夫)가 되었으나 제나라와 동맹하여 강국인 진(秦)나라에 대항해야 한다는 합종책(合縱策)을 주장하다가 진나라와 친교해야 한다는 연횡책(連橫策)을 주장한 상관대부(上官大夫)의 참언으로 면직되었다. 회왕의 아들 경양왕(頃襄王)이 즉위한 뒤 다시 참소를 받고 장사(長沙)로 옮겨지자 멱라수에 빠져 자결하였다. 당시 초나라의 국운을 생각하여 〈이소(離騷)〉와 〈구가(九歌)〉, 〈천문(天問)〉, 〈어부사(漁父辭)〉 등의 글을 남겼다. 《史記 屈原列傳》

장순[164]처럼 장수 직분 아니었으나	張巡未職分
그 공적은 회수 지킨 것보다 높고	功逾淮上守
그 충성은 초강의 혼[165]보다 나았네	忠邁楚江魂
비겁하게 살아난 자 도망칠 거로	老惕生應走
위령께선 죽어서도 존엄하다네	威靈死亦尊
몸 온전히 보전을 한 벼슬아치들	全軀簪佩者
단지 말만 분분하게 떠들어 대네	論說任紛紛

164 장순(張巡) : 당나라 현종(玄宗) 때의 충신이다. 천보(天寶) 연간에 안녹산(安祿山)이 반란을 일으켰을 때 처음에 진원 영(眞源令)으로 있으면서 백성들을 인솔하고 당나라의 시조인 현원황제(玄元皇帝)의 묘(廟)에 나아가 통곡한 다음 기병(起兵)하여 반란군을 막았다. 그 뒤에는 강회(江淮)의 보장(保障)인 수양성(睢陽城)을 몇 달 동안 사수하고 있었는데, 구원병이 오지 않아 양식은 다 떨어지고 힘은 소진되어 성이 함락되었다. 그러자 태수(太守)로 있던 허원(許遠)과 함께 사절(死節)하였다. 《舊唐書 忠義列傳 張巡》

165 초강(楚江)의 혼 : 굴원을 가리킨다.

난리를 피해 산중에 있으면서 백형의 시에 차운하다
避亂在山中次伯兄韻

외진 곳서 바람 안개 속에 막혔다 境僻風煙隔
산 열리자 해와 달의 빛이 새롭네 山開日月新
바둑 둠은 장난하기 위함 아니고 爭棋非作戲
물을 찾다 본원 잃음 몹시 우습네 尋水笑迷眞
첨엔 배 안 손가락을 애석해하다[166] 始惜舟中指
도로 학을 탄 사람을 좇아서 갔네[167] 還追鶴上人
삼천 년이 되어 반도 열렸거니와[168] 三千桃結子
길이길이 자하[169]의 봄 독차지하소 長占紫霞春

166 첨엔……애석해하다 : 파천하는 선조를 따라가려다가 못 간 사람들을 불쌍하게 여겼다는 뜻이다. 한(漢)나라 때 헌제(獻帝)가 난리를 피해 배를 타고 강을 건널 때 강을 건너지 못한 사람들이 서로 앞다투어 뱃전을 붙들고 올라타려고 하니, 배 위에 있던 사람이 칼로 그 사람들의 손가락을 잘랐는데, 배 안에 쌓인 손가락이 아주 많았다고 한다.《後漢書 孝獻帝紀》

167 도로……갔네 : 난리를 피해 산속으로 들어갔다는 뜻이다. 학을 탄 사람은 신선을 말한다.

168 삼천……열렸거니와 : 신선들이 사는 선경(仙境)에는 반도(蟠桃)라는 큰 복숭아가 있는데, 이 복숭아는 3000년 만에 한 번 꽃이 피고 열매가 열리는데, 이것을 먹으면 아주 장수한다고 한다.

169 자하(紫霞) : 붉은 노을인데, 흔히 신선들이 사는 궁궐을 뜻하는 말로 쓰인다.

솔잎을 따다

採松

진인께서 사람 사는 세상 피하니	眞人避人世
세인들이 어찌 만날 수가 있으랴	世人那得逢
한밤중에 읊조리매 하늘 달 밝고	夜吟天月白
새벽녘에 눕자 바다 구름 비었네	晨臥海雲空
옥 같은 얼굴은 천년이 지났는데	玉貌經千歲
화관 쓰고 오봉 두루 돌아다니네	花冠遍五峯
솔잎 따는 비술을 내 전해 받아서	採松傳祕術
돌아가서 온 세상과 함께하리라	歸與萬邦同

꿈속에서 지은 시

夢詩

위의 한 구는 베개 위에서 보충한 것이고, 그 나머지는 꿈속에서 지은 것이다.

꿈을 꾸다 꿈속에서 신선을 만나	夢裏逢仙子
서로서로 자하주[170]를 따라 마셨네	相持酌紫霞
향기 나눠 월계수에 보내었으며	香分贈月桂
푸른빛 어리는 속에 은하 건넜네	碧亂渡銀河
붓은 굳세 천호를 다 기울이었고[171]	筆健傾天瓠
시는 맑아 설파 온통 피어났다네[172]	詩淸發雪葩
동쪽 오자 흐르는 물 급하거니와	東來流水急
뗏목 일찍 돌릴까만 겁이 나누나	但恐早廻槎

170 자하주(紫霞酒) : 신선들이 마시는 아주 좋은 술이다.

171 붓은……기울이었고 : 큰 표주박으로 물을 떠서 하늘 위에서 쏟아붓듯이 문장이 아주 호쾌하여 거칠 것이 없었다는 뜻인 듯하다.

172 시는……피어났다네 : 꿈속에서 지은 시가 아주 청절(淸絶)하였다는 뜻인 듯하다. 설파(雪葩)는 눈속에서 피어나는 꽃으로, 흔히 매화를 가리킨다.

이 적선의 〈과사호묘〉 시를 보고 느낌이 있어서 읊다
覽李謫仙過四皓廟詩有感

이름이 은일이 아니라고 전하니	名傳非隱逸
몸 죽어서 신선보다 못하게 됐네	身死下神仙
기이한 꾀에 넘어간 게 우습거니	笑落奇謀裏
부끄럽게 척리의 빈객이 되었네[173]	慙爲戚里賓
높은 산은 자취 숨기기에 좋았고	高山宜遁迹
요초는 또 나이 늘릴 만하였거니	瑤草可長年
이미 요순 없는 거를 한탄하고서	已歎無堯舜
어찌 굳이 한과 진을 다르게 봤나[174]	何煩異漢秦

173 기이한……되었네 : 상산사호가 장량(張良)의 계책에 따라 한나라 조정에 나와 태자(太子)의 위치를 굳건하게 해 준 것을 기롱한 것이다. 척리(戚里)는 여후(呂后)의 일족을 말한다. 한 고조(漢高祖)가 여후의 소생으로 이미 태자를 책봉하고 난 뒤에 다시 척 부인(戚夫人)의 소생인 조왕(趙王) 여의(如意)로 바꾸려고 하였는데, 대신들이 굳이 간쟁하여도 듣지 않았다. 이에 장량이 계책을 써, 태자로 하여금 상산사호에게 서찰을 보내 초빙해 오게 하였다. 고조가 상산사호가 태자를 보좌하는 모습을 보고는 척 부인을 불러 이르기를 "내가 태자를 바꾸려고 했으나, 저 네 노인이 태자를 보좌하여 우익(羽翼)이 이미 이루어졌으니, 이제는 도리가 없게 되었다."라고 하였다. 《史記 留侯世家》

174 이미……봤나 : 상산사호가 진(秦)나라 때에는 이 세상에 요순 같은 임금이 다시 나오지 않을 것이라고 한탄하고서 학정을 피해 상산에 숨어 살다가, 한나라 때가 되어서는 세상이 별로 바뀌지 않았는데도 다시 세상에 나왔다고 기롱하는 말이다.

봄날 대낮에 홀로 앉아서 읊다[175]

春晝獨坐

낮은 긴데 새들 우는 소리는 없고	晝永鳥無聲
비가 내린 뒤에 산은 다시 푸르네	雨餘山更靑
일 적으니 도가 크다는 걸 알겠고	事稀知道泰
거처 조용하니 마음 밝음 깨닫네	居靜覺心明
정오 되자 모든 꽃이 바르게 되고	日午千花正
못 맑으니 온갖 물상 다 나타나네	池淸[176]萬象形
예로부터 언어란 건 얕은 것이니	從來言語淺
이 사이 정 말이 없는 속에 아누나	默識此間情

175 봄날……읊다 : 초간본에는 이 시의 3, 4구에 대해서 "마음 바탕이 밝고 투명하지 않으면 어찌 이런 말을 할 수 있겠는가.〔非透心地, 安有此語?〕"라고 평하였으며, 5, 6구에 대해서 "경치를 서술하는 가운데 사물의 이치를 담았다.〔景中寓理〕"라고 평하였다.

176 淸 : 초간본에는 '晴'으로 되어 있다.

오랫동안 산중에 우거하다

山中寓久

대박[177]으로 소리 냄새 갈무리하매	大樸藏聲臭
맘 한가해 천진함을 얻게 되었네	心閑得自如
소반에는 약초들이 올라와 있고	盤中供藥草
꿈속에서 시와 서를 펼쳐서 보네	夢裏見詩書
샘물 달아 사람들 다 장수를 하고	泉閟人多壽
산 영험해 호랑이가 살지를 않네	山靈虎不居
무릉도원 점쳐 잡은 곳이 아니고	桃源非卜地
신선 역시 진나라의 난민이었네	仙子是秦餘

177 대박(大樸) : 원시 상태의 질박한 대도(大道)를 말한다.

나의 나이

吾年

나의 나이 예순하나 되고 나서는　　吾年六十一
세속 인연 사라져 감 날로 느끼네　　日覺俗緣空
장수하니 신선 술법 어찌 배우랴　　有壽仙何學
근심이 없으니 술도 공이 없구나　　無愁酒不功
수양 쌓아 마음 더욱 고요해지고　　養多心轉靜
오래 보니 물리 더욱 통하여지네　　看久理逾通
늘그막에 서로 아는 사람 적으니　　末路相知少
초연하게 속세 떠난 늙은이 됐네　　迢然出世翁

우연히 쓰다
偶題

독성해도 쫓겨났던 사람 아니고[178]	獨醒非逐子
삼출해도 전현 보기 남부끄럽네[179]	三黜愧前賢
시름 속에 머리카락 다 빠졌는데	落盡愁中髮
학 탄 신선 부질없이 그리워하네	空懷鶴上仙
이내 일신 오랜 세월 나그네거니	一身長作客
세상만사 그 모두가 천운인 거네	萬事總關天
흠 있으매 밝은 달을 바라다보고	有缺看明月
끝없으매 냇물 보며 탄식을 하네[180]	無窮歎逝川

178 독성(獨醒)해도……아니고 : 구봉 자신이 유배지에서 홀로 깨어 있기는 하지만, 초(楚)나라의 굴원(屈原)처럼 임금에게 충간(忠諫)하였다가 조정에서 쫓겨난 것은 아니라는 뜻이다. 독성은 세상 사람들이 다 취해 있는데 홀로 깨어 있다는 뜻으로, 세속에 휩쓸리지 않는 사람을 말한다. 굴원의 《초사(楚辭)》 〈어부(漁父)〉에 "온 세상이 모두 탁하거늘 나 홀로 맑으며, 뭇사람 모두 취했거늘 나 홀로 깨어 있어, 이 때문에 쫓겨났도다.〔擧世皆濁我獨淸, 衆人皆醉我獨醒, 是以見放.〕"라고 하였다.

179 삼출(三黜)해도……남부끄럽네 : 구봉 자신이 조정에서 버림받고 귀양살이를 하고 있으나, 곧은 도로 임금을 섬기다가 쫓겨난 것이 아니기에 유하혜(柳下惠)를 보기에 부끄럽다는 뜻이다. 삼출은 원칙대로 행동하다가 조정에서 미움을 받고 계속해서 쫓겨난 것을 말한다. 《논어》 〈미자(微子)〉에 "도에 입각해서 사람을 섬긴다면 어디 간들 세 번 쫓겨나지 않겠는가. 만약 도를 굽혀서 사람을 섬긴다면 굳이 부모의 나라를 떠날 이유가 있겠는가."라고 한 유하혜의 말이 나온다.

180 흠……하네 : 구봉 자신이 허물이 있으매 밝은 달을 보면서 밝은 달처럼 허물이 없기를 생각하고, 흘러가는 물을 보면서 자신의 떠돌이 생활이 물이 쉼 없이 흘러가는 것처럼 끝이 없음을 탄식한다는 뜻이다.

개평촌에서 유숙하고 난 뒤 새벽에 주인과 이별하다[181]

宿開平村曉別主人

조각달이 서산으로 숨으려 할 제	片月隱西山
나그네는 길 험하여 수심 짓는데	行人愁路難
주인옹이 말하기를 들 밖을 보니	翁言覘野外
새벽빛이 구름 끝서 나오고 있고	曙色來雲端
아득하니 은하수가 사라져 가서	縹緲星河落
환히 밝아 온 세계가 드넓어지나	分明世界寬
우리 집의 항아리에 술이 있으니	樽中吾有酒
술에 취해 떠나가지 말라고 하네	取醉莫輕還

181 개평촌(開平村)에서……이별하다 : 개평촌은 평안도 영변(寧邊) 관내에 있는 개평역(開平驛)을 가리키는 듯하다. 초간본에는 이 시의 1, 2구에 대해서 "고아하고 예스럽지 못하다.〔高古不着〕"라고 평하였으며, 3, 4구에 대해서 "아스라하고 영롱하다〔縹渺玲瓏〕"라고 평하였으며, 5, 6구에 대해서 "새벽의 정경을 묘사함에 옛 시에도 이와 같이 거대한 것은 없다.〔狀得曉景, 古無如許大者.〕"라고 평하였다.

종신의 시에 차운하다[182]

次從臣韻

아미산에 떠 있었던 한 조각 달은	一片峨嵋月
촉도의 길 멀어 마음 상했을 거리[183]	傷心蜀道賖
구름 스친 깃발에는 그림 해지고	拂雲旗落畫
눈 위 잘 때 갑옷에는 눈꽃 폈으리	眠雪甲生花
두껍게 언 강으로다 길을 삼았고	氷厚江爲路
긴 모래밭 바로 말의 집이었거니	沙長馬是家
관원들 다 옷 젖도록 눈물 흘리며	千官衣上淚
방울방울 임금 은혜 뿌렸을 거리	一一灑恩波
대정강[184]의 강 마을은 멀고도 멀고	大定江村逈
가평역[185]을 향하는 길 길고도 기네	嘉平驛路賖

182 종신(從臣)의 시에 차운하다 : 임진왜란 때 의주로 파천하는 선조를 호종하였던 유근(柳根)이 그 당시의 경험을 당나라 현종이 안녹산(安祿山)의 난으로 인해 서촉(西蜀)으로 파천할 때의 일에 견주어서 지은 시에 차운한 것이다.

183 아미산(蛾嵋山)에……거리 : 당나라 현종(玄宗)이 파천할 때 하늘의 달조차도 슬퍼했을 것이라는 뜻으로, 여기서는 선조가 의주로 파천한 것을 뜻한다. 아미산은 중국 사천성(四川省) 서남쪽에 있는 산이다. 촉도(蜀道)는 험난하기로 이름난 중국 촉(蜀) 지방의 잔도(棧道)를 가리킨다.

184 대정강(大定江) : 지금의 박천강(博川江)이다.

185 가평역(嘉平驛) : 평안도 가산군(嘉山郡)에 있던 역관(驛館)이다.

타향에서 반가운 옛 친구 만나니	他鄕對靑眼
시월이라 누런 국화 눈에 보이네	十月見黃花
한번 죽음 어찌 명을 논하겠는가	一死寧論命
뜬 인생은 발길 닿는 곳이 집이네	浮生着處家
돌아가는 술잔 부디 놓지 마시고	杯行莫放手
달빛 비춰 올 때까지 기다리세나	留待照金波

유근(柳根)[186]의 원시(原詩)이다.

186 유근(柳根) : 1549～1627. 본관은 진주(晉州), 자는 회부(晦夫), 호는 서경(西坰), 시호는 문정(文靖)이다.

서홍의 오운산에 있는 절[187]에서 묵다

宿瑞興之五雲山寺

선경에다 티끌세상 자취 남기니	仙境遺塵迹
아득 멀리 옥경[188]의 문 닫히어 있네	迢迢鎖玉扃
나직하게 읊자 가을 깊어져 가고	沈吟秋欲老
높이 눕자 술기운이 처음 깨이네	高臥醉初醒
흘러가는 물은 소리 멈추지 않고	流水無留響
한가로운 구름 모습 자주 변하네	閑雲不定形
도심 이에 날아가는 학을 따라가	道心隨鶴去
하늘 멀리 아득한 데 들어가누나	天遠入冥冥

187 서홍(瑞興)의……절 : 오운산(五雲山)은 황해도 서홍군 서홍면 모운리에 있다. 이 산에 속명사(續命寺)가 있는데, 이 절을 말하는 듯하다.

188 옥경(玉扃) : 옥루(玉樓)로, 천제(天帝)나 신선이 거주하는 곳을 말한다. 《海內十洲記》

강덕휘와 산사에서 만나기로 약속했는데 그때 덕휘는 왜적을 물리쳐서 공을 세웠고 나는 적소에서 막 돌아오다[189]

姜德輝期會山寺姜時却賊成功余自謫所初歸

헤어졌던 삼 년 사이 백번 싸웠고　　百戰三年別
장사[190]에서 한 그림자 막 돌아왔네　　長沙一影還
서로 그리는 새 백발만 남았는데　　相思餘白髮
약속 있어 푸른 산에 와서 묵누나　　有約宿靑山
그칠 데를 아는 새는 서둘러 날고　　知止鳥飛急
무심한 구름은 한가로이 떠가누나　　無心雲去閑
한가하든 바쁘든 다 자득을 하매　　閑忙皆自得
지는 해에 홀로 난간 기대어 있네　　斜日獨憑欄

189 강덕휘(姜德輝)와……돌아오다 : 덕휘는 강찬(姜燦, 1557~1603)으로, 본관은 금천(衿川), 자는 덕휘, 호는 동곽(東郭)이다. 1592년 단천 군수(端川郡守)로 있을 때 임진왜란이 일어나 두 왕자가 회령(會寧)에서 왜적의 포로가 되자, 의병을 모아 싸우는 한편, 행재소에 결사대를 파견하여 회령 사태를 보고하였다. 산사(山寺)는 오운산에 있는 속명사를 가리킨다. 초간본에는 이 시의 5구에 대해서 "강덕휘로 하여금 세속을 따르도록 면려한 것이다.〔勉其徇世〕"라고 평하였으며, 6구에 대해서 "스스로 그물에서 벗어난 것을 말한 것이다.〔自詫解網〕"라고 평하였으며, 이 시에 대하여 "시를 지은 뜻을 빠뜨리지 않으면서도 얽매이지 않았는데, 성음(聲音)과 격률(格律)이 모두 지극하다.〔不遺題意, 却自不粘, 音格俱至.〕"라고 평하였다.

190 장사(長沙) : 한나라 때 가의(賈誼)가 좌천되어 가서 죽은 곳으로, 흔히 귀양지를 뜻하는데, 여기서는 구봉이 귀양 가 있던 회천을 가리킨다.

홀로 산사에서 기거하며 앞의 시 두 수에 차운하다[191]

獨寄山寺次前二韻

천 봉우린 구름으로 문을 삼았고　　千峯雲作戶
한 바위는 달빛으로 빗장 삼았네　　一石月爲扃
옥전은 헷갈려 기억하기 어렵고　　玉篆迷難記
선도는 취하여서 깨어나지 않네　　仙桃醉不醒
바람 맑아 하늘에선 피리 울리고　　風淸天送籟
노을 끊겨 학의 모습 나타나누나　　霞斷鶴呈形
푸른 허공 물과 같이 깊고도 깊어　　碧落深如水
은하교가 아득 멀리 걸리어 있네　　銀橋掛渺[192]冥

바람 타는 것이 본디 자취 없으니　　風御本無迹
신선 유람 절로 갔다 절로 오누나　　仙遊自往還
하늘이 열리니 하나의 달이 밝고　　天開明一月
물 잔잔해 온 산이 다 비치누나　　水止映千山
홀로 서자 한밤중이 고요만 하고　　獨立中宵靜
높이 눕자 하루 종일 한가로운데　　高眠盡日閑

191 홀로……차운하다 : 산사는 오운산에 있는 속명사를 가리킨다. 초간본에는 이 시 첫째 수의 7, 8구에 대하여 "황홀하고 아득하다.〔惝怳杳茫〕"라고 평하였으며, 둘째 수의 3, 4구에 대해서 "이 노인네가 학문을 하여 터득한 바이다.〔此老爲學所得〕"라고 평하였다.

192 渺 : 초간본에는 '杳'로 되어 있다.

만나기로 했던 사람 아니 오기에	有期人不至
취기 타고 꽃 난간에 기대어 있네	乘醉倚華欄

풍애의 시에 차운하다[226] 2수

次楓崖韻 二首

난리 뒤에 밥을 짓는 연기 줄어서	亂後人煙少
강가 따라 한두 채의 집만이 있네	沿江一二門
솔이 높아 떨어지는 눈 소리 듣고	松高聞落雪
하늘 멀어 돌아가는 흰 구름 보네	天迥見歸雲
허연 머리 친구들은 다 끊겼는데	白髮親交盡
푸른 산은 고향 땅에 남아 있으리	青山故國存
배를 매나 맘은 만 리 길을 달리고	繫舟心萬里
도 걱정에 두 눈에선 눈물 흐르네	憂道淚雙痕

생각함이 적어 밤엔 꿈도 안 꾸고	慮稀夜夢息
즐기는 게 얕아 천기[227] 더 깊어지네	嗜淺天機深
슬픈 거는 이 한때의 일이지마는	悲涼一時事
쾌활한 건 만고의 옛 마음인 거네	快活萬古心
강 비어서 오직 밝은 달만 보이고	江空唯見月

226 풍애(楓崖)의 시에 차운하다 : 이 시의 제목이 초간본에는 '우제(偶題)'로 되어 있다. 초간본에는 이 시 첫째 수의 3, 4구에 대해서 "이치가 이 속에 들어 있다.〔理在阿堵中〕"라고 평하였으며, 이 시 전체에 대해서 "두보의 시와 흡사하다.〔逼杜〕"라고 평하였다. 또 두 번째 수의 1, 2구에 대해서 "지인의 말이다.〔至人之言〕"라고 평하였고, 3, 4구에 대해서 "스스로 슬퍼하다가 스스로 풀었다.〔自悲自解〕"라고 평하였다.

227 천기(天機) : 천지조화(天地造化)의 심오한 기밀, 또는 천부적인 영감을 말한다.

산 고요해 새소리는 아니 들리네	山靜不聞禽
알아주는 이가 적다 탄식을 마소	休歎知音少
소문 아직 거문고를 아니 탔다오[228]	昭文未鼓琴

228 소문(昭文)……탔다오 : 안민학(安敏學)이 아직 세상에 나가 자신의 능력을 제대로 발휘하지 않았다는 뜻이다. 소문은 옛날 중국에서 금(琴)을 잘 타던 사람이다. 《장자》〈제물론(齊物論)〉에 "성립과 파탄이 있기 때문에 소문이 금을 탔고, 성립과 파탄이 없기 때문에 소문이 금을 타지 않았다.〔有成與虧, 故昭氏之鼓琴也; 無成與虧, 故昭氏之不鼓琴也.〕"라고 하였다.

옛일을 슬퍼하다

愴古

고향 땅에 가을 와서 감회 많건만	故國秋多感
나그네는 몸 위태해 못 돌아가네	羈危未早廻
성 비어도 밝은 달은 떠 있을 거고	城空明月在
나무 늙었어도 밤바람 불어오리	樹老夜風來
번화함은 유수처럼 다 흘러갔고	繁華流水盡
노래하던 곳에서는 자규 우는데	歌管子規啼
적막할사 황폐해진 마을 국화는	寂寞荒村菊
무정하게 누굴 위해 피어 있을꼬	無情爲誰開

우연히 쓰다

偶題

시서 읽던 사람이 병들어 누워서	詩書人臥病
전쟁 통에 꿈에서도 자주 놀라네	戎馬夢頻驚
땅 바뀌매 고향 생각 더 깊어지고	地換鄕愁轉
때 위태해 하는 일은 가벼워지네	時危事業輕
밤 피리는 어느 산서 울리어오고	夜角山何處
변방 봉화 어느 바다에서 올리나	邊烽海幾程
경륜하는 사람 모두 칼을 찬다면	經綸皆帶劍
어느 누가 다시 민생 생각하리오	誰復念民生

회포를 쓰다

書懷

이 세상을 걱정하여 천상을 보고 憂世觀天象
사람 만날 경우 전쟁 소식을 묻네 逢人每問兵
농사지어 보려 해도 머리 세었고 爲農頭已白
병들어 누웠어도 달 밝아져 가네 臥病月生明
이름 감추려고 관우 타고 갔으며[229] 名隱關牛去
빛 숨기려 야로들과 자리 다퉜네[230] 光潛野老爭
권서[231]가 내 손 안에 있음 알 거니 卷舒知在手
풍성하고 간략함을 뭘 신경 쓰랴 豐約豈攖情

229 이름……갔으며 : 이름을 숨기려고 깊은 곳으로 들어갔다는 뜻이다. 관우(關牛)는 함곡관(函谷關)의 소로, 노자(老子)가 타고 다니던 청우(靑牛)를 말한다.

230 빛……다퉜네 : 재주를 드러내지 않고 꾸밈없는 태도로 서민들과 어울리는 것을 말한다. 춘추 시대 양자거(陽子居)라는 사람이 일찍이 여관에 묵을 적에 처음에는 그가 예모를 엄격히 차린 까닭에 사람들이 모두 그를 두려워하여 매우 조심스럽게 대접을 했는데, 그가 노자(老子)의 가르침을 받고 나서 소탈한 태도를 보인 이후로는 사람들이 그와 더불어 좋은 좌석을 서로 다툴 정도로 친숙해졌다고 한다. 《莊子 寓言》

231 권서(卷舒) : 나아가고 물러남을 뜻하기도 하고 숨거나 드러냄을 뜻하기도 하는데, 여기서는 숨거나 드러냄을 뜻한다. 당나라 한유(韓愈)의 〈견흥연구(遣興聯句)〉에 "거백옥과 영무자는 권서를 알았고, 공자와 안자는 행장을 알았다.〔蘧、甯知卷舒, 孔、顔識行藏.〕"라고 하였다. 《孟東野詩集 卷十》

비 갠 저녁에 누군가에게 부치다

霽夕寄人

저녁 바람 오랜 비를 불어 낼 제에	晩風吹宿雨
낚싯대를 들고 물가 내려갔다네	把釣下沙汀
하늘 맑아 어두운 빛 다 없어지고	天肅昏疑盡
강 맑아서 온갖 사물 그림자 밝네	江晴物影明
높은 솔에 아직 낙조 남아 있으나	高松猶落照
깊은 골짝 이미 어둠 속에 잠겼네	幽谷已沈冥
오래 앉아 있자 되레 소란해짐은	坐久還成鬧
조수 들자 갈매기 떼 놀라서라네	潮生鷗鳥驚

정씨가 먼저 와서 임씨를 기다렸으나 오지 않다

鄭友先到待林友不來

곡구(谷口)[232]는 정씨를 비유하고 서호(西湖)[233]는 임씨를 말한다.

곡구 사는 사람 와서 기다리는 건	谷口人來待
서호 사는 처사 만날 약속해서네	西湖處士期
매화 찾는 일이 어찌 그리 더딘고[234]	尋梅何太晩
촛불 잡고 취해 아니 돌아가는데[235]	秉燭醉無歸

232 곡구(谷口) : 한(漢)나라 때의 은사(隱士)인 정박(鄭樸)의 호이다. 후대의 시문에서는 흔히 정씨(鄭氏)를 칭할 때 이를 끌어다가 쓴다. 정박은 성제(成帝) 때 대장군 왕봉(王鳳)의 초빙에도 응하지 않은 채 곡구에 집을 짓고 살면서 곡구자진(谷口子眞)이라고 호를 지은 뒤 수묵(守默)하며 수도(修道)하였다. 정자진(鄭子眞)으로 널리 알려졌다. 《漢書 王貢兩龔鮑傳序》《高士傳 卷中》

233 서호(西湖) : 송나라 때의 은사인 임포(林逋)를 가리킨다. 후대의 시문에서는 흔히 임씨(林氏)를 칭할 때 이를 끌어다가 쓴다. 임포는 서호의 고산(孤山)에 은거하면서 20년 동안 성시(城市)에 발을 들여놓지 않았으며, 서화와 시에 능하였고 특히 매화시가 유명하다. 장가를 들지 않아 자식이 없었으며 매화를 심고 학을 길러 짝을 삼으니, 당시에 '매처학자(梅妻鶴子)'라고 하였다. 《宋史 隱逸列傳上 林逋》

234 매화……더딘고 : 임씨가 아직 도착하지 않았다는 뜻이다.

235 촛불……돌아가는데 : 정씨가 밤이 깊도록 술을 마시며 놀고 있다는 뜻이다. 촛불을 잡는다는 것은 밤에 촛불을 밝히고 노닌다는 뜻으로, 덧없는 인생을 헛되이 보내지 말고 즐겨 보자는 의미로 흔히 쓰인다. 고시(古詩)에 "사는 나이 백 년도 채우지 못하는데, 항상 천 년의 시름을 품고 있도다. 낮은 짧고 밤이 긴 것이 괴로우니, 어찌 촛불 손에 잡고 노닐지 않을쏜가.〔生年不滿百, 常懷千歲憂. 晝短苦夜長, 何不秉燭遊!〕"라고 하였다. 《文選 卷29 古詩十九首》

눈 속에서 산을 보며 생각을 하고	雪裏看山意
누대 앞서 달을 보며 시를 지으며	樓前翫月詩
유유하게 저리 홀로 앉아 있으니	悠悠成獨坐
꿈속서도 또한 서로 못 만날 거리	魂夢亦相違

김씨를 전송하고 나서 또 임씨를 이별하다
既送金友又別林友

군생 태평해지는 걸 보게 되리니　　佇見群生泰
지극한 도 치우쳤다 말하지 마라　　休言至道偏
지음 친구 말로에서 잃어버리면　　知音傷末路
어느 누굴 보고 의를 취하겠는가　　取義有何人
강가에 핀 꽃은 시름 속에서 지고　　江花憂裏落
산중 시계 소리 고요 속에 전하네　　山漏靜中傳
방초 자란 데서 그대 전송하거니　　芳草送君路
늘그막에 이별 이리 자주 하누나　　老來離別頻

사는 곳

所居

진관에서 낙엽 몇 번 떨어졌던고	幾落秦關葉
초수에서 봄을 세 번이나 만났네[236]	三逢楚水春
사는 곳은 어디든지 낙토이거니	所居皆樂土
어디 간들 편치 않은 곳이 있으랴	何往不安身
산하가 먼 데에다가 흥취 부치고	寄興山河遠
지극한 원 펴지기를 구하지 않네	無求志願伸
한 표주박에도 참된 낙은 있으니	一瓢眞有樂
선성께서 어찌 사람 속였겠는가[237]	先聖豈欺人

236 진관(秦關)에서……만났네 : 구봉이 평안도와 황해도 일대에서 몇 년 동안 떠돌다가 남쪽으로 내려온 지 3년이 되었다는 뜻인 듯하다. 진관은 진나라의 변경 지역을 뜻하는 말인데, 여기서는 구봉이 머물고 있던 평안도와 황해도 지역을 가리킨다. 초수(楚水)는 옛날 초 지방에 있는 강과 하천을 말하는데, 흔히 남쪽 지역을 뜻하는 말로 쓰인다. 여기서는 충청도와 전라도를 뜻한다.

237 한……속였겠는가 : 안빈낙도(安貧樂道)하는 속에 참 즐거움이 있다고 한 공자(孔子)의 말이 거짓이 아니라는 뜻이다. 공자가 이르기를 "어질도다, 안회여! 한 소쿠리의 밥과 한 표주박 물로 누추한 시골에서 지내자면 남들은 그 곤궁한 근심을 감당치 못하거늘, 안회는 도를 즐기는 마음을 바꾸지 않으니, 어질도다, 안회여!"라고 하였다. 《論語 雍也》

병을 앓고 나서 은자를 찾아가다

病起訪隱

몸 수척해 외출 한번 하기 어려워　　清羸艱一出
문틈 엿봐 바람 없는 날을 잡았네　　窺戶占無風
흰머리는 새 가을이 한스러운데　　白髮新秋恨
푸른 산은 옛 모습이 그대로구나　　青山舊日容
섬의 학은 푸른 하늘 끝에서 날고　　碧窮歸島鶴
강 단풍은 붉은빛을 강에 비추네　　紅映倒江楓
길 오가는 많고 많은 사람들 중에　　行路人多少
어느 누가 속세 밖을 찾는 이일까　　誰尋物外蹤

새벽에 일어나 앉아 친구를 생각하다

曉坐憶親舊

외로운 달 지붕 처마 위에 떠 있고	孤月當簷上
찬 조수는 새벽 삽짝 온통 흔드네	寒潮動曉扉
산 나오려 하니 세상 혼란스럽고	出山知世亂
바다 뜨려 하니 내 몸 쇠하였구나	浮海覺吾衰
늙었어도 오히려 도 걱정을 하고	白首猶憂道
청춘 시절 돌아가는 꿈도 꾸누나	青春又夢歸
십 년 동안 전쟁 계속되고 있거니	兵戈連十載
유독 이별만 한하는 것은 아니네	不獨恨分離

고요 속에서 읊다[238] 2수

靜中 二首

맘 편하니 몸이 절로 편안해지고 心安身自泰
분수 정해졌으니 또 무얼 바라랴 分定又何希
솔 아래서 오래도록 한가히 자고 松下閑眠久
시냇가를 느릿느릿 혼자서 걷네 溪邊獨步遲
도리어 또 일이 없는 즐거움으로 還將無事樂
읊조리어 소리 있는 시를 짓누나 吟作有聲詩
우리 도는 예나 지금이나 같은데 吾道同今古
어느 누가 번거롭게 복희 말하나 誰煩說伏羲

학 한 마리 날아가는 하늘은 먼데 一鶴雲天遠
천 갈래의 세상길은 힘이 드누나 千岐世路難
금 넣어 둠 객의 방문 사절해서고 琴藏揮客問
문 거는 건 봄추위가 겁나서라네 門掩惕春寒
늙을수록 은거하는 낙 불어나고 老益幽居樂
가난은 또 고요한 자 편안 더하네 貧添靜者安
진창길에 가는 세월 빠르거니와 泥途頻甲子

238 고요 속에서 읊다 : 초간본에는 이 시의 첫째 수에 대해서 "화평하고 염담하니, 참으로 하늘의 뜻을 즐기고 운명을 아는 사람의 말이다.〔和平恬淡, 眞樂天知命者之言.〕"라고 평하였다.

얻음 없는 것이 바로 즐거움이네　　無得是爲歡[239]

239 歡 : 초간본에는 '驩'으로 되어 있다.

우연히 쓰다 2수

偶題 二首

백발 되어 푸른 산은 멀기만 한데	白髮青山遠
병란 속에 가는 세월 빠르게 가네	兵戈歲易流
한 소리는 강물 위의 피리 소리고	一聲江上篴
천 리 길은 달빛 속을 가는 배로다	千里月中舟
요순의 뜻 품어 술을 따라 마시고[240]	杯酒唐虞志
사해 걱정 깊어 남은 경전을 보네[241]	殘經四海憂
매화 꺾어 본들 보낼 곳도 없는데[242]	折梅無可贈

240 요순(堯舜)의……마시고 : 구봉이 자신의 정치적 역량을 펼칠 수 없는 처지에 놓인 탓에 술을 마신다는 뜻이다. 요순의 뜻은 임금을 잘 보좌하여 요순 같은 성군(聖君)으로 만들겠다는 뜻을 이른다. 이윤(伊尹)이 은(殷)나라 탕(湯) 임금의 초빙을 받고 "내 어찌 농사지으며 이대로 요순의 도를 즐기는 것만 하겠는가."라고 하며 가지 않았는데, 세 번이나 반복해서 초빙하자 "내가 농사지으며 이대로 요순의 도를 즐기는 것이 어찌 내 군주를 요순과 같은 군주로 만드는 것만 하겠으며, 어찌 내 백성들을 요순의 백성으로 만드는 것만 하겠으며, 어찌 내가 직접 이것을 보는 것만 하겠는가."라고 하고 마음을 돌렸던 데서 나온 말이다. 《孟子 萬章上》

241 사해(四海)……보네 : 이 세상에서 유도(儒道)가 사라지는 것을 걱정하여 남은 경전을 본다는 뜻이다. 사해는 천하를 가리킨다.

242 매화……없는데 : 친구들이 다 없어졌다는 뜻이다. 남북조(南北朝) 시대 송(宋)나라의 육개(陸凱)가 강남에서 매화 가지 하나를 장안(長安)에 있는 범엽(范曄)에게 부치면서 시를 짓기를 "역사를 만나서 매화를 꺾어, 농두 사는 사람에게 보내 주누나. 강남 땅엔 별다른 것이 없으매, 애오라지 한 가지의 봄을 보내네.〔折花逢驛使, 寄與隴頭人. 江南無所有, 聊贈一枝春.〕"라고 하였다. 《太平御覽 卷970》

저 은하는 정히 저리 유유하구나	雲漢政悠悠

낮잠 자다 꾀꼬리의 소리에 깨니	午枕驚黃鳥
바위 문에 대나무 숲 어리비치네	巖扉映竹林
강마을엔 다리 위서 시장을 열고	水村橋上市
산마을선 빗속에서 다듬이 치네	山郭雨中砧
때 위태해 이별하는 한은 가볍고	時危輕別恨
몸 병들어 고향 생각 줄어드누나	身病減鄉心
옛것 사모하다 세상 어긋났기에	慕古終違世
숨어 살 곳 깊은 곳에 잡지 않았네	幽居不卜深

중국의 시랑 송응창[193]의 시에 차운하다 2수

次唐侍郎宋應昌韻 二首

구름 개자 건곤이 더 크게 보이고	雲盡乾坤大
바람 맑아 해와 달은 더 높아지네	風淸日月高
남은 왜적 제거하려 옥검 날리고	除殘飛玉劍
때 씻고자 은하수를 기울여 쏟네	滌垢倒銀濤
시종들 다 용종[194] 말을 타고 다니고	厮養騎龍種
편비들 다 비단 도포 입고 있거니[195]	偏裨着錦袍
번거롭게 범굴 더듬을 게 뭐 있나	何煩探虎穴
창을 비껴들고 다시 글이나 짓지[196]	橫槊更揮毫

193 송응창(宋應昌) : 1536~1606. 자는 시상(時祥), 호는 동강(桐岡)이다. 절강(浙江) 인화(仁和) 사람이다. 임진왜란에 병부 좌시랑(兵部左侍郎)으로 경략(經略)이 되어 조선과 계료(薊遼) 등의 군무를 담당하였다. 처음에는 요동에 주둔한 채 나오지 않다가 다음 해에 이여송(李如松)이 평양을 탈환하자 비로소 나왔다. 그 뒤에 이여송과 함께 평양성, 개성, 서울을 탈환하였으나, 석성(石星)이 화의(和議)를 주장할 때에 환국하였다.

194 용종(龍種) : 서역(西域)에서 생산되는 준마(駿馬)이다.

195 편비(偏裨)들……있거니 : 송응창을 따라온 부하 장수들이 전투는 안 하고 시문이나 짓고 있다는 뜻이다. 비단 도포는 시문을 잘 짓는 자에게 주는 상품을 뜻하기도 한다. 당나라 측천무후(則天武后)가 용문(龍門)을 유람할 때 신하들에게 시를 짓게 하고는 우승하는 자에게 비단 도포를 하사하겠다고 약속하였다. 좌사(左史) 동방규(東方虯)가 먼저 시를 지어 바치자, 무후가 비단 도포를 하사하였다. 뒤이어 송지문(宋之問)이 시를 바쳤는데 매우 아름다웠으므로 무후는 즉시 동방규에게 하사한 것을 빼앗아 송지문에게 입혔다. 《隋唐嘉話 卷下》

시랑이 감군(監軍)으로서 우리나라에 왔으나, 겁나서 후퇴함이 다른 장수들보다 심했으므로 마지막 구에서 언급하였다.

백일 아랜 깃발들이 펄럭거리고	白日旌旗動
청천에는 창검 높이 걸리어 있네	青天劍戟高
바람 지나가자 산엔 풀들이 눕고	風行山偃草
고래 물러가자 바다 파도 멈추네	鯨退海藏濤
살기 이에 오랑캐 땅 비를 거두니	殺氣收蠻雨
노랫소리 한나라의 전포 감싸나	歌聲擁漢袍
군대 돌아간 뒤 남은 물품 없거니	軍還無一物
천 리 길에 가을 터럭 살피듯 하네[197]	千里察秋毫

재물을 요구하는 군인이 많았으므로 마지막 구에서 경계하였다.

196 번거롭게……짓지 : 송응창이 전투는 안 하고 시문이나 짓는 것을 기롱하는 말이다. '범굴을 더듬는다'는 것은 적의 소굴을 직접 공격한다는 뜻으로, 후한(後漢)의 반초(班超)가 오랑캐를 밤에 습격하면서 "호랑이 굴에 들어가지 않으면 호랑이 새끼를 얻지 못한다.〔不入虎穴, 不得虎子.〕"라고 말한 데에서 나온 말이다.《後漢書 班超列傳》'창을 비껴들고 글을 짓는다'는 것은 흔히 진중(陣中)에서 시가를 읊는 풍류를 즐기는 것, 또는 문무(文武)를 겸비한 인물이 전쟁터에서 지은 호쾌한 글을 뜻하는데, 여기서는 송응창을 비꼬는 말로 쓰였다. 당나라 원진(元稹)이 지은 〈당고공부원외랑두군묘계명(唐故工部員外郎杜君墓係銘)〉 서문에 "조조와 조비, 조식 부자가 말안장 위에서 글을 지어 내고 이따금씩 창을 비껴 잡고 시를 지었다."라고 하였다.《舊唐書 文苑列傳下 杜甫》

197 군대……하네 : 명나라의 군사들이 지나가는 곳마다 샅샅이 뒤져 모든 물품을 쓸어 가는 탓에 남아 있는 물품이 하나도 없다는 뜻이다.

고려국은 산천 모습 아주 좋아서	麗國山川好
한가로운 정자엔 풍물이 고아하네	閑亭風物高
숲 깊어도 호랑이나 표범이 없고	林深無虎豹
바다 가깝건만 파도는 일지 않네	海近不波濤
꾀꼬리는 푸른 버들 숲에서 울고	黃鳥鳴靑柳
그윽한 향기는 흰 도포에 닿는데	幽香接素袍
시냇물은 맑은 데다 또한 얕아서	溪流淸且淺
물 아래의 털끝조차 다 보이누나	水底見纖毫

송응창(宋應昌)의 원시(原詩)이다.

수안의 산촌에 우거하다[198]

寓在遂安山村

높이 살매 신선 모습 아스라하고	居高仙縹緲
마음 멀매 차분함이 마음에 드네	心遠契從容
손님 끊겨 학은 소식 알림이 없고[199]	賓斷鶴無報
꽃 한가해 산엔 바람 불지를 않네	花閑山不風
숲 밝아서 냇물에는 달빛 비치고	林明川受月
창 어두워 골짝에 용 지나가는데	窓黑洞移龍
홀로 앉아 나를 깊게 반성하면서	孤坐多深省
만상 변화하는 속에 정신 노니네	神遊變態中

198 수안(遂安)의 산촌에 우거하다 : 구봉은 희천(熙川)의 유배지에서 풀려난 뒤에 얼마 동안 황해도 수안에서 살았다.

199 손님……없고 : 구봉 자신을 찾아오는 사람이 없다는 뜻이다. 북송(北宋) 때의 처사인 임포(林逋)는 서호(西湖)의 고산(孤山)에 은거하면서 매화를 심고 학을 두 마리 길렀다. 거룻배를 띄워서 서호의 여러 절에서 노닐면서도 찾아오는 손님이 있으면 반드시 배를 저어 돌아오곤 하였는데, 동자가 손님을 맞이한 뒤에 우리를 열어 학을 날게 하면 임포가 이를 보고 손님이 온 줄 알았기 때문이라고 한다. 《夢溪筆談 人事2》

광평의 금촌에서 묵다[200]

宿廣坪金村

깊숙한 곳 찾아 풀로 지붕을 이고	探遠結蘿戶
그윽한 곳 택해 약초 심어 가꾸네	選幽治藥欄
풀 길어서 뜯는 소는 안 돌아가고	草長牛不返
솔 늙어서 자는 학은 높이 잠자네	松老鶴高眠
달은 깊은 가을 물에 빛을 비추고	月映深秋水
하늘은 또 비 지나간 산에 열리네	天開過雨山
십 년이나 호해의 꿈[201] 꾸었던 거는	十年湖海夢
인간 세상에도 신선 있어서라네	人世有神仙

200 광평(廣坪)의 금촌(金村)에서 묵다 : 황해도 평산(平山)에 광평리(廣坪里)라는 곳이 있는데, 구봉이 잠시 살았던 수안과 멀지 않으므로 이곳을 가리키는 듯하다. 초간본에는 이 시의 3, 4구에 대해서 "한가롭고 적적하다.〔閑適〕"라고 평하였으며, 5, 6구에 대해서 "우뚝함을 저절로 얻었다.〔巉絶自得〕"라고 평하였다.

201 호해(湖海)의 꿈 : 벼슬이나 세속의 굴레를 벗어나 강호(江湖)에서 살면서 자신의 뜻대로 유유자적하는 삶을 살고자 하는 꿈을 말한다.

나그네로 떠도는 중에 읊다

旅中

서쪽 변방에서 그대로 머무는 건	西塞仍留迹
남쪽 땅에 전쟁 멎지 않아서라네	南州未息戈
거처 깊으니 하늘이 조금 보이고	居深天見少
산 고요해 빗소리는 많이 들리네	山靜雨聞多
머리 세어 천 리 가는 나그네인데	白髮又千里
누런 국화 몇몇 집에 남아 있구나	黃花餘幾家
잇단 성엔 가을 기운 적적하여서	連城秋寂寂
쑥과 갈대 아득하니 끝이 없구나	蒿荻渺[202]無涯

202 渺 : 초간본에는 '杳'로 되어 있다.

신평[203]에 우거하다. 이웃 사람의 시에 차운하다
寓新坪次隣人

나비가 된 꿈에도 집 천 리 밖이고　　蝶夢家千里
부평 같은 자취 바다 한 모퉁이네　　萍蹤海一陬
하늘을 믿으니 마음 절로 편하고　　信天心自得
분수에 편하니 외물 구함이 없네　　安分物無求
달을 대해 차고 이지러짐을 보고　　對月看圓缺
구름 기대 가고 멈춤 뜻대로 하네　　依雲任去留
사람을 만나면 다만 술에 취하여　　逢人唯盡醉
세상살이 유유한 데에다가 부치네　　世道付悠悠

203 신평(新坪) : 황해도 수안(遂安)과 곡산(谷山) 근처에 있는 지명이다.

바다 섬에 있는 사람을 그리다[204] 2수

懷海中人 二首

이백(李白) 시[205]의 운을 써서 지었다.

서글퍼라 그리는 이 어디 있는가　　悵望人何在
아득하니 먼 경대[206]의 속에 있구나　　瓊臺浩渺中
흰 구름은 저물녘의 바다에 일고　　白雲生暮海
누런 잎은 가을철의 바람에 지네　　黃葉落秋風
산 다하니 하늘 모습 아득히 멀고　　山盡天形遠
물 깊으니 달그림자 텅 비어 있네　　波深月影空
고아한 그 자취 따를 수가 없거니　　高蹤追不及
노을 밖을 날아가는 명홍[207]이구나　　霞外有冥鴻

신령스러운 뗏목 하늘 밖에서 오고　　靈槎天外至
신선 소식 구름 속서 내려올 거리　　仙信落雲中

204 바다……그리다 : 바다 섬에 있는 사람은 당시 강화도에 있었던 정철을 가리키는 것이 아닌가 싶다. 초간본에는 이 시 첫째 수의 3, 4구에 대해서 "어찌 왕잠보다 못하겠는가.〔何減王岑!〕"라고 평하였는데, 왕잠은 당나라의 시인인 왕유(王維)와 잠삼(岑參)을 가리킨다.

205 이백(李白) 시 : 〈기원(寄遠)〉 가운데 두 번째 시이다. 《李太白文集 卷23》

206 경대(瓊臺) : 아름다운 옥으로 장식한 누대로, 신선들이 머무는 곳을 뜻한다.

207 명홍(冥鴻) : 하늘 높이 날아가는 기러기로, 원대한 이상(理想)을 가지고 세상을 피해 은거하는 선비를 뜻한다. 여기서는 상대방을 가리킨다.

물 고요한 데서 밝은 달 바라보고	止水看明月
꽃을 심은 뒤엔 바람 기록 않으리	栽花不記風
머리 세어 삼춘의 봄 약속했기에	白首三春約
푸른 산의 한 모퉁이 비워 뒀다오	青山一面空
조만간에 함께 밭을 갈아야 하니	耦耕時早晚
기럭 편에 편지 한 장 부쳐 주시게	尺素付歸鴻

벗이 신계[208]에서 와서 고을 수령의 시에 차운하여 지어 주기에 감히 차운하다 2수

有友來自新溪次邑守韻以贈敢次 二首

장강이 일찍이 험준함을 잃어서　長江曾失險
해적들이 골짝 속을 통과하였네[209]　海賊峽中過
황폐해진 고을에 새 목탁 전하나　廢縣傳新鐸
빈 성에는 몇 집이나 남아 있으랴[210]　空城有幾家
가을바람 찬 뿔피리 너머에 불고　秋風寒角外
지는 해는 먼 산에 빛을 비추네　落日遠山多
촉도가 구름 사이로 사라진 데서　蜀道雲間沒
촌백성들 취화 얘기 떠들어 대네[211]　村民說翠華

208 신계(新溪) : 황해도 예성강 상류 지역에 있는 고을이다.

209 장강(長江)이……통과하였네 : 임진왜란 때 임진강의 방어에 실패하여 왜적들이 평안도 쪽으로 진격하였다는 뜻이다. 장강은 본디 중국의 양자강을 말하나, 여기서는 임진강을 가리킨다.

210 황폐해진……있으랴 : 왜적이 휩쓸고 간 신계 지역에는 백성들이 얼마 남지 않았을 것이라는 뜻이다. 목탁(木鐸)은 조정에서 파견된 관리가 정령을 반포하는 것을 뜻한다. 《서경》 〈윤정(胤征)〉에 "매년 1월에 법령을 선포하는 관리가 목탁을 가지고 도로를 순행하며, '관사가 서로 바로잡고, 백공들이 기예의 일에 종사하여, 권면하라. 혹시라도 공손히 하지 않으면 나라에 떳떳한 법이 있다.' 하였다."라고 하였다.

211 촉도(蜀道)가……대네 : 선조가 의주로 파천한 데 대해서 촌백성들이 떠들어 댄다는 뜻이다. 촉도는 중국 사천성 촉중(蜀中)의 매우 험준한 길로, 여기서는 선조가 의주로 파천하기 위하여 가는 길을 뜻한다. 취화(翠華)는 제왕(帝王)의 의장(儀仗)

관가의 일 올가을에 급박하거니	官事今秋急
세금 걷는 관리 밤에 지나가누나	徵租吏夜過
이어진 논두렁에 풀빛이 아스랗고	連阡迷草色
외로운 나무는 뉘 집인지 기억하네	獨樹記誰家
나라 위해 목숨 거는 사람은 적고	守死王事少
빈틈 타는 오랑캐의 계책은 많네	乘虛虜計多
부질없이 허리 아래 차고 있는 칼	空將腰下劍
외로이 저버린 채 살쩍이 세었네[212]	孤負鬢邊華

중에 취우(翠羽)로 장식한 기치(旗幟)나 거개(車蓋)를 가리키는 말로, 흔히 임금이 탄 수레인 대가(大駕)를 뜻한다.

212 부질없이……세었네 : 구봉 자신이 왜적을 물리치려는 마음과 재주를 품고 있으나 실제로 왜적과 싸우지 못한 채 헛되이 늙어 가는 것을 한탄한 것이다.

산에서 살다[213]

山居

비 온 뒤라 산은 더욱 고요해졌고	雨過山逾靜
바람 약해 버들은 더 휘늘어졌네	風閑柳倍垂
꽃잎이 뜬 물은 느리게 흘러가고	泛花流水慢
우는 새는 나무 옮겨 앉으며 우네	擇樹鳥聲移
오랫동안 병 앓으매 찾는 이 적고	病久人來少
한가하게 사니 하루해가 더디네	居閑日過遲
한 해가 오고 감에 관심이 없어	無心年去住
봄 보내는 송춘시도 아니 짓누나	不賦送春詩

213 산에서 살다 : 초간본에는 이 시의 1구에 대해서 "정경이 문득 아름답게 느껴진다.〔境便佳.〕"라고 평하였으며, 2구에 대해서 "고아하면서 묘하다.〔雅妙〕"라고 평하였으며, 4구에 대해서 "그윽할수록 고아하다.〔極幽極雅〕"라고 평하였다.

저새에 우거하다[214]

猪塞旅寓

어느 곳에 남은 여생 부쳐서 살랴	何地寄餘生
매일처럼 금고 소리 울리어 오네[215]	日聞金鼓鳴
고향에는 거처할 곳 아예 없거니	家鄕無處所
멀고 가까움은 맘에 두지 않누나	遠近不關情
바닷가선 아직 전전 전하여 오고[216]	海上猶傳箭
못에서는 또한 군사 농병을 하네[217]	池中亦弄兵

214 저새(猪塞)에 우거하다 : 저새는 황해도 수안(遂安)의 별칭이다. 구봉은 희천(熙川)의 유배지에서 풀려난 뒤에 얼마 동안 수안에서 살았다. 초간본에는 이 시의 3, 4구에 대해서 "두보의 시를 끌어다가 쓰면서도 절로 감회가 많다.〔用老杜, 而亦自多感.〕"라고 평하였으며, 5, 6구에 대해서 "왜적들이 아직 물러가지 않았는데, 토적들이 무리를 불러 모음을 알 수가 있다.〔想倭未退而土賊嘯聚〕"라고 평하였다.

215 매일처럼……오네 : 매일 전쟁 소식이 들려온다는 뜻이다. 금고(金鼓)는 징과 북을 가리킨다.

216 바닷가선……오고 : 바닷가에서는 아직 전란이 끝나지 않았다는 뜻으로, 왜적들이 퇴각하기는 하였으나 경상도 일대의 해변 지역에서는 아직도 전쟁이 계속되고 있는 상황을 말한다. 전전(傳箭)은 옛날에 외적이 침입하면 신호용으로 화살을 차례차례 쏘아서 그 사실을 알리던 것이다.

217 못에서는……하네 : 왜적의 잔당들이 아직도 곳곳에 남아서 소란을 피우고, 전란으로 인해 먹고살기가 힘들어진 백성들이 곳곳에서 소요를 일으킨다는 뜻이다. 못은 황지(潢池)를 가리킨다. 농병(弄兵)은 제멋대로 군사 행동을 하는 것을 말한다. 한 선제(漢宣帝) 때 발해군(渤海郡)에 흉년이 들어 도적이 자주 일어나자, 선제가 공수(龔遂)를 발해 태수(渤海太守)로 삼고 그를 불러 이르기를 "발해가 황폐하고 어지러워져서

머리 세어 어지러운 세상 만나니	白頭逢世亂
처자들이 경서 궁구한 걸 비웃네	妻子笑窮經

짐이 매우 걱정스러운데, 그대는 어떻게 도적을 멈추게 하여 짐의 뜻에 부응하려는가?" 라고 하자, 공수가 대답하기를 "바닷가가 하도 멀어서 성왕의 풍화를 입지 못한 데다 그 백성들이 굶주림에 지쳐 있는데도 관리가 그들을 구휼하지 않으므로 끝내 폐하의 적자들이 황지에서 폐하의 군사를 움직인 것일 뿐입니다."라고 하였다. 《漢書 循吏傳 龔遂》

친구와 함께 숨어 살 곳을 정하다

與友人新卜幽居

난 피하고 겸하여서 세상 피하고	避亂兼辭世
숨어 살며 아울러서 닭도 기르네[218]	幽棲竝祝鷄
꽃 한가해 꽃향기는 물을 뒤덮고	花閑香覆水
솔 늙어서 푸른빛은 시내 감췄네	松老綠藏谿
지경 고요하여 하늘 더욱 가깝고	境靜天還近
기심[219] 잊어 사물이 다 평등해지네	機忘物欲齊
이 뒤로는 육십갑자 없을 것인데	從今無甲子
오랫동안 반니[220]한다 탄식지 마소	休歎久蟠泥

218 닭도 기르네 : 진(晉)나라 때의 선인(仙人)인 축계옹(祝鷄翁)이 시향(尸鄕)의 북산(北山) 아래에 살면서 닭 1000여 마리를 길렀는데, 닭마다 이름을 붙여 주고는 그 이름을 불러서 오도록 했다고 한다. 《列仙傳 祝鷄翁》

219 기심(機心) : 사사로운 목적을 이루기 위하여 교묘하게 꾀하는 마음을 말한다. 바닷가에 사는 어떤 사람이 매일 아침 수백 마리의 물새와 벗하며 어울려 노닐었는데, 그의 아버지가 데리고 놀 수 있도록 잡아 달라고 부탁하자, 그다음 날 아침에는 한 마리도 내려와 앉지 않았다고 한다. 《列子 黃帝》

220 반니(蟠泥) : 진흙 속에 서려 있는 용(龍)을 가리키는데, 자신의 재능을 발휘하지 못한 채 지내는 것을 뜻한다. 장적(張籍)의 〈행로난(行路難)〉에 "용도 진흙 속에 묻힌 채 구름을 못 만나면, 저 하늘에 오를 날개가 생길 수 없는 거라오.〔龍蟠泥中未有雲, 不能生彼昇天翼.〕"라고 하였다. 《張司業集 卷2》

바닷가에서 친구를 만나다[221]

海曲逢故人

친구는 풍애(楓崖)[222]이다.

바다에는 인간 세상 더위 못 오고	海隔人間暑
바람은 또 섬 밖의 가을 전하네	風傳島外秋
병진 일어 여러 나라 근심하거니	兵塵[223]憂萬國
지는 해에 외로운 배 기대어 있네	落日[224]倚孤舟
이별했던 이들은 다 황천에 갔고	有別皆黃壤
상봉한 이들은 또한 모두 늙었네	相逢亦白頭
즐거움을 함께 나눌 마음 없으니	無心同所樂
길이 옛날 현인들께 맘 부끄럽네[225]	長向古賢羞

221 바닷가에서 친구를 만나다 : 초간본에는 이 시의 3, 4구에 대하여 "침착하다.〔沈着〕"라고 평하였고, 5, 6구에 대하여 "사람의 일이 가슴 아프다.〔人事可傷〕"라고 평하였다.

222 풍애(楓崖) : 안민학(安敏學, 1542～1601)으로, 본관은 광주(廣州), 자는 습지(習之), 호는 풍애이다.

223 兵塵 : 《풍애집(楓崖集)》 권1 〈차운장운(次雲長韻)〉에는 '傷時'로 되어 있다.

224 日 : 《풍애집》 권1 〈차운장운〉에는 '月'로 되어 있다.

225 즐거움을……부끄럽네 : 벗과 함께 노년을 보내면서 즐기자는 약속을 지킬 수가 없어서, 옛날에 벗들과 어울려 즐겁게 살았던 현인들을 보기에 부끄럽다는 뜻이다. '옛 현인'은 춘추 시대 초(楚)나라의 은자인 장저(長沮)와 걸닉(桀溺)을 가리킨다. 안민학의 〈차운장운〉 시에 "함께 살자는 약속을 저버리고 말았으니, 어찌 장저와 걸닉에게 부끄러운 마음이 없으랴.〔辜負同棲約, 寧無沮溺羞!〕"라고 하였다.

대진을 건너다[243]

渡大津

뱃사공을 맞아 서로 절하고 난 뒤	津吏迎行拜
갈 길 의논하니 절로 수심이 이네	論程却自愁
죽고 삶은 하늘의 명 있는 것이매	死生天有命
충신[244]하니 바다 흐름 잔잔해지네	忠信海安流
물결 밖에 천산이 다 사라져 가고	波外千山盡
구름 속에 한 그림자 떠서 있구나	雲中一影浮
험함 편함 내게 달려 있음 아나니	險夷知在我
평지에도 역시 근심 많은 법이네	平地亦多憂

243 대진(大津)을 건너다 : 대진은 홍주목(洪州牧), 즉 지금의 충청남도 홍성군에 있었던 나루이다. 이 나루는 당진과 서울을 오갈 때 건너야 하는 나루였다. 《新增東國輿地勝覽 卷19 忠淸道 洪州牧》 구봉에 대한 연보(年譜)가 없어서 정확하게는 알 수 없지만, 구봉은 희천(熙川)으로 유배 가 있던 중 임진왜란 때 풀려나 황해도 수안(遂安) 일대에서 살다가 이 대진을 건너 당진으로 들어가 살았으며 다시 면천(沔川)으로 들어가 살았던 듯하다. 구봉의 묘소가 있는 원당산(元堂山)은 이 나루에서 40리 정도 되는 곳에 있다. 초간본에는 이 시의 3, 4구에 대해 "독실하고 돈후하며 정성스럽고 지극하다.〔篤厚款至〕"라고 평하였으며, 5, 6구에 대해서 "그려 낸 것이 넓고 크다.〔寫得闊大〕"라고 평하였으며, 7, 8구에 대하여 "좋은 가르침이다.〔名訓〕"라고 평하였다.

244 충신(忠信) : 자기 자신을 믿고 두려움 없이 가는 것을 말한다. 공자가 여량(呂梁)의 폭포를 구경할 때에 폭포가 3000길이나 되고 물거품이 40리나 되는데, 한 남자가 무사히 들어갔다가 무사히 나왔다. 공자가 "그대는 무슨 도술이 있는가?"라고 하니, 그가 말하기를 "나는 충신으로 들어갔다가 충신으로 나온다."라고 하였다. 《莊子 達生》

공해당에 우거하다[245]

寓在控海堂

생각이 맑으니 절로 성역이 되고 慮澄爲聖域
인적이 끊기니 바로 신선 집이네 人斷是仙家
《주역》을 완미하며 아침에 문 열고 玩易開朝閤
금을 잡고 저물녘에 백사장 가네 携琴下晩沙
앉아서는 구름 피는 산 바라보고 坐看雲出岫
걸으면서 물에 뜬 꽃 따라가누나 行迹水浮花
일 없으니 진정 자연 그대로인데 無事眞天放
무엇 하러 수고로이 한사[246]를 타랴 何勞上漢槎

245 공해당(控海堂)에 우거하다 : 이춘영(李春英)의 《체소집(體素集)》 권중(卷中)에 〈제공해당(題控海堂)〉이라는 시가 있는데, 그 시의 소주에 "공해당은 남양(南陽)에 있다."라고 하였다. 남양은 당진과 인접한 곳이니 이곳을 가리키는 듯하다. 초간본에는 이 시의 1, 2구에 대하여 "의표가 이러한 점을 얻었다.〔意表得此〕"라고 평하였으며, 6구의 '행적(行迹)'에 대하여 "글자를 놓은 것이 교묘하다.〔下字巧〕"라고 평하였다.

246 한사(漢槎) : 한나라 무제(武帝) 때 박망후(博望侯)에 봉해진 장건(張騫)이 서역(西域)에 사신으로 갈 때 타고 갔다고 하는 뗏목이다. 무제가 장건에게 대하(大夏)에 사신으로 가서 황하(黃河)의 근원을 찾게 하였는데, 장건이 뗏목을 타고 가 은하수에 도착하여 견우(牽牛)와 직녀(織女)를 만났다고 한다. 《荊楚歲時記》

마양촌의 벽에 쓰다[247]

題馬羊村壁

소나무 뿌리와 옛 우물이 아직도 남아 있었다.

가족 끌고 전에 진을 피하였을 때[248]	驅家昔避秦
마양촌은 별다른 세계의 봄이었네	羊馬別區春
돌 꾸짖던 신선[249]은 물을 곳 없고	叱石仙無問
용이 날던 사물은 또 반진을 했네[250]	騰龍物返眞
바위 앞엔 솔이 자라 물을 덮었고	巖前松覆水

247 마양촌(馬羊村)의 벽에 쓰다 : 마양촌은 충청남도 당진시 송산면 매곡리에 있는 숨은골을 말한다. 구봉은 63세 때인 1596년(선조29) 마양촌으로 들어와 김진려(金進礪)의 장사(莊舍)에서 지내면서 제자들과 학문을 토론하였다.

248 가족……때 : 구봉이 53세 때인 1586년 안당(安瑭)의 후손들이 송사를 일으킴에 따라 온 집안사람들이 안씨 집안의 노비로 환속되자, 형제들과 함께 온 가족을 이끌고 도피 생활을 하던 때를 말한다. 시의 내용으로 볼 때, 구봉이 그 당시에 충청남도와 전라도 일대를 떠돌면서 이곳에도 와서 머물렀던 듯하다.

249 돌 꾸짖던 신선 : 진(秦)나라 때 시황(始皇)이 천하를 순시하다가 산동반도의 성산(成山)에 이르렀을 때 바다를 건너서 해 돋는 곳을 보고자 하여 돌다리를 놓으려고 하였다. 이때 신인(神人)이 나타나서 바다로 돌을 내몰자 돌들이 저절로 바다로 달려갔다. 돌이 빨리 가지 않자 신인이 돌을 채찍질하니 돌에서 피가 흘렀는데, 지금도 그 돌들은 모두 붉다고 한다.《藝文類聚 卷79》

250 용(龍)이……했네 : 전에 있었던 노송(老松)이 죽었다는 뜻이다. '용이 날던 사물'은 소나무를 가리키는 말로, 소나무의 모습이 용이 나는 것처럼 구불구불하므로 이렇게 표현한 것이다. 반진(返眞)은 천진(天眞)으로 돌아간다는 뜻으로, 원래의 상태로 돌아가는 것을 뜻한다.

구름 밖엔 새가 와서 사람 엿보네	雲外鳥窺人
티끌세상 어찌하여 한탄을 하나	塵世那堪恨
무릉도원 자취가 또 묵어 있는데	桃源迹又陳

새로운 거주지에서 읊다
新居

달 곁에다 둥그렇게 원동[251]을 열고	傍月開圓洞
구름 잇대 이엉으로 지붕 덮었네	連雲蔭白茅
꽃길은 학 마중함을 인하여 쓸고	花因迎鶴掃
샘은 단약 달이려고 손질을 했네	泉爲煉丹調
방 둘이라 재숙을 할 수가 있으며	室貳猶齋宿
연기 외로우니 부엌 먼 걸 알겠네	煙孤認遠庖
잠자고 밥 먹음 외엔 무심하여서	無心眠食外
만사를 다 소요하는 데다 부치네	萬事寄逍遙

251 원동(圓洞) : 둥근 형태의 동굴이나 움집을 말하는데, 여기서는 자그마한 집을 뜻한다. 당나라 때의 시인인 노조린(盧照隣)의 〈증이영도사(贈李榮道士)〉에 "원동에다 단약 솥을 설치해 놓고, 방단에다 붉은 구름 끌어모았네.〔圓洞開丹鼎, 方壇聚絳雲.〕" 라고 하였다. 《盧昇之集 卷1》

차운하여 어떤 사람이 찾아온 데 대해 사례하다

次韻謝人來訪

외진 바다 굽이에는 누런 잎 날고　海曲飛黃葉
사립문은 지는 해에 닫히어 있네　柴扉掩落暉
도의 마음 티끌세상 밖에서 보고　道心塵外見
인간 세상 일은 고요 속에 드무네　人事靜中稀
새는 하늘 닿은 물로 날아서 들고　鳥入連天水
구름은 또 돌에 앉은 옷에서 나네　雲生坐石衣
산이 깊어 가야 할 길 멀고도 머니　山深前路遠
필마 타고 가는 그대 조심하시게　匹馬愼君歸

가을날 저물녘[252]

秋暮

우수수수 누런 잎이 지는 소리는	策策鳴黃葉
적적한 내 마음 몹시 아프게 하네	寥寥傷我心
먹구름 껴 저녁달은 숨어 버렸고	暗雲隱夕月
큰 나무엔 깃드는 새 날아서 왔네	獨樹來棲禽
방 안에선 밝은 촛불 가까이하고	入戶近明燭
책 대하여 괜히 옷깃 바르게 하네	對書空正襟
지난날에 품었던 뜻 생각해 보니	追思昔年志
지금의 이 흰머리가 부끄럽구나	白首愧如今

252 가을날 저물녘 : 초간본에는 이 시의 3, 4구에 대해서 “위응물(韋應物)과 전기(錢起)의 담박한 운이다.〔韋、錢淡韻.〕”라고 평하였다.

저녁에 멀리 바라보다

夕望

늦더위에 짙푸른 데 깃들어 사니	殘暑棲深翠
서늘 기운 휑한 곳에 들어오누나	微涼入泬寥
주렴 걷자 산 모습은 다 나타나고	捲簾山盡出
난간에 기대자 물은 다 모여드네	憑檻水皆朝
구름이 비 몰아오면 마을 어둡고	洞黑雲移雨
조수 맞춰 달이 뜨면 모래밭 밝네	沙明月趁潮
신선의 기약인 은하수가 가까우매	仙期河漢近
속세의 자취인 시비는 멀어지누나	塵迹是非遙

저녁에 읊다

夕吟

바람 부는 숲엔 묘한 소리 모이고　風林靈籟集
구름 낀 골짝엔 온갖 형상 잠겼네　雲洞象形潛
고요함을 비추려고 뜨는 달 맞고　照寂迎新月
어두움을 맑히려고 먼 산 대하네　澄昏對遠岑
옛 마음은 나로부터 얻을 수 있고　古心由我得
참 운치는 다른 데선 찾지 못하네　眞趣未他尋
분명하게 깨달으면 앞뒤 같거니　朗悟同前後
깊고 얕음 있다고는 말하지 마라　休言有淺深

한가롭게 살다
閑棲

한 돛배로 인간 세상 피해 와서는　一棹避人世
비해[253] 바닷가에 홀로 외로이 사네　單居裨海涯
산 높아서 비 만나는 경우가 적고　山高逢雨少
물결 멀어 하늘 보는 때가 많다네　波遠見天多
베개맡서 은하수의 물소리 듣고　枕聞雲漢水
창문 통해 월궁에 핀 꽃도 따거니　窓摘月宮花
선사[254] 오길 기다리지 아니하고도　不待仙槎至
훌쩍 뛰어 대라천[255]에 몸 기대누나　超然倚大羅

253 비해(裨海) : 신선 세계인 봉래도(蓬萊島)가 있다는 작은 바다를 가리키는데, 여기서는 아산만의 바다를 가리킨다.

254 선사(仙槎) : 은하수로 가는 신선의 뗏목이라는 뜻으로, 성사(星槎)라고도 한다. 전설에 어떤 사람이 바닷가에 살면서 해마다 8월이면 어김없이 뗏목이 떠오르는 것을 보고, 그 뗏목에 양식을 가득 싣고 가서 은하수에 당도하여 견우와 직녀를 보았다는 데서 유래한다. 《博物志 卷10》

255 대라천(大羅天) : 도교에서 말하는 삼십육천(三十六天) 가운데에서 가장 높은 곳에 있는 하늘이다.

명나라 장수

天將

이때 일본이 임진년(1592, 선조25)에 쳐들어와 명나라로 가는 길을 열려고 하였으므로, 명나라 장수들이 와서 그들을 막았다. 무술년(1598)이 되어도 끝이 나지 않았으니, 지금까지 7년이나 되었다.

중국 장수 천단[256]에서 내려올 제에	天將下天壇
하늘 맑아 칼과 창이 싸늘하였네	天晴劍戟寒
구름 걷혀 산에서는 푸른빛 솟고	雲收山聳翠
바람 멎어 바다 흐름 잔잔해졌네	風定海流安
왜장 잡자 외로운 혼 눈물 흘렸고	獲訊孤魂泣
잔적 없애 만백성들 다 기뻐했네	除殘萬姓歡
요 임금의 어짊으로 똑같이 보매	堯仁能一視
그 은택이 삼한 땅에 두루 미쳤네[257]	膏澤遍三韓

256 천단(天壇) : 천자가 하늘에 제사 지내는 단을 말하는데, 여기서는 명나라를 뜻한다.

257 요(堯)……미쳤네 : 명나라 황제가 우리나라와 중국을 달리 보지 않아서 왜적을 치도록 군사를 파견해 주었으므로 그 은택이 우리나라에 두루 미쳤다는 뜻이다.

야불수[258]를 만나다

逢夜不收

곧 명나라 병사로 우리나라에 와서 도로를 지키는 사람들이다.

천 리 타향에서 살쩍 하얘졌거니	千里鬢生白
몇 년이나 운수[259] 가서 지내었던고	幾年雲水濱
양쪽 소매 적신 눈물 버쩍 얼었고	片氷雙袖淚
고향 봄은 쇠잔한 꿈에서나 보네	殘夢故園春
온 사해가 또한 왕의 영토이기에	四海亦王土
온 천하에 이 인정을 같이 하누나	一天同此仁
창을 멎게 함은 무에 있음 아나니[260]	止戈知在武
신성께서 어찌 괜히 찡그리겠나[261]	神聖豈虛嚬

258 야불수(夜不收) : 군대에서 정탐을 담당하는 병졸로, 밤을 새워 가며 밖에서 활동하는 데서 붙여진 이름이다.

259 운수(雲水) : 구름 따라 물 따라 정처 없이 떠돌며 객지 생활을 하는 것을 뜻한다.

260 창을……아나니 : 전쟁을 종식시키는 것이 무(武)의 목적이라는 뜻이다. 무라는 글자는 지(止)와 과(戈) 두 글자를 합해서 만든 것으로, 무기의 사용을 지양하는 데 그 뜻이 있다는 말이다.

261 신성(神聖)께서……찡그리겠나 : 중국 황제가 무력을 쓰는 것을 꺼리지 않았다는 뜻이다. 신성은 제왕을 뜻하는 말로, 여기서는 명나라 신종(神宗)을 가리킨다.

홀로 누워서 읊다[262]

獨臥

한가로이 살며 홀로 즐김 탐하다 閑居耽獨樂
숲 밖의 그윽한 기약 소홀히 했네 林外曠幽期
창 고요해 돌아가는 구름 다하고 窓靜歸雲盡
모래 밝아 저녁 빛이 옮기어지네 沙明落照移
성품 이에 하늘빛을 따라서 맑고 性隨天色淡
마음은 또 물소리와 함께 더디네 心與水聲遲
높이 눕자 희황상인[263] 되었거니와 高枕羲皇上
편안하고 위태로운 때 묻지 마소 安危莫問時

262 홀로 누워서 읊다 : 초간본에는 이 시의 3, 4구에 대해서 “경치를 그려 내면 그윽하다.〔寫景輒幽〕”라고 평하였으며, 5, 6구에 대해서 “이와 같고 이와 같다.〔如是如是〕”라고 평하였다.

263 희황상인(羲皇上人) : 희황, 즉 복희씨(伏羲氏) 이전 태고 시대의 한가로운 백성이라는 뜻으로, 속세를 떠나 한가하게 지내는 사람을 말한다. 진(晉)나라의 은사(隱士)인 도잠(陶潛)이 오뉴월 한여름에 북창(北窓) 아래에 누웠다가 서늘한 바람이 잠깐 불어오자, 태곳적 복희 시대 사람이 된 것 같다고 말한 고사에서 유래하였다. 《晉書 隱逸列傳 陶潛》

홀로 앉아서 읊다

獨坐

졸졸대는 물소리가 귀에 들리니	泠泠入耳聲
창 너머에 봄물이 막 불어났는가	隔窓春水生
참을 온축하니 산은 적막만 하고	蘊眞山寂寞
도 즐기매 세월 몹시 빠르게 가네	耽道歲崢嶸
분수 정해지니 이내 몸이 편하고	分定形骸逸
정신 응결되니 뜻과 생각 맑은데	神凝志慮淸
산 구렁서 피는 구름 바라다보니	遙看雲出岫
가고 옴을 정 없는 데 내맡기누나	來去任無情

시를 읊지 않다[264]

不吟

매양 시를 아니 읊으려고 하여도	每欲除吟詠
끝내 시를 읊지 않을 수가 없지만	終難自不吟
시 지을 땐 붓이 가는 대로만 쓰고	題時徒信筆
잘되어도 그저 무심하기만 하네	得處亦無心
하늘 멀어 맑은 바람 불어서 오고	天遠淸風至
강 비어서 달빛 아주 깊고도 깊네	江空月色深
이 사이에 좋은 흥취 많고 많으니	此間多逸興
술통의 술 자주 기울이진 마시게	樽酒莫頻斟

264 시를 읊지 않다 : 초간본에는 이 시의 3, 4구에 대해서 "스스로 자신의 흥취를 담았으므로 공교롭게 다듬지 않아도 저절로 공교롭다.〔自寓其興, 故不斲工而自工.〕"라고 평하였으며, 5, 6구에 대해서 "이 대목은 흥취가 발한 곳이다.〔此發興處〕"라고 평하였다.

봄날 새벽[265]

春曉

향로에는 향기 아직 남아 있건만　　寶鴨香猶在
물시계엔 밤이 너무 쉬이 가누나　　金壺夜易闌
꿈이 기니 속세 일에 게을러지고　　夢長塵事懶
발 내리니 새벽 구름 한가하구나　　簾閉曉雲閑
풀 살펴서 약초 캐러 가려고 하여　　聽草將尋藥
머무는 중 대하여서 산을 묻누나　　留僧更問山
앞 호수에 봄 물결이 일렁이지만　　前湖春浪急
낚싯대를 잡고 싶은 생각은 없네　　無意把長竿

265 봄날 새벽 : 초간본에는 이 시의 5, 6구에 대해서 "한가한 사람의 고아한 자태가 있다.〔閑人雅態〕"라고 평하였다.

달을 바라보며 읊다[266]

對月吟

구름 걷혀 천 봉우리 고요만 하고	雲斂千峯靜
강 비어서 밤기운이 맑고도 맑네	江空夜氣淸
외롭게 뜬 달만 오직 빛 비추는데	孤懸惟一照
맘 서글피 보니 되레 다정하구나	悵望却多情
하늘 위엔 차고 기움 없을 것인데	天上無圓缺
인간 세상에는 어둠 밝음이 있네	人間有晦明
차라리 큰 나무 따라 숨을지언정	寧從高樹隱
뭇별들과 다투지는 부디 말거라	莫許衆星爭

266 달을 바라보며 읊다 : 초간본에는 이 시의 3, 4구에 대해서 "끈끈한 정이 있다.〔宛轉有情〕"라고 평하였으며, 5, 6구에 대하여 "사리에 통달하였다.〔理通〕"라고 평하였으며, 7, 8구에 대하여 "뜻이 가리키는 바가 있다.〔意有指〕"라고 평하였다.

시냇가에서 물고기 잡는 것을 구경하다가 느낌이 있어서 읊다[267]

溪上觀漁有感

구름 걷혀 물고기를 셀 만하거니 雲晴俯可數
부들 짧아 몸 숨기지 못하는구나 蒲短不藏身
그물 피해 지느러미에 바람 일고 避網風生鬣
물 위 뛰어 햇빛에 비늘 반짝이네 跳波日映鱗
다리에서 놀며 누가 낙을 물었나[268] 游梁誰問樂
등급함엔 아직 신령 못 통했구나[269] 登級未通神
동해에는 이제 낚시하는 이[270] 없어 東海今無釣
서로 잊어 만 리 온통 봄이로구나 相忘萬里春

267 시냇가에서……읊다 : 초간본에는 이 시에 대하여 "사물을 읊은 것이 역시 저절로 딱 들어맞으며, 일을 끌어댄 곳은 끌어댄 흔적이 없다.〔詠物亦自襯切, 而引事處無痕.〕"라고 평하였다.

268 다리에서……물었나 : 《장자(莊子)》 〈추수(秋水)〉에 장자와 혜자(惠子)가 호량(濠梁)에서 물고기가 자재(自在)하게 노니는 것을 보고 물고기의 즐거움에 대해서 토론한 고사가 전한다.

269 등급(登級)함엔……통했구나 : 물고기가 그물 위로 뛰어올라 도망치지 못하고 잡혔다는 뜻이다. 등급은 등룡(登龍)과 같은 말이다. 황하(黃河)에 용문(龍門)이라는 물살이 매우 센 폭포가 있는데, 잉어가 이 폭포를 뛰어오르면 용이 된다는 전설이 있다.

270 낚시하는 이 : 전설 속에 낚시질을 잘하던 임공자(任公子)이다. 선진(先秦) 때 임공자가 거세한 소 50필을 미끼로 매달아 회계산(會稽山)에 걸터앉아서 동해로 낚싯줄을 던졌는데, 1년 뒤에 큰 고기를 낚아 이를 건육(乾肉)으로 만든 뒤 절하(浙河) 이동, 창오(蒼梧) 이북의 사람들에게 질리도록 먹여 주었다고 한다. 《莊子 外物》

병중에 읊다[271]

病中

밀물 들자 낮 사립문 환해지더니	潮生晝扉白
썰물 지자 저물녘의 섬이 푸르네	潮退暮島青
빈숲에선 먼 곳 바람 소리 들리고	空林來遠籟
성근 지붕에는 찬 별들이 보이네	疏屋見寒星
달은 산 지나며 그림자 나눠지고	月過山分影
하늘은 물을 따라 형상을 이루네	天隨水作形
한 침상에 고요한 맛 많고도 많아	一牀饒靜味
한 해 내내 뜰에서는 놀지 않았네	經歲不遊庭

271 병중에 읊다 : 초간본에는 이 시의 1, 2구에 대하여 "어렴풋이 보이는 것 같다.〔隱約如見.〕"라고 평하였으며, 5, 6구에 대해서 "작품의 정신적 풍모를 묘사해 냈다.〔形容底神意.〕"라고 평하였다.

한가한 가운데 읊다
閑中

욕심 없는 것이 가장 존귀함이요	無欲爲尊貴
숨어 사는 것이 바로 태평이로다	幽居是太平
붓은 기운 가는 대로 써 내려가고	筆因行氣落
시는 가끔 한가로움 써서 이루네	詩或寫閑成
오고 가는 저 구름은 일이 많지만	來去雲多事
차고 기우는 저 달은 정이 있거니	盈虧月有情
초연하게 참된 교분 서로 맺으매	超然眞契定
만고토록 이 마음은 밝고 밝으리	萬古此心明

홀로 가다

獨行

때에 어찌 고금이 다르겠는가마는, 인심에 사사로움이 있고 없음에 따라 순박함과 거짓됨이 있게 되는 것이다.

새 한 마리 하늘가로 날아서 가니　　一鳥天邊去
높은 자취 어디에서 찾아보리오　　高蹤何處尋
밤에 갈 땐 조각달을 따라서 가고　　夜行隨片月
아침에 꿈꿀 땐 외로운 산 대하네　　朝夢對孤岑
막 있으면 간담조차 호월일 거고[272]　　有膜肝猶越
사 없으면 옛날 또한 지금이리라　　無私古亦今
길 멈추고 때로 홀로 앉아 있으니　　停笻時獨坐
흐르는 물만이 나의 지음 친구네　　流水是知音

272 막(膜)……거고 : 사람 사이에 아주 작은 간격만 있어도 가까운 사람이 먼 사람처럼 느껴진다는 뜻이다. 호월(胡越)은 호 땅과 월 땅이 각각 북방과 남방에 있기 때문에 서로 멀리 떨어진 것을 비유하는 말로 쓰인다. 《회남자(淮南子)》 〈숙진훈(俶眞訓)〉에 "다르다는 관점에서 보면 간담도 호월이 되고, 같다는 시각에서 보면 만물이 한 울타리 안에 있다.〔自其異者視之, 肝膽胡越; 自其同者視之, 萬物一圈也.〕"라고 하였다.

이백의 〈산준〉 시[273]에 차운하다

次李白山樽韻

즉석에서 붓을 달려 썼다.

다듬지 않았으니 청빈에 맞으며	不琢清貧合
꾸미지 않았으니 부귀와는 머네[274]	無文富貴疏
먼 숲에 꽃이 모두 떨어진 뒤에	遠林花落後
가랑비가 내린 끝에 마주 대하네	相對細雨餘
술 따르자 마른 창자 적시어지고	乍酌枯腸潤
높이 자매 세상만사 다 헛것이네	高眠萬事虛
그대[275]의 온전한 소박함이 아니면	非君全素朴
어찌 짝을 지어 숨어 살 수 있으랴	那得伴幽居

273 산준(山樽) 시 : 원제는 〈영산준(詠山樽)〉이다.

274 다듬지……머네 : 나무를 깎아서 만든 소박한 모양의 술잔이 가난한 구봉 자신과 잘 어울린다는 뜻이다.

275 그대 : 나무를 깎아 만든 술잔을 말한다.

이백의 〈수경〉 시[276]에 차운하다

次李白愁鏡

홍안의 곁에서는 기쁘게 웃으며	歡笑紅顔側
백발의 앞에서는 마음 슬퍼하네	悽悲白髮前
공평함을 배운 탓에 후박이 없고[277]	學公無厚薄
달을 부끄럽게 여겨 휴원이 없네[278]	羞月不虧圓
보갑 속에 어느 날에 갈무리됐고	寶匣藏何日
주대[279]에서 몇 년이나 비추었던가	珠臺照幾年
열고 닫음 나의 생각 아니거니와	閉開非我念
곱고 추함 천연에다 내맡기었네	姸醜任天然

276 수경(愁鏡) 시 : 원제는 〈대미인수경(代美人愁鏡)〉이며, 2수 가운데 첫째 수이다.

277 공평함을……없고 : 거울은 사물을 있는 그대로 보여 준다는 뜻이다.

278 달을……없네 : 거울은 달이 둥글어졌다가 이지러졌다가 하는 것을 부끄럽게 여기고서 항상 자신의 모습 그대로 있는다는 뜻이다.

279 주대(珠臺) : 구슬로 장식한 경대(鏡臺)를 말한다.

숨어 살다

幽居

몸 늙어서 서로 아는 사람은 없고	身老無相識
숨어 살아 세상 분란 다 끊었다네	幽居絶世紛
산꽃에는 아침 햇살 빛을 비추고	山花朝映日
못 풀에는 밤에 구름 생겨나누나	池草夜生雲
달밤에 앉아 아름다운 전자[280] 보고	坐月看瑤篆
바람 맞아 기이한 향 구분을 하네	迎風辨異芬
어둡고 밝게 함은 내 힘이 아니매	昏明非我力
시사를 다 아침저녁에다 부치네[281]	時事付朝曛

280 아름다운 전자(篆字) : 향 연기나 구름 등이 꼬불꼬불 대면서 피어오르는 것을 말한다.

281 시사(時事)를……부치네 : 이 세상의 일을 수시로 변하는 데 따라 그대로 수응한다는 뜻이다.

숲에서 나오다

出林

바다에 해 저물 무렵 지팡이 짚고 倚杖海將夕
숲속에서 나오니 생각이 담박하네 出林懷政沖
몇몇 봉은 소낙비의 저편에 있고 數峯片雨外
한 오솔길 꽃 그림자 속으로 났네 一徑花影中
앉아서는 개울 잠긴 달 사랑하고 坐愛溪沈月
걸으면서 학이 끄는 바람 따르네 行隨鶴引風
뗏목 타고 싶던 예전 생각[282] 남아서 乘槎餘宿念
말이 없이 맑은 하늘 바라다보네 脈脈望晴空

282 뗏목……생각 : 구봉 자신이 도(道)가 행해지지 않는 이 세상을 떠나 다른 곳으로 가서 살고 싶어하는 생각을 말한다. 공자가 일찍이 천하에 현군(賢君)이 없어 도를 행할 수 없음을 탄식하면서 이르기를 "도가 행해지지 않으니, 뗏목을 타고 바다에 떠서 떠나가리라.〔道不行, 乘桴浮于海.〕"라고 하였다. 《論語 公冶長》

한가롭게 살다

閑居

흰머리에 연잎 옷을 입은 늙은이	白髮荷衣老
구름 속서 학과 같이 혼자서 사네	雲棲鶴獨居
선기[283]는 적막한 데서 다 드러나고	善幾呈寂寞
영뢰[284]는 또 공허한 데서 울려오네	靈籟響空虛
편안한 자취는 천방[285]을 이웃했고	逸迹隣天放
맑은 근원은 또 태초에 가깝구나	澄源近太初
갠 창에는 한 가지도 일이 없어서	晴窓無一事
언제나 복희씨의 글[286]을 마주하누나	長對伏羲書

283 선기(善幾) : 선을 행하려는 기미를 말한다.

284 영뢰(靈籟) : 바람 소리, 또는 자연의 소리를 말한다.

285 천방(天放) : 남의 간섭을 받지 않고 자연 속에서 자유자재로 즐겁게 살아가는 것을 말한다. 《장자(莊子)》 〈마제(馬蹄)〉에 "자연과 혼연일체가 되어, 한쪽에 치우친 삶을 살지 않는 것을 천방이라 한다.〔一而不黨, 命曰天放.〕"라고 하였다.

286 복희씨(伏羲氏)의 글 : 역서(易書)를 말한다. 복희씨는 중국 고대 전설상의 제왕이다. 역(易)의 팔괘(八卦)를 그렸고, 그물을 발명해서 수렵과 어로의 방법을 가르쳤으며, 잡은 짐승이나 물고기를 불로 요리하는 방법도 가르쳤다고 한다.

밤에 앉아 우연히 쓰다

夜坐偶題

깊이 탐구하니 세도가 걱정되나	探深憂世道
도가 어긋나매 연하를 사랑하네	錯道愛煙霞
한 마리 학처럼 남긴 자취가 없어	一鶴無留迹
일천 봉우리에 살 곳을 못 정했네	千峯不定家
맘이 하늘 북쪽 끝에 달려 있는데[287]	心懸天北極
오래 앉아 있자 달은 서산 기우네	坐久月西斜
하얀 이슬 정과 생각 많아서인지	白露多情思
흐르는 달빛 따라 밤 꽃을 적시네	流光濕夜花

287 맘이……있는데 : 구봉 자신이 북쪽에 있는 서울 땅 혹은 임금을 그리워한다는 뜻이다.

오언 배율 8수 五言排律 八首

한강 북쪽에서 돌아온 형의 아들에게 주다

贈兄子歸自漢北

객지 돌며 천 리 길을 넘게 와서는　旅食踰千里
바위에 깃들어 한 성에 기대 사네　巖棲寄一城
가련케도 머리가 다 센 몸이면서　憐渠頭盡雪
부평처럼 떠돌다가 날 찾아왔네　尋我迹浮萍
고향 그려 긴 칼자루 슬퍼하다가[288]　古國悲長鋏
가을 창서 반디 모은 일 생각하네[289]　秋窓憶聚螢

288 긴 칼자루 슬퍼하다가 : 불우한 처지를 한탄하며 돌아갈 것을 생각한다는 뜻이다. 전국 시대 풍환(馮驩)이 맹상군(孟嘗君)의 문객으로 있으면서 형편없는 대우를 받자 기둥에 기대어 검(劍)을 두드리면서 "장협아, 돌아가야겠다. 먹으려 해도 고기가 없구나."라고 노래하고, 뒤에 또 "장협아, 돌아가야겠다. 나가려 해도 수레가 없구나."라고 노래한 고사에서 온 표현이다. 《史記 孟嘗君列傳》

289 가을……생각하네 : 구봉 자신이 가난한 가운데서도 부지런히 학문에 힘썼던 것을 생각한다는 뜻이다. 진(晉)나라의 차윤(車胤)과 손강(孫康)이 젊었을 때 집이 몹시 가난하여 기름을 마련할 수가 없으므로, 차윤은 여름밤에 반딧불을 모아서 그 불빛으로 글을 읽고, 손강은 겨울밤에 눈의 빛으로 책을 비추어서 열심히 글을 읽었다. 여기에서 온 말이 형설지공(螢雪之功)이다. 《晉書 車胤列傳》

모래사장 비어 백로와 같이 잤고 沙虛鷺共宿
강 멀어서 비 맞으며 함께 걸었지 江遠雨同行
백안[290]으로 인간 세상 사절했으나 白眼辭人世
국화꽃은 달 밝을 때 맞춰 피누나 黃花趁月明
금 거두어 타지 않은 지가 오래고 琴藏絃久斷
용 칩거해 검만 홀로 외로이 우네 龍蟄劍孤鳴
땅 외져서 온갖 풍상 시달리는데 境僻風霜苦
때 위태해 세월 빨리 감에 놀라네 時危歲月驚
윤음 내려 무사들을 구한다 하니 綸音求武士
하늘 뜻은 서생에게 야박만 하네 天意薄書生
세상 밖선 진나라의 유로와 같고[291] 世外秦遺老
인간 세상에선 한나라의 객성과 같네[292] 人間漢客星

290 백안(白眼) : 청안(青眼)과 상대되는 말로, 못마땅하게 보는 것을 말한다. 진(晉)나라 때의 명사(名士)인 완적(阮籍)은 세속의 법도에 구애받지 않고 지내면서 속사(俗士)를 대할 적에는 백안으로 대하고, 고사(高士)를 대할 적에는 청안으로 대하였다. 완적의 어머니가 죽어 장사를 지낼 적에 혜희(嵇喜)가 조문하면서 슬피 울었는데, 완적이 그를 속사라고 여겨 백안으로 보자 혜희가 화를 내면서 돌아갔다. 혜희의 동생인 혜강(嵇康)이 그 말을 듣고는 술과 거문고를 가지고 가서 조문하자 완적이 몹시 기뻐하면서 청안으로 대하였다. 《晉書 阮籍列傳》

291 세상……같고 : 구봉 자신이 세상을 피해 숨어 산다는 뜻이다. 진(秦)나라의 유로(遺老)는 진말 한초(秦末漢初)의 은자인 동원공(東園公), 기리계(綺里季), 하황공(夏黃公), 녹리선생(甪里先生)을 말하는데, 이들은 흔히 상산사호(商山四皓)로 칭해진다. 이들은 진나라의 학정을 피해 상산에 은둔하였는데 한 고조(漢高祖) 유방(劉邦)이 초빙해도 응하지 않았다. 그러나 뒤에 장량(張良)의 요청을 받아들여서 태자를 도와 왕권을 안정시킨 뒤 다시 은둔하였다. 《史記 留侯世家》

292 인간……같네 : 구봉 자신이 숨어서 자유롭게 살아가고 있다는 뜻이다. 후한 광무

서로 볼 새 날은 이제 저물려는데　相看天欲暮
바람 급해 취했던 술 도로 깨누나　風急醉還醒

제(後漢光武帝)의 소년 시절 친구인 은사(隱士) 엄광(嚴光)이 광무제가 등극한 이후에 광무제의 간곡한 부름도 거절하고 부춘산(富春山) 아래 은거하여 몸소 농사를 짓고 동강(桐江)에서 낚시질을 하면서 살았다. 그가 한번은 광무제의 간청으로 대궐에 들어가 광무제와 함께 옛일을 이야기하고 같이 누워 자면서 광무제의 배 위에 발을 얹기까지 했는데, 그다음 날 태사(太史)가 객성(客星)이 어좌(御座)를 매우 가까이 범했다고 아뢰자, 광무제가 웃으면서 "나의 친구 엄자릉(嚴子陵)과 함께 누워 있었다."라고 하였다.《後漢書 逸民列傳 嚴光》

가을 수자리를 살러 가는 사람을 전송하다[293]

送人秋戍

항복한 되놈이 변방 일을 전하니	降虜傳蕃事
군왕께서 다시 단을 쌓았다 하네[294]	君王更築壇
한마음을 가지고서 한절[295]을 들고	一心持漢節
어느 길을 통하여서 진관[296] 나설까	何路出秦關
풀 시들면 눈밭에서 잠을 잘 거고	草盡眠依雪
얼음 얼면 산속에서 추위에 떨리	氷輕戰在山
달은 활 그림자를 따라 멀어지고	月隨弓影遠

293 가을……전송하다 : 초간본에는 이 시의 5, 6구에 대하여 "수자리 살기 위해 나간 사람의 고난을 그렸다.〔狀他艱苦〕"라고 평하였으며, 마지막 구에 대하여 "끝부분에서는 주화론(主和論)을 비난하였다.〔末誚和論〕"라고 평하였다.

294 군왕께서……하네 : 임금이 변경 지역으로 군사를 출정시키기 위하여 장수를 뽑았다는 뜻이다. 한 고조(漢高祖)가 한신(韓信)을 대장으로 임명하면서 특별히 단을 만들고서 의식을 거행하였다. 《史記 淮陰侯列傳》

295 한절(漢節) : 한나라의 사신이 가지고 간 부절(符節)을 말하는데, 여기서는 변방으로 나가는 장수가 가지고 가는 부절을 뜻한다. 한 무제(漢武帝) 때 소무(蘇武)가 흉노의 선우(單于)가 갖은 협박을 하는데도 굴하지 않다가 큰 구덩이 속에 갇힌 채 눈을 먹고 가죽을 씹으면서 지냈다. 그 뒤에 다시 북해(北海)로 옮겨져서 양을 치며 지냈는데, 그때에도 한나라의 절(節)을 그대로 잡고 있었다. 갖은 고생을 하면서 19년 동안을 머물러 있다가 소제(昭帝) 때 흉노와 화친하게 되어 비로소 한나라로 돌아왔다. 《漢書 蘇建傳》

296 진관(秦關) : 진(秦)나라 때 설치한 관소(關所)로, 진나라의 변경 지역을 뜻하는데, 여기서는 우리나라의 변경 지역을 가리킨다.

서리는 칼 빛을 스쳐 차가우리라	霜拂劍光寒
기린각[297]에 누가 공을 기록하려나	麟閣功誰記
용사[298]에서 꿈만 홀로 돌아오리라	龍沙夢獨還
고운 아미 괜히 변방 나갔거니와[299]	蛾眉空出塞
금폐로도 기쁘하게 하지 못했네[300]	金幣未成歡[301]

297 기린각(麒麟閣) : 한 선제(漢宣帝)가 곽광(霍光), 장안세(張安世) 등 공신(功臣) 11인의 초상을 그려서 걸게 했던 전각(殿閣)으로, 곧 국가에 큰 공훈을 세운 사람들을 공신으로 책봉하고 그들의 화상을 모셔 두는 공신각(功臣閣)을 말한다.

298 용사(龍沙) : 중국의 총령(葱嶺) 근처에 있는 사막인 백룡퇴(白龍堆)인데, 일반적으로 변경 밖의 먼 지역을 가리킨다.

299 고운……나갔거니와 : 아미(蛾眉)는 미인의 눈썹으로, 흔히 미녀를 뜻하는데, 여기서는 한 원제(漢元帝) 때의 궁녀인 왕소군(王昭君)을 가리킨다. 원제가 후궁이 매우 많아 그림으로 시중들 여인을 골랐는데, 왕소군은 뇌물을 쓰지 않아 화공이 제대로 그려 주지 않았으므로 천자를 모시지 못하고 있었다. 그러던 차에 흉노가 미인을 보내 달라고 요청하자, 왕소군을 보내기로 하였다. 그런데 왕소군이 흉노로 떠날 때 원제가 그녀를 불러서 보니 후궁 가운데 제일의 미인이었으므로 노하여 화공들을 모두 처형했다. 왕소군은 흉노의 왕비가 되어 그곳에서 죽었으며, 그녀의 무덤을 청총(靑塚)이라 한다. 《西京雜記 卷2》

300 금폐(金幣)로도……못했네 : 오랑캐에게 물품을 주어서 화친을 맺기보다는 무력으로 쳐부수는 것이 낫다는 뜻이다. 한나라 때 흉노가 자주 침입해 오자 한나라에서는 흉노에게 물품을 보내면서 화친 정책을 썼으나 소용이 없었다. 이에 한 무제 때 변경을 맡고 있던 왕회(王恢)가 "흉노가 한나라와 화친을 맺은 경우에 대부분 몇 년도 지나지 않아서 약속을 어기고 쳐들어왔으니, 화친을 맺지 말고 쳐부수는 것이 더 낫다."라고 하면서, 당시에 화약(和約)을 주도하던 한안국(韓安國)과 대립하였다. 《漢書 韓安國傳》

301 歡 : 초간본에는 '驩'으로 되어 있다.

우거에서 병을 앓는 중에 읊다[302]

寓居病中

궁음[303]은 홀로 선 나무에서 생기고	窮陰生獨樹
가을 잎은 빈 단을 울리면서 지네	秋葉響空壇
도를 사모하여 문을 드물게 열고	慕道稀開戶
한가함을 탐해 산만 마주 대하네	耽閑只對山
왕풍[304] 이미 적막한 데 돌아갔으며	王風歸寂寞
유술[305]은 또 갈수록 더 어려워지네	儒術轉艱難
새벽달은 조수 물을 따라서 지고	殘月隨潮落
외론 구름 새 곁으로 돌아가누나	孤雲傍鳥還
이름은 오시[306]에다 숨겨서 멀어졌고	名藏吳市遠
꿈은 또 초강[307]에 들어서 싸늘하네	夢入楚江寒

302 우거(寓居)에서……읊다 : 초간본에는 이 시에 대하여 "두보(杜甫)의 시풍도 아니고 성당의 시풍도 아니어서, 애당초 상하를 품제(品題)할 것이 없다.〔非老杜, 非盛唐, 自是無上下品.〕"라고 평하였다.

303 궁음(窮陰) : 음(陰)이 꽉 찬 상태인 음력 10월을 뜻한다. 음력 10월은 순음(純陰)인 〈곤괘(坤卦)〉에 해당하고, 동지가 되면 양효(陽爻) 하나가 아래에서 다시 생겨나, 11월에 해당하는 〈복괘(復卦)〉가 된다.

304 왕풍(王風) : 왕자(王者)의 교화(敎化)로, 왕도 정치(王道政治)가 실현되는 것을 말한다.

305 유술(儒術) : 유가(儒家)의 학술이다.

306 오시(吳市) : 오(吳) 지방의 시가(市街)로, 지금의 강소성(江蘇省) 소주(蘇州)에 있었던 시장의 거리이다. 292쪽 주102 참조.

이번 병은 세상 근심 때문인 거로	一疾緣憂世
전쟁 속에 살쩍 절로 희어져 가네	干戈鬢自斑

307 초강(楚江) : 중국 초(楚) 지방의 강으로, 흔히 남쪽 지방을 뜻하는 말로 쓰인다.

우연히 짓다

偶題

북쪽 보니 아직 격서 달리고 있고	望北猶馳檄
남쪽 오니 또한 군사 점검을 하네	來南亦點兵
변방 걱정 여관방서 깊기만 한데	邊愁迷旅泊
고귀한 자 태평하다 아첨을 하네	高貴媚升平
고향 길은 지도에서 멀지 않은데	鄉路圖中近
나그네의 회포 꿈속에서 가볍네	羈懷夢裏輕
부역 이에 과부까지 다 찾아내고	丁徭搜寡婦
병적은 또 서생까지 채워 넣누나	戍籍到書生
밭은 묵어 시든 풀만 이어졌으며	田廢連衰草
마을은 다 텅 비어서 달만이 밝네	村虛但月明
밤은 길고 사람 하는 일은 적은데	夜長人事少
찬 이슬에 귀뚜라미 소리가 젖네	寒露滴蛩聲

조헌이 의병을 일으켜서 근왕한다는 말을 듣다[308]

聞趙憲倡義兵勤王

곧은 도로 전에 곤경 겪었는데도[309]	直道曾囚楚
나보다도 먼저 채찍 손에 잡았네[310]	先吾已着鞭
집 안에서 백발 노친 하직을 하고	堂中辭鶴髮
허리 밑에 찬 용천검[311] 어루만졌네	腰下撫龍泉
칠종하며 황백 따위 낮추어 보고[312]	七縱卑黃白

308 조헌(趙憲)이……듣다 : 이 시는 《중봉집(重峯集)》 권5 〈찬술(贊述)〉에도 실려 있다. 320쪽 주162 참조.

309 곧은……겪었는데도 : 조헌이 통진 현감(通津縣監)으로 있을 때 내노(內奴)의 횡행죄를 엄히 다스리다가 그를 죽게 한 죄로 탄핵을 받아 부평으로 귀양 갔다가 3년 만에 풀려났으며, 1589년 지부 상소(持斧上疏)를 올려 시폐(時弊)에 대해 극론하였다가 길주(吉州) 영동역(嶺東驛)에 유배된 것을 말한다.

310 나보다도……잡았네 : 조헌이 구봉 자신보다 먼저 의병을 일으켰다는 뜻이다. 진(晉)나라 유곤(劉琨)이 일찍이 친구인 조적(祖逖)과 함께 중원(中原)을 수복할 뜻을 품었는데, 한번은 다른 친구에게 보낸 편지에서 "나는 창을 베고 아침이 오기를 기다리면서 역적의 머리를 효시하려는 생각뿐인데, 항상 조생이 나보다 말채찍을 먼저 쥘까 염려라네."라고 한 데서 온 말이다. 《晉書 劉琨列傳》

311 용천검(龍泉劍) : 전설 속의 보검으로, 진(晉)나라 때 오(吳) 땅에 자색 기운이 하늘의 우수(牛宿)와 두수(斗宿) 사이로 뻗치는 것을 보고 장화(張華)가 뇌환(雷煥)을 풍성현(豐城縣)의 현령으로 보내 이 검을 얻었다고 한다. 《拾遺記 卷10》

312 칠종(七縱)하며……보고 : 조헌이 왜적을 칠 때 올바른 계략을 펼쳐 싸우면서 방술 따위를 쓰는 것을 하찮게 보았다는 뜻이다. 칠종은 칠종칠금(七縱七擒)의 준말로, 삼국 시대 촉 후주(蜀後主) 건흥(建興) 3년(225)에 제갈량(諸葛亮)이 남중(南中)을 평정하여 4개 군(郡)을 재정비할 적에, 추장(酋長) 맹획(孟獲)을 일곱 번 놓아주고

삼구하며 옛 성현을 사모하였네[313] 三驅慕聖賢
성 버리며 누가 죽음 두려워했나[314] 棄城誰畏首
직위 없어 맨손으로 적과 싸웠네 無位奮空拳
풀 베이는 듯한 비명 상심하였고[315] 薙草傷非命
요원처럼 불타오름 통곡하였네 燎原痛始然
기라[316]들은 저물녘의 비에 울었고 綺羅啼暮雨
지작[317]들은 아침 연기 좇아다니네 鳷鵲逐朝煙
용기 없는 것이 효도 아님을 알아 無勇知非孝
몸을 잊고 하늘에만 맹세하였네 忘軀但誓天

일곱 번 생포하여 자발적으로 복종하게 한 것을 말한다. 《三國志 蜀書 諸葛亮傳》 황백(黃白)은 도사(道士)가 단약(丹藥)을 단련하여 황금과 백은을 만드는 방술로, 흔히 신선술(神仙術)을 가리키는 말로 쓰인다.

313 삼구(三驅)하며……사모하였네 : 조헌이 왜적을 칠 적에 정도(正道)로 싸우면서 호생지덕(好生之德)을 베풀었다는 뜻이다. 삼구는 사냥할 때 한쪽 면은 열어 두고 3면으로만 사냥감을 쫓아서 잡는다는 말로, 임금이 사냥할 때 호생지덕을 발휘하는 것을 말한다. 《주역》 〈비괘(比卦) 구오(九五)〉에 "임금이 3면으로만 몰아가면서, 앞으로 도망쳐 날아가는 새는 잡지 않는다.〔王用三驅, 失前禽.〕"라고 하였다.

314 성(城)……두려워했나 : 조헌이 청주성을 수복하였으나 충청도 순찰사 윤국형(尹國馨)의 방해로 청주성을 버리고 나온 뒤에도 목숨을 두려워하지 않았다는 뜻이다.

315 풀……상심하였고 : 조헌이 우리 백성과 군사들이 왜적에 의해 풀이 베이듯 제명대로 살지 못하고 마구 죽어 나가는 것을 상심하였다는 뜻이다.

316 기라(綺羅) : 화려한 비단으로 만든 옷을 말하는데, 흔히 고관대작이나 귀부인을 뜻하는 말로 쓰인다.

317 지작(鳷鵲) : 후한 장제(後漢章帝) 때 조지국(條支國)에서 공물로 바쳤다는 새로, 나라가 태평하면 무리를 지어 난다는 전설이 있다. 후대에 와서는 기쁜 소식을 전하는 까치를 뜻하는 말로 쓰이게 되었다. 《拾遺記 後漢》

〈표도〉 이제 한번 시험하게 되었고[318] 豹韜今一試
전에 자주 용곤 소매 잡아끌었네[319] 龍衮昔頻牽
바른 기운은 추표[320]에 비끼었으며 正氣橫秋表
외로운 충정은 일변[321]에 걸리었네 孤忠掛日邊
촉산은 푸르러서 눈 안으로 들고[322] 蜀山青入眼
시름겨운 살쩍 하얘 어깨 가르네 愁鬢雪分肩
피 마시며 한밤중에 비통해하고 飮血悲中夜
글 올리고 몇몇 해나 통곡했던가 緘章哭幾年
붓 던지고 되레 갑옷 착용했으며 投毫還帶甲
굴뚝 옮기려고 했고 이마 데었네[323] 徙堗又焦顚

318 표도(豹韜)……되었고 : 조헌이 의병을 일으켜서 왜적과 싸우게 되었다는 뜻이다. 〈표도〉는 고대 병서(兵書)인 《육도(六韜)》의 편명(篇名)이다. 주(周)나라 여상(呂尙) 즉 태공망(太公望)이 지었다고 전해진다. 흔히 용병(用兵)하는 책략을 뜻하는 말로 쓰인다.

319 전에……잡아끌었네 : 조헌이 예전에 임금을 향해 자주 직언을 올렸다는 뜻이다. 용곤은 임금이 입는 곤룡포를 뜻한다. 삼국 시대 위 문제(魏文帝) 때 기주(冀州)의 사가(士家) 10만 호를 하남(河南)으로 옮기려 하였는데 당시 황충〔蝗〕의 피해로 흉년이 들었던 터라 신하들이 불가하다고 말렸으나 문제는 듣지 않고 내전(內殿)으로 들어가려 하였다. 그러자 신비(辛毗)가 문제의 옷자락을 붙잡고 안으로 들어가지 못하게 하니, 문제가 할 수 없이 절반만 옮기게 하였다. 《三國志 魏書 辛毗傳》

320 추표(秋表) : 가을 하늘을 뜻하는 듯하다.

321 일변(日邊) : 태양의 가란 뜻으로, 원방(遠方) 또는 천자(天子)의 곁을 말하기도 한다.

322 촉산(蜀山)은……들고 : 의주에 파천해 있는 선조의 모습이 눈에 아른거린다는 뜻이다. 촉산은 중국 서촉(西蜀) 지방에 있는 산으로, 당나라 현종(玄宗)이 안녹산(安祿山)의 난 때 이곳으로 파천하였다.

꽃나무는 삼역 땅에 이어졌으며[324]	花樹連三域
닭 울음에 춤춘 자가 이천 명이네[325]	鷄鳴達二千
거문고 노래는 전쟁 울음 되었고	琴歌成戰哭
고귀한 자들은 오직 돈만 아끼네	高貴愛金錢
장검을 청한들 끝내 뭔 도움 되랴[326]	請劍終何益

323 굴뚝……데었네 : 조헌이 임진왜란이 일어나기 전에 상소를 올려 이를 미연에 방지하라고 직언을 하였으며, 임진왜란이 일어난 뒤에는 다시 의병을 일으켜 나라를 구하기 위해 힘썼다는 뜻이다. 옛날에 어떤 나그네가 주인집의 굴뚝이 곧게 나고 바로 그 곁에 땔나무가 쌓여 있는 것을 보고는, 화재가 날 수 있으니 굴뚝을 굽게 내고 땔나무를 먼 데로 옮기라고 주인에게 권했으나, 주인은 대꾸도 하지 않았다가 과연 화재가 났다. 그러자 이웃 사람들이 몰려와서 다행히 불을 꺼 주었는데, 주인은 보답으로 주연(酒宴)을 크게 베풀고서 이마 덴 사람을 가장 윗줄에 앉히고 나머지는 각각 공에 따라 차례로 앉히면서, 굴뚝을 굽게 내라고 말한 사람은 아예 거론하지도 않았다. 《漢書 霍光傳》

324 꽃나무는……이어졌으며 : 삼천리강산에 화기가 돌았다는 뜻인 듯하다.

325 닭……명이네 : 조헌이 의병을 일으키자 이에 호응하여 모인 자가 2000명이나 되었다는 뜻이다. 닭 울음에 춤을 춘다는 것은, 큰 뜻을 품은 선비가 제때에 호장(豪壯)한 기개를 분발하는 것을 의미한다. 진(晉)나라 때 강개한 지절(志節)로 명성이 높았던 조적(祖逖)이 친구 유곤(劉琨)과 한 이불을 덮고 자다가 한밤중에 때아닌 닭 울음이 들리자, 유곤을 발로 차 깨우면서 말하기를 "이는 상서롭지 못한 소리가 아니다."라고 하고는, 일어나 춤을 추면서 말하기를 "천하가 들끓어 호걸들이 다투어 일어나게 되면 나와 그대는 마땅히 중원(中原)으로 가야 할 것이다."라고 하였다. 그 뒤에 조적은 원제(元帝) 때 분위장군(奮威將軍)이 되어 북벌(北伐)하였고, 석륵(石勒)을 격파하고 황하 이남 땅을 회복하였다. 《晉書 祖逖列傳》

326 장검을……되랴 : 조헌이 조정의 소인배들을 제거하기 위하여 상소를 올려 강력하게 건의한 것이 아무 소용 없었다는 뜻이다. 한(漢)나라 성제(成帝) 때의 직신(直臣)인 주운(朱雲)이 임금의 총애를 믿고 간교하게 구는 장우(張禹)를 미워하여 임금에게 "상방검(尙方劍)을 빌려주시면 영신(佞臣)의 목을 베어 올리겠습니다."라고 하였다.

상강에 잠긴 것이 가련할 뿐이네[327]	沈湘只可憐
중흥송[328]을 어느 누가 지을 것인가	中興誰作頌
이름이 색사[329]에 비추어 전해지리	名映色絲傳

조헌의 자는 여식(汝式)이다. 상소를 올렸다가 왕의 노여움을 사서 죄를 얻은 일이 여러 번 있었다. 마침내 봉장(封章)을 올리고자 하였으나, 물리쳐서 들이지 못하였다.

임금이 노하여 "낮은 지위에 있는 자가 높은 지위에 있는 사람을 비평하는 것은 용서할 수 없다."라고 하고, 어사에게 주운을 끌어내리게 했다. 주운이 대전 난간을 잡고 끝까지 간하였는데 결국 그 난간이 부러졌다. 《漢書 朱雲傳》

327 상강(湘江)에……뿐이네 : 조헌이 직언을 올렸다가 유배된 것이 애처롭다는 뜻이다. 상강은 중국의 소상강(瀟湘江)으로, 초(楚)나라의 충신인 굴원(屈原)이 유배되어 있다가 죽은 곳이다.

328 중흥송(中興頌) : 당 현종(唐玄宗) 말기에 안녹산(安祿山)의 난리를 평정하여 당나라를 중흥시킨 숙종(肅宗)의 공적을 찬양한 원결(元結)의 〈대당중흥송(大唐中興頌)〉을 말하는데, 여기서는 임진왜란을 평정한 뒤에 짓는 중흥송을 말한다.

329 색사(色絲) : 아주 좋은 내용으로 지은 비문(碑文)을 가리킨다. 삼국 시대 위(魏)나라의 무제(武帝)가 양수(楊脩)와 함께 조아비(曹娥碑) 아래를 지나다가 '황견유부외손제구(黃絹幼婦外孫齏臼)'라는 여덟 글자가 있는 것을 보고는 양수에게 무슨 뜻인지 아느냐고 묻자, 양수가 말하기를 "황견(黃絹)은 색사(色絲)로 절(絶) 자이고, 유부는 소녀(少女)로 묘(妙) 자이고, 외손은 여자(女子)로 호(好) 자이고, 제구는 수신(受辛)으로 사(辭) 자이니, '절묘호사(絶妙好辭)'입니다."라고 하였다. 《世說新語 捷悟》

책이 없기에 읊다[330]

無書

전에 옥급[331] 집 천장에 닿았었는데	玉笈曾連屋
단서[332] 이제 행낭조차 채울 수 없네	丹書未滿囊
사창 차서 반딧불이 아니 비치고	紗寒螢不照
달이 지니 시간만이 괜히 길구나[333]	月落漏空長
《역경》 좋아하여 누가 위편 끊었나[334]	喜易編誰絶
난초 심자 잎에 향기 절로 나누나	栽芸[335]葉自香
나는 늙어 말을 기억할 수 없는데	吾衰言莫記
세대 멀어져서 벽엔 장서가 없네	世遠壁無藏
책을 끼는 금법 해제되었건마는	挾冊徒除禁
경전 높여 괜히 상에 놓아만 두네[336]	尊經謾設牀

330 책이 없기에 읊다 : 초간본에는 이 시에 대해 "은연중에 세교를 부식하려는 뜻이 있다.〔隱然有扶植世教之意〕"라고 평하였다.

331 옥급(玉笈) : 도교(道敎)의 비서(秘書)를 감춰 둔 상자를 말하는데, 여기서는 책을 보관해 두는 상자를 뜻한다.

332 단서(丹書) : 주작(朱雀)이 물고 왔다고 하는 상고 시대의 도(道)를 적은 책인데, 여기서는 유교 경전을 뜻한다.

333 사창(紗窓)……길구나 : 긴긴 겨울밤에 책을 읽을 수가 없다는 뜻이다.

334 역경(易經)……끊었나 : 구봉 자신이 《역경》을 좋아하여 아주 많이 읽었다는 뜻이다.

335 栽芸 : 초간본에는 '栽雲'으로 되어 있다.

336 책을……두네 : 진(秦)나라 때와 같이 경전(經傳)을 읽는 것을 금하는 법이 없는

인문 이제 앞으로는 더 적막해져　　人文將寂寞
왕업 더욱 슬퍼지고 처량해지리　　王業轉悲涼

데도 사람들이 책을 읽지 않고 그저 놓아두고만 있다는 뜻이다.

친구가 보내 준 20운에 차운하여 시사를 탄식하다

次友人見寄二十韻以歎時事

기린 괜히 나왔기에 눈물 뿌리고[337]	揮涕麒虛出
봉황 아니 돌아오매 상심을 하네[338]	傷心鳳不廻
〈의란조〉를 거문고로 연주를 하고[339]	猗蘭琴裏奏
홍행 나무 태양 곁에다가 심었네[340]	紅杏日邊栽

337 기린(麒麟)……뿌리고 : 올바른 도가 행해지지 않는 세상을 탄식한다는 뜻이다. 노(魯)나라 숙손씨(叔孫氏)의 하인이 기린을 잡았는데, 숙손씨가 상서롭지 못하다고 여겨 내다 버리게 하고 공자에게 물었다. 공자가 가서 보고는 "어찌하여 나타났느냐?"라고 하면서 눈물을 흘렸다. 자공(子貢)이 그 까닭을 묻자, 공자는 "기린은 명왕(明王)의 시대에 나타나는 동물인데, 시기가 아닐 때 나타나서 상해를 입었다. 내가 그래서 상심한 것이다."라고 하였다.《孔子家語 卷4 辯物》

338 봉황(鳳凰)……하네 : 성군(聖君)이 나타나지 않음을 탄식한다는 뜻이다.

339 의란조(猗蘭操)를……하고 : 때를 만나지 못한 자신의 신세를 한탄한다는 뜻이다. 〈의란조〉는 공자가 지었다는 금곡(琴曲)이다. 공자가 제후들을 두루 찾아갔으나 아무도 자신을 등용해 주는 이가 없어 노(魯)나라로 돌아오게 되었다. 그때 어느 깊은 골짜기에 향기로운 난초가 무성히 피어 있는 것을 보고 한숨을 내쉬며 탄식하기를 "난초는 의당 왕자(王者)를 위해 향기를 피워야 하거늘, 지금 홀로 무성하여 뭇 풀들과 함께 섞여 있구나."라고 하고는 수레를 멈추고 금(琴)을 연주하여, 때를 잘 만나지 못한 자신의 신세를 상심하는 마음을 난초에 가탁하였다.《樂府詩集 卷58 琴曲歌辭 猗蘭操》

340 홍행(紅杏)……심었네 : 출세하기가 어려운 것을 탄식한다는 뜻이다. 홍행은 붉은 꽃이 피는 살구나무의 일종이고, '태양 곁'은 임금 주위를 말한다. 당(唐)나라 때의 문신 고섬(高蟾)이 낙제한 뒤 고 시랑(高侍郞)에게 바친 시에 "하늘 위의 벽도는 이슬에 적시어 심고, 태양 가의 홍행은 구름 의지해 심거니와, 연꽃은 가을 물 위에 나서 자라는 것이라, 봄바람 아래 못 피는 걸 원망하지 않는다오.〔天上碧桃和露種, 日邊紅杏倚雲栽.

한새에선 혼인 맺을 틈을 엿보고[341] 漢塞窺婚議

이때 해적들이 혼인을 요구하였다.[342]

주대에는 자식처럼 오는 이 없네[343] 周臺斷子來

봉문은 백골과 서로 이웃해 있고[344] 鳳門隣白骨

옥척은 또 티끌 속에 내던져졌네[345] 玉戚寄黃埃

험고함은 산하의 장함을 등졌고[346] 險背山河美

芙蓉生在秋江上, 不向東風怨未開.]"라고 하였다. 《詩林廣記 卷7 附高蟾下第獻高侍郎》

341 한새(漢塞)에선……엿보고 : 한새는 한나라의 변경을 말한다. 한 원제(漢元帝) 때 흉노(匈奴)의 호한야(呼韓邪) 선우(單于)가 한나라에 입조(入朝)하여 미인을 요구하므로, 원제가 왕소군(王昭君)을 호한야 선우에게 시집보냈다.

342 이때……요구하였다 : 임진왜란 중에 왜적들이 우리나라 몰래 중국과 교섭하면서 관백(關白)의 조카와 중국의 황실이 혼인 맺기를 요구하고, 우리나라 땅을 한강을 중심으로 둘로 나눠 북쪽은 중국에 붙이고 남쪽은 자신들에게 붙이기를 요구하였다. 《宣祖實錄 27年 8月 15日》

343 주대(周臺)에는……없네 : 임진왜란을 당하여서 나라를 위해 목숨을 바치는 사람이 없다는 뜻이다. 주대는 영대(靈臺)를 말한다. 《시경》 〈문왕지십(文王之什) 영대〉에 "영대를 경영하기 시작하여 헤아리고 도모하시자, 서민들이 와서 일하여 하루가 못 되어 완성하였네. 경영을 급히 하지 말라 하나 서민들이 자식처럼 달려오네.[經始靈臺, 經之營之, 庶民攻之, 不日成之. 經始勿亟, 庶民子來.]"라고 하였다.

344 봉문(鳳門)은……있고 : 전란이 휩쓸고 가 도성에 백골이 나뒹군다는 뜻이다. 봉문은 봉황 무늬로 장식한 문으로, 궁궐 문을 말한다.

345 옥척(玉戚)은……내던져졌네 : 전란으로 인해 문물제도가 다 무너졌다는 뜻이다. 옥척은 옥으로 장식한 도끼로, 종묘 제향의 악무(樂舞)에 쓰이는 도구이다. 《예기(禮記)》 〈명당위(明堂位)〉에 "붉은 방패와 옥 장식 도끼를 들고서 면류관을 쓰고 대무를 춘다.[朱干玉戚, 冕而舞大武.]"라고 하였다.

346 험고함은……등졌고 : 임진왜란이 일어난 뒤에 산하의 험고함을 이용하여 제대로 싸워 보지도 못한 채 패하였다는 뜻이다.

허벅지 살 세월 따라 빨리 빠졌네[347] 髀消歲月催
살아감엔 하늘의 명 있음 아나니 有生知命矣
길러 줌이 없는 거를 상심 말아라 無養莫傷哉
깃은 삼순 동안이나 춤을 안 추고[348] 羽絶三旬舞
용은 칠종 재주 속에 꼭꼭 숨겼네[349] 龍盤七縱才
보검의 빛 일찌감치 두우 쐈는데[350] 劍光曾射斗

347 허벅지……빠지네 : 전란으로 인해 여기저기 떠돌아다니느라 몸에 살이 빨리 빠진다는 뜻이다. 촉한(蜀漢)의 선주(先主) 유비(劉備)가 형주(荊州)의 유표(劉表)에게 몸을 의탁해 살 때 한번은 변소에 갔다가 자신의 허벅지에 살이 오른 것을 보고는 눈물을 흘렸다. 유표가 그 까닭을 묻자 “나는 늘 몸이 말안장을 떠나지 않아 허벅지의 살이 다 빠져 있었는데, 지금은 말을 타지 않아 허벅지에 살이 붙었습니다. 세월은 빨리도 흘러 장차 늙어 갈 터인데, 공업(功業)을 이루지 못하였기에 슬퍼하는 것입니다.”라고 하였다. 《三國志 蜀書 先主傳》

348 깃은……추고 : 전란이 끝나지 않았다는 뜻이다. 순(舜) 임금 때 유묘(有苗)의 백성들이 임금의 명을 거역하자, 우(禹)를 시켜 정벌하게 하여 3순(旬) 동안 정벌하였으나 실패하였다. 이에 군사를 철수시키고서 문덕(文德)을 펼치면서 대궐의 양쪽에서 방패를 들고 무무(武舞)를 추고 깃을 들고 문무(文舞)를 추게 하였는데, 7순 동안 그렇게 하자, 유묘의 백성들이 감복하여 귀순하였다. 《書經 大禹謨》

349 용은……숨겼네 : 전란이 일어났는데도 뛰어난 인재가 조정에 나오지 않고 재주를 숨긴 채 숨어 산다는 뜻이다. 용은 와룡(臥龍)으로 제갈량(諸葛亮)을 가리키며, 칠종은 칠종칠금(七縱七擒)의 준말이다. 자세한 내용은 404쪽 주312 참조.

350 보검의……쐈는데 : 삼국 시대 오(吳)나라가 멸망하기 전에 두성(斗星)과 우성(牛星)의 사이에 항상 자기(紫氣)가 있었는데, 오나라가 평정되자 자기가 더욱 밝아졌다. 천문에 통달한 예장(豫章) 사람 뇌환(雷煥)이 말하기를 “저 자기는 풍성(豐城)에 있는 보검의 기운이다.”라고 하자 이를 천자에게 보고하였다. 상서령(尙書令) 장화(張華)가 그 즉시 뇌환을 풍성 영(豐城令)으로 삼아 은밀히 찾아내라고 명하자 뇌환이 부임하여 감옥의 밑을 파 쌍검(雙劍)을 얻었는데, 하나는 용천검(龍泉劍)이고 하나는 태아검(太阿劍)이었다. 그날 저녁부터 그 자기가 보이지 않았다. 《晉書 張華列傳》

정승 일은 괜히 삼태로다 나눴네[351] 鈞業謾分台
취함 사양함은 집 찾는 게 슬퍼서고 辭醉悲尋卜
신선 되어 매화 소식 물음 우습네 爲仙笑問梅
산국궁은 메아리로 답함 많은데[352] 山芎多響答
운잔에는 모시고서 가는 이 적네[353] 雲棧少追陪
금작 이에 안개와 비 속에서 날고[354] 金鵲飛煙雨
용손은 또 풀밭 속에 흩어져 있네[355] 龍孫散草萊

351 정승……나눴네 : 삼정승(三政丞)의 제도를 두어 정령(政令)이 일사불란하지 않게 되었다는 뜻인 듯하다. 삼태(三台)는 상태(上台), 중태(中台), 하태(下台) 세 별을 말하는데, 이 별은 영의정, 좌의정, 우의정을 상징한다.

352 산국궁(山鞠窮)은……많은데 : 왜적의 침입에 맞서 싸우려고 의병을 일으키는 사람들이 많다는 뜻이다. 춘추 시대 소(蕭)나라가 망하게 되었을 때, 초(楚)나라 대부 신숙전(申叔展)이 친하게 지내던 소나라 대부 선무사(還無社)와 문답을 나누기를 "맥국(麥麴)이 있는가?" "없다." "산국궁이 있는가?" "없다." "물고기가 복통을 앓으면 어떻게 되겠는가?" "물이 없는 우물에서 구하라."라고 하였는데, 다음 날 소나라가 멸망을 당했을 때 우물 속에 있는 선무사를 구해 냈던 고사가 있다. 맥국은 소화불량을 다스리는 엿기름으로 내란(內亂) 방지책을 뜻하고, 산국궁은 감기를 치료하는 약초로 외환에 대한 대비를 뜻하며, 물고기의 복통은 나라의 멸망을 뜻한다. 《春秋左氏傳 宣公12年》

353 운잔(雲棧)에는……적네 : 선조가 의주로 파천할 때 따라가는 신하가 적다는 뜻이다. 운잔은 구름에 닿을 듯한 잔도로, 몹시 험난한 길을 뜻한다.

354 금작(金鵲)……날고 : 전란으로 인해 부부간에 이별한 사람들이 아주 많다는 뜻이다. 금작은 구리거울을 뜻하는 말이다. 옛날에 어떤 부부가 이별을 하면서 구리거울을 둘로 쪼개어 서로 나눠 가졌는데, 아내가 다른 사람과 통정을 하자 거울이 까치로 변해 남편에게 날아가서 알렸다고 한다. 이로 인해 후대에는 거울 뒷면에 까치 모양을 조각해 넣게 되었다. 《神異經》

355 용손(龍孫)은……있네 : 전란으로 인해 왕자나 왕손 등이 여기저기 뿔뿔이 흩어져 떠돈다는 뜻이다.

매양 구리 냄새 남을 싫어했는데　每嫌銅有臭
누가 재앙 없을 줄을 알았겠는가[356]　誰識慶無災
왜적 보루 금인 곁에 세워져 있고　賊壘金人側
임금 도성 압록강의 굽이에 있네[357]　王畿鴨水隈
귀룡들은 채색 붓을 멈추었으며[358]　龜龍停綵筆
화공들은 운대 위에 머물러 있네[359]　圖繪佇雲臺
어린 자식 살았어도 못 길러 주나　保子生無澤
칼에 찔려 죽은 것이 몹시 슬프네　嬰鋒死可哀

356 매양……알았겠는가 : 뇌물을 주고 매관매직(賣官賣職)한 자들이 아무 탈 없이 잘 지내고 있다는 뜻이다. 구리 냄새는 동전, 곧 돈의 냄새를 뜻한다. 후한 영제(後漢靈帝) 때 명사(名士)로 이름났던 최렬(崔烈)이 당시의 관행대로 500만 전을 내고 사도(司徒)의 자리에 올랐다. 이에 아들인 최균(崔均)에게 자신이 삼공(三公)에 오른 데 대한 여론을 묻자, 최균이 "아버지께서는 젊어서부터 영민하다는 평판이 있었고 구경과 군수를 지냈기 때문에 사람들이 삼공이 되리라 여겼습니다. 하지만 지금 삼공에 오른 것에 대해서는 실망하고 있습니다."라고 답하였다. 최렬이 까닭을 묻자 "사람들이 구리 냄새를 싫어하기 때문입니다."라고 하였다. 《後漢書 崔駰列傳 寔》

357 왜적……있네 : 왜적들이 서울을 점령하였으며, 선조는 압록강 가인 의주로 파천하였다는 뜻이다. 금인(金人)은 쇠로 만든 인형으로, 여기서는 대궐을 뜻한다. 진 시황(秦始皇)이 천하를 통일한 뒤에 6국의 병기(兵器)를 거두어 함양(咸陽)에 모아서 금인 12개를 만들어 궁궐 뜰에 세웠던 고사에서 온 말이다. 《史記 秦始皇本紀》

358 귀룡(龜龍)들은……멈추었으며 : 문장을 잘하는 사람들이 글을 짓지 않는다는 뜻이다. 귀룡은 거북과 용으로, 걸출한 인물을 뜻한다. 채색 붓은 아주 뛰어난 문장을 짓는 솜씨를 말한다.

359 화공(畫工)들은……있네 : 공신각(功臣閣)을 세우고서 공신들의 화상(畫像)을 그릴 준비를 하고 있다는 뜻인 듯하다. 운대(雲臺)는 한나라의 명제(明帝)가 전대(前代)의 공신들을 추모해서 등우(鄧禹) 등 28명 장수의 화상을 그리고 이것을 보관하기 위하여 쌓은 대(臺)이다. 대가 구름에 닿을 듯 높았다고 한다.

혼초하려 괜히 흙을 파 보지마는[360]　　魂招虛起土
모축해서 술을 부을 길이 없구나[361]　　茅[362]縮遡傾杯
잔질인은 우리 모두 사랑하지만　　殘疾吾同愛
고명한 자 귀신조차 시기하누나[363]　　高明鬼所猜
요순시대 어쩜 그리 적막만 한가　　唐虞何寂寞
우주에서 나 혼자서 배회하누나　　宇宙獨徘徊
상령[364]에선 바둑으로 짝을 삼았고　　商嶺棋爲伴
도원에선 비단으로 언덕 쌓았네　　桃源錦作堆
그 어찌 알았으랴, 진화 뒤에도　　那知秦火後
경적들이 다시 모두 재가 될 줄을[365]　　經籍又成灰

360 혼초(魂招)하려……보지마는 : 혼초는 초혼(招魂)으로, 죽은 사람의 혼을 부르는 것인데, 여기서는 시신을 잃어버려서 매장하지 못하고 대신에 그 사람이 생전에 착용하던 의관(衣冠)이나 신발 등을 가지고 혼을 불러 매장하는 것을 말한다.

361 모축(茅縮)해서……없구나 : 초혼장을 치르면서 제사를 지내려고 해도 술이 없어서 못 지낸다는 뜻이다. 모축은 제사를 지내기 위해 술을 거르는 것을 말한다. 《예기(禮記)》 〈교특생(郊特牲)〉에 "술을 거르는 데는 띠를 사용한다.〔縮酌用茅.〕"라고 하였다.

362 茅 : 대본에는 '芧'로 되어 있는데, 《예기》 〈교특생〉에 근거하여 바로잡았다.

363 잔질인(殘疾人)은……시기하누나 : 세상 사람들이 똑똑한 사람을 싫어한다는 뜻이다. 잔질인은 불구자나 병든 사람을 말한다.

364 상령(商嶺) : 상산(商山)으로, 섬서성(陝西省) 상현(商縣) 동쪽에 있는 산이다. 상산사호(商山四皓)가 이곳에 은거하였다.

365 그……줄을 : 진 시황의 분서갱유(焚書坑儒)를 겪은 뒤에 다시 임진왜란을 만나 경적(經籍)이 모두 불탔다는 뜻이다.

강덕휘[366]의 편지를 보고 느낌이 있어서 읊다

見姜德輝書有感

덕휘가 이때 해서(海西)의 원융(元戎)이 되었다.[367]

죽음 피할 시기 어찌 없었으랴만　避死寧無歲
창을 메고 다시금 또 가을을 맞네　荷戈又近秋
남쪽 봉화 바야흐로 급함 알리고　南烽方報急
북쪽 첩보 다시 변방 걱정 전하네　北牒更傳憂
피는 충신 옷소매에 잔뜩 묻었고　血滿忠臣袖
서리는 지사의 머리에서 놀라네　霜驚志士頭
농사와 양잠은 온 천 리에 끊겼고　農桑千里絶
상례 제례 십 년이나 못 지내누나　喪祭十年休
백골들이 뒹굴어도 묻는 이 없고　白骨無人問
청산에선 한밤중에 달 시름하네　青山夜月愁
물고기들 한갓 한만 품고 있거니[368]　其魚徒抱恨

366 강덕휘(姜德輝) : 강찬(姜燦, 1557~1603)으로, 본관은 금천(衿川), 자는 덕휘, 호는 동곽(東郭)이다. 334쪽 주189 참조.

367 덕휘가……되었다 : 원융(元戎)은 군사를 거느리는 우두머리 장수를 말하는데 여기서는 병사(兵使)를 가리킨다. 강찬은 1596년(선조29) 6월 2일 왜적을 참획한 공로로 황해 병사(黃海兵使)에 제수되었다. 《宣祖實錄 29年 6月 2日》

368 물고기들……있거니 : 장차 죽게 된 백성들이 모두 한을 품고 있다는 뜻이다. 물고기는 죽을 지경에 빠진 백성을 가리키는 말로, 《춘추좌씨전(春秋左氏傳)》 소공(昭公) 원년에 "만약 우 임금이 아니었던들 우리는 모두 물고기 신세가 되고 말았을 것이다."라고 한 데서 온 말이다.

어느 누가 물 건너는 배가 되려나[369] 誰是濟川舟

369 누가……되려나 : 훌륭한 재상이 나와서 임금을 잘 보좌하여 백성들을 구해 주기를 바란다는 말이다. '물 건너는 배'는 재상의 역할을 수행하는 사람을 비유할 때 쓰는 표현으로, 은 고종(殷高宗)이 명재상 부열(傅說)에게 "내가 만일 큰 냇물을 건너게 되면 그대를 배와 노로 삼겠다."라고 한 말에서 유래하였다. 《書經 說命上》

칠언 율시 100수[370] 七言律詩 一百首

빗속에 삼각산 중흥사[371]를 찾아가다
雨中尋三角山中興寺

거센 바람 세찬 비에 산 모습은 어둑한데　驚風急雨暗峯文
돌 폭포에 날리는 구슬 동문에 가득하네　石瀑飛珠滿洞門
맑은 경쇠 우는 하늘 돌아가는 새는 멀고　淸磬響空歸鳥遠
작은 시내 뚫린 숲엔 지는 노을 갈라지네　小磎穿木落霞分
꽃이 옛 탑 위에 쌓여 분분해도 쓸지 않고　花深古塔紛無掃
스님은 또 송관 닫고 고요하게 말이 없네　僧閉松關靜不言
객이 와서 서로 보며 갑작스레 후회함은　客至相看翻有悔
나귀 타고 새벽 산의 구름 밟아야 해서네　蹇驢踏破曉山雲

370 100수 : 실제로는 108수이다.

371 중흥사(中興寺) : 서울의 북한산(北漢山) 노적봉(露積峯) 서쪽에 있는 절로, 고려 때 세워졌는데, 1915년의 대홍수 때 쓸려 나가 폐사(廢寺)가 되었다. 지금은 빈터만 남아 있다. 중흥사(重興寺)라고 표기하기도 한다.

수종사[372]에서 묵다

宿水鍾寺

석양 무렵 피리 소리 속에 절로 들어가니	斜陽橫篴入孤寺
보이는 곳 끝이 없어 이내 생각 묘연하네	眼力無窮思渺然
난간 가에 기대 서자 용문산 위 뜬 달이요	軒倚龍門山上月
창을 여니 두미포[373] 물 가운데의 연기로다	牕開斗[374]尾水中煙
구름은 밤비 머금고 와 층계에다 뿌리고	雲含夜雨灑[375]層砌
바람은 새벽종을 끌어 구천에서 떨어지네	風引晨鍾落九天
두 줄의 고기잡이 등이 작은 섬을 가르니	兩道漁燈分小嶼
몇 척의 배 물 거슬러 돌아가지 못했구나	逆灘多少未歸船

372 수종사(水鍾寺) : 경기도 남양주시 조안면 운길산(雲吉山)에 있는 절이다.

373 두미포(斗尾浦) : 두미강(斗尾江)이나 두미협(斗尾峽)이라고도 하는데, 지금의 남양주시 와부읍과 조안면의 경계 지점에 있는 두미마을 앞을 흐르는 강이다.

374 斗 : 초간본에는 '牛'로 되어 있다.

375 灑 : 초간본에는 '捿'로 되어 있다.

적벽에서 저물녘에 배를 띄우다

赤壁暮泛

청풍이 여울 내려가는 배를 불어 보내니　　清風吹送下灘船
한 그림자 허공에 떠 속세 세상 떠나누나　　一影浮空謝世牽
산빛은 깨끗하여 구름으로 끊긴 곳 없고　　山色淨無雲斷隔
하늘빛은 아득 멀어 물과 서로 잇닿았네　　天光遙與水相連
술병 속에 이미 절로 밝은 달이 들었거니　　壺中旣自藏明月
물외에서 신선들과 노는 게 뭐 부러우랴　　物外何煩羨挾仙
고개 돌려 티끌세상 고금 모습 돌아보니　　廻首塵寰今古態
촉만[376] 땅의 흥폐 모습 꿈속에서 의연하네　　觸[377]蠻興廢夢依然

376 촉만(觸蠻) : 본디 달팽이의 양쪽 뿔에 있다고 하는 나라인데, 서로 아등바등 다투는 것을 뜻하는 말로 쓰인다. 《장자》 〈칙양(則陽)〉에 "달팽이의 왼쪽 뿔 위에 있는 나라를 촉씨(觸氏)라 하고, 오른쪽 뿔 위에 있는 나라를 만씨(蠻氏)라 하는데, 서로 영토를 다투어서 전쟁을 한다."라고 하였다.

377 觸 : 초간본에는 '蜀'으로 되어 있다.

삼월 초에 오래 앓던 학질이 나았기에 걸어서 교외에 나가다
三月初舊痁愈步出郊外

즐거운 일 이 아침엔 이내 몸에 있거니와	樂事今朝屬此身
해묵은 병 처음 낫고 또한 봄을 만났다네	沈痾初散又逢春
연무가 낀 들판 점차 따뜻해진 이삼월에	煙郊向暖二三月
데리고서 함께 가는 예닐곱 명 동자라네	童子相携六七人
꽃 필 때면 비가 자주 온다고 뉘 말했나	花開誰道天多雨
술 익으니 어찌 손님 찾아옴을 꺼리겠나	酒熟何嫌我有賓
해 질 무렵 방초 위에 분수대로 취해 자며	隨分醉眠芳草晚
향기로운 이슬이 옷 다 적셔도 버려두네	任他香露滿衣巾

연암정을 찾아가다

尋燕巖亭

붉은 여뀌 꽃 시들고 대 사립문 닫혔는데　紅蓼花殘掩竹扉
뒤엉킨 산 깊은 곳에 스님 하나 돌아가네　亂山深處一僧歸
높은 난간 홀로 서서 가을 경치 즐기자니　危欄獨立愛秋色
찬 풍경의 몇 소리가 해 질 무렵 들려오네　寒磬數聲來夕暉
금기둥의 빛 번뜩임 성긴 비가 지나서고[378]　金柱影翻疏雨過
푸른 비단 무늬 깨짐 흰 물새가 날아서네[379]　碧羅紋破白鷗飛
분분하게 서로 다퉈 한가한 것 없건마는　紛紛爭取無閑物
맑은 경치 어찌하여 찾아오는 이 드문고　淸境如何有主稀

378 금기둥의……지나서고 : 잠시 동안 비가 내린 뒤에 구름 사이로 햇살이 내리비치는 모습을 형용한 것이다.

379 푸른……날아서네 : 흰 물새가 물을 차고 날아가서 잔잔하던 수면에 물결이 이는 모습을 형용한 것이다.

우연히 짓다

偶題

이때에 동인(東人)과 서인(西人)이 당파를 나눠 싸워서 화가 맺힌 지 여러 해가 되었다.

좋은 저택에도 봄은 열흘을 붉지 못하니[380] 甲第春無十日紅
아침에는 애끓다가 저녁엔 바람 따르네[381] 朝能斷腸暮隨風
녹주 죽은 누각 아래 향기는 못 돌아오고[382] 綠珠樓下香難返
황견 끌고 동문 나간 한은 끝이 없으리라[383] 黃犬門東恨不窮

380 좋은……못하니 : 당시에 조정에서 정권을 다투던 사람들이 오래도록 권력을 유지하지 못한 채 하루아침에 몰락하는 경우가 많음을 풍자한 것이다.

381 아침에는……따르네 : 사람들의 마음이 조변석개한다는 뜻으로, 당시에 조정 사대부들이 아침저녁으로 이합집산하면서 당파에 휩쓸리는 것을 조롱한 것이다.

382 녹주(綠珠)……돌아오고 : 한번 죽은 사람은 되살릴 수 없다는 뜻이다. 녹주는 진(晉)나라 때 부호(富豪)였던 석숭(石崇)의 애기(愛妓)로 미색이 아주 뛰어났는데, 당시 조왕(趙王) 륜(倫)의 하수인이던 손수(孫秀)가 녹주의 미색을 탐하여 석숭에게 녹주를 달라고 요구했으나, 석숭이 듣지 않았다. 그러자 손수가 조왕 륜에게 석숭을 잡아 죽이도록 권유하였고 마침내 석숭을 체포하기 위해 금곡원(金谷園)으로 군사들이 들이닥쳤다. 그때 마침 석숭은 녹주를 데리고 청량대(靑涼臺)에서 놀고 있다가 녹주에게 "내가 지금 너 때문에 죽게 되었다."라고 하니, 녹주가 슬피 울면서 스스로 청량대 아래로 몸을 던져 죽었다. 《晉書 石崇列傳》

383 황견(黃犬)……없으리라 : 일이 어그러진 뒤에는 후회해도 소용없다는 뜻이다. 진(秦)나라 이세(二世) 말기에 승상 이사(李斯)가 간신 조고(趙高)의 무함을 입고 함양(咸陽)의 시중(市中)에서 요참형(腰斬刑)을 받기 직전에 자기 아들을 보고 탄식하기를 "내가 너와 함께 다시 황견을 끌고 상채(上蔡)의 동문으로 나가서 교활한 토끼를 쫓고자 해도 어찌 가능하겠느냐."라고 하였다. 《史記 李斯列傳》

최씨 경씨 서로 다퉈 후함 박함 옮겨지고[384]	崔慶互爭移厚薄
소씨 주씨 서로 뺏어 자웅 서로 바뀌었네[385]	蕭朱交奪換雌雄
뉘 알리오, 초가집의 처마 아래 물 마시는	誰知飮水蓬簷下
한 즐거움[386] 서로 전함 만고토록 같다는 걸	一樂相傳萬古同

384 최씨(崔氏)……옮겨지고 : 최씨는 춘추 시대 제(齊)나라의 정승을 지낸 최서(崔杼)를 가리키고, 경씨는 최서의 뒤를 이어 집권한 경봉(慶封)을 가리킨다.

385 소씨(蕭氏)……바뀌었네 : 소씨는 전한(前漢)의 소육(蕭育)을 가리키고, 주씨(朱氏)는 그의 친구인 주박(朱博)을 가리킨다. 이 두 사람은 매우 절친한 사이로, 처음에는 서로를 추천하여 높은 벼슬에 올라갔다. 그러나 나중에는 서로 틈이 벌어져서 끝내는 원수 사이가 되었다. 《後漢書 王丹列傳》 이백(李白)의 〈고풍(古風)〉에 "장이와 진여도 끝내는 다 멸망하였으며, 소육과 주박도 서로 멀리 헤어졌네.〔張、陳竟火滅, 蕭、朱亦星離.〕"라고 하였다.

386 한 즐거움 : 안빈낙도(安貧樂道)하는 즐거움을 말한다. 362쪽 주237 참조.

술에 취해 짓다

醉題

이때 어떤 친구가 젊은 사람과 어울리다가 몸을 그르친 일이 있었다.

슬프게도 큰 참새가 새끼 참새 따른 탓에	傷哉大爵從黃口
그물을 친 어떤 이가 옛 원한을 갚았구나[387]	張網何人逞宿心
두우성이 빛 거두니 보검의 빛 첨 꺾였고[388]	斗牛光收初劚寶
아양곡의 소리 끊겨 금을 다시 숨기었네[389]	峨洋聲斷更藏琴

387 슬프게도……갚았구나 : 구봉의 친구인 어떤 사람이 젊은 사람과 어울리다가 예전에 원한을 품은 사람에게 화를 당하였다는 뜻이다. 큰 참새는 정철(鄭澈)을, 새끼 참새는 심의겸(沈義謙)을, 그물을 친 사람은 이산해(李山海)와 동인 일파를 가리키는 듯하다. 공자가 그물로 새를 잡는 자를 만나게 되었는데, 잡은 것을 보니 모두 새끼 참새였다. 공자가 묻기를 "새끼 참새는 모두 잡고 큰 참새는 잡지 못한 것은 어째서인가?"라고 하자, 그물을 치는 자가 답하기를 "새끼 참새가 큰 참새를 따를 경우에는 잡을 수 없고, 큰 참새가 새끼 참새를 따를 경우에는 잡을 수 있어서 그렇다."라고 하였다. 그러자 공자가 제자들을 돌아보면서 말하기를 "군자는 따르는 바를 삼가야 한다. 제대로 된 사람을 따르지 않을 경우에는 그물에 걸리는 환란을 당하게 된다."라고 하였다.《說苑 器物門 羅者》

388 두우성(斗牛星)이……꺾였고 : 구봉의 친구가 명망이 손상되었다는 뜻이다. 두우성은 두성(斗星)과 우성(牛星)을 말한다. 자세한 내용은 413쪽 주350 참조.

389 아양곡(峨洋曲)의……숨기었네 : 구봉 자신을 알아주는 친구가 떠나갔다는 뜻이다. 아양곡은 백아(伯牙)가 탔던 금곡(琴曲)을 말한다. 옛날에 백아는 거문고를 잘 타고 그의 친구 종자기(鍾子期)는 그 소리를 잘 알아들었는데, 백아가 높은 산에 뜻을 두고 거문고를 타자, 종자기가 듣고 말하기를 "좋다, 높다란 것이 마치 태산과 같구나.〔善哉, 峨峨兮若泰山!〕"라고 하였고, 또 백아가 흐르는 물에 뜻을 두고 거문고를 타자, 종자기가 또 말하기를 "좋다, 광대한 것이 마치 강하와 같구나.〔善哉, 洋洋兮若江河!〕"

꽃이 바람 밖으로 나니 향내는 더욱 멀고	花飛風外香逾遠
달이 구름 속에 숨으니 볼수록 깊어지네	月隱雲中望轉深
취한 뒤의 높은 노래, 우주 넓어 광활하니	醉後高歌天宇闊
이와 같은 호기를 다 산림에다 부치노라	一般豪氣屬山林

라고 하였다. 종자기가 죽은 뒤로는 백아가 자기의 거문고 소리를 알아들을 사람이 없다 하여 마침내 거문고를 부숴 버리고 종신토록 다시는 연주하지 않았다고 한다. 《列子 湯問》

청송[390] 선생에 대한 만사
挽聽松先生

파산 고을 깊은 곳서 구름 빗장 걸었으매	坡山深處掩雲扃
교화가 한 가문에만 그쳐 독성 탄식했네[391]	化止于家歎獨成
서리 국화 핀 울타리 도 정절[392]의 취미였고	霜菊一籬靖節趣
자갈밭의 세 이랑은 유신[393] 들판 농사였네	石田三頃有莘耕
염계 살던 사람 가니 괜히 자란 봄풀이요[394]	濂溪人去空春草

390 청송(聽松) : 성수침(成守琛, 1493~1564)으로, 본관은 창녕(昌寧), 자는 중옥(仲玉), 호는 청송·죽우당(竹雨堂)·파산청은(坡山淸隱)·우계한민(牛溪閑民) 등이다. 시호는 문정(文貞)이다. 성혼(成渾)의 아버지이다. 아우 성수종(成守琮)과 함께 조광조(趙光祖)의 문하에서 공부하였는데, 기묘사화 이후 세상에 대한 뜻을 끊고 은둔하였다.

391 파산(坡山)……탄식했네 : 성수침이 조정에 나오지 않고 파산에 은거한 탓에 교화가 널리 펴지지 못한 것을 탄식한 것이다. 파산은 파주(坡州)로, 파주시 파주읍 향양리를 가리킨다. 독성(獨成)은 자신의 학문을 닦아서 이루는 것을 말한다.

392 도 정절(陶靖節) : 진(晉)나라 도잠(陶潛)으로, 자는 연명(淵明), 시호는 정절이다. 진나라가 쇠망의 길로 들어서자 팽택 영(彭澤令)의 벼슬을 버리고 심양(潯陽)의 율리(栗里)로 돌아가 여생을 마쳤는데, 집 울타리 아래에 국화를 심어 은자의 정취를 더하였다. 그의 〈음주(飮酒)〉 시에 "동쪽 울타리 밑에서 국화를 따다가, 느긋하게 남쪽 산을 바라보네.〔採菊東籬下, 悠然見南山.〕"라고 하였다. 《陶淵明集 卷5》

393 유신(有莘) : 중국 고대의 지명으로, 이곳의 들판에서 상(商)나라의 명신(名臣)인 이윤(伊尹)이 농사를 짓다가 탕왕(湯王)의 초빙을 받고 조정에 들어가 재상이 되어 왕업을 성취시켰다. 《맹자》 〈만장 상(萬章上)〉에 "이윤은 유신의 들판에서 농사를 지으면서도 요순의 도를 즐겼다.〔伊尹耕於有莘之野, 而樂堯舜之道焉.〕"라고 하였다.

394 염계(濂溪)……봄풀이요 : 염계는 북송(北宋)의 도학자(道學者) 주돈이(周敦

안락와가 남았으매 제 스스로 달은 밝네[395]	安樂窩存自月明
인칙은 영화롭게 아들의 업 전해 받았고[396]	仁則榮爲傳子業
덕공은 위태롭게 안 한 이름 독차지했네[397]	德公徒擅不危名

頤)가 살던 곳이며, 그의 호이기도 하다. 주돈이가 살던 집의 창 앞에 풀이 무성히 자라도 베지 않기에 어떤 사람이 그 까닭을 물었더니, "나의 의사(意思)와 같기 때문이다."라고 하였는데, 이 말은 풀의 살려는 뜻〔生意〕이 자신의 살려는 뜻과 같기 때문에 베지 않는다는 의미이다. 주돈이는 풀을 통해서 천지가 생생(生生)하는 뜻을 보았던 것이다.《近思錄 卷14》

395 안락와(安樂窩)가……밝네 : 안락와는 송(宋)나라의 학자인 소옹(邵雍)이 안빈낙도의 생활을 즐겼던 오두막집인데, 여기서는 성수침이 살던 집을 뜻한다. 소옹이 처음 낙양(洛陽)에 왔을 적에 비바람도 제대로 막지 못하는 허름한 집 하나를 지어 놓고는, 가끔 쌀독이 비어 굶는 생활을 하면서도 유유자적하며 스스로 안락선생(安樂先生)이라고 일컬었다.《宋史 道學列傳 邵雍》

396 인칙(仁則)은……받았고 : 성혼이 아버지 성수침에게 가학(家學)을 전해 받았다는 뜻이다. 인칙은 송나라의 학자인 손영수(孫嶸叟)의 자이다. 손영수는 손지굉(孫之宏)의 종손(從孫)으로, 가학을 이어받아 특별한 스승이 없이도 수심학파(水心學派)의 전인(傳人)이 되었다.《宋元學案 卷55 水心下》

397 덕공(德公)은……독차지했네 : 성수침이 아들 성혼에게 벼슬길에 나가지 않고 은거하여 편안하게 사는 삶을 물려주었다는 뜻이다. 덕공은 후한(後漢) 때의 은자(隱者)인 방덕공(龐德公)을 가리킨다. 방덕공은 벼슬에 나오라는 형주 자사(荊州刺史) 유표(劉表)의 청을 거절하고 녹문산(鹿門山)으로 들어가 약초를 캐며 일생을 마쳤다.《後漢書 逸民列傳 龐公》

참판 김중회[398] 어른에 대한 만사

挽金參判重晦丈

경연(經筵)에 입대(入對)하였다가 갑작스레 병으로 졸하였다.[399]

사람들 다 연산에서 오길 학수고대했으며[400]　　手爭加額自連歸
대망 있던 중년에는 주졸들도 다 알았네[401]　　台望中年走卒知
밝은 달이 뜨려 하면 구름 쉽게 하늘 덮고　　明月欲生雲易合
좋은 꽃이 피려 하면 비가 문득 더디 오네[402]　　好花將發雨便遲

398 김중회(金重晦) : 김계휘(金繼輝, 1526~1582)로, 본관은 광산(光山), 자는 중회, 호는 황강(黃岡)이다.

399 경연(經筵)에……졸하였다 : 김계휘는 예조 참판으로 있던 중 1582년(선조15) 4월 21일의 석강(夕講)에 입시하였다가 갑자기 병이 나 부축을 받고 나가 초경(初更)에 졸하였다. 《宣祖實錄 15年 4月 21日》

400 사람들……학수고대했으며 : 김계휘는 1557년(명종12) 김홍도(金弘度)와 김여부(金汝孚)의 반목으로 옥사가 일어났을 때 김홍도의 당으로 몰려 파직되어 연산(連山)에 내려가 있었다.

401 대망(台望)……알았네 : 김계휘가 중년의 나이가 되었을 때는 재상감이라는 명성이 있어 모든 사람들이 김계휘의 이름을 알았다는 뜻이다. 대망은 재상의 물망에 오르는 것을 말한다. 송나라의 명재상인 사마광(司馬光)이 황제가 승하하여 곡하기 위해 대궐에 들어가는데, 대궐을 경비하는 군사들이 그를 바라보고 모두 두 손을 이마에 갖다 대고 말하기를 "이분은 사마 상공(司馬相公)이시다."라고 하였다. 《宋史 司馬光列傳》 또 사마광의 인덕을 칭송한 소식(蘇軾)의 〈사마군실독락원(司馬君實獨樂園)〉에 "아이들도 선생의 자인 군실을 모두 외우고, 하인들도 선생의 성인 사마를 다 안다오. 〔兒童誦君實, 走卒知司馬.〕"라고 하였다.

402 밝은……오네 : 김계휘가 재상의 물망에 올랐으면서도 질시하는 사람들로 인해 끝내 재상 자리에 오르지는 못하였다는 뜻이다.

세상 놀라게 한 말이 구슬에 티 되었으며[403]	片言驚世珪成玷
사신 되어 북경 갈 땐 머리 이미 세었었네[404]	一節觀周鬢已絲
밤이 언제 새나 묻고 아침에 일 아뢰었던	問夜如何朝奏事
옥성 다시 대궐 뜰에 내려올 일 없으리라[405]	玉聲無復下丹墀

403 세상……되었으며 : 김계휘가 조정에서 강직하게 한 말들로 인해 반대파의 질시와 임금의 미움을 받아 재상 자리에 오를 수 없었다는 뜻이다. 강직하게 한 말은 김계휘가 선조에게 국본(國本)인 세자(世子)를 일찍 책봉하여 미리 교육시키라고 주청하였던 일을 가리키는 듯하다.

404 사신……세었었네 : 김계휘는 1581년 종계변무(宗系辨誣)를 위한 주청사(奏請使)로 중국에 갔는데, 당시의 나이가 56세였다.

405 밤이……없으리라 : 관직에 있는 동안 부지런히 조정에 출사하여 일을 아뢰던 김계휘의 모습을 다시는 볼 수 없게 되었다는 뜻이다. 두보(杜甫)의 〈춘숙좌성(春宿左省)〉에 "아침에 상소를 올려야 하는지라, 밤 시간 어찌 됐나 자꾸만 물어보네.〔明朝有封事, 數問夜如何.〕"라고 하였다. 《杜少陵詩集 卷6》

그날 밤 꿈에 명곡[406]을 보고서 그 사람에 대해 읊다

連夜夢見鳴谷因詠其人

명곡의 성은 이씨(李氏), 이름은 산보(山甫), 자는 중거(仲擧)이며, 벼슬은 이조 판서이다.

그날 밤에 옷깃 잡고 눈물 줄줄 흘리면서	連夜持衣淚散絲
또렷한 말 온통 시국 슬퍼하는 말이었네	分明辭說只傷時
남이 나를 저버려도 나는 아니 저버렸고	人寧負我我無負
내가 의심 안 하는데 남이 어찌 의심하랴	我不疑人人豈疑
신뢰는 탁고할 만해 목숨 바치려고 했고	信可托孤忠許死
걱정은 추기하여 먹어도 주린 듯하였네[407]	憂逾推己食如飢
백성 사랑 임금 연모, 그의 평생 일이기에	愛民戀主平生事
내 아는 걸 감히 써서 후세 사람 기다리네	敢記吾知俟後知

406 명곡(鳴谷) : 이산보(李山甫, 1539~1594)로, 본관은 한산(韓山), 자는 중거, 호는 명곡, 시호는 충간(忠簡)이다.

407 걱정은……듯하였네 : 이산보가 항상 백성들의 삶을 걱정하여 백성들이 굶주리는 것을 보면 자신이 굶주리는 것처럼 하였다는 뜻이다. 추기(推己)는 추기급물(推己及物)의 준말로, 내가 상대방의 입장에 처했으면 과연 어떻게 했을까 하는 생각으로 상대방의 처지를 이해해 주려고 하는 것을 말한다.

허공택[408]의 어머니에 대한 만사

挽許公澤慈氏

아들 현명하게 함을 태교부터 하였으며	有子傳賢敎自胎
형제간에 우애하고 어버이께 순종했네	友于兄弟順于親
곧음으로 벼슬 버려 의와 명에 편안했고	以直廢官安義命
맘 봉양을 효로 삼고 청빈함을 즐기었네	養心爲孝樂淸貧
상을 당해 예 다하여 선대 교훈 준수하매	臨喪盡禮遵先訓
행실 기린 글 이어져 이웃까지 빛이 났네	表行連章耀近隣
십 년간의 주곡 차마 들을 수가 없었으며[409]	十年晝哭那堪聽
도씨 집서 머리 잘라 대접한 일 하시었네[410]	曾作陶家截髮賓

408 허공택(許公澤) : 구봉의 제자인 허우(許雨)로, 공택은 그의 자이다.

409 십……없었으며 : 허우의 모친이 남편을 잃고 10년 동안 곡하였다는 뜻이다. 주곡(晝哭)은 대낮에 곡하는 것으로, 흔히 남편을 잃은 것을 뜻한다.

410 도씨(陶氏)……하시었네 : 허우의 모친이 아들을 위하여 온 정성을 다해 아들의 친구들을 접대하였다는 뜻이다. 도씨는 진(晉)나라 때 장상(將相)을 지낸 도간(陶侃)을 말한다. 도간이 어렸을 적에 집이 몹시 가난하였는데, 친구인 범규(范逵)가 많은 사람을 거느리고 지나가다가 그의 집에 머물게 되었다. 그때 마침 집에 쌀이 떨어져 대접을 할 수 없게 되자, 도간의 어머니 담씨(湛氏)가 자신의 머리카락을 잘라 팔아서 식량과 술을 마련해 범규를 잘 대접하였다.《晉書 陶侃列傳》

내금위의 아내

內禁婦

내금위가 전사하였다.

눈과 바람 걱정되어 부질없이 옷 부쳤고	愁雪愁風謾寄衣
복사꽃이 시들 제에 안 돌아와 한탄했네	桃花紅減恨歸遲
전쟁터에 첨 갔을 땐 편지 되레 왔었으며	身初轉戰書猶到
맘은 교하에 가 있어 꿈에서도 안 옮겼네[411]	心在交河夢不移
화살 뽑고 혼 부른 건 어느 날의 일이던고	抽箭招魂何日事
돈 던져 친 헛된 점의 봄 기한이 다다랐네[412]	擲錢虛卜趁春期
장군 이에 노래하며 깃발과 북 돌아올 제	將軍歌舞廻旗鼓
말은 와려 기억나나 타는 주인 바뀌었네[413]	馬記騧驪換主騎

411 맘은……옮겼네 : 아내의 마음은 항상 북쪽 변경 지역에 가 있어서 꿈을 꿀 때에도 그곳에 가는 꿈만 꾼다는 뜻이다. 교하는 신강성(新彊省) 토로번현(吐魯番縣)의 서쪽에 있는 성(城)으로 변새(邊塞)를 의미한다. 또는 남편의 마음이 항상 경기도 교하(交河)에 와 있으므로 아내가 다른 곳으로 이사하지 않는다는 뜻이기도 하다.

412 돈……다다랐네 : 돈점을 칠 적에 봄이 되면 남편이 돌아온다고 했는데, 돌아오지 않았다는 뜻이다.

413 말은……바뀌었네 : 내금위가 전쟁터에 갈 적에 타고 갔던 말을 내금위가 죽어서 다른 사람이 타고 돌아왔다는 뜻이다. 와려(騧驪)는 주둥이가 검고 몸체가 누런 말이다.

한가한 중에 읊다

閑中

인세에서 없어지면 속세 밖에 있는 건데	人世之亡物外存
있고 없음 모른다면 다시 무슨 말을 하랴	存亡無識更何言
정신은 고금에서 놀아 늘 똑바르게 앉고	神遊古今常危坐
뜻은 건곤에 있어서 문을 쓸지 아니하네	志在乾坤不掃門
뜰의 풀은 푸른빛이 간밤 비에 이어졌고	庭草綠連前夜雨
시내 꽃은 붉은빛이 작년 흔적보다 많네	溪花紅漲去年痕
안 구해도 얻음이 구하는 자보다 많거니	非求有得多求者
분분하게 노예조차 높이는 게 우습구나[414]	堪笑紛紛以隸尊

414 분분하게……우습구나 : 뛰어나지도 않은 사람들이 서로 추어주는 것이 우습다는 뜻인 듯하다. 《장자》 〈제물론(齊物論)〉에, 공자(孔子)의 제자인 구작자(瞿鵲子)가 장오자(長梧子)에게 자신의 스승인 공자에 대해 묻자, 장오자가 공자는 도(道)를 모른다고 하면서 "성인은 해와 달을 나란히 곁에 놓아두며, 우주를 허리에 끼고서 만물과 일체가 되기를 추구하며, 혼돈한 도에 머물러 노예와 같이 천한 사람도 귀인과 똑같이 존중한다."라고 하였다.

객이 간 뒤에 홀로 앉아 회포를 적다[415]

客去後獨坐書懷

사물 이치 근원 같아 후함 박함 없건마는	物理同源無厚薄
세속 정은 갈래 많아 시기 의심 많이 있네	世情多徑有猜疑
거문고를 안고 멀리 구름 가는 곳을 보고	携琴遠望雲歸處
돌 베고서 외로이 달 돋는 때에 읊조리네	枕石孤吟月出時
사특한 말 어찌 군자 귀에 남겨 두겠는가	邪說豈留君子耳
한가한 수심은 달인 눈썹에 닿기 어렵네	閑愁難近達人眉
몸 편하니 초가조차 크다는 걸 느끼거니	身安更覺茅齋大
선궁 속의 물시계만 더디 가는 건 아니네	不獨仙宮刻漏遲

415 객이……적다 : 초간본에는 이 시의 3, 4구에 대해서 "몹시 저절로 한적하다.〔亦自閑適〕"라고 평하였으며, 5, 6구에 대해서 "이 어찌 득실에 마음을 쓰는 자이겠는가.〔是豈戚戚於得失者〕"라고 평하였다.

어떤 사람에게 화답하다[416]

答人

쇠잔한 꿈 유유하여 찾을 수가 없는데	殘夢悠悠不可尋
초와 범의 흥망성쇠 고금이 똑같구나[417]	楚凡成毁古猶今
지는 꽃과 흐르는 물 모두 자취 없거니와	落花流水渾無迹
가을 달과 봄바람이 어찌 마음 있으리오	秋月春風豈有心
만 리 길에 원수 갚길 지척과도 같이 하고	萬里報讎如咫尺
한 그릇 밥 덕 갚는 데 천금이나 쓴다네	一簞酬德費千金
영허와 왕복 모두 운수에 관계되는데	盈虛往復皆關數
은원의 깊고 얕음 어느 누가 견주는가	恩怨何人較淺深

416 어떤 사람에게 화답하다 : 초간본에는 이 시의 3, 4구에 대해서 "사람으로 하여금 만사에 대한 마음이 모두 식게 한다.〔令人萬事灰心.〕"라고 평하였다.

417 초(楚)와……똑같구나 : 국가나 개인의 존망 성쇠가 무상함을 뜻한다. 초와 범(凡)은 모두 나라 이름이다. 《장자》〈전자방(田子方)〉에 "초나라의 왕과 범나라의 임금이 같은 자리에 앉아 있었는데, 초나라 왕의 신하가 세 번이나 범나라가 망할 것이라고 말하였다. 그러자 범나라 임금이 말하기를 '범나라가 멸망해도 나는 없어지지 않는다. 범나라가 멸망해도 내가 없어지지 않는다면 초나라가 존재해도 그 존재를 보전할 수 없다. 그렇다면 망한 나라는 망한 적이 없고 초나라는 존재한 적이 없다고 말할 수 있다.' 하였다."라고 하였다.

우연히 짓다[418]

偶題

안 이지러졌는데 어찌 온전함 구하는가	不虧何用更求全
위태로운 곳을 향해 편안하다 말을 마라	休向危中說此安
부귀는 하늘에 달렸으매 한 생각도 없고	富貴在天無一念
굴신이 내게 연유하매 깊은 잠에 맡겼네	屈伸由我任高眠
달이 막 뜨는 데서 거문고 들고 기다리고	月方生處携琴待
꽃이 활짝 피는 때에 술잔 들고 바라보네	花正開時把酒看
어느 누가 이 세상을 경영하는 일을 묻나	誰問世間經濟事
유신의 밭 가는 노인[419] 마음 아니 바꿨는데	有莘耕叟未幡然

418 우연히 짓다 : 초간본에는 이 시에 대하여 "참으로 도를 아는 말이다.〔眞知道之言〕"라고 평하였다.

419 유신(有莘)의……노인 : 상(商)나라의 명신(名臣)인 이윤(伊尹)을 가리키는데, 여기서는 구봉 자신을 가리키기도 한다. 428쪽 주393 참조.

고요한 가운데 느낌이 있어서 읊다[420]

靜中有感

물정은 매양 객이 주인 됨을 탄식하는데	物情每歎賓爲主
세태는 빌리고서 안 돌려줌[421] 못 견디네	世態難堪假不歸
진실로 명이 있으니 구한들 어찌 얻으며	固有命焉求豈得
모두가 하늘 뜻인데 다시 무얼 의심하랴	莫非天也更何疑
마음 맞는 때 만나선 늘 혼자서 앉아 있고	値會意時常獨坐
형상 없는 곳 만나선 마음속으로만 아네	到無形處只心知
먼 산은 천연색을 제 스스로 보존하지만	遠山自保天然色
거울 속서 어찌 눈썹 그리는 걸 싫어하랴	鏡裏何嫌學畫眉

420 고요한……읊다 : 초간본에는 이 시의 1, 2구에 대해서 “뼈를 찌르는 말이다.〔刺骨之談〕”라고 평하였으며, 3, 4구에 대해서 “만상이 모두 공임을 명확히 알았다.〔照了萬象俱空〕”라고 평하였으며, 5, 6구에 대해서 “격양의 풍치가 상당히 많다.〔酷有擊壤風致〕”라고 평하였으며, 7, 8구에 대해서 “결구가 함축적이다.〔結有含蓄〕”라고 평하였다. 격양은 송나라의 학자인 소옹(邵雍)을 가리킨다.

421 빌리고서 안 돌려줌 : 《맹자》 〈진심 상(盡心上)〉에 “춘추(春秋)의 오패(五霸)는 빌려서 쓴 자들이다. 오래도록 빌려 쓰고서 반환하지 않았으니, 자기의 소유가 아님을 그들이 어떻게 알았겠는가.”라는 말이 나온다.

우연히 지어 우계에게 부치다[422]

偶得寄牛溪

만물 본디 한 몸에 다 갖추어져 있거니와	萬物從來備一身
산가에서 하는 일을 가난하다 하지 말게	山家功業莫[423]云貧
경륜의 일 속세 꿈서 오래전에 끊기었고	經綸久斷塵間夢
시와 술은 형상 밖의 봄에 길이 멈춰 있네	詩酒長留象外春
기는 열리고 닫힘 있어 기린과 말 다르고	氣有閉開麟異馬
이는 얕고 깊음 없어 순 임금도 범인 같네	理無深淺舜同人
상서 구름 거센 비가 내게서 다 연유하니	祥雲疾雨皆由我
다시 천심 골고루 다 덮어 줌을 깨닫겠네	更覺天心下覆均

422 우연히……부치다 : 초간본에는 이 시의 3, 4구에 대해서 "한가롭고 넓어서 저절로 멀다.〔閑曠自遠〕"라고 평하였으며, 이 시 전체에 대해서 "높은 곳은 평범한 시인이 미칠 바가 아니다.〔高處非等閑詞客所及〕"라고 평하였다.

423 莫 : 초간본에는 '豈'로 되어 있다.

고요한 가운데 읊다[424]

靜中

천산을 다 둘러보고 대 사립문 닫고서	看盡千山掩竹扉
정중에 참 얻었으니 늙음 어찌 의심하랴	靜中眞得老何疑
분수 안에 해야 할 일만 다할 뿐이거니	只爲分內當爲事
남들이 날 알아줌과 몰라줌을 묻지 마라	莫問人知與不知
하늘 이치 밝게 보면 후함 박함 없거니와	天理洞觀無厚薄
세속 정에 공과 사가 있음도 묻지 않네	世情休問有公私
백구와 나는 서로 잊은 지가 오래이매	白鷗與我相忘久
쌍쌍이 무리 지어 낚시터에 서 있노라	兩兩連群立釣磯

424 고요한 가운데 읊다 : 초간본에는 이 시의 3, 4구에 대하여 "이치를 담론한 것이 철저하여 신불해(申不害)도 상대가 되지 못한다.〔談理透骨, 不害無偶.〕"라고 평하였으며, 7, 8구에 대해서 "결구가 경쾌하다.〔結得翩然〕"라고 평하였다. 신불해는 전국 시대(戰國時代) 한(韓)나라의 법가(法家) 사상가이다. 천민의 신분으로 재상이 되었다.

생각이 있어서 읊다
有思

옛것 배워 현재 살매 친한 사람 없거니와	學古生今世莫親
문을 닫고 지내는 게 병 걸려서 아니라네	杜門非爲病纒身
텅 빈 물가 아득하매 그윽한 생각이 일고	空洲漠漠起幽思
방초 자라 무성하니 먼 데 사람 시름 짓네	芳草萋萋愁遠人
술통 술에 연일 취함 사양하지 말 것이니	樽酒莫辭連日醉
바람과 꽃 한 봄 내내 멈춰 있기 어렵다네	風花難住一年春
저물 무렵 금을 잡고 의란곡[425]을 연주하니	晩來琴弄猗蘭曲
저 율리[426]의 깊은 근심 가난함에 있지 않네	栗里深憂不在貧

425 의란곡(猗蘭曲) : 공자(孔子)가 지었다는 금곡(琴曲)인 〈의란조(猗蘭操)〉를 말한다. 411쪽 주339 참조.

426 율리(栗里) : 중국 강서성(江西省) 구강현(九江縣)에 있는 지명으로, 진(晉)나라의 은사인 도잠(陶潛)이 진나라가 망하고 유송(劉宋)이 건국하자 정절(靖節)을 지켜 율리에 은거하였다.

어떤 사람을 그리워하며 그를 대신하여 짓다

懷人代其人作

서로 아는 사람이 와서는 "그는 오지 않을 것이다."라고 하였으며, 문하 사람들은 피살되었다고도 하였다.

생각할 수 있을 뿐 믿을 수는 없거니와	只可思之不可恃
가까우면 믿어지나 멀면 서로 의심하네	近能相信遠相疑
하늘 보면 어기거나 버림 없어 기쁘지만	見天猶喜無違棄
꿈을 꿔도 끝내 이별 위로하긴 어렵구나	憑夢終難慰別離
물을 따라 갈라지니 꽃은 쉬이 떨어지고	隨水分流花易謝
뿌리 연해 함께 죽은 풀을 누가 슬퍼하랴	連根同死草誰悲
외로운 맘 원하건대 구름 속 달 의탁하여	孤心願托雲間月
매 밤마다 빛을 날려 궁중 뜰에 가고프네	夜夜飛光到玉墀

병을 삼가다

愼疾

약 쓰는 게 군사 씀과 같음 진작 알았거니	用藥曾知似用兵
군사 써도 끝내 태평 오게 하진 못한다네	用兵終不致升平
치료 전엔 절로 방편 쓸 여지가 있지마는	醫前自有方便地
병난 뒤엔 어찌 섭생 잘할 수가 있으리오	病後那能善攝生
정신 안정 안 될 때엔 욕심 줄여야만 하며	神未定時求寡欲
의리 통하는 곳에는 되레 정이 없게 되네	義歸通處却無情
배 안이 다 적국 됨은 모두 나의 탓이건만[427]	舟中敵國皆由我
누가 변호 막기 위해 다시금 또 성을 쌓나[428]	誰向邊胡更築城

427 배……탓이건만 : 자신의 몸에 병이 나는 것은 모두 자신이 잘못해서 생긴 것이라는 뜻이다. '배 안이 다 적국'이라는 말은, 임금이 덕정을 베풀지 않으면 나라 사람들이 다 적이 된다는 뜻이다. 전국 시대 위나라 무후(武侯)가 배를 타고 서하(西河)로 내려가다가 말하기를 "훌륭하다. 산천이 험하고 견고하구나. 적국이 침범하기 어려우니 이것은 위나라의 보배로다."라고 하니, 오기(吳起)가 말하기를 "옛날에 여러 나라가 산천이 험준하고 견고하였으나 덕을 닦지 않았기 때문에 망하고 말았으니, 나라의 보배는 덕(德)에 있는 것이지 험준한 지세에 있는 것이 아닙니다."라고 한 데에서 온 말이다. 《史記 吳起列傳》

428 누가……쌓나 : 건강 관리를 잘하지 않고 방심하다가 병이 난 뒤에 약을 써서 치료하는 것은 잘못이라는 뜻이다. 변호(邊胡)는 중국 변방의 오랑캐로, 여기서는 질병을 가리킨다. 진 시황(秦始皇)이 흉노족의 침입을 막기 위해 만리장성을 쌓았으나, 흉노족의 침입에 의해서가 아니라 내부의 분란으로 나라가 멸망하였다.

저물녘에 강가에 홀로 앉다[429]

暮江獨坐

높은 데에 오른 심사 정히 아득하거니와	憑高心事[430]正茫茫
진세에서 양쪽 살쩍 세어 괜히 서글프네	塵世空悲雙鬢蒼
멀리 눈길 닿는 끝에 저녁 배는 멀어지고	望眼欲窮暮帆遠
새가 아직 날아가는 가을 강은 길고 기네	鳥飛不盡秋江長
평사에는 연기 끼어 외로운 섬 묻혀 있고	平沙煙氣沒孤島
옛 사찰의 종소리는 석양 속에 들려오네	古寺鍾聲來夕陽
읊고 나니 떠나갈 길 멀고 멀어 아득한데	吟罷悠然迷去路
국화 옆에 앉아 있자 옷에서는 향기 나네	黃花坐久衣生香

429 저물녘에……앉다 : 초간본에는 이 시의 3, 4구에 대해 "이 어떠한 풍신인가.〔何等風神〕"라고 평하였으며, 5, 6구에 대해서 "절로 맑으면서도 심원하다.〔亦自淸遠〕"라고 평하였으며, 7, 8구에 대해서 "결구는 울림이 비교적 느리다.〔結響較緩〕"라고 평하였다.

430 事 : 초간본에는 '思'로 되어 있다.

서울 소식을 듣고 봄 새벽에 홀로 앉아서 읊다[431]

聞京報春曉獨坐[432]

가는 배는 소리 높고 강물 급히 흐르는데	歸棹聲高江水急
누대 올라 멀리 보니 고향 생각 일어나네	登樓迢遞故園心
이 한 봄의 만물 개화 앞과 뒤가 없지마는	一春開物無先後
온갖 풀이 내는 향은 얕고 깊음이 있구나	百草生香有淺深
청산이 다 드러난 건 갠 아침을 만나서고	青山盡出逢朝霽
태양 홀로 떠오른 건 간밤 구름 걷혀서네	白日孤昇解宿陰
장한 뜻은 푸른 바다 끝 가 보고 싶거니와	壯志欲窮滄海遠
남아 장부 어찌 길게 읊조릴 게 있겠는가	男兒何必費長吟

431 서울……읊다 : 초간본에는 이 시의 3, 4구에 대해서 "의당 사물의 이치를 엿보아 알아야 한다.〔宜覰物理〕"라고 평하였으며, 5, 6구에 대해서 "시구가 쾌활하다.〔輒是快活〕"라고 평하였다.

432 坐 : 초간본에는 '望'으로 되어 있다.

늦둥이로 태어나 병이 많았던 것을 뒤늦게 써서 백형과 중형에게 부치다[433]

追記晩生多病以寄伯仲二兄

자식 두어 기른 은혜 모두가 다 같겠지만	有子雖同撫育恩
우리 부모 나에 대해 가장 많이 애쓰셨네	吾親於我最辛勤
품 떠나던 그 당시엔 먼저 병을 걱정했고	免懷當日先憂疾
예를 묻던 중년 때엔 혼인조차 못 마쳤네	問禮中年未畢婚
〈육아〉[434]의 시 버려두매 하늘처럼 끝이 없고	詩廢蓼莪天[435]罔極
상로[436] 보매 사모 깊어 피눈물이 흐르누나	慕深霜露血成痕
평생 풍수[437] 탄식하며 깊이 상심하는 것은	平生風樹傷心處

433 늦둥이로……부치다 : 초간본에는 이 시의 3, 4구에 대해서 "정이 지극하여 정답고 도탑다.〔情至款厚〕"라고 평하였으며, 5, 6구에 대해서 "애모함이 절실하고 지극하다.〔哀慕切至〕"라고 평하였으며, 7, 8구에 대해서 "말과 정이 모두 비할 데 없다.〔辭情俱絶〕"라고 평하였다.

434 육아(蓼莪) : 《시경》〈소아(小雅)〉의 편명인데, 하늘처럼 끝없는 은덕을 갚을 길이 없어 부모를 몹시 그리워하여 부른 노래이다.

435 天 : 초간본에는 '情'으로 되어 있다.

436 상로(霜露) : 계절의 변화를 보고 돌아가신 부모를 그리는 서글픈 마음이 이는 것을 뜻하는 말이다. 《예기(禮記)》〈제의(祭義)〉에 "서리와 이슬이 내리면 군자가 그것을 밟고 반드시 슬픈 마음이 들게 마련이니, 이는 결코 추워서 그런 것이 아니다."라고 하였는데, 정현(鄭玄)은 이를 두고 "계절의 변화에 어버이 생각이 나서 그런 것이다."라고 해석하였다.

437 풍수(風樹) : 부모님이 돌아가셔서 봉양할 수 없음을 뜻한다. 《한시외전(韓詩外傳)》 권9에 "나무는 고요히 있으려 하나 바람이 그치지 않고, 자식은 봉양하려고 하나

백발이 선명할 때 말 배우기 시작해서네 鶴髮明時始學言

부모가 기다려 주지 않는다.〔樹欲靜而風不止, 子欲養而親不待也.〕"라고 한 데서 나온 말이다.

우연히 읊다

偶吟

구름 모두 흩어지고 천둥 번개 멎었으매　　織雲飛盡霽雷霆
예전대로 중천에는 해와 달이 밝고 밝네　　依舊中天日月明
언로 다시 열렸으매 큰길조차 좁아졌고　　言路再開周道狹
국법 거듭 세워지니 태산조차 가볍구나　　國經重植泰山輕
석양에 막대 짚고 선 건 무슨 일이런가　　夕陽扶杖獨何事
고개 돌려 구름 보니 먼 정이 많아지네　　回首望雲多遠情
천 리 밖의 광장[438] 어찌 내게 곤욕 끼치리오　　千里狂章那困我
임금 마음 막힘없어 저울처럼 공평한데　　聖心無滯若衡平

이때 조여식(趙汝式 조헌)이 올린 상소가 임금의 노여움을 촉발하였으나 바로 처벌하지는 말라는 명이 있었다고 한다. 게다가 조여식의 상소는 장방평(張方平)이 소식(蘇軾)을 구제해 준 상소[439]보다 더 심했다고 한다.

438 광장(狂章) : 과격한 내용을 담은 상소로, 여기서는 조헌(趙憲)이 1586년(선조 19) 10월 1일에 올린 상소를 말한다. 조헌은 이 상소에서 시사에 대해 극언(極言)하였으며, 그 가운데에는 도망 중에 있는 송익필을 사면하고서 후생들을 가르치는 스승으로 삼으라는 내용이 있다. 《宣祖修正實錄 19年 10月 1日》

439 장방평(張方平)이……상소 : 장방평은 송(宋)나라 영종(英宗), 신종(神宗) 때 사람으로, 자는 안도(安道), 호는 낙전거사(樂全居士), 시호는 문정(文定)이다. 일찍이 소식이 어사에게 탄핵받았을 때 상소를 올려 소식을 구원해 주었는데, 상소에서 한 말이 아주 과격하였다. 소식이 풀려난 뒤에 그 상소를 읽어 보고는, 내용이 너무 과격하여 하마터면 황제의 노여움을 사서 오히려 더 큰 화를 당할 수 있었으므로, 자신도 모르게 혀를 내밀고 안색이 변했다고 한다. 《言行龜鑑 卷6》

저물녘에 어떤 사람에게 부치다[440]

日夕寄人

높은 누대 적막한데 석양 속에 기대 있자	危樓寂寞倚斜暉
방초가 하늘 닿은 곳에 생각이 무성하네	芳草連天靄所思
사람 끊긴 작은 다리, 수양버들 합해졌고	人斷小橋垂柳合
시선 끝난 성가퀴엔 저녁 까막 더디 나네	眼窮孤堞暮鴉遲
만 리 밖의 그대 생각, 이러한 때 한인데	懷君萬里此時恨
한 소리의 긴 피리를 어디에서 불어 대나	長笛一聲何處吹
한 움큼의 골짝 난초 보내 줄 이 없거니와	滿掬幽蘭無可贈
머리 세어 아는 사람 적은 것이 슬프구나	白頭惆悵少相知

440 저물녘에……부치다 : 초간본에는 이 시에 대해서 "당시(唐詩)도 아니고 송시(宋詩)도 아니면서 절로 농밀하며 절로 빛난다.〔非唐非宋, 自穠自亮.〕"라고 평하였다.

객중에서 읊다[441]

客中

대숲에서 밥을 먹고 노을 속에 잠자거니　食披叢竹宿依霞
여행 계획 쓸쓸하여 도롱이만 하나 있네　行計蕭然只一蓑
계룡산이 가까워서 가을 기운 일찍 오고　山近鷄龍秋氣早
백마강과 닿아 있어 석양 많이 비추누나　江連白馬夕陽多
길은 남북 통하여서 임금 은혜 족한 데다　路通南北君恩足
몸은 어려움을 겪어 학력 더욱 불어나네　身歷艱危學力加
자식들은 진성 있고 형은 외방 떠돌거니[442]　子在秦城兄在外
꿈속에서 돌아가도 또한 집은 없을 거리　夢中歸去亦無家

441 객중에서 읊다 : 초간본에는 이 시의 5구에 대해서 "두둔하면서 스스로를 위로하였다.〔回護自寬〕"라고 평하였으며, 6구에 대해서 "환난에 처해 있으면서도 상도(常道)를 잃지 않았다.〔處患不失常〕"라고 평하였으며, 7, 8구에 대해서 "몹시 마음이 아프다.〔蒼然〕"라고 평하였다.

442 자식들은……떠돌거니 : 이때 구봉은 안당(安瑭)의 후손들이 송사를 일으켜서 온 집안 사람들이 안씨 집안의 노비로 환속될 처지가 되자, 형제들과 함께 온 가족을 이끌고 도피 생활을 하고 있었다. 시의 내용으로 볼 때, 구봉은 처자식을 서울에 숨겨 둔 채 충남의 계룡산 일대를 떠돌고, 구봉의 형은 황해도 북쪽 일대를 전전하였던 듯하다. 진성(秦城)은 도성을 뜻한다.

백마강
白馬江

백년간의 문물 모두 폐허로다 변하였고	百年文物總成丘
가무는 연기에 잠겨 두견새가 수심 짓네	歌舞煙沈杜宇愁
말을 던진 대[443] 있으나 구름만이 적적하고	投馬有臺雲寂寂
꽃 떨어진 자취[444] 없고 강물만이 유유하네	落花無迹水悠悠
외로운 배 허연 머리, 때 상심한 눈물이고	孤舟白髮傷時淚
한 피리 속 푸른 산, 고향 땅의 가을이네	一篴青山故國秋
충혼 조문하려 해도 어느 곳이 거기런가	欲弔忠魂何處是
길이길이 오호 유람[445] 생각나게 하는구나	令人長憶五湖遊[446]

443 말을 던진 대(臺) : 부여의 부소산(扶蘇山) 아래에 있는 바위인 조룡대(釣龍臺)를 말한다. 전설에 의하면, 당(唐)나라 장수 소정방(蘇定方)이 처음 백제를 공격할 때, 강가에 이르러 물을 건너려고 하는데 갑자기 비바람이 크게 일어나므로 흰말을 미끼로 삼아 용 한 마리를 낚고 나니, 잠깐 사이에 날이 활짝 개어 마침내 당나라 군사가 강을 건너 백제를 공격할 수 있었다. 이 일로 인하여 이 강을 백마강이라 하고, 이 괴석을 조룡대라 이름 붙였다고 한다.

444 꽃 떨어진 자취 : 부여 백마강 가의 부소산에 있는 낙화암(落花巖)을 말한다. 백제가 망할 때 의자왕의 궁녀들이 백마강으로 뛰어내리는 모습이 꽃잎이 떨어지는 것과 같아서 그렇게 이름하였다고 한다.

445 오호(五湖) 유람 : 춘추 시대 월(越)나라의 대부 범려(范蠡)가 오호에 배를 타고 간 것을 말한다. 범려가 월나라 왕 구천(句踐)을 도와 오(吳)나라를 멸망시키고 상장군이 되었지만 이내 벼슬을 버리고 치이자피(鴟夷子皮)로 이름을 바꾼 후 오호로 배를 타고 가서 은거하였다. 《史記 貨殖列傳》

446 遊 : 초간본에는 '舟'로 되어 있다.

호남 안찰사의 시에 차운하다 2수
次湖南按使韻 二首

취한 속에 가는 세월 본디 바쁘지가 않아	醉裏光陰本不忙
적선 와서 하지장과 짝해 서로 어울리네[447]	謫仙來伴賀知章
술잔 속의 밝은 달에 마음 아는 이 적은데	樽中明月知心少
대숲 밖의 맑은 바람 기나긴 흥 돋우누나	竹外淸風引興長
문 앞의 갠 산봉우리 오래 봐도 싫지 않고	當戶晴峯看不厭
평상 근처 외로운 새 서로 잊고 앉아 있네	近牀幽鳥坐相忘
구름 헤치고서 다시 솔 사이의 돌에 눕자	披雲更臥松間石
이슬 젖은 가을 향기, 술잔 속에 들어오네	露滴秋香入羽觴

남쪽 봉화 밤에 올라 차주[448]하기 바쁘거니	楚烽宵報借籌忙
문무 재주 완전해서 금장[449]이라 칭해졌네	文武才全稱錦章

447 적선(謫仙)……어울리네 : 관찰사가 와서 구봉 자신과 어울려 논다는 뜻이다. 적선은 당나라의 시인인 이백(李白)으로, 흔히 조정에 있다가 지방관으로 쫓겨난 사람을 뜻하는 말로 쓰이기도 하는데, 여기서는 관찰사를 가리킨다. 하지장(賀知章)은 당나라 현종 때 예부 시랑(禮部侍郎)을 지냈으나 만년에는 고향으로 돌아가 도사가 되었으며, 술을 즐기고 문사에 재능이 있었는데, 여기서는 숨어 사는 구봉 자신을 뜻한다.

448 차주(借籌) : 젓가락을 빌린다는 뜻인 차저(借箸)와 같은 말로, 모신(謀臣)이 임금 앞에서 작전 계획을 세우는 것을 말한다. 259쪽 주20 참조.

449 금장(錦章) : 아주 아름다운 무늬로, 여기서는 호남 관찰사가 뛰어난 문재(文才)와 무재(武才)를 고루 갖추고 있음을 뜻한다.

기세는 동해 눌러 고래 물결 잦아들고[450]	氣壓東溟鯨浪息
교화는 남극에 펴 순 임금의 풍화 기네[451]	化宣南極舜風長
금약[452]을 전담하매 조정에는 일이 없고	寄專金鑰廷無事
민심을 사랑하매 그 은택을 잊지 않네	愛在民心澤不忘
때때로 은자 찾아 술 가지고 가거니와	訪隱有時兼載酒
태평스러운 봄빛이 구슬 잔에 가득하네	太平春色滿瓊觴

450 기세는……잦아들고 : 호남 관찰사로 온 사람이 일본이 쳐들어오려고 하는 것을 막았다는 뜻이다. 고래 물결은 거센 파도로, 왜적들이 침입해 오는 것을 뜻한다.

451 교화는……기네 : 호남 관찰사로 온 사람이 정사를 잘하였다는 뜻이다. 남극(南極)은 전라도 지방을 말한다. 순(舜) 임금의 풍화(風化)는 순 임금 시대와 같은 교화를 뜻한다.

452 금약(金鑰) : 쇠로 만든 자물쇠로, 요충지를 뜻한다.

우연히 읊다

偶吟

긴 둑에 구름 걷히고 이슬은 막 마르는데	長堤雲捲露初晞
냇물 갈라져 흐르고 작은 버들 드리웠네	溪水分流小柳垂
길 가다가 좋은 꽃을 봐도 감상할 맘 없고	行見好花無意賞
나무꾼을 만난 거는 우연스레 만난 거네	偶逢樵者不因期
원래부터 내 맘속에 경영함을 쉬었나니	由來心上營爲息
산중 세월 더디 감을 다시금 또 깨닫겠네	更覺山中日月遲
친구 중에 속세에서 벼슬한 이 많지마는	親舊風塵多佩綬
뜬 이름에 얻은 것은 살짝 센 것뿐이라네	浮名贏得鬢邊絲

친구를 찾아가 개합[453]할 것을 권하다
訪故人勸開閤

청산을 다 지나가도 또 청산이 나오는데　青山過盡又青山
기나긴 길 낙조 사이 높다랗게 걸려 있네　長路高懸落照間
죽기 전에 찾아온 건 진정 뜻이 있거니와　未死相尋眞有意
미혹 않고 회복함을 어렵다고 하지 말게　不迷能復莫云難
진병 일어나려 하니 의당 성벽 굳게 했고　秦兵欲起宜堅壁
탕은 목욕하여 유신하고 반명 경계했네[454]　湯沐維新更戒盤
군자가 기약함은 나라 바로잡는 데 있는데　君子所期須正國
백두산의 아래에는 평안함을 잃었다네　白頭山下失平安

453 개합(開閤) : 재상으로 있는 사람이 어진 선비들을 초빙하는 것을 말한다. 한 무제(漢武帝) 때 공손홍(公孫弘)이 승상이 되고 나서 객관(客館)을 지은 다음 객관의 동쪽으로 난 작은 문을 열어 놓고 현사(賢士)들을 맞아들였던 데서 온 말이다. 《漢書 公孫弘傳》

454 탕(湯)은……경계했네 : 지난날의 잘못을 버리고 마음가짐을 새로이 하여 다시 시작하는 것을 말한다. 유신(維新)은 《시경》 〈대아(大雅) 문왕(文王)〉에 "주나라는 비록 오래된 나라지만, 그 명이 오직 새로웠도다.〔周雖舊邦, 其命維新.〕"라고 한 데서 온 말로, 새롭게 시작하는 것을 말한다. 반명(盤銘)은 목욕통에 새긴 명으로, 탕 임금은 사람이 마음을 깨끗이 하여 악을 제거하는 것은 마치 몸의 때를 씻는 것과 같다고 여겨, 목욕통에 "진실로 어느 날 새로워졌거든, 나날이 새로워져야 하고 또 날로 새로워져야 한다.〔苟日新, 日日新, 又日新.〕"라고 새겨 놓고 경계하였다. 《大學章句 傳2章》

서울 소식을 듣고 시를 써서 사옹[455]에게 주다

見京[456]報題贈沙翁

마음 편해지려 해도 몸은 편치 못하거니	心欲安來身不安
현재 살며 옛날 사모함엔 어려움이 많네	生今慕古事多艱
봉황새가 어찌 솔개 성내는 걸 돌아보랴	鳳凰肯顧鴟鳶嚇
송백은 또 도리 얼굴 하긴 정말 어렵다네[457]	松柏難爲桃李顔
낮에는 바람 맑은 숲 아래의 돌에 눕고	晝臥淸風林[458]下石
밤에는 달빛 밝은 눈 덮인 산속서 읊네	夜吟明月雪中山
십 년이나 발자취가 연하 밖에 있거니와	十年蹤迹煙霞外
뜬 이름만 이 세상에 가득함이 우습구나	笑許浮名滿世間

455 사옹(沙翁) : 사계(沙溪) 김장생(金長生, 1548~1631)으로, 본관은 광산(光山), 자는 희원(希元), 호는 사계, 시호는 문원(文元)이다. 김계휘(金繼輝)의 아들이며, 구봉의 제자이다.

456 京 : 초간본에는 '雪'로 되어 있다.

457 송백(松柏)은……어렵다네 : 지조가 굳센 사람은 아첨하는 짓을 하지 못한다는 뜻이다. 이백(李白)의 〈영양별원단구지회양(潁陽別元丹丘之淮陽)〉에 "소나무와 잣나무는 아무리 춥고 고통스러워도, 복사꽃과 오얏꽃의 봄 좇기를 부끄러워한다네.〔松柏雖寒苦, 羞逐桃李春.〕"라고 하였다. 《李太白文集 卷12》

458 林 : 초간본에는 '松'으로 되어 있다.

주인에게 사례하기 위해 지어 주다[459]

謝贈主人

새 술 급히 꺼내어서 나의 노쇠 위로하니	爭開新釀慰吾衰
도처에서 만난 사람 옛날 친구와 같구나	到處逢人若舊知
한 세상에 유명하니 자취 피하기 어렵고	一世有名難避迹
평생토록 짝이 없어 홀로 시를 읊조리네	百年無伴獨吟詩
비는 뿔피리 소리 거둬 강섬에 들게 하고	雨收殘角投江島
바람은 노을 끌어와서 술잔에 지게 하네	風引餘霞落酒巵
달 있으니 어찌하여 날 저물까 걱정하랴	有月何須愁日暮
이끼가 낀 돌에 앉아 늦도록 안 돌아가네	坐苔隨意告歸遲

459 주인에게……주다 : 초간본에는 이 시의 1, 2구에 대해서 "인정이 곤곤하고 지극하다.〔人情宛至〕"라고 평하였으며, 5, 6구에 대해서 "그의 조어를 보니 엄하고 굳세어 경치를 그려 낸 것이 나약하지 않다.〔看他下字嚴悍, 寫景不靡.〕"라고 평하였다.

조천하러 가는 송강을 전송하다[460]

送松江朝天

내가 세상에 나가지 않는다고 꾸짖기에 이 시를 지어 주었다.

명과 실이 어지러워 진짜 가짜 뒤섞이매	紛紛名實混眞僞
첩부들이 앞다투어 대장부라 떠벌리네[461]	妾婦爭誇大丈夫
화류는 행락하는 날 또다시 돌아오는데	花柳又迴行樂日
산하는 속절없이 패왕도[462]에 잠겨 있네	山河空鎖霸王圖
마시고 쫄 안 구하니 신선들의 약이 되고[463]	無求飮啄爲仙藥
문밖으로 안 나가니 바로 너른 길이라네	不出門庭是坦途
이별 임해 그대에게 안의명[464]을 권하노니	臨別勖君安義命
시사 따위 가지고서 자잘하게 비교 마소	莫將時事較錙銖

460 조천(朝天)하러……전송하다 : 조천은 일반적으로 중국에 사신으로 가는 것을 뜻한다. 정철이 명나라에 사신으로 간 것은 임진왜란이 일어난 다음 해인 1593년(선조 26) 5월 사은사(謝恩使)에 차임되어 간 일 말고는 없다. 이 시의 내용으로 볼 때 중국에 사신으로 가는 사람을 전송하는 시로는 적절하지 않으며, 이 시 다음에 신묘년(1591)에 지은 시가 수록되어 있는 것으로 보아 여기에서의 조천은 정철이 조정에서 물러나 있다가 다시 조정으로 들어간 것을 말하는 듯하다.

461 첩부(妾婦)들이……떠벌리네 : 조정에서 아첨이나 일삼는 소인배들이 군자인 체한다는 뜻이다.

462 패왕도(霸王圖) : 패(霸)는 힘으로 다스리는 패도(霸道)를, 왕(王)은 덕으로 다스리는 왕도(王道)를, 도(圖)는 계책이나 모략을 말한다.

463 마시고……되고 : 뜻을 굽히고 조정에 나가 녹봉을 받아 부유하게 살기보다는 가난하게 지내면서도 마음 편하게 사는 것이 더 좋다는 뜻이다.

464 안의명(安義命) : 의리와 천명을 편안하게 여기는 것을 말한다.

광산으로 돌아가는 도중에 읊다[465]

歸光山途中

신묘년(1591, 선조24) 봄에 어지러운 화가 있어서 또다시 호남으로 갔다.[466]

매화 소식 진관에서 막히어서 못 왔거니[467]	梅花消息阻秦關
행장 모두 비에 젖어 나그네 꿈 차갑구나	雨濕行裝旅夢寒
오늘 이후 남은 생은 흰머리로 돌아가고	今日餘生歸白首
지난해의 나그네는 청산 모습 기억하네	昔年爲客記青山
온 하늘의 아래가 다 나의 편한 집이거니	一天之下皆安宅[468]
세상만사 무심하매 더없이 맘 한가롭네	萬事無心是最閑
사람이 때 이기거나 때가 사람 이기기에	人或勝時時或勝
선사 또한 속절없이 갈림길서 늙었다네[469]	先師虛老路岐間

465 광산(光山)으로……읊다 : 초간본에는 이 시의 3, 4구에 대하여 "아주 곡진하여서 정겨움이 있다.〔委曲有情〕"라고 평하였으며, 5, 6구에 대하여 "자신에 대해 말한 것이 아주 쾌활하다.〔自解處殊快活〕"라고 평하였으며, 7, 8구에 대해서 "끌어대어 비유한 것이 갈수록 고상해진다.〔引喩轉高〕"라고 평하였다.

466 신묘년……갔다 : 구봉은 56세 때인 1589년 기축옥사(己丑獄事)로 이발(李潑) 등 동인(東人)이 몰락하자 신분이 회복되어 교하로 돌아와 있었다. 58세 때인 1591년에 정철(鄭澈)이 건저(建儲) 문제를 선조에게 건의하였다가 낭패하고 난 뒤 다시 남쪽으로 내려가 도피 생활을 하였다.

467 매화……왔거니 : 아직은 매화가 피기 전이라는 뜻이다. 진관(秦關)은 함곡관(函谷關)을 말하는데, 여기서는 특별한 의미 없이 그냥 끌어다가 쓴 것이다.

468 宅 : 초간본에는 '土'로 되어 있다.

469 선사(先師)……늙었다네 : 선사는 공자(孔子)를 가리킨다. 공자는 자신의 도를 펴기 위해 평생 동안 이 나라 저 나라를 떠돌았다.

회포가 있어서

有懷

대방산의 아래 있는 광한전의 이 누각을[470]	帶方山下廣寒殿
늘 오르고 싶었지만 오랫동안 못 올랐네	每欲登臨宿計違
오늘 초수 신세[471] 되어 늙은이 맘 읊조리니	今日楚囚吟老洫
이 한 봄의 신선 꿈이 연무 저편 격해 있네	一春仙夢隔煙霏
은하 다리 하늘 가까워 별은 더 커 보이고	銀橋近上星辰大
계수 난간 허공에 떠 바다와 산 희미하네	桂檻浮空海嶽微
인간 세상 이내 발을 붙일 곳이 없거니와	無地人間堪着足
외로운 학 타고 가서 속세 속박 벗고프네	願驂孤鶴脫塵鞿

470 대방산(帶方山)의……누각을 : 대방은 남원(南原)의 고호(古號)이고, 광한전은 광한루(廣寒樓)를 말한다. 광한루는 남원의 진산인 교룡산(蛟龍山) 아래에 있다.

471 초수(楚囚) 신세 : 타향을 떠돌면서 고향을 그리워하는 신세를 말한다. 285쪽 주89 참조.

가을에 형제를 그리워하다

秋日憶兄弟

집 없는데 어느 곳서 삶과 죽음 찾아보랴	無家何處尋生死
인으로 덮는 은혜 깊어 역시 한 하늘이네	仁覆恩深亦一天
남쪽 국화 다시 펴도 사람은 병들어 눕고	南菊再開人臥病
북쪽 기럭 세 번 와도 소식 전하기 어렵네	北鴻三返信難傳
넋은 지는 낙엽 따라 강 밖으로 흘러가고	魂隨亂葉流江外
꿈은 가는 구름 좇아 달 가로다 떨어지네	夢逐歸雲落月邊
서리 이슬 내렸어도 향화 끊어졌으리니[472]	霜露變遷香火斷
흰머리의 외로운 한 황천까지 다다르네	白頭孤恨到幽泉

472 서리……끊어졌으리니 : 형제들이 다 도피 생활을 하는 탓에 부모님의 산소에 제사가 끊어졌을 것이라는 뜻이다. 서리와 이슬은 계절의 변화를 보고 돌아가신 부모를 그리는 서글픈 마음이 이는 것을 뜻하는 말이다. 447쪽 주436 참조.

우연히 짓다

偶題

집과 나라 나누어서 서로 다른 둘로 보나	家國分爲二物看
나라 위험하면 집도 보전 못 함을 뉘 믿으랴	國危誰信保家難
물새는 물고기 찾지 물을 찾는 게 아니며	尋魚沙鳥非尋水
마을 양은 풀 그리지 산 그리지 아니하네	戀草村羊不戀山
신선 세계 붉은 복사, 봄기운이 한창이고	仙界紅桃春浩浩
갠 하늘의 밝은 달은 바다 가득 넘실대네	霽天明月海漫漫
남과 함께 즐기려고 해도 내겐 계책 없어	與人同樂吾無計
청풍 속에 배 띄우니 만고 길이 한가하네	一棹淸風萬古閑

봄날 잠자는 사이에 나그네가 돌아가다
春睡客還歸

요금 베고 누운 채로 나비 되어 날았거니[473]	瑤琴爲枕蝶飛飛
〈운요〉[474] 노래 읊고 나서 반쯤 취한 때였었네	吟罷雲謠半醉時
내 낀 버들 잎 푸른데 바람 아니 불어오고	煙柳碧濃風不轉
못 속 연꽃 젖었건만 빗줄기는 안 보이네	池荷紅濕雨無絲
학 하늘로 돌아가서 문을 연 지 한참 됐고	鶴歸霄漢開門久
꿈은 봉래[475] 들어가서 바다 건넘 더디었네	夢入蓬萊渡海遲
우연스레 냇물 따라 왔다가 또 떠나가서	偶趁溪流來又去
서로 간에 잊었거늘 어찌 굳이 서로 알랴	相忘何用兩相知

473 요금(瑤琴)……날았거니 : 옥으로 장식한 좋은 거문고를 베고 자다가 꿈을 꾸었다는 뜻이다. 옛날에 장주(莊周)가 꿈속에서 나비가 되었는데, 자신이 장주인 줄도 알지 못하다가 얼마 뒤에 깨어나니 바로 장주였다. 이에 장주가 꿈에서 나비가 된 것인지 나비가 꿈에서 장주가 된 것인지를 알 수가 없었다. 《莊子 齊物論》

474 운요(雲謠) : 〈백운요(白雲謠)〉로, 서왕모(西王母)가 목천자(穆天子)와 만나 요지(瑤池)에서 주연을 베풀고 헤어질 때 지어 주었다는 이별시를 말하는데, 그 첫 구절이 '백운재천(白雲在天)'으로 시작되기 때문에 〈백운요(白雲謠)〉 혹은 〈백운편(白雲篇)〉으로 부르게 되었다고 한다. 《穆天子傳 卷3 古文》

475 봉래(蓬萊) : 발해(渤海) 가운데 있다고 하는 삼신산(三神山)의 하나인 봉래산(蓬萊山)을 가리킨다. 삼신산은 봉래산, 방장산(方丈山), 영주(瀛洲)를 일컫는다.

산에서 살며 더위를 피하다
山居避暑

쑥대 밑에 낮게 사는 새가 되레 의심하네	蓬下低禽訝九霄
하늘에서 바람 타고 소요하는 즐거움을[476]	泠然風御樂逍遙
한가한 중 참된 정취 어느 누가 알겠는가	閑中眞趣人誰識
구름 밖에 노는 신선 세상에선 못 부르리	雲外遊仙世莫招
바위 샘물 한 줄기는 항상 눈발 휘날리고	巖泉一道常飛雪
긴 대나무 천 줄기는 두드림을 받지 않네	脩竹千竿不受敲
하휴보다 괴로운 일[477] 하는 많고 많은 이들	病甚夏畦多少子
불길처럼 뜨겁게 작은 이끗 놓고 다투네	熱如焦火競錐刀

476 쑥대……즐거움을 : 본래 작은 세상에 살거나 작은 즐거움에 만족하는 사람은 큰 세상이나 큰 즐거움을 모른다는 뜻인데, 여기서는 속세에서 바쁘게 살아가는 사람들은 산속에서 한가로이 사는 구봉 자신의 즐거움을 모른다는 뜻으로 쓰였다. 구만리 하늘을 날아 남명(南冥)으로 날아가는 대붕(大鵬)을 보고 숲에 사는 메추라기가 비웃으면서 말하기를 "저 새는 또 어디로 가는가. 나는 펄쩍 날아올라 몇 길도 오르지 못하고 내려와서 쑥대 사이를 날아다닐 뿐이다."라고 하였다. 《莊子 逍遙遊》

477 하휴(夏畦)보다 괴로운 일 : 남에게 아첨하는 짓을 말한다. 《맹자》 〈등문공 하(滕文公下)〉에 "어깨를 추켜올리고 남에게 아첨하여 웃는 것은 여름철에 밭일하는 것보다 괴롭다.〔脅肩諂笑, 病于夏畦.〕"라고 하였다.

비바람 치는 가을밤에 다른 사람의 시에 차운하다
秋夜風雨次人

분분하게 이는 시비 남가몽에 부쳤거니	紛紛成毁寄南柯
베개 밖의 가을 소리 밤이 되자 더욱 많네	枕外秋聲夜更多
초택 있는 나그네[478]는 옛날 집이 그리운데	楚澤羈人懷舊[479]宇
칠원 돌아갈 계획은 무하향을 저버렸네[480]	漆園歸計負無何
바람이 멋진 가지 꺾어 외론 잣 상하였고	風摧秀色傷孤柏
비가 남은 향 적시매 저녁 연꽃 애석하네	雨浥餘香惜晩荷
우어 이에 밝은 세상에서 금하지 않기에[481]	偶語非爲明世禁

478 초택(楚澤) 있는 나그네 : 전국 시대 초(楚)나라의 충신인 굴원(屈原)을 가리키는데, 여기서는 객지를 떠돌면서 살고 있는 구봉 자신을 말한다. 초택은 굴원이 초회왕(楚懷王)에게 버림받아 멱라수(汨羅水)에 빠져 죽기 직전까지 배회하던 소상강(瀟湘江) 일대를 말한다.

479 舊 : 초간본에는 '故'로 되어 있다.

480 칠원(漆園)……저버렸네 : 고향으로 돌아갈 계획이 다 어그러졌다는 뜻이다. 칠원은 장자(莊子)를 가리키는 말로, 장자가 일찍이 몽(蒙)이라는 땅에서 칠원을 관리하는 벼슬아치로 있었기 때문에 이렇게 칭하는 것이다. 무하향(無何鄕)은 무하유지향(無何有之鄕)으로, 흔히 이상향(理想鄕)을 뜻하는 말로 쓰인다. 장자가 혜자(惠子)와 더불어 논변하면서 말하기를 "현재 당신은 큰 나무를 가지고 있으면서 그것이 쓸데가 없다고 걱정하고 있는데, 어찌하여 그 나무를 아무것도 없는 고장, 광막한 들판에다가 심어 놓고서, 하는 일 없이 그 곁을 왔다 갔다 하거나 그 아래에서 노닐다가 드러누워 낮잠을 자지 않는가?〔今子有大樹, 患其無用, 何不樹於無何有之鄕廣莫之野, 彷徨乎無爲其側, 逍遙乎寢臥其下?〕"라고 하였다.《莊子 逍遙遊》

481 우어(偶語)……않기에 : 오늘날은 밝은 세상이라 언론이 자유롭다는 뜻이다. 우

문 너머로 뜻 전하려 애를 쓰며 읊조리네　　隔門傳意費沈[482]哦

어는 두 사람이 마주 보고 이야기하는 것으로, 진(秦)나라 때 사람들이 마주 보고 서서 시서(詩書)를 이야기하는 자가 있으면 잡아다 처형하던 법이 있었다.

482 沈 : 초간본에는 '吟'으로 되어 있다.

객중에 우연히 짓다

客裏偶題

대아 이제 아득해져 베풀어지지 않는데	大雅微茫竟不陳
우리 동방 돌아보니 가시덩굴 무성하네[483]	回看東土又荊榛
닭이 울고 개가 짖는 삼천리의 강토에서	鷄鳴狗吠三千里
술 마시고 시 읊음이 이백 년의 세월이네	把酒吟詩二百年
난초 차고 황혼 녘에 길 바뀜을 슬퍼하고[484]	蘭佩[485]黃昏悲改路
도원 찾아 달 밝을 때 나루 몰라 한탄하네[486]	桃源明月歎迷津
추풍 속의 흰머리는 약속한 적 없었는데	秋風白髮曾無約
무슨 일로 만 리 길을 서로 찾아온단 말가	何事相尋萬里天

483 대아(大雅)……무성하네 : 우리 동방의 문화가 쇠퇴하여 황폐해졌다는 뜻이다. 대아는《시경》〈대아〉와 〈소아(小雅)〉에서 온 말인데, 아(雅)는 곧 정(正)의 뜻으로, 시가(詩歌)의 정성(正聲)을 말한다. 후대에는 흔히 아정(雅正)한 시문(詩文)을 가리키거나 올바른 사람 또는 도를 뜻하는 말로 쓰인다.

484 난초……슬퍼하고 : 구봉 자신이 중년에 송사(訟事)에 걸려 학문을 하면서 일생을 마치려던 뜻을 이루지 못하고 도망자 신세가 되어 여기저기 떠돌아다니는 것이 슬프다는 뜻이다. 난초를 찬다는 것은 전국 시대 초(楚)나라의 충신 굴원(屈原)이 소인(小人)의 참소를 입어 조정에서 쫓겨난 이후 못가를 거닐며 읊은 〈이소(離騷)〉에 "강리와 벽지를 몸에 두르고, 가을 난초 꿰어서 허리에 차네.〔扈江離與辟芷兮, 紉秋蘭以爲佩.〕"라고 한 데서 나온 말로, 객지에서 떠돌면서 숨어 사는 은사의 모습을 말한다.

485 佩 : 초간본에는 '珮'로 되어 있다.

486 도원(桃源)……한탄하네 : 구봉 자신이 편안하게 숨어 살 곳을 찾지 못한 채 여기저기 떠도는 것이 한탄스럽다는 뜻이다.

꿈에서 죽은 친구를 보다[487]

夢見亡友

처음에는 연무 속의 밝은 달과 같더니만	初如明月隔輕煙
말과 웃음소리 점차 거침없이 하며 오네	言笑開來漸沛然
충담할사 그 정신은 구름 밖의 학에다가	沖淡精神雲外鶴
조용할사 그 광채는 물속에 핀 연꽃이네	從容光彩水中蓮
해 저물 때 바람 서리 대숲에만 들이치고	風霜歲暮偏侵竹
인간 세상 시비 따위 선계에는 못 가리라	成毁人間不到仙
도 걱정한 십 년 동안 머리 함께 희었는데	憂道十年頭共白
깊은 교분 꿈속에다 부치는 것 탄식누나[488]	歎將深[489]契付閑眠

487 꿈에서……보다 : 초간본에는 이 시의 1, 2구에 대하여 "그려 낸 것이 전광석화 같다.〔狀得倏閃.〕"라고 평하였으며, 5, 6구에 대하여 "이 얼마나 분명하고 절실한가.〔何等明切?〕"라고 평하였으며, 이 시 전체에 대해서 "율곡이 아니면 여기에 해당되지 못할 것이다.〔非栗谷, 不能當此.〕"라고 평하였다.

488 도(道)……탄식누나 : 함께 학문을 닦던 친구가 이미 죽어 현실에서는 만나지 못하고 꿈속에서나 만나는 것이 탄식스럽다는 뜻이다.

489 深 : 초간본에는 '心'으로 되어 있다.

송강을 생각하다[490]

憶松江

동산에는 늦은 봄에 백성 소망 매였는데[491]	東山春晩留民望
초택에서 깊은 가을 홀로 감을 원망하네[492]	楚澤秋深怨獨行
양진이 돈 돌려준 일 저 귀신이 알고 있고[493]	楊子返金神鬼識

490 송강(松江)을 생각하다 : 정철이 1591년(선조24) 2월에 등대(登對)하여 건저(建儲) 문제를 헌의하였다가 선조의 미움을 받아 6월 강계(江界)로 유배되었을 때 지은 시인 듯하다.

491 동산(東山)에는……매였는데 : 정철에게 백성들의 기대가 쏠려 있었다는 뜻이다. 동산은 진(晉)나라의 명상(名相)인 사안(謝安)이 은거하던 곳이다. 사안이 병으로 벼슬을 버리고 동산에 은거하고는 40세에 이를 때까지 늘 내외 자질(子姪)들과 기녀들을 거느리고 풍류를 즐기면서 조정에서 누차 불렀으나 나가지 않았다. 그러자 당시 사람들이 말하기를 "사안이 나오지 않으려고 하니, 창생들은 어찌한단 말인가."라고 하였다. 《晉書 謝安列傳》

492 초택(楚澤)에서……원망하네 : 정철이 조정에서 쫓겨나 유배 가는 것을 사람들이 원망한다는 뜻이다. 초택은 전국 시대 초나라의 충신인 굴원(屈原)이 유배되었던 곳이다.

493 양진(楊震)이……있고 : 정철이 청렴결백한 성품을 지녔다는 뜻이다. 후한(後漢)의 학자인 양진이 동래 태수(東萊太守)로 부임하던 도중 창읍(昌邑)에 이르렀을 때, 일찍이 양진에게 무재(茂才)로 천거를 받았던 창읍 영(昌邑令) 왕밀(王密)이 밤중에 양진을 찾아와서 황금 10근을 바쳤다. 이에 양진이 말하기를 "그대의 친구인 나는 그대를 아는데, 그대가 나를 알지 못하는 것은 무슨 까닭인가?"라고 하고 사양하니, 왕밀이 "밤이라 아무도 아는 사람이 없습니다."라고 하였다. 양진이 말하기를 "하늘이 알고 귀신이 알고 내가 알고 자네가 알거니, 어찌 아는 사람이 없다고 하는가."라고 하고 황금을 물리쳤다. 《後漢書 楊震列傳》

내공이 전각 오르자 진신들이 다 놀랐네[494]	萊公升殿縉紳驚
서리 능가하는 고절, 푸른 솔이 서 있으며	凌霜孤節青松立
나라 근심하는 고충, 백일같이 밝았다네	憂國孤忠白日明
세 번 축출당한 명성[495] 만고 길이 전하리니	三黜高名傳萬古
한 백년의 영예 총애 터럭처럼 가볍다네	百年榮寵一毫輕

494 내공(萊公)이……놀랐네 : 정철이 선조의 뜻을 거스르면서까지 건저 문제에 대해 강직하게 말하였다는 뜻이다. 내공은 송(宋)나라 태종(太宗)과 진종(眞宗) 때의 재상인 구준(寇準)의 봉호(封號)이다. 송나라 태종이 오랫동안 왕위에 있었는데, 풍증(馮拯) 등이 태자를 정하라고 상소하였다가 태종의 노여움을 사서 모두 귀양을 간 뒤로는 아무도 이에 대해서 말하는 사람이 없었다. 구준이 청주(青州)에 있다가 조정으로 들어오자 태종이 "짐의 여러 아들 가운데 누가 황위(皇位)를 이을 만한가?"라고 하자, 구준이 "폐하께서는 천하 사람들을 위하여 태자를 택해야 합니다. 부인이나 중관에게 물어서 택해도 안 되고, 근신에게 물어서 택해도 안 됩니다. 폐하께서는 오직 천하 사람들의 소망에 부응하는 자를 택하셔야 합니다."라고 하였다. 황제가 좌우에 있던 사람들을 모두 물리치고 "양왕(襄王)을 태자로 삼으면 되겠는가?"라고 하자, 구준이 "자식을 아는 사람으로는 아버지만 한 사람이 없는 법입니다. 폐하의 생각에 괜찮다고 여긴다면 곧바로 결정하십시오."라고 하였다. 태종이 드디어 양왕을 태자로 삼으니 천하 사람들이 모두 기뻐하였다. 《宋史 寇準列傳》

495 세……명성 : 임금을 곧은 도로 섬긴 것을 말한다. 춘추 시대 노(魯)나라의 유하혜(柳下惠)가 사사(士師)가 되었다가 세 번이나 쫓겨나자, 어떤 사람이 "그대는 이제 그만 떠나야 하지 않겠는가?"라고 하니, 유하혜가 말하기를 "도를 곧게 하여 사람을 섬기면 어디를 간들 세 번 쫓겨나지 않겠으며, 도를 굽혀 사람을 섬긴다면 어찌 굳이 부모의 나라를 떠나겠는가."라고 하였다. 《論語 微子》

어떤 사람을 그리워하다
懷人

외로운 학 굶주린들 어찌 좁쌀 먹겠으며　獨鶴忍飢焉啄粟
높은 솔은 꺾일망정 서리 걱정 안 하누나　高松雖折不憂霜
사군 눈물 다한 곳엔 천산이 아득 멀고　思君淚盡千山遠
보국의 맘 달린 데엔 한 꿈이 길고 기네　報國心懸一夢長
달빛 아래 옥루 소리 전해 듣는 것만 같고　月下如聞傳玉漏
바람 불 땐 천향 보내 준 걸 기억할 것이리　風廻時記送天香
창생들 일 물을 때에 전석[496]할 줄 알겠는데　蒼生有問知前席
사마공이 어느 해에 낙양으로 돌아갔나[497]　司馬何年返洛陽

496 전석(前席) : 이야기에 흥미를 느껴 자꾸 앞으로 다가앉는 것으로, 임금이 신하의 말을 경청하는 것을 의미한다. 한 문제(漢文帝)가 한밤중에 미앙궁(未央宮) 정전(正殿)의 선실(宣室)로 가의(賈誼)를 불러 놓고 귀신(鬼神)의 근본에 대하여 물으니, 가의가 그 소이연(所以然)을 갖추 아뢰자, 문제가 몹시 흥미를 느낀 나머지 자신도 모르게 가의의 앞으로 자꾸만 다가앉았던 데서 온 말이다. 《漢書 賈誼傳》

497 사마공(司馬公)이……돌아갔나 : 대상 인물이 조정에 남아 있지 않고 시골로 돌아간 것을 아쉬워하는 뜻이다. 사마공은 송(宋)나라의 명재상인 사마광(司馬光)을 가리킨다. 사마광이 일찍이 조정에서 벼슬하다가 퇴직하고 낙양(洛陽)에서 15년 동안 살았는데, 신종(神宗)이 죽어 임곡하기 위해 예궐(詣闕)하자, 위사(衛士)들이 모두 이마에 손을 얹고 공경스럽게 바라보면서 "이분이 사마 상공(司馬相公)이시다."라고 하였으며, 낙양으로 돌아가지 말고 황제를 도와서 백성들을 보살펴 달라고 애원하였다. 《宋史 司馬光列傳》

취옹[498]에게 답하다

酬醉翁

이때 취옹이 임금의 부름에 응하지 아니하였다.

술에 취해 하늘 위의 옥난간을 비워 두고	醉挑[499]天上玉欄空
하계 와서 신선 되어 술통 속에 숨었구나	下謫爲仙隱酒中
매일처럼 방초 길에 술병 들고 다녔으며	日日携壺芳草路
집집마다 낙화풍에 베개 밀쳐 두었었네	家家推枕落花風
돌아올 땐 말 타고 와 늙어서도 건강한데	歸能騎馬翁猶健

어떤 데는 "구름이 북극에 깊어도 혼은 오히려 가고 있다.〔雲深北極魂猶去〕"로 되어 있다.

달이 서산 걸려 있어 밤은 아직 아니 샜네	月在西山夜未終
술통 속엔 사철 내내 봄 한 철만 있는데	樽裏四時春一色
학서[500] 든 자 부질없이 오고 감이 바쁘구나	鶴書來往謾忽忽

498 취옹(醉翁) : 손곡(蓀谷) 이달(李達, 1539~1612)을 가리키는 듯하다.

499 挑 : 초간본에는 '桃'로 되어 있다.

500 학서(鶴書) : 임금이 은사(隱士)를 부르는 조서(詔書)를 말한다. 고대에 학두서(鶴頭書)라는 자체(字體)가 있는데, 임금이 은사를 부를 때에는 학두서의 글자체로 글씨를 쓰므로 이렇게 칭하는 것이다.

우연히 짓다 2수

偶題 二首

봉은 새벽 맡지 않고 기린은 못 타거니와 鳳不司晨麟不駕
한망 전혀 다르지만 서로 마땅함이 있네 閑忙殊道有相宜
한 숲속의 자유로움 내게 전해져 왔는데 一林笑傲傳歸我
온 천하의 안위 끝내 어느 누가 맡으려나 四海安危竟在誰
오직 고요함 속에서 저들 하는 행동 보고 偏向靜中看彼動
아무것도 없는 데서 저들 하는 짓 비웃네 更於無處笑他爲
인세에서 이미 정신 수양할 곳 찾았으니 人間旣占頤神地
물외에서 번거롭게 옥지[501] 캘 게 뭐 있으랴 物外何煩採玉芝

사람 되어 남자로다 태어난 게 다행이며 爲人爲幸作男兒
또한 천인 이치 아니 어둡단 걸 알았다네 又識天人理不迷
즐거움이 있어 이미 서권[502]의 뜻 살폈으며 有樂旣觀舒卷義
무심하니 고금의 때 물어보지 아니하네 無心休問古今時
해 높아서 푸른 나무 그림자가 천 겹이고 綠樹日高千疊影
산 고요해 누런 꾀꼴 우는 소리 백 가지네 黃鸝山靜百般啼

501 옥지(玉芝) : 신선이 먹는다고 하는 신초(神草)이다.

502 서권(舒卷) : 나아가고 물러남을 뜻하기도 하고 숨거나 드러냄을 뜻하기도 하는데, 여기서는 숨거나 드러냄을 뜻한다. 한유(韓愈)의 〈견흥연구(遣興聯句)〉에 "거백옥과 영무자는 권서를 알았고, 공자와 안자는 행장을 알았다.〔蘧、甯知卷舒, 孔、顏知行藏.〕"라고 하였다.

창 안에서 잠이 깨어 창 앞에 와 앉아 있자　　窓中睡起窓前坐
속세 세상 갈림길이 있다는 걸 못 믿겠네　　未信塵寰有路岐

연밥 따는 것을 읊다
詠採蓮

필 땐 꼭지 함께하고 꺾어도 또 이어지니	開能共蔕折能連
정이 많은 아녀들이 하루 종일 끌리누나	兒女多情盡日牽
구슬에 밝은 눈동자 비쳐 쌍으로 반짝이고	珠映明眸雙的皪
꽃에 붉은 볼 감추어 온통 곱기만 하구나	花藏紅頰渾嬋娟
뱃길 따라 향 나뉘니 자취 찾기 부끄럽고	香分船路羞尋迹
상처에는 가시 붙어 -원문 1자 결락- 웃누나	刺着膚痕笑有□
머리 숙여 돈을 안 돌아볼 줄 뉘 알았으랴	誰識低頭金不顧
뽕잎 따는 높은 절개 옥보다도 더 굳다네[503]	採桑高節玉逾堅

503 머리……굳다네 : 연밥 따는 여인들이 굳은 절개를 가지고 있다는 뜻이다. 춘추시대 노(魯)나라 사람 추호(秋胡)가 혼례를 올린 지 5일 만에 아내와 헤어져 진(陳)에 부임하였다. 그로부터 5년이 지나 돌아오다가 길가에서 뽕을 따는 어떤 부인을 보고는 그 미모에 반하여 금(金)을 주면서 유혹하였는데, 그 부인은 돌아보지도 않고 가 버렸다. 추호가 자기 집에 와서 보니 아까 그 부인이 바로 자기 아내였다. 그 부인은 자신을 유혹한 사람이 남편임을 알고는, 남편의 불효(不孝)와 불의(不義)를 꾸짖고 강물에 투신해 죽었다. 《列女傳 卷5 節義傳 魯秋潔婦》

박산로[504]에 피운 향불을 보고 느낌이 있어서 읊다[505]

對博山香火有感

찬 창가에 마주 앉자 고요하여 말 없는데	坐對寒窓[506]靜不言
주렴 저편 가을 낙엽 어지러이 떨어지네	隔簾秋葉落紛紛
사방으로 두른 물은 삼봉 향해 합쳐지고	四環波向三峯合
두 가닥의 향 연기는 한 몸에서 갈라지네	雙縷煙從一體分
재가 티끌 될 적에는 마음 홀로 괴롭지만	燼到成塵心獨苦
향기 아직 꼭지 남아 기운 능히 따사롭네	香猶留蔕氣能熏[507]
잠시 동안 따스하나 끝내 보전 어렵기에	片時相煖終難保
긴긴 밤을 고생하며 스스로 향 사르누나	長夜辛勤謾自焚

504 박산로(博山爐) : 윗부분에 바다에 있다고 하는 전설 속의 산인 박산의 형상을 새긴 향로이다. 박산은 그 형상이 연꽃처럼 생겼다고 한다.

505 박산로에……읊다 : 초간본에는 이 시의 1, 2구에 대해서 "상쾌하여서 손으로 움켜쥘 수 있을 것 같다.〔蕭爽可掬〕"라고 평하였으며, 3구에 대해서 "향로의 모습을 가리킨다.〔指爐形〕"라고 평하였으며, 4구에 대해서 "아주 절묘하다.〔極妙〕"라고 평하였으며, 5, 6구에 대해서 "도통한 견해이다.〔透道之見〕"라고 평하였으며, 7구에 대해서 "생각이 신묘한 경지에 이르렀다.〔思入妙〕"라고 평하였다.

506 窓 : 초간본에는 '燈'으로 되어 있다.

507 熏 : 초간본에는 '薰'으로 되어 있다.

객중에 가을을 만나다

客裏逢秋

이때 일본에 갔던 통신사(通信使)가 돌아왔는데, 자못 근심스러운 단서가 있었다.[508]

일찍이 호목이 임조에 들어와서 놀랐는데[509]	曾驚胡牧過臨洮
일하에서 배가 온 뒤 더 교만함 탄식하네[510]	日下舟廻歎轉驕
봄 제비가 숲에 돌아간단 옛말 상심되고[511]	春燕歸林傷古語
가을 기럭 소식 없어 새 소요를 원망하네[512]	秋鴻無信怨新騷

508 이때……있었다 : 1590년(선조23) 3월 정사(正使) 황윤길(黃允吉), 부사 김성일(金誠一), 서장관 허성(許筬)이 일본에 통신사로 갔다가 다음 해 2월에 부산에 도착하여 복명하였는데, 이때 일본이 쳐들어올 것이라는 소문이 분분하게 떠돌았다.

509 일찍이……놀랐는데 : 전쟁이 날 조짐이 보여서 놀랐다는 뜻이다. 호목(胡牧)은 신장이 큰 목동을 말하는 듯하다. 임조(臨洮)는 중국 감숙성(甘肅省) 지역에 있는 고을 이름으로, 만리장성이 이곳에서 시작된다. 진 시황(秦始皇) 26년에 키가 5장(丈)이고 발이 6척인 거인 12명이 오랑캐 복장을 하고 임조현에 나타났는데, 시황이 길조로 여겨 천하의 병기를 녹여서 이 거인의 형상대로 금인 12개를 만들었다. 그러나 그로부터 14년 뒤에 진나라가 망하고 말았다. 《漢書 五行志下之上》

510 일하(日下)에서……탄식하네 : 일본에 갔던 통신사가 배를 타고 돌아온 뒤에 일본의 교만함에 대해 더욱 탄식이 나온다는 뜻이다. 일하는 해가 뜨는 곳의 아래에 있는 나라로, 일본을 가리킨다.

511 봄……상심되고 : 전쟁으로 백성들이 살 곳이 없게 될 것이 슬프다는 뜻이다. 《자치통감(資治通鑑)》 권124 〈송기(宋紀) 태조문황제(太祖文皇帝)〉에 "참혹한 난리를 겪어서 인가가 없으므로 봄 제비가 집 지을 곳이 없어 숲속 나무에 집을 지었다."라고 하였다.

512 가을……원망하네 : 전란이 일어난다는 소문이 있어 세상이 어수선한 탓에 서신이 오지 않아 원망스럽다는 뜻이다.

남쪽 오니 땅이 다해 푸른 바다 넓디넓고	南來地盡滄溟闊
북쪽 보니 하늘 멀어 고향 땅은 아득하네	北望天長故國遙
허리에 찬 화살 하나 아직 쏘지 않았으니	一箭在腰猶未發
사람들 중 누가 노련 높은 뜻을 알겠는가[513]	時人誰識魯連高

513 허리에……알겠는가 : 노련(魯連)은 전국 시대 제(齊)나라의 고사(高士)인 노중련(魯仲連)을 가리킨다. 전국 시대 연(燕)나라 장수가 제나라 요성(聊城)을 공격하여 빼앗았는데, 어떤 사람이 그를 연왕(燕王)에게 중상하자, 연나라 장수가 처형을 당할까 봐 두려워서 돌아가지 않고 성안에서 버티고 있었다. 이때 노중련이 편지를 써서 요성을 지키면 오명을 덮어쓸 수밖에 없는 이유에 대해 조목조목 나열하여 화살에 묶어 성안으로 쏘아 보냈다. 연나라 장수가 그 편지를 보고 3일간 고민하다가 자살하니, 제나라 전단(田單)이 성안의 소란을 틈타 공격하여 요성을 탈환하였다. 《史記 魯仲連列傳》

추부에 갇히다[514]

累在秋府

나이 마흔 넘어 마음 비로소 안정됐으니	年逾[515]四十心初定
소위[516] 아직 보존하니 죽어도 맘 편안하네	素位猶存死亦安
뜻 심오한 《희경》이야 논함 쉽지 않지마는[517]	義奧羲經論未易
어짊 깊은 탕망이야 풀기가 뭐 어려우랴[518]	仁深湯網解何難

514 추부(秋府)에 갇히다 : 추부는 형조(刑曹)의 별칭이다. 구봉은 충청도와 전라도를 떠돌면서 도피 생활을 하다가 1591년(선조24) 홍산(鴻山)에서 자수하였으며, 이후 형조로 압송되어 조사를 받고서 처음에 남해(南海)에 유배되었다가 평안도 희천(熙川)으로 이배되었으며, 동생 송한필(宋翰弼)은 이성(利城)에 유배되었다. 초간본에는 이 시의 3, 4구에 대해서 "뜻이 몹시 오만하면서도 말에는 짐작함이 있다.〔意甚鮮腆, 辭有斟酌.〕"라고 평하였으며, 5, 6구에 대해서 "약간의 해학이 깃들어 있다.〔稍諧〕"라고 평하였으며, 7, 8구에 대해서 "몹시 한가롭다.〔甚閑暇〕"라고 평하였다.

515 逾 : 초간본에는 '踰'로 되어 있다.

516 소위(素位) : 현재 처해 있는 자리를 말한다. 《중용장구》 제14장에 "군자는 현재의 위치에 따라 행하고 그 밖의 것은 원하지 않는다.〔君子素其位而行, 不願乎其外.〕"라고 하였는데, 이에 대한 주에 "군자는 들어가는 곳마다 스스로 만족하지 않음이 없다."라고 하였다.

517 뜻……않지마는 : 《주역》의 이치를 가지고 구봉 자신의 신세나 앞날을 점치기가 쉽지 않다는 뜻이다. 《희경(羲經)》은 복희씨(伏羲氏)의 《역경(易經)》이라는 뜻으로, 《주역》을 가리킨다.

518 어짊……어려우랴 : 선조 임금이 어질어서 형조의 옥에 갇혀 있는 구봉 자신을 풀어 줄 것이라는 뜻이다. 탕망(湯網)은 탕(湯) 임금의 그물이라는 말로, 형정(刑政)을 너그럽게 사용하는 것을 비유하는 말로 쓰인다. 옛날에 탕 임금이 밖에 나가다 보니, 어떤 사람이 들판에다 사면으로 그물을 쳐 놓고 축원하기를 "하늘로부터 사방에 이르기

일생 동안 몸으로는 고인의 예 행했거늘 一生身服古人禮
사흘이나 머리에는 군자의 관 없게 됐네 三日頭無君子冠
봄꽃이 다 떨어진 산 아래에 있는 내 집 落盡春花山下宅
새벽녘에 물과 구름 사이에 간 꿈꾸었네 曉天歸夢水雲間

세상일을 두루 겪어 백척간두 올랐거니[519] 閱世身登百尺竿
뾰족한 걸 봐도 맘은 이미 편안할 것이리 目觀尖物已能安
〈명이〉[520]는 처지에 따라 공정함이 익숙하니 明夷隨處稱停熟
의리 어찌 운용하기 어렵다고 말을 하랴 義理何言運用難
정성스런 하후 되레 감옥서도 강학했고[521] 斷斷夏侯猶授學

까지 모두 내 그물 안으로 들어오라."라고 하였다. 탕 임금이 "세상이 다 되었구나."라고 하고 삼면의 그물을 제거하고 나서 축원하기를 "왼쪽으로 가고 싶으면 왼쪽으로 가고 오른쪽으로 가고 싶으면 오른쪽으로 가되, 나의 명을 따르지 않는 것만 나의 그물로 들어오라."라고 하였는데, 제후들이 이 말을 듣고 "탕의 덕이 지극하여 금수에까지 미쳤다."라고 하였다. 《史記 殷本紀》

519 세상일을……올랐거니 : 구봉이 이 세상의 어려운 일을 두루 겪었다는 뜻이다. 《전등록(傳燈錄)》에 "백 척의 장대 끝에서 한 걸음을 더 나아갈 수 있어야만 시방세계의 이치가 몸에 온전해질 것이다.〔百尺竿頭須進步, 十方世界是全身.〕"라고 하였다.

520 명이(明夷) : 《주역》 64괘 가운데 하나로, 밝음을 상징하는 이(離 ☲)가 땅을 상징하는 곤(坤 ☷) 아래에 위치한 괘인데, 이 괘는 현자가 뜻을 얻지 못한 채 참언을 당하며 고달픈 처지에 놓인 것을 보여 준다.

521 정성스런……강학했고 : 하후(夏侯)는 한(漢)나라 때의 학자인 하후승(夏侯勝)을 가리킨다. 하후승이 선제(宣帝)가 무제(武帝)의 공을 기려 묘악(廟樂)을 올리려고 하는 것을 반대하였다가 옥에 갇혔다. 이때 함께 옥에 갇힌 황패(黃霸)가 하후승에게 경전을 가르쳐 달라고 하니, 하후승이 그러다간 사형에 처해질지도 모른다고 하면서 거절하였다. 그러자 황패가 "아침에 도를 들으면 저녁에 죽어도 괜찮다."라고 하였다.

성실했던 유야는 또 갓끈 바로 매었다네[522]　肫肫由也又纓冠
정녕하게 옛사람의 일을 한번 외우고서　丁寧一誦古人事
우리 형이 그런 처지 당한 거에 눈물짓네　泣向吾兄伯仲間

우계(牛溪)가 차운한 시이다.

이에 하후승이 드디어 한 해가 넘도록 옥 안에서 황패와 더불어 학문을 강론하였다. 《漢書 夏侯勝傳》

522 성실했던……매었다네 : 죽을 처지에 놓여서도 군자의 처신을 잃지 않는 것을 말한다. 유야(由也)는 공자의 제자인 자로(子路)로, 이름이 중유(仲由)이다. 자로가 위(衛)나라의 대부 공회(孔悝)의 읍재(邑宰)가 되었는데, 공회가 괴외(蒯聵)와 함께 모의하여 위나라의 임금인 출공(出公) 첩(輒)을 몰아내었으므로, 자로가 괴외에게 공리를 처형하기를 청하였다. 그러자 괴외가 두려워하여 자신의 부하를 시켜 자로를 죽이게 하였는데, 부하가 자로를 칠 때 자로의 갓끈이 끊어지자, 자로가 "군자는 죽을지언정 관(冠)을 벗을 수는 없다."라고 하고서 갓끈을 다시 고쳐 매고 죽었다. 《史記 仲尼弟子列傳》

봄날 낮잠을 자다가 깨다[523]

春晝睡起

봄이 쫓겨난 객 따라 일천 산을 넘었으매　春隨逐客度千山
꽃은 서울에서 웃음 띠고 보던 꽃과 같네　花似長安帶笑看
직도 용납 어려우매 유하혜에 부끄럽고[524]　直道難容曾愧柳
곡굉음수 즐거우니 늦게 안회 희구하네[525]　曲肱爲樂晚希顔
넋 방초에 빠졌으매 꿈에서도 향기 나고　魂迷芳草香生夢
언덕엔 도화 피어 여울은 비단 이루었네　岸挾桃花錦作灘
낮술 깨어나려 할 때 구름에서 햇살 새니　午醉欲醒雲漏日
가랑비가 숲 사이로 지나간 줄도 몰랐네　不知微雨過林間

523 봄날……깨다 : 초간본에는 이 시의 1구에 대해서 "문득 이렇게 느껴진다.〔便爾馨〕"라고 평하였으며, 2구에 대해서 "정감이 있다.〔有情〕"라고 평하였으며, 3, 4구에 대해서 "자부함이 적지 않다.〔自負不淺〕"라고 평하였으며, 5구에 대해서 "귀신의 말과 아주 흡사하다.〔極似鬼語〕"라고 평하였으며, 6구에 대해서 "또한 아름답다.〔又艷〕"라고 평하였으며, 7, 8구에 대해서 "얽매이지 않고 자유롭다.〔翛然自在〕"라고 평하였다.

524 직도(直道)……부끄럽고 : 직도는 곧은 도로 임금을 섬기는 것을 말한다. 유하혜(柳下惠)는 춘추 시대 노(魯)나라의 대부로, 곧은 도를 행한 사람의 대명사로 쓰인다. 471쪽 주495 참조.

525 곡굉음수(曲肱飮水)……희구하네 : 구봉 자신이 늘그막에 안회(顔回)와 같이 안빈낙도(安貧樂道)하는 삶을 살겠다는 뜻이다. 362쪽 주237 참조. 곡굉음수는 팔뚝을 굽혀 베개로 삼고 배고프면 물을 마신다는 뜻으로, 공자가 "거친 밥을 먹고 물을 마시고 팔을 굽혀서 베더라도 즐거움이 그 가운데 있으니, 의롭지 않으면서 누리는 부귀는 나에게는 뜬구름과 같다.〔飯疏食飮水, 曲肱而枕之, 樂亦在其中矣. 不義而富且貴, 於我如浮雲.〕"라고 한 데서 유래하였다. 《論語 述而》

우연히 짓다[526]

偶題

유유한 만사 모두 푸른 하늘에 맡겨 두고	悠悠萬事任蒼天
꽃을 보다 술 취하여 숲속에서 잠을 잤네	醉倚幽花樹樹眠
도 배움은 금세에 쓰이고자 해서 아니고	學道非求今世用
시 읊음은 후인에게 전하려 함 아니라네	吟詩無意後人傳
때 위태해 고각 소리 청산 밖에 들려오고	時危鼓角青山外
봄 다 지나간 강호만 늙은이의 앞에 있네	春盡江湖白髮前
지기 아니 쇠했는데 나이 이미 늙었으매	志氣未衰年已晚
꿈속 혼은 복희씨의 이전 시대 오가누나[527]	夢魂來往伏羲先

526 우연히 짓다 : 초간본에는 이 시의 1, 2구에 대해서 "한가로운 의태를 곡진하게 말하였다.〔曲盡閑態〕"라고 평하였으며, 3, 4구에 대해서 "기쁘다.〔可喜〕"라고 평하였으며, 5, 6구에 대해서 "두보의 시구 같다.〔似杜陵〕"라고 평하였다.

527 꿈속……오가누나 : 속세를 떠나서 한가롭게 지낸다는 뜻이다. 진(晉)나라의 은사(隱士)인 도잠(陶潛)이 오뉴월 한여름에 북창(北窓) 아래에 누웠다가 서늘한 바람이 잠깐 불어오자, 태곳적 복희 시대 사람이 된 것 같다고 하였다.《晉書 隱逸列傳 陶潛》

송강이 지어 준 시에 차운하다 2수

次松江所贈韻 二首

솔바람과 대숲의 달은 참다운 소식이요 松風竹月眞消息
산골 물 먹고 놀 속에 깃듦도 숙연이네 澗飮霞棲亦夙緣
달인이 도 멀리 떠남 끝내 괴이했는데 終怪達人離道遠
궁한 데서 고아한 뜻 굳음 다시 알겠네 更知窮處雅懷堅
타향 땅을 떠도는 몸 쇠한 살쩍 슬퍼하고 他鄕萍水悲衰鬢
서울 땅의 안개와 꽃 지난날이 생각나네 京國煙花憶舊年
만사 모두 부운인 양 일어났다 사라지매 萬事浮雲空起滅
담담하게 이 마음의 온전함을 비춰 보네 淡然相照此心全

하늘과 땅 사심 없어 고루 덮고 실어 주니 天地無私均覆載
이 떳떳함 믿어야만 중도 능히 따르리라[528] 此經須信督能緣
참새 쏘매 수주 멀리 버리는 게 애석하고[529] 彈飛可惜隨珠遠

528 이……따르리라 : 장자(莊子)가 말하기를 "선을 행하되 명예를 가까이하지는 말며, 악을 행하되 형벌을 가까이하지는 말고, 중도를 따라 그것을 삶의 근본 원리로 삼아야 한다."라고 하였다. 《莊子 養生主》

529 참새……애석하고 : 하는 일에 비해 얻는 것이 작아 애석하다는 뜻이다. 수주(隨珠)는 수주(隋珠)와 같은 말로, 수후(隋侯)의 구슬이라는 뜻이다. 《장자》 〈양왕(讓王)〉에 "지금 여기 어떤 사람이 수후의 구슬로 천 길 위의 참새를 쏜다면 세상 사람들이 반드시 비웃을 것이다. 왜 그런가 하면, 쓰는 비용은 무겁고 그 목적은 가볍기 때문이다. 더구나 생명을 어찌 수후 구슬의 무거움 따위에 비하겠는가."라고 하였다.

바다 뜨매 위호 견고함을 어찌 싫어하랴[530] 浮海那嫌魏瓠堅
제비꽃과 복령 서로 군신 작용 하는 거고[531] 菫苓互作君臣用
버섯이나 매미 어찌 해의 크고 작음 알랴[532] 菌蟪誰知大小年
내게 있는 거문고를 그댄 부디 타지 마소 我有一琴君莫鼓
나누는 게 이룸이고 부수는 게 온전이니[533] 分爲成也毁爲全

530 바다……싫어하랴 : 위호(魏瓠)는 위왕(魏王)의 표주박을 말한다. 《장자》 〈소요유(逍遙遊)〉에 "혜자(惠子)가 장자에게 '위왕이 나에게 큰 박씨를 주었는데, 내가 이것을 심었더니 닷 섬이나 들어갈 만한 큰 박이 열렸다. 이것으로 물과 장을 담자니 무거워서 들 수가 없고, 쪼개서 바가지를 만들자니 평평하여 담을 수가 없었네. 괜히 크기만 하고 쓸모가 없어서 부숴 버렸네.'라고 하자, 장자가 말하기를 '그대는 큰 것을 쓸 줄 모르는구려. 지금 그대는 닷 섬이 들어갈 만한 큰 박을 가지고 어찌하여 그 속을 파내어 큰 술통 모양의 배를 만들어 강호에 띄울 생각을 하지 않는가. 그러면서 오히려 박이 커서 담을 것이 없다고 걱정하는 것을 보니, 그대는 잗달고 좀스러운 마음을 가졌구려."라고 하였다.

531 제비꽃과……거고 : 제비꽃은 해독, 소염, 이뇨 등의 효능이 있어 황달, 간염, 수종 등에 주로 쓰는 약재이며, 복령은 소나무 뿌리에 기생하는 균체(菌體)로, 이뇨 작용과 부종 등에 효험이 있다. 군신(君臣)은 약재의 주요 성분인 주약(主藥)과 보조제인 종약(從藥)을 말한다. 장자가 말하기를 "약이라는 것도 실은 제비꽃과 길경과 계옹(鷄壅)과 시령(豕零) 등 수없이 많지만, 이것들은 때에 따라 주약이 될 뿐 어찌 어느 것이 낫다고 말할 수 있겠는가."라고 하였다. 《莊子 徐无鬼》

532 버섯이나……알랴 : 장자가 말하기를 "아침 버섯은 그믐과 초승을 알지 못하고, 매미는 봄과 가을을 알지 못한다."라고 하였다. 《莊子 逍遙遊》

533 내게……온전이니 : 장자가 말하기를 "도(道)는 통해서 하나가 되게 한다. 하나인 도가 분열하면 상대 세계의 사물이 성립〔成〕되고, 상대 세계의 사물이 성립되면, 그것은 또 파괴〔毁〕된다. 따라서 모든 사물은 성립과 파괴를 막론하고 도를 통해서 다시 하나가 된다. 오직 통달한 사람만이 통해서 하나가 됨을 안다. 이 때문에 쓰지 않고서 용에 맡기는 것이다."라고 하였고, 또 말하기를 "시비가 나타나는 것은 모두 도가 파탄된〔虧〕 까닭이고, 도가 무너지는 것은 사사로운 사랑이 성립된〔成〕 까닭이다.

옛날에는 오로지 하나의 문체만을 썼다.[534]

그렇다면 과연 성립과 파탄이 있는 것인가, 아니면 성립과 파탄이 없는 것인가? 성립과 파탄이 있는 것은 저 소씨(昭氏)가 거문고를 연주하는 것과 같고, 성립과 파탄이 없는 것은 저 소씨가 거문고를 연주하지 않는 것과 같다."라고 하였다. 《莊子 齊物論》

534 옛날에는……썼다 : 구봉이 이 시를 지으면서 오로지 《장자》에 나오는 이야기만을 가지고 썼음을 말한다.

조헌과 고경명 등이 전사하고, 적이 삼도[535]를 점거했다. 한 해가 마침 저물려고 하는데, 무부들은 모두 돌아보며 겁나서 물러나기만 하고 싸우지 아니하였다. 북경[536]의 신하들은 모두 잡혀서 갇혔으며, 명나라에 청병하는 사신의 행차가 끊임없이 이어졌다. 뒤늦게 우계가 행재소에 도달했다는 말을 듣고 감히 쓰다

趙憲高敬命等戰死賊據三都歲律欲暮武夫還視退怮不戰北京諸臣盡被囚縶請兵天朝冠蓋相望晩聞牛溪得達行在敢題

충성스런 혼은 아직 망호귀가 안 됐는데[537] 忠魂未作亡胡鬼

임금께서 파천한 뒤 계절 이미 바뀌었네 龍御遙巡節序移

한강 북쪽 백성들은 초나라의 말을 하고[538] 漢北遺民音變楚

평양 서쪽 군사들은 칼날에 녹 생겨나네[539] 箕西武卒劍生衣

연옥에서 가슴 치며 돌아갈 날 없었으며[540] 叩心燕獄歸無日

535 삼도(三都) : 한성(漢城), 개성(開城), 평양(平壤)을 가리킨다. 임진왜란 때 이 세 곳이 모두 함락되어 선조는 의주로 파천하였다.

536 북경(北京) : 북쪽의 서울로, 여기서는 평양성(平壤城)을 뜻한다.

537 충성스런……됐는데 : 조헌이나 고경명 등 충신열사들이 죽은 지 얼마 안 되었다는 뜻이다. 망호귀(亡胡鬼)는 오랑캐를 망하게 하는 귀신이라는 뜻으로, 여기서는 왜적과 싸우다가 죽은 충신열사의 혼이 귀신으로 변한 것을 말한다.

538 한강……하고 : 왜적에게 함락된 지역의 백성들이 점차 오랑캐의 풍속으로 물들어 간다는 뜻이다.

539 평양……생겨나네 : 우리나라 군사들이 왜적들과 싸워 자주 패한 탓에 이제는 싸우려는 뜻조차 없다는 뜻이다.

진정에서 밥 굶으며 그 얼마나 통곡했나[541] 却食秦庭哭幾時
한 사람이 나라 안정시킨단 말 들었거니 聞道一人能定國
조정 신하 점점 없어짐을 걱정하지 마라[542] 莫愁鵷列轉成稀

540 연옥(燕獄)에서……없었으며 : 우리나라 군사들이 왜적에게 잡혀 갇혀 있으면서도 항복하지 않는다는 뜻이다. 연옥은 남송(南宋) 때 충신 문천상(文天祥)이 갇혀 있던 감옥을 말한다. 남송 때 원(元)나라가 침입해 오자 문천상은 가산(家産)을 털어 군사를 일으켜 근왕(勤王)하여 신국공(信國公)에 봉해졌다. 그 뒤 원나라 장군 장홍범(張弘範)에게 패하여 3년 동안 연옥에 수감되었으나, 끝까지 굴복하지 않고 죽음을 당하였는데, 그때 〈정기가(正氣歌)〉를 지어 자신의 뜻을 드러내었다. 《宋史 文天祥列傳》

541 진정(秦庭)에서……통곡했나 : 우리나라 사신이 명나라에 가서 군사를 파견해 달라고 요청하고 있다는 뜻이다. 진정은 진(秦)나라의 조정인데 여기서는 명나라 조정을 말한다. 춘추 시대 오나라 장수 오자서(伍子胥)의 군사가 초나라 서울 영(郢)으로 침입하여 왕이 피란하는 국난을 만났는데, 초나라의 대부로 있던 신포서(申包胥)가 진나라로 가서 구원병을 요청하였다. 그러나 진나라가 지원을 허락하지 않자, 신포서는 대궐 뜰에서 밤낮으로 울음을 그치지 않으면서 7일 동안 음식을 먹지 않았다. 이에 진나라 애공(哀公)이 그 정성에 감동하여 구원병을 내어 초나라를 구원해 오나라 군사를 물리쳤다. 《春秋左氏傳 定公4年》

542 한……마라 : 현재 파천해 있는 조정에 신하들이 점차 줄어들었으나, 이제 성혼이 조정에 나가게 되면 임금을 잘 보좌하여 국난을 물리칠 수 있을 것이라는 뜻이다. 《대학장구》 전 9장에 "한마디 말이 일을 그르치며, 한 사람이 나라를 안정시킨다."라고 하였다.

우계에게 부치다[543]

寄牛溪

우계는 젊어서부터 큰 명성이 있었는데, 난리가 난 뒤에 행재소(行在所)에 달려갔으나 특별히 건의한 것이 없었다. 이는 당시의 사세가 그러했던 것이다.[544]

고향에서 편히 삶이 태평인 줄 뉘 알리오	安土誰知是太平
머리 세고 몸 병들어 변성에서 머무누나	白頭多病滯邊城
가슴속의 큰 계책이 끝내 잘못되었거니	胸中大計終歸謬
온 천하에 남아 다시 생겨나지 않으리라	天下男兒不復生
꽃은 막 피려 할 때 바야흐로 빛깔 나고	花欲開時方有色
물은 못이 되는 데선 소리 나지 않는다네	水成潭處却無聲
일천 산에 비 지나서 금서 눅눅해졌어도	千山雨過琴書濕
예전대로 갠 하늘엔 달만 홀로 두렷하네	依舊晴空月獨明

543 우계(牛溪)에게 부치다 : 초간본에는 이 시의 3, 4구에 대하여 "감개하는 마음이 아주 깊다.〔感慨到底〕"라고 평하였으며, 5, 6구에 대해서 "슬며시 깨우쳐 줌이 절실하고 지극하다.〔諷諭切至〕"라고 평하였다. 이 시 전체에 대해서 "허다한 환난을 겪고 난 뒤에는 심지가 대개 태연자약하다.〔經許多患難, 而心地蓋自如.〕"라고 평하였다.

544 우계는……것이다 : 성혼은 임진왜란이 일어나 선조가 파천하면서 임진강을 건널 때 임진에서 멀지 않은 곳에 살고 있으면서도 달려 나와 임금을 맞이하지 않았다가 선조가 의주에 파천해 있을 적에 행재소로 달려갔다. 이에 대해 성혼을 편드는 서인(西人) 측에서는 "선조가 몽진하는 것을 몰라서 달려 나와 맞이하지 못한 것이다."라고 하였으며, 성혼을 미워하는 동인(東人) 측에서는 "몽진하는 줄 알면서도 일부러 나와 맞이하지 않은 것이다."라고 하면서 성혼을 공격하였다. 이로 인해 성혼은 조정에 머물러 있으면서도 곤혹스러운 처지에 빠져 아무런 역할도 할 수 없었다.

상심하여 탄식하다 2수

傷歎 二首

매일처럼 번화가에서 한껏 취해 돌아와도	日日通衢盡醉歸
금오는 막지 않았고 밤은 깊어만 갔었네[545]	金吾無禁夜遲遲
꽃향기는 늦봄 비에 나직하니 눌려 있고	花香低壓三春雨
서채 떠서 만세 기약 높이 걸려 있었다네[546]	瑞彩高懸萬歲期
종고 쳐도 백성들은 이마 아니 찡그렸고[547]	鍾鼓未曾民蹙頞
초가 살며 임금 옷도 드리우지 아니했네[548]	茅茨還罷帝垂衣

545 매일처럼……갔었네 : 나라가 태평하여 백성들이 평소처럼 즐겁게 살았다는 뜻이다.

546 서채(瑞彩)……있었다네 : 나라 안에 만년토록 국운이 영원할 상서로운 기운이 걸려 있었다는 뜻이다. 서채는 상서로운 기운이 도는 채색 구름을 말한다.

547 종고(鍾鼓)……찡그렸고 : 선조가 백성들과 즐거움을 함께하였다는 뜻이다. 종고는 임금의 음악을 뜻한다. 맹자가 양혜왕(梁惠王)에게 "임금이 혼자서 즐길 경우에는 백성들이 종고 소리를 듣고 우모를 보면 이마를 찌푸리며 골머리를 앓는 반면에, 임금이 백성들과 함께 즐기면 백성들이 똑같은 종고 소리를 듣고 똑같은 우모를 보면서도 기쁜 기색이 얼굴에 가득 나타나게 마련이다."라는 뜻으로 말하였다. 《孟子 梁惠王下》

548 초가……아니했네 : 선조가 검소하게 생활하면서 백성을 다스렸기에 억지로 다스리려고 하지 않아도 저절로 잘 다스려졌다는 뜻이다. 《사기》 〈태사공자서(太史公自序)〉에 "요(堯) 임금과 순(舜) 임금은 흙으로 섬돌을 세 칸 올렸고, 띠풀로 지붕을 얹으면서 가지런하게 자르지도 않았다."라고 하였다. 또 《주역》 〈계사전 하(繫辭傳下)〉에 "황제와 요순 시대에는 임금이 의상을 드리우고 자리에 가만히 앉아만 있어도 천하가 그 덕에 힘입어 잘 다스려졌으니, 이는 천지자연의 법도를 취했기 때문이다."라고 하였다.

떳떳하지 않은 천명 하늘의 뜻 아니지만　　非常天命非天意
적은 배에 있으며 지킴은 되에 있게 됐네[549]　　敵在舟中守在夷

임금이 여기저기 다니면서 사냥을 하거나 화려하고 높은 집을 짓는 등의 잘못이 없었는데도 화란을 당한 것을 한탄한 것이다.

놀라 날아 한 가지에 깃들지를 못한 새[550]가　　驚飛靡定一枝巢
치란이 마음에 걸려 머리털이 다 세었네　　治亂嬰懷鬢髮凋
정립해도 백성 안정되면 걱정 떨쳐 내고　　分鼎民安能外懼
한 집서도 맘 편하면 교만 쉽게 생긴다네　　一家心逸易生驕
궁중의 꽃 흩날리어 변방의 흙 되었으며[551]　　宮花散落爲邊土
호각 소리 서글퍼라 순의 소악 흔들리네[552]　　胡角悽悲撓舜韶
부귀해도 기쁨 없고 가난해도 괴롭거니　　富貴無歡貧亦苦
어느 때나 기린각에 표요 모습 그리려나[553]　　何時麟閣畫嫖姚

549 떳떳하지……됐네 : 선조가 검소한 덕으로 백성들을 잘 다스려서 태평 시대를 오게 했으니 하늘에서는 화를 내리지 않아야 하는데, 하늘의 뜻과는 달리 안으로는 신하들이 붕당을 지어 정치가 혼란스러워지고 밖으로는 왜적이 쳐들어와, 내우외환(內憂外患)을 당하게 되었다는 뜻이다. '적은 배에 있다'는 것은 임금이 덕정을 베풀지 않으면 나라 사람들이 다 적이 된다는 뜻이다. 444쪽 주427 참조.

550 놀라……새 : 여기저기 떠돌면서 한곳에 정착하지 못한 구봉 자신을 말한다.

551 궁중의……되었으며 : 궁녀들이 변방으로 파천한 임금을 따라가 있다가 죽었다는 뜻이다. 궁중의 꽃은 궁녀를 가리킨다.

552 호각……흔들리네 : 역시 임금이 변경 지역으로 파천해 있다는 뜻이다. 소악(韶樂)은 순(舜) 임금의 음악 이름인데, 공자(孔子)가 일찍이 제(齊)나라에 있으면서 소악을 들어 보고는 석 달 동안 고기 맛을 잊어버리고 이르기를 "이 음악이 이렇게까지 좋은지 미처 몰랐다."라고 하였다. 《論語 述而》

도리어 삼국 시대의 편안함을 생각하고 있으니, 그 고통을 알 만하다.

553 어느……그리려나 : 전란이 빨리 끝나기를 바라는 마음을 표현한 것이다. 기린각(麒麟閣)에 대해서는 400쪽 주297 참조. 표요(嫖姚)는 한 무제(漢武帝) 때 표기장군(驃騎將軍) 곽거병(霍去病)을 가리킨다. 그는 표요교위(嫖姚校尉)로 있으면서 기련산(祁連山) 주위에 있는 흉노족을 정벌하기 위하여 여섯 차례나 출정하여 큰 공을 세워 표기장군이 되고 관군후(冠軍侯)에 봉해졌다. 여기서는 왜적을 정벌하는 데 참여한 장수들을 가리킨다. 《漢書 霍去病傳》

눈 내리는 밤에 장만리 운익[554] 의 시에 차운하다[555]

夜雪次張萬里 雲翼 韻

바람은 신기 몰아와 층층 구름 눌렀으며	風驅神氣壓層雲
눈은 긴 얼음 되어 바다 문을 봉쇄했네	雪作長氷鎖海門
옥검 이에 광채 더해 일월을 돌려놓고	玉劍增光廻日月
용기는 또 채색 더해 건곤을 비추누나[556]	龍旗添彩耀乾坤
아침에 난철을 보니 숲속에는 복병 없고[557]	朝看亂轍林無伏
밤에 원흉 잡아오니 오랑캐들 잠잠하네[558]	夜縛元兇虜不喧

554 운익(雲翼) : 장운익(1561～1599)으로, 본관은 덕수(德水), 자는 만리, 호는 서촌(西村)이다. 계곡(谿谷) 장유(張維)의 아버지이다.

555 눈……차운하다 : 초간본에는 이 시의 1구에 대하여 "굳세어서 힘이 있다.〔悍而有力〕"라고 평하였으며, 3, 4구에 대해서 "중흥을 바라는 뜻을 역시 말 가운데 부쳤다.〔想望中興之意, 亦寓乎辭中.〕"라고 평하였으며, 6구에 대해 "은연중에 채주(蔡州)에 들어간 일을 끌어다가 썼다.〔暗用入蔡事〕"라고 평하였다.

556 옥검(玉劍)……비추누나 : 왜적들을 모두 몰아내어 나라를 다시 수복하고서 임금이 도성으로 돌아오게 되었다는 뜻이다. 옥검은 옥으로 된 아주 좋은 검으로, 여기서는 장식용 검을 말하며, 용기(龍旗)는 임금의 의장(儀仗)에 쓰는 깃발을 말한다.

557 아침에……없고 : 왜적들이 모두 패하여 도망쳤다는 뜻이다. 난철(亂轍)은 어지럽게 나 있는 수레바퀴 자국으로, 군사들이 급박하게 퇴각한 것을 뜻한다. 춘추 시대 제(齊)나라가 노(魯)나라를 쳐들어오자 노나라의 장공(莊公)이 제나라 군대를 물리치고 도망가는 적을 추격하려고 하였다. 조귀(曹劌)가 복병(伏兵)이 있을까 염려하면서 말리자, 장공이 적진의 수레바퀴 자국이 어지럽게 나 있고 깃발이 아무렇게나 흔들리는 것을 보고 제나라 군대를 추격하였다.《春秋左氏傳 莊公10年》

558 밤에……잠잠하네 : 왜적의 장수를 사로잡았다는 뜻이다. 당(唐)나라 배도(裴

영척 상서[559] 보였거니 가락지를 뉘 팔았나 盈尺呈祥誰賣釧
집집마다 술 마련해 우리 임금 기다리리[560] 家家持酒待吾君

度)가 채주(蔡州)의 적도들을 토벌할 때, 장수 이소(李愬)가 큰 눈이 내리는 날 120리를 급히 달려가서 한밤에 채주에 이르러 성문을 깨뜨리고 괴수 오원제(吳元濟)와 그 부하들을 사로잡았다.《古文眞寶 後集 卷3 平淮西碑》

559 영척(盈尺) 상서(祥瑞) : 눈이 한 자 정도 되도록 많이 내린 상서로, 흔히 풍년이 들 조짐을 뜻한다. 당나라의 문장가인 장구령(張九齡)의 〈하설장(賀雪狀)〉에 "성상의 정성을 하늘이 밝게 아시거니, 누가 하늘이 멀다고 하겠습니까. 즉시 응함이 있었습니다. 이에 드디어 눈이 한 자나 쌓여 동물과 식물이 흡족하게 젖었으매, 풍년이 들 가망이 있어 농사를 기약할 수 있게 되었습니다."라고 하였다.

560 집집마다……기다리리 : 백성들이 술을 마련해 놓고 선조가 도성으로 돌아오길 기다린다는 뜻이다. 두보(杜甫)의 〈희문관군이임적경(喜聞官軍已臨賊境)〉에 "집집마다 비녀와 가락지 팔아, 단지 향기로운 술 바치길 기다리누나.〔家家賣釵釧, 只待獻香醪.〕"라고 하였다.《杜少陵詩集 卷5》

중국의 대장 이여송의 시에 차운하다

次唐大將李如松韻

이 장군이 왜적을 치러 동으로 와서 평양성을 평정하니, 왜구들이 퇴각하였다.

압록강의 봄 새벽에 금빛 방패 춤추거니	鴨江春曉舞金干
천자께서 동쪽 걱정하여 좌불안석했네	天子東憂席不安
대 쪼개는 공 이루매 풍우처럼 몰아쳤고	破竹功成風雨急
산을 뽑는 위엄 펴매 풍악 울려 기뻐했네	拔山威定鼓笳歡
필부 원수 갚아 주니 어린애도 기뻐 뛰고	匹夫讎復黃童躍
요귀들이 슬피 우니 하얀 해도 싸늘하네	妖鬼啼悲白日寒
온 천하가 한집 되어 앞다투어 칼을 풀면	四海一家爭解劍
복파장군 돌아가서 말을 편히 쉬게 하리[561]	伏波歸去且休鞍

군사 끌고 밤 새워서 강을 건너왔거니와	提兵星夜渡江干
삼한 나라 불안함을 되돌리기 위해서네	爲挽三韓國未安
밝은 황제 전선 소식 매일 기다리시거니	明主日懸旌節報
못난 신하 밤중에도 술 마시지 아니하네	微臣夜釋酒杯歡
봄인데도 큰 기개에 마음 되레 장해지고	春來斗氣心猶壯

561 온……하리 : 이여송이 왜적을 모두 물리치고 난 뒤 중국으로 돌아가서는 집에서 아주 편안하게 지낼 것이라는 뜻이다. 복파장군(伏波將軍)은 한나라 때의 명장인 마원(馬援)을 가리키는데, 여기서는 이여송을 뜻한다. 마원은 북방으로 출정하여 흉노(匈奴)를 격파하였으며, 남쪽으로 출정하여 교지(交阯)를 평정하였다.

나아옴에 요분 있어 뼈가 이미 서늘하네[562] 此去妖氛骨已寒
담소 어찌 훌륭한 일 아니라고 말하랴만 談笑敢云非勝事
꿈속서도 늘 전마를 걸터타고 있었다네[563] 夢中常[564]憶跨征鞍

이여송의 원시(原詩)이다.[565]

562 나아옴에……서늘하네 : 이여송 자신이 조선으로 출정하고 보니 왜적들의 기운이 꽉 차 있어서 이를 쓸어버리고자 하는 마음에 뼛골이 싸늘해진다는 뜻이다.

563 담소(談笑)……있었다네 : 외교적인 대화를 통하여 전란을 해결하는 것도 좋은 일이기는 하지만, 이여송 자신은 무장(武將)이어서 항상 왜적과 싸우는 것을 생각하고 있었다는 뜻이다. 중국 조정에서 이여송이 출정하기 전에 먼저 심유경(沈惟敬)을 파견하여 외교적인 교섭을 통해 화의(和議)를 성립시키려고 하였다.

564 常 : 대본에는 '相'으로 되어 있다. 문맥에 근거하여 바로잡았다.

565 이여송의 원시(原詩)이다 : 이여송이 우리나라로 출정할 때 접반사(接伴使) 유성룡(柳成龍)이 중강(中江)으로 나가 맞이하였는데 그때 유성룡의 부채에 써 준 시라고 한다.

어떤 승려가 적진에서 돌아와서 말하기를 "영남의 명승지가 오랫동안 점거되자 부인들은 왜적의 첩이 되어 시중을 들고 선비들은 왜적의 서리 노릇을 하고 있다."라고 하였으므로, 상심되어 탄식하면서 율시 한 수를 짓다

有僧回自賊陣云嶺南名勝久爲所擄姬侍婦人也刀筆士子也傷歎成一律

부자의 도 군신의 도 없어질 뻔했었거니	將無父子與君臣
성인이 아니었다면 누가 관씨 어짊 알랴[566]	非聖誰知管氏仁
천 리 밖의 영남 산하 구역 밖의 보배이고	千里山河區外寶
백 년이나 된 누각은 꿈속의 봄이었건만	百年樓閣夢中春
주렴 속엔 눈썹만큼 밥상 드는 여자 있고[567]	簾藏擧案齊眉女
서 있는 자 〈청아〉에서 예를 배운 자들이네[568]	立人菁莪學禮人

566 성인(聖人)이……알랴 : 공자가 아니었다면 관중(管仲)의 어짊을 알지 못하였을 것이라는 뜻이다. 자로(子路)와 자공(子貢)이 관중이 지조를 지키지 않아 어질지 않다고 주장하자, 공자는 "환공(桓公)이 제후들을 규합하되 무력을 쓰지 않은 것은 관중의 힘이었으니, 누가 그만큼 어질겠는가, 누가 그만큼 어질겠는가."라고 하며 관중의 인(仁)을 허여하였고, "관중이 환공을 도와 제후의 패자가 되어 한번 천하를 바로잡아 백성들이 지금까지 그 혜택을 받으니, 관중이 없었다면 우리는 머리를 풀고 좌임(左衽)을 하였을 것이다."라고 하여 그의 공적을 인정하였다. 《論語 憲問》

567 주렴……있고 : 영남 땅의 아녀자들이 왜적들의 비첩이 되어 그들을 섬기고 있다는 뜻이다. '눈썹만큼 밥상 드는 여자'는 남편을 예법으로 섬기는 여자를 가리키는 말로, 후한(後漢)의 현사(賢士)인 양홍(梁鴻)의 처 맹광(孟光)이 밥상을 들고 올 때에도 양홍을 감히 마주 보지 못하고 이마 위에까지 들어 올렸다는 거안제미(擧案齊眉)의 고사에서 유래한 것이다. 《後漢書 逸民列傳 梁鴻》

아름다운 문물 되레 오랑캐들 쓰임 되니　　文物反爲夷虜用
존비 간에 어디에서 천륜 찾아보게 될꼬[569]　　尊卑何處見天倫

568 서……자들이네 : 학문을 익히고 예를 아는 자들이 왜적들의 졸개 노릇을 하고 있다는 뜻이다. 〈청아(菁莪)〉는 〈청청자아(菁菁者莪)〉의 준말로, 《시경》〈소아(小雅)〉의 편명인데, 흔히 교육을 통해 인재를 양성하는 것을 뜻한다.

569 존비(尊卑)……될꼬 : 학문을 익힌 사대부들부터 미천한 종들에 이르기까지 모두 천륜을 찾아볼 수 없게 되었다는 뜻이다.

서홍 땅을 지나가던 명나가 군사가 율시 한 수를 지어서 급히 화답을 구하였는데, 마침 조백옥[570]이 서홍에 도착해서 차운하여 보냈다고 한다. 내가 서홍에 갔다가 그 말을 듣고 감히 차운하다

天兵之過瑞興者賦一律求和甚急適趙伯玉到瑞興次送余至瑞興聞之敢次

연 땅 군사 몰아치고 오의 호걸 다스림에	齊驅燕士勒吳豪
칼 놀림이 여유 있어 칼을 아니 바꾸었네[571]	游刃恢恢不更刀
화표주[572]에 달 오르니 가을밤이 싸늘하고	華表月生秋夜肅
부상[573] 땅에 구름 다해 바다 하늘 드높다네	扶桑雲盡海天高

570 조백옥(趙伯玉) : 조원(趙瑗, 1544~1595)으로, 본관은 임천(林川), 자는 백옥, 호는 운강(雲江)이다.

571 연(燕)……바꾸었네 : 중국의 장수가 씩씩한 중국 군사들을 잘 다스렸다는 뜻인 듯하다. '연 땅 군사'는 씩씩하고 굳센 군사를 뜻한다. 예로부터 중국의 유연(幽燕) 지방의 군사들은 강성하다고 칭해졌다. '오의 호걸'은 삼오(三吳) 지방의 호걸들을 말한다. '칼 놀림이 여유 있다'는 것은 실력이 탁월하여 일을 능숙한 솜씨로 여유롭게 처리하는 것을 뜻하는 말로, 《장자(莊子)》 〈양생주(養生主)〉에, 포정(庖丁)이 문혜군(文惠君)을 위하여 소를 잡는데, 문혜군에게 말하기를 "신의 칼이 19년 동안에 소를 잡아 해체한 것이 수천 마리지만, 칼날이 새로 숫돌에 갈아 놓은 것 같습니다. 그 마디는 틈이 있고 이 칼날은 무디지 않으니 무디지 않은 칼로 틈이 있는 데를 찾아 들어가면 그 칼날을 놀리는 데 반드시 여지가 생깁니다."라고 한 데서 나온 말이다.

572 화표주(華表柱) : 옛날에 교량이나 궁전, 성문이나 묘소 앞에 장식용으로 세우던 거대한 돌기둥을 말하는데, 여기서는 정영위(丁令威)의 고사와 관련된 요동(遼東) 성문 앞의 화표주를 가리킨다. 요동 사람 정영위가 신선이 되고 나서 천년 만에 학으로 변해 다시 고향을 찾아와서는 화표주 위에 내려앉았다고 한다. 《搜神後記 卷1》

기주에서 지난 자취 빛남 다퉈 기뻐하니[574] 箕疇爭喜光前迹
탕망 어찌 멀리 달아난 자 있음 혐의하랴[575] 湯網何嫌有遠逃
미앙궁서 공 아뢺에 누가 제일 공이려나[576] 功奏未央誰第一
성 가득한 노랫소리 가는 전포 에워싸리 滿城歌誦擁歸袍

평양성의 전투에서 왜적들이 많이 살아서 돌아갔다.

대장께서 동정함에 간담 기운 호방커니 大將東征膽氣豪
허리에는 빛 싸늘한 안령도[577]를 비껴 찼네 腰橫秋水雁翎刀
바람은 가고에 불어 용과 뱀이 움직이고 風吹歌鼓龍蛇動
번개는 깃발에 번쩍이어 일월이 드높네 電閃旌旗日月高
하늘 위의 기린 원래 종자 있는 법이거니 天上麒麟元有種[578]

573 부상(扶桑) : 해가 뜨는 곳에 있다는 나무로, 흔히 해가 뜨는 곳에 있는 우리나라나 일본을 가리키는 말로 쓰이는데, 여기서는 우리나라를 가리킨다.

574 기주(箕疇)에서……기뻐하니 : 명나라 군사가 평양성의 왜적을 쳐 승리한 것을 기뻐한다는 뜻이다. 기주는 평양성을 가리킨다.

575 탕망(湯網)……혐의하랴 : 평양성의 전투에서 명나라 군사들이 거세게 몰아치지 않는 바람에 왜적들이 많이 살아서 도망쳤으나, 대수로울 것이 없다는 뜻이다. 탕망은 탕(湯) 임금의 그물이라는 말로, 형정(刑政)을 너그럽게 사용하는 것을 비유하는 말로 쓰이는데, 여기서는 명나라 군사들의 포위망이 느슨했던 것을 뜻한다.

576 미앙궁(未央宮)서……공이려나 : 동정(東征)한 공을 논할 적에 누구의 공이 가장 뛰어날 것이냐는 뜻이다. 미앙궁은 한(漢)나라 때의 궁전이다. 궁전에는 기린각(麒麟閣)이라는 누각이 있는데, 한 선제(漢宣帝)가 곽광(霍光) 등 11명의 공신(功臣) 화상(畫像)을 이곳에 그려 두게 함으로써 그들의 공적을 길이 빛냈다.

577 안령도(雁翎刀) : 단도(短刀)의 이름으로, 원나라 장헌(張憲)의 〈아유(我有)〉 시에 "내게 안령도가 있거니, 차가운 빛 빙설처럼 빛이 나누나.〔我有鴈翎刀, 寒光耀冰雪.〕"라고 하였다.

돌 속 사는 개미 따위 어찌 능히 도망치랴[579]	石中螻蟻豈能逃
태평 조서 기다렸다 돌아가는 그날에는	太平待詔歸來日
솥에 이름 새기고서 전포 벗을 것이라네[580]	勒鼎鐫名解戰袍

명나라 군사의 원시(原詩)이다[581]

산 옮기고 바다 굴릴 만 사람의 호기에다	移山轉海萬人豪
손엔 청룡언월도[582]의 좋은 칼을 잡고 있네	手把青龍偃月刀

578 種 : 대본에는 '鍾'으로 되어 있다. 문맥에 근거하여 수정하였다.

579 하늘……도망치랴 : 중국 장수가 왜적을 몰살할 것이라는 뜻이다. '하늘 위의 기린'은 아주 뛰어난 인물로 중국 장수를 가리키고, '돌 속 사는 개미'는 하찮은 존재로 왜적을 가리킨다.

580 태평……것이라네 : 전쟁이 끝나고 중국으로 돌아가면 공을 기록한 다음 군복을 벗을 것이라는 뜻이다. 태평 조서는 전란이 끝나고 태평 시대가 왔음을 천하에 알리는 조서를 말한다. '솥에 이름을 새긴다'는 것은, 옛날에 특별한 공을 세운 사람의 이름을 정(鼎)이나 종(鐘)이나 비(碑)에 기록하여 기리던 일을 말한다.

581 명나라 군사의 원시(原詩)이다 : 명나라 군사가 원래 있던 시를 약간 변용한 것이다. 《지봉유설(芝峯類說)》〈문장부(文章部) 3 어제시(御製詩)〉에 "세상에 전하기를 가정황제(嘉靖皇帝)가 모백온(毛伯溫)이 남정(南征)하러 가는 것을 전송한 시에 '大將征夷膽氣豪, 腰懸秋水鴈翎刀. 風吹金鼓山河動, 電閃旌旗日月高. 天上麒麟元有種, 穴中螻蟻莫能逃. 大平頒詔回轅日, 親與將軍脫戰袍.'라고 하였다. 《요산당외기(堯山堂外紀)》를 보면 '태조 고황제(太祖高皇帝)가 도독(都督) 양문(楊文)에게 하사한 시'라고 하였으며, 왕세정(王世貞)은 '송나라 철종(哲宗)이 어떤 대장이 오랑캐를 정벌하러 가는 것을 전송하면서 지은 시'라고 하였는데, 어느 말이 맞는지 모르겠다."라고 하였다. 또 《천가시(千家詩)》의 〈송모백온(送毛伯溫)〉에는 '大將南征膽氣豪, 腰橫秋水雁翎刀. 風吹鼉鼓山河動, 電閃旌旗日月高. 天上麒麟原有種, 穴中螻蟻豈能逃. 太平待詔歸來日, 朕與先生解戰袍.'로 되어 있다.

582 청룡언월도(青龍偃月刀) : 칼날 부분이 반월형이며, 칼에 용이 새겨져 있고 긴

뱀과 돼지 땅을 모두 삼킬까 봐 걱정하다　蛇豕噬吞憂地盡
뇌정같이 내려치매 하늘 높음 우러렀네[583]　雷霆忿擊仰天高
기성의 한 북소리에 드센 고래 다 죽었고[584]　箕城一鼓鯨鯢戮
제포의 천 척 배에 귀마가 다 도망갔네[585]　薺浦千帆鬼魔逃
연연산에 공 새기고 대장 깃발 돌아갈 때[586]　勒績燕然牙纛返
동쪽 백성 어느 길서 전포 옷깃 잡으려나　東民何路摻征袍

조백옥이 차운한 시이다.

손잡이가 있는 대도(大刀)이다. 삼국 시대 촉나라의 관우(關羽)가 이 칼을 사용하였다.

583 뱀과……우러렀네 : 왜적들이 우리나라를 다 집어삼킬까 봐 걱정하다가 중국 군사들이 이를 물리쳐 주어 중국 군사의 위엄을 우러렀다는 뜻이다. '뱀과 돼지'는 몹시 포악하게 구는 자를 뜻하는 말로, 여기서는 왜적들을 뜻한다.

584 기성(箕城)의……죽었고 : 평양성의 전투에서 왜적이 몰살하였다는 뜻이다. 기성은 평양의 별칭으로, 기자(箕子)가 도읍했던 곳이라고 하여 이렇게 칭한다. '드센 고래'는 왜적을 뜻한다.

585 제포(薺浦)의……도망갔네 : 해전(海戰)에 패한 왜적이 모두 도망쳤다는 뜻이다. 제포는 경상남도 진해시(鎭海市) 웅천동(熊川洞)에 있는 포구로, 일명 내이포(乃而浦)라 하는데, 왜인(倭人)들의 왕래가 허가된 삼포(三浦) 중의 하나였다. 귀마(鬼魔)는 왜적들을 가리킨다.

586 연연산(燕然山)에……때 : 연연산은 몽고 지방에 있는 산으로, 항애산(杭愛山)이라고도 불린다. 후한 화제(後漢和帝) 1년(89)에 거기장군(車騎將軍) 두헌(竇憲)이 남선우(南單于) 및 강호(羌胡)의 군사들을 거느리고 계락산(稽落山)에서 북선우(北單于)와 싸워 크게 승리하여 연연산을 점령하고 돌아왔는데, 그 공적을 기리기 위해 반고(班固)에게 명해 명(銘)을 짓게 하여 그곳에 비석을 세웠다. 《後漢書 竇融列傳 憲》

김희원이 보낸 편지에서 해서는 왜적이 멀리 가 점차 안전해지고 있으니 자신이 있는 곳으로 와서 같이 난리를 피하자고 하다[587]

金希元有書海西遠賊稍安來同避亂云

도화유수 참 근원이 온통 혼탁해졌거니[588]	桃花流水混眞源
머리 들어 하늘 밖을 보면 혼이 끊어지네	天外矯頭只斷魂
취해 졸아 산에 비가 지나간 줄 몰랐으며	醉睡不知山過雨
깨고 나선 바다 구름 일어난 걸 기억하네	醒來猶記海生雲
단풍잎이 곱긴 하나 늦은 계절 서글프고	紅葉乍姸悲晩節
석양빛이 좋긴 하나 깜깜한 밤 가깝구나	夕陽雖好近黃昏
원근 있던 패잔병들 모두 달아났거니와	曳兵遐邇皆同走
정각[589]을 한 어떤 이가 이 문을 지키려나	定脚何人守此門

587 김희원(金希元)이……하다 : 김희원은 구봉의 제자인 김장생(金長生)으로, 희원은 자이다. 김장생은 임진왜란 중인 1597년(선조30) 봄에 명을 받고 호남에서 군량을 조달하다가 겨울에 파직되고서 해서의 황주(黃州)와 봉산(鳳山) 지방에 우거하였다.

588 도화유수(桃花流水)……혼탁해졌거니 : 무릉도원처럼 좋기만 하던 산골짜기조차 전란으로 온통 황폐해졌다는 뜻이다.

589 정각(定脚) : 입정각근(立定脚跟) 또는 취득근거(取得根據)와 같은 말로, 한곳에 터를 잡고서 정착해 사는 것을 말한다.

난리를 겪은 뒤에 우거하면서 어떤 사람에게 부치다
亂後寓居寄人

부질없이 남은 옛것 하얗게 센 귀밑머리	空餘舊物鬢邊絲
한번 사립 닫고 나니 만사 모두 적어졌네	一掩柴[590]扉萬事稀
그대 맘은 냇물 같아 끊어지는 법이 없고	君意如川無斷續
세상 인정 달과 같아 쉬이 차고 기우누나	世情同月易圓虧
못이 비어 하늘 큰데 연꽃 처음 깨어지고	池虛天大荷初破
숲이 누른 산이 긴데 과실 이미 통통하네	林壓山長果已肥
변해 가는 계절 속에 회포 정히 괴롭지만	時序變遷懷正苦
고요 속의 이런 참맛 마음으로 알 뿐이네	靜中眞味只心知

590 柴 : 초간본에는 '紫'로 되어 있다.

해촌에 우거하다[591]

寓居海村

뿔피리의 소리 속에 살쩍 부쩍 하얘지니	畫角聲中霜鬢催
고향 땅의 꽃과 대엔 새만 그저 지저귀리	故園花竹鳥空啼
객첨[592] 스쳐 돛대 가니 조수 처음 빠질 때고	客簷檣過潮初落
별포[593]의 숲 어두운 건 장기 아니 걷혀서네	別浦林昏瘴不開
하늘 밖의 조각구름 겨우 비를 걷어 가자	天外片雲纔卷雨
섬 가 비친 저녁 해에 무지개가 생기누나	島邊殘照又生霓
단사[594]와 계합함이 아쉽게도 늦은 탓에	丹砂有契嗟吾晩
바다 건너 편지 전할 학은 날아오지 않네	渡海傳書鶴不來

591 해촌(海村)에 우거하다 : 충청남도 당진 일대의 바닷가를 가리키는 듯하다.

592 객첨(客簷) : 객관(客館)의 처마를 말한다.

593 별포(別浦) : 개성의 벽란도(碧瀾渡) 근처에 별포라는 곳이 있으며, 충청남도 서천(舒川) 근처에도 별포라는 곳이 있다.

594 단사(丹砂) : 도가(道家)에서 장생불사약으로 칭하는 단약(丹藥)을 고는 재료로서, 전하여 장생불사약을 가리킨다.

남쪽의 왜적이 바야흐로 극성을 부리는데 북쪽 오랑캐가 또 이르렀다. 동지들과 함께 바닷가에 은거하려 하면서 그들이 지은 시의 운에 따라 감히 쓰다 2수

南賊方劇北寇又至與同志將隱居海上依其韻敢題 二首

어느 산에 짐승 없고 물에 고기 없으랴만	何山無獸水無魚
우리 백성 편안하게 살지 못해 한스럽네	獨恨吾民不奠居
투벽[595]을 한 몇 사람이 자식 업고 오려는가	投璧幾人知負子
부서진 집엔 책을 꽂아 둘 만한 벽도 없네	弊廬無壁可藏書
수레 깨져 곡식 있으면 주린 새 날아들고	車顚有粟來飢鳥
고기 썩어 냄새 나면 구더기 떼 몰려드네	肉敗猶羶聚衆蛆
우물 파고 밭 갈던 흔적 남아 있는 곳에서	鑿井耕田遺迹在
누운 채로 하늘 달이 차고 비는 것을 보네	臥看天月自盈虛

바람에 진 꽃은 다시 나무로 못 돌아가고	風花一散不歸樹

595 투벽(投璧) : 옥벽(玉璧)을 강물에 던진다는 뜻으로, 서로 간에 굳게 맹세하는 것을 말한다. 춘추 시대 진 문공(晉文公) 중이(重耳)가 일찍이 망명 생활을 마치고 진(秦)나라의 힘을 빌려 자기 나라인 진(晉)나라로 돌아가다가 황하 가에 이르렀을 때 중이의 외삼촌인 호언(狐偃)이 지니고 있던 옥벽을 중이에게 내주면서 "신이 주군의 말고삐를 잡고 주군을 따라 천하를 돌아다니는 동안에 저지른 죄가 매우 많습니다. 신도 그것을 알고 있거늘, 더구나 주군이 모르겠습니까. 신이 여기서 도망갈 수 있게 해 주소서."라고 하자, 중이가 말하기를 "앞으로 내가 외삼촌과 마음을 같이하지 않을 경우에는 저 흰 강물이 알고 있을 것입니다. 저 강물을 두고 맹세하겠습니다."라고 하고, 그 옥벽을 황하에 던져 버렸던 데서 온 말이다. 《春秋左氏傳 僖公24年》

엎질러진 물은 다시 병에 넣기 어렵다네	覆水再收難滿壺
노성은 때 상심하여 바다 위에 뜨려 했고[596]	魯聖傷時浮碧[597]海
진광은 또 술에 취해 궁한 길서 울었다네[598]	晉狂迷醉泣窮途
인간 세상 오늘날엔 어려운 일 많거니와	人間此日[599]多艱事
천하에는 어느 때에 대장부가 있게 될꼬	天下何時有丈夫
세상 구할 능력 없어 끝내 세상 피하거니	濟世未能終避世
무릉도원 신선 사는 데라고는 말을 마소	桃源休說是仙區

596 노성(魯聖)은……했고 : 노성은 노나라의 성인이라는 뜻으로, 공자(孔子)를 가리킨다. 공자가 일찍이 천하에 현군(賢君)이 없어 도(道)를 행할 수 없음을 탄식하면서 이르기를 "도가 행해지지 않으니, 뗏목을 타고 바다에 떠서 떠나가리라.〔道不行, 乘桴浮于海.〕"라고 하였다. 《論語 公冶長》

597 碧 : 초간본에는 '大'로 되어 있다.

598 진광(晉狂)은……울었다네 : 진광은 진(晉)나라의 미치광이라는 뜻으로, 진나라 때 죽림칠현(竹林七賢) 중의 한 사람인 완적(阮籍)을 가리킨다. 완적은 사람됨이 활달하여 일반적인 격식에 구애받지 않았는데, 마음속에 답답한 일이 있으면 때때로 혼자서 수레를 타고 마음 내키는 대로 가다가 길이 막혀 갈 수 없는 곳에 이르러서는 한바탕 크게 통곡하고서 돌아왔다. 《晉書 阮籍列傳》

599 此日 : 초간본에는 '回首'로 되어 있다.

어떤 사람에게 주다[600]

贈人

장사(長沙)[601]에서 왔다.

솔 있으니 그댄 연명 집 속에서 누울 거고[602]	松存君臥淵明宅
술 없으매 나는 굴원 깨어난 걸 본받으리[603]	酒盡吾師屈子醒
부질없이 시서 읽다 세상 난리 만났거니	謾讀詩書逢世亂
나의 공력 백성에게 못 미침을 탄식하네	歎無功力及生靈
한 바퀴의 둥근 달은 마음속의 일인 거며	一輪明月心中事
천 겹 겹친 푸른 산은 세상 밖의 정이라네	千疊青山世外情
울 밑 물은 푸른 바다 이어져서 있거니와	籬下波連滄海水
한 조각배 같은 신세, 흰 갈매기 나는구나	扁舟身世白鷗輕

600 어떤 사람에게 주다 : 초간본에는 이 시의 3, 4구에 대해서 "참으로 유자다운 말이다.〔眞儒者之言〕"라고 평하였다.

601 장사(長沙) : 전라도 무장현(茂長縣)의 고호이다.

602 솔……거고 : 연명(淵明)은 진(晉)나라의 은사(隱士)인 도잠(陶潛)의 자이다. 도잠이 일찍이 팽택 영(彭澤令)으로 있다가 그만두고 돌아가면서 지은 〈귀거래사(歸去來辭)〉에 "세 갈래의 좁은 길은 묵었으나, 소나무와 국화는 아직도 남아 있네.〔三徑就荒, 松菊猶存.〕"라고 하였다.

603 술……본받으리 : 전국 시대 초(楚)나라의 충신인 굴원(屈原)이 유배 가 있으면서 지은 〈어부사(漁父辭)〉에 "온 세상이 모두 탁하거늘 나 홀로 맑으며, 뭇사람 모두 취했거늘 나 홀로 깨어 있어, 이 때문에 추방당하였도다.〔擧世皆濁我獨淸, 衆人皆醉我獨醒, 是以見放.〕"라고 하였다.

바닷가에서 여러 사람과 술을 마시다

海畔與諸公飮酒

향기 젖은 방주에는 새벽 구름 가벼우며	芳洲香濕曉雲輕
하늘 이은 봄풀에는 오랜 비가 개었다네	春草連空宿雨晴
외로운 배 늙은이는 천 리 길의 나그네요	白首孤舟千里客
호해의 맑은 술은 십 년이 된 정이로다	淸樽湖海十年情
꽃과 달을 바라보며 현가[604] 소리 듣노라니	謾將花月絃歌耳
풍진세상 고각 소리 정말로 듣기가 싫네	厭聽風塵鼓角聲
소매 속의 용천검이 두우성에 빛 쏘거니[605]	袖裏龍泉光射斗
황화 가서 성하 맹약 다시 맺음 부끄럽네[606]	皇華城下愧尋盟

이때 명나라 조정에서 왜적과 화친하기로 결정하였다.

604 현가(絃歌) : 거문고를 타며 시가(詩歌)를 읊조리는 것을 말한다.

605 소매……쏘거니 : 구봉 자신이 왜적을 칠 마음이 있다는 뜻이다. 용천검(龍泉劍)은 옛날의 명검(名劍)이고, 두우성은 두성(斗星)과 우성(牛星)을 말한다. 413쪽 주350 참조.

606 황화(皇華)……부끄럽네 : 중국 사신이 왜적들을 찾아가서 굴욕적인 맹약을 맺는 것이 부끄럽다는 뜻이다. 황화는 황화사(皇華使)의 준말로, 임금의 명을 받들고 멀리 사방으로 가서 아름다움을 선양하는 사신이라는 뜻이다. 성하 맹약(城下盟約)은 춘추 시대 초(楚)나라가 교(絞)를 정벌할 때 술책을 써서 대패시킨 다음 교의 성 아래에서 항복의 맹약을 맺은 데서 나온 말로, 적국과의 전쟁에서 패해 굴욕적으로 맺는 맹약을 말한다. 임진왜란이 끝나기 전인 1595년(선조28) 명나라에서 이종성(李宗城)과 양방형(楊方亨)을 봉왜사(封倭使)로 삼아 왜적이 주둔하고 있던 부산(釜山)의 왜영(倭營)으로 보내 화친을 맺고자 하였으나, 실패하였다.

서울 소식을 듣다

聞京報

사신이 중국 사신을 따라 적국에 들어갔는데, 모두 날로 더 깊이 들어가는 것을 보았다고 하였다.[607]

주정 경중 묻는 것[608]에 마음 상해 있었는데　周鼎傷心問重輕
중국 사신 아득 멀리 외로운 성 속에 있네　皇華迢遞掩孤城
망망한 바다 달은 차가운 칼에 빛 비추고　茫茫海月生寒劍
살랑살랑 바람 불어 밤에 깃발 흔들리네　獵獵陰風在夜旌
하늘 밖서 갑작스레 새 갑자를 맞았거니　天外忽逢新甲子

607 사신이……하였다 : 사신은 통신 정사로 파견된 황신(黃愼)을 가리키고, 중국 사신은 양방형(楊方亨)을 가리킨다. 임진왜란 중에 중국의 심유경(沈惟敬)이 일본군과 같이 풍신수길(豐臣秀吉)의 본영에 들어가 화의(和議)를 교섭하였는데, 심유경이 일본과 화의가 성립되었다고 거짓으로 중국 조정에 보고하였다. 이에 중국 조정에서는 1596년(선조29)에 양방형을 사신으로 파견하여 풍신수길을 일본 국왕에 봉한다는 책서와 금인(金印)을 전하게 하였는데, 이때 황신이 왜적의 사정을 잘 안다는 이유로 통신사로 뽑혀 양방형과 함께 일본으로 들어갔다. 그러나 풍신수길은 심유경이 속인 것에 대해 크게 노하여 이를 받지 않고 사신을 돌려보냈다.

608 주정(周鼎)……것 : 제후가 천자 나라를 넘보는 것을 말하는데, 여기서는 일본이 중국을 치려고 한 것을 말한다. 춘추 시대 초왕(楚王)이 육혼(陸渾)의 오랑캐를 치고 주(周)나라 국경 가까이서 군사를 사열하였다. 천자가 왕손만(王孫滿)을 보내어 위로하니, 초왕이 주정의 경중(輕重)을 묻자, 왕손만은 "주나라 덕이 아무리 쇠했더라도 천명이 떠나지 않았으니 정(鼎)의 경중은 물을 것이 아니다."라고 하였는데, 초왕이 정의 경중을 물은 것은 천자를 넘보는 뜻이 있는 것이므로 왕손만이 이렇게 대답한 것이다. 《春秋左氏傳 宣公3年》

서울 지역 어느 날에 청명하게 되려는가	洛中何日是淸明
강도로다 춘장 옮길 의논 있다 들었거니[609]	江都聞議移春仗
조정 반열 패옥 소리 괜히 상상하게 되네	虛想鵷班玉有聲

609 강도(江都)로다……들었거니 : 강도는 강화도를 말하고, 춘장(春杖)은 임금이 봄철에 행행할 때 사용하는 의장(儀仗)을 말한다. 선조가 서울로 들어온 뒤 한때 서울을 떠나 해주나 강화도로 옮겨 가 있을 계획을 세운 적이 있다.《宣祖實錄 29年 11月 7日》

느낌이 있어서 읊다

有感

꽃다운 풀 수북 자란 단정에다 장정인데[610]	萋萋芳草短長亭
눈길 저 끝 석양빛은 한이 없는 정이로다	極目斜陽無限情
지개 아니 돌아오매 백성 희망 끊기었고[611]	芝蓋不廻人望斷
우서 응답 없었으매 임금 위엄 가볍구나[612]	羽書無應主威輕
백 년 닦은 관검[613]은 다 바람 따라 흩어지고	百年冠劍隨風散
천 겹 겹친 관하는 또 달빛 속에 잠겨 밝네	千疊關河鎖月明
금고 치는 소리 속에 꽃 떨어져 다 지는데	金鼓聲中花落盡
어느 날에 앞산에서 밭을 가는 것을 보랴	前山何日看春耕

610 꽃다운……장정(長亭)인데 : 정(亭)은 여행 중에 먹고 쉬고 자거나 적의 움직임을 살피거나 연락하기 위하여 시설한 건물로, 우정(郵亭), 역정(驛亭), 돈대(墩臺) 등이 있는데, 보통 5리마다 단정(短亭)을 설치하고, 10리마다 장정을 설치하였다.

611 지개(芝蓋)……끊기었고 : 일본과 화의(和議)를 교섭하러 간 사신이 돌아오지 않아 전란이 그치기를 바라던 백성들의 소망이 끊어졌다는 뜻이다. 지개는 버섯 모양으로 된 일산(日傘)을 말하는데, 여기서는 사신의 행차를 뜻한다.

612 우서(羽書)……가볍구나 : 일본에 사신을 보낸 데 대한 일본 측의 국서가 없어서 임금의 위엄이 손상되었다는 뜻이다. 우서는 서신(書信)을 말하는 데, 여기서는 국서를 뜻한다.

613 관검(冠劍) : 옛날에 관원들이 쓰던 모자와 그들이 차던 검을 말하는데, 후대에는 이를 인하여 관직이나 관원을 뜻하는 말로 쓰였다.

큰형님께서는 나이가 여든에 가까운데도 강건해서 병이 없었다. 약도 먹지 아니하고, 또 신선 술법도 좋아하지 않았다. 전쟁 통에 떠돌아다니느라 온갖 어렵고 곤란한 일이 많았는데, 다른 사람들은 감당할 수 없는 것이었다. 그런데도 형님께서는 대처하는 데 여유가 있었으며, 궁함과 달함이나 기쁨과 슬픔이 그 마음을 움직일 수가 없었다. 만사를 하늘의 뜻이라 믿어, 잠을 자고 먹는 것이 전과 같았다. 이에 감히 율시 한 수를 지어 그 즐거워하는 것을 형용해서 바치다

伯兄年近八十彊健無疾旣不服藥又不慕仙流離兵革艱困百態人所不堪處之有餘窮達忻慽不足以動其心萬事信天眠食自如敢以一律形容其樂而呈似焉

천 리 멀리 마음 놀려 저 하늘을 찾지마는	千里遊心覓彼天
그 하늘이 이 마음에 있다는 걸 뉘 알리오	誰知天在此心邊
병을 삼가 조심하니 어찌 약을 구할 거며	身能愼疾何求藥
삶을 손상 안 시키며 신선 술법 비웃누나	壽不傷生笑學仙
지금 세상 근심 없이 높이 누운 분이거니	今世無憂高臥者
우리 형님 맑은 지조 홀로 우뚝 초연하네	吾兄淸操獨超然
인정 편한 곳에서는 사람 만족하게 되매	人情安處人爲足
꽃 그림자 진 평상서 술 취하여 주무시네	花影連牀任醉眠

봄이 지난 뒤에 회포를 쓰다[614]

春後書懷

봄 갔어도 수심은 봄을 따라가지 않고서	春歸愁不追[615]春歸
한가로운 졸음 끌어 다시 눈썹에 오르네	愁惹閑眠更上眉
비가 처마 적시어서 혼 끊겼다 이어지고	雨滴幽簷魂斷續
꽃이 안개 잇닿아서 꿈은 어렴풋하구나	花連香霧夢依俙
강남 지역 금고는 아무런 소식 없는데	江南金鼓無消息
새북 땅의 바람 모래 이별한 걸 한하리라	塞北風沙恨別離
옛 도성에 연화가 다 없어져서 맘 상하니	故國傷心煙火盡
방초 가득 자란 성에 새만 괜히 날 것이리	滿城芳草鳥空飛

614 봄이……쓰다 : 초간본에는 이 시의 1구에 대해서 "가헌의 사에 나오는 말을 썼는데, 이것이 도리어 더 간략하고 절실하다.〔用稼軒詞語, 此却簡切.〕"라고 평하였는데, 가헌은 송나라 사람으로 송사(宋詞)의 대가인 신기질(辛棄疾)의 호이다.

615 追 : 초간본에는 '逐'으로 되어 있다.

느낌이 있어서 읊다[616]

有感

이때 길이 원문(轅門)[617]으로 나 있었다.

안개 개고 해가 솟자 겹대문이 열리더니	煙開日出啓重門
화각[618] 소리 크게 나며 칼과 창이 나뉘누나	畫角聲高劍戟分
외부에는 고량진미 흙과 같이 쌓여 있고[619]	外府珍膏堆似土
내정에는 진주 비취 구름처럼 옹위했네[620]	內庭珠翠擁如雲
호갈에 벌레 생기나[621] 공을 누가 기록하랴	蟲生虎鶡功誰記

616 느낌이 있어서 읊다 : 초간본에는 이 시의 1, 2구에 대해서 "경치에 맞으면서 말이 장대하다.〔稱境語壯〕"라고 평하였으며, 3, 4구에 대해서 "풍자함이 있다.〔有諷刺〕"라고 평하였다.

617 원문(轅門) : 제왕이 순수(巡狩)하거나 사냥할 때 머무르던 곳에 수레로 울타리를 만들고 출입하는 곳에 두 대의 수레를 양쪽으로 세워 문처럼 만들어 놓은 것을 말한다. 여기서는 선조가 임진왜란을 만나 의주로 파천하였다가 환도하였을 때 경복궁을 비롯한 모든 궁궐이 불에 타 임시로 월산대군(月山大君)의 집이었던 지금의 덕수궁(德壽宮)을 행궁(行宮)으로 삼은 것을 가리키는 듯하다.

618 화각(畫角) : 군중에서 사용하던 뿔피리를 말한다.

619 외부(外府)에는……있고 : 행궁 안에 맛난 음식들이 잔뜩 쌓여 있다는 뜻이다. 외부는 관서 이름으로 나라의 재물을 관리하는 곳이다.

620 내정(內庭)에는……옹위했네 : 행궁 안에 비빈(妃嬪)이나 궁녀 들이 많이 거처하고 있다는 뜻이다.

621 호갈(虎鶡)에 벌레 생기나 : 호갈은 호의(虎衣)와 갈관(鶡冠)으로, 무인(武人)이 착용하는 옷과 모자를 말한다. 이백(李白)의 〈고풍(古風)〉 여섯 번째 시에 "이와 서캐는 호갈에서 생겨나고, 마음과 혼은 깃발을 따라간다.〔蟣虱生虎鶡, 心魂逐旌旃.〕"라고 하였다.《李太白文集 卷1》

진사[622]에서 눈물지으며 원망하는 말 못 하네　　涙落塵沙怨不言
산 위에는 초봉[623] 아직 위급함을 알리거니　　山上楚烽猶報急
수규[624] 속의 외로운 꿈 부질없이 은근하리　　繡閨孤夢謾慇懃

622 진사(塵沙) : 티끌과 모래로, 전쟁터를 뜻한다.

623 초봉(楚烽) : 초 지역에서 올리는 봉화로, 여기서는 왜적들이 아직 남아 있는 남쪽 해변 지역에서 올리는 봉화를 뜻한다.

624 수규(繡閨) : 아녀자들이 거처하는 화려한 장식으로 꾸민 방을 말하는데, 여기서는 출정 나간 군사들의 아내가 거처하는 방을 뜻한다.

친구의 별장을 찾아가다
訪友人別業

하늘 가득한 살기가 병진과 접했는데도	迷天殺氣接兵塵
백골 무더기 속에서 은사처럼 지내누나	白骨叢中作隱淪
버들 꺾으니 바람이 손에 있어 어여쁘고	折柳却憐風在手
꽃 꽂으니 나비가 사람 따라와 기쁘구나	挿花猶喜蝶隨人
산과 강은 쓸모없이 괜히 천 겹 겹쳐 있고[625]	山河無賴空千疊
풀과 나무 다정하여 또다시 한 봄이구나	草木多情又一春
놀람 속에 숨어 사는 녹문산[626]을 와서 보니	驚到鹿門棲息地
금과 술잔 길이 짝한 태평스런 몸이구나	琴樽長伴太平身

625 산과……있고 : 산과 강은 본디 외적을 방비해 주는 역할을 하는 것인데도 왜적의 침입에 아무런 역할도 못 한 채 겹쳐 있다는 뜻이다.

626 녹문산(鹿門山) : 중국 호북(湖北) 양양현(襄陽縣)에 있는 산인데, 후한(後漢) 때의 은자(隱者)인 방덕공(龐德公)이 숨어 살던 곳이다. 방덕공은 형주 자사(荊州刺史) 유표(劉表)가 찾아가서 벼슬길에 나오라고 권하자, 그 청을 거절하고 녹문산에 들어가 약초를 캐며 일생을 마쳤다. 《後漢書 逸民列傳 龐公》

난리가 난 뒤에 벗이 내게 산장을 주었기에 시를 지어 사례하다[627] 3수

亂離後友人以山莊相贈詩以謝之 三首

속세 밖의 전원이라 전쟁 먼지 막혔거니	物外田園隔戰塵
도원 속의 선객 바로 진나라 때 사람이네[628]	桃源仙客是秦人
첨엔 제비 숲에 살며 지저귐에 놀랐는데[629]	初驚燕子巢林語
되레 요 임금 때 〈격양〉 부른 백성 되었다네[630]	還作堯天擊壤民
한 베개에 살랑바람, 가랑비 속 저녁이요	一枕輕風微雨夕
두어 소리 우짖는 새, 꽃이 지는 봄이라네	數聲啼鳥落花春
경운[631] 아니 끝났는데 술부터 먼저 찾거니	耕雲未畢先謀酒

627 난리가……사례하다 : 벗은 당진(唐津)에 살았던 김진려(金進礪)를 말하고, 산장(山莊)은 현재의 당진시 송산면 매곡리 숨은골에 있었던 김진려의 산장을 말한다. 구봉은 61세 때인 1594년(선조27) 당진으로 내려가 살았으며, 이후 마양촌으로 들어와 김진려의 장사(莊舍)에서 지내면서 제자들과 함께 학문을 토론하곤 하였다. 초간본에는 이 시 세 수에 대하여 "세 편의 시가 모두 향산(香山)과 비슷한데, 구봉의 문집에 나오는 시 가운데에서 비교적 화평하고 느긋하다.〔三篇皆似香山, 蓋集中之較和緩者.〕" 라고 평하였다. 향산은 향산거사(香山居士)라고 자호(自號)한 당(唐)나라 시인 백거이(白居易)를 말한다.

628 속세……사람이네 : 전란과 멀리 떨어진 곳에 있는 산장에서의 삶이 마치 무릉도원 속에서 사는 것과 같다는 뜻이다.

629 첨엔……놀랐는데 : 구봉 자신이 전란으로 인하여 살 곳이 없었다는 뜻이다. 478쪽 주511 참조.

630 되레……되었다네 : 구봉 자신이 편안한 삶을 누리게 되었다는 뜻이다. 격양(擊壤)은 태평 시대의 노래인 〈격양가(擊壤歌)〉이다. 313쪽 주147 참조.

이제부터 머리 위엔 갈건 아니 저버리리[632] 頭上從今不負巾

나는 지금 산에서 살 계획 이미 이뤘거니 吾今已遂歸山計
다신 풍진 향하여서 갈림길을 안 물으리 休向風塵更問岐
부질없이 제치[633] 잡아 나의 임무 삼으면서 浪把齊治爲己任
서권[634]이 천시에 달린 줄도 알지 못하였네 不知舒卷屬天時
조각배 뜬 강 위에는 안개 물결 고요하고 扁舟江上煙波靜
일천 나무 꽃 속에는 세월 더디 흐른다네 千樹花中日月遲
한가로운 이 하는 일 없다고는 말을 마라 莫道閑人無所事
북쪽 창서 길게 읊곤 헌희씨도 얕본다네[635] 北窓長嘯傲軒羲

631 경운(耕雲) : 구름을 간다는 뜻으로, 은자(隱者)의 고답적인 생활을 형용하는 말이다. 송(宋)나라 관사복(管師復)이 숭산(崇山)에 은거하였는데, 어떤 사람이 그에게 "무슨 즐거움이 있느냐?"라고 묻자 "언덕에 덮인 흰 구름은 갈아도 다함이 없고, 못에 가득한 밝은 달은 낚아도 흔적이 없네.〔滿塢白雲耕不盡, 一潭明月釣無痕.〕"라고 한 데서 온 말이다.《山堂肆考 卷109 耕雲釣月》

632 이제부터……저버리리 : 항상 술을 걸러 마실 준비를 하고 있을 것이라는 뜻이다. 갈건(葛巾)은 갈포로 된 건을 말한다. 진(晉)나라의 은사인 도잠(陶潛)은 국화를 유독 좋아하였으며, 또 술을 매우 즐겼던 나머지, 항상 갈건을 쓰고 다니다가 집에서 빚은 술이 익기만 하면 그 즉시 갈건을 벗어서 술을 걸러 마시곤 하였다.《宋書 隱逸列傳 陶潛》

633 제치(齊治) :《대학》의 팔조목(八條目) 중에 제가(齊家)와 치국(治國)을 말한다.

634 서권(舒卷) : 나아가고 물러남을 뜻하기도 하고, 숨거나 드러냄을 뜻하기도 하는데, 여기서는 올바른 도가 행해지거나 행해지지 않음을 뜻한다. 당나라 한유(韓愈)의 〈견흥연구(遣興聯句)〉 시에 "거백옥과 영무자는 권서를 알았고, 공자와 안자는 행장을 알았다.〔蘧、甯知卷舒, 孔、顔知行藏.〕"라고 하였다.

635 북쪽……얕본다네 : 속세를 떠나서 한가롭게 지낸다는 뜻이다. 헌희씨(軒羲氏)

청산 사는 백발노인 사립문도 닫지 않고	白首青山不掩扉
꽃 보면서 동구 나와 홀로 시를 읊조리네	看花出洞獨吟詩
꼬마 아이 유수 따라 금을 멀리 가져왔고	童隨流水携琴遠
학은 청풍 사랑하여 발걸음을 더디 놓네	鶴愛淸風引步遲
도를 지닌 마음이라 사모하는 것이 없고	有道心懷無戀慕
기심 잊은 신세라서 영위하는 것이 적네[636]	忘機身世少營爲
안개 노을 역시 인간 세상 있는 것이지만	煙霞亦在人間物
신선 집에 세상 시비 끊긴 것이 유독 좋네	唯喜仙家斷是非

는 고대 전설상의 제왕인 태호 복희씨(太昊伏羲氏)와 황제 헌원씨(黃帝軒轅氏)의 병칭으로 순수한 태고 시대를 상징한다. 진나라의 은사인 도잠이 오뉴월 한여름에 북창 아래에 누웠다가 서늘한 바람이 잠깐 불어오자, 태고의 복희 시대 사람이 된 것 같다고 하였다.《晉書 隱逸列傳 陶潛》

636 기심(機心)……적네 : 세상일에 관심을 두지 않고 숨어 지내면서 담박하게 살아간다는 뜻이다. 기심은 무엇인가를 노리는 교사(巧詐)한 마음이다. 351쪽 주219 참조.

한가함을 읊다[637]

詠閑

골짝 입구 어디에서 달리 봄을 찾아볼까	洞門何處別尋春
산봉마다 꽃 비치고 대는 문을 가렸다네	花映千峯竹[638]掩關
늙은 뒤에 글 읽으니 지극한 낙 알겠으며	老後讀書知至樂
고요 속에 사물 보니 천진을 또 얻겠구나	靜中觀物得天眞
시내와 모래 위에 달 있으니 건곤이 크고	溪沙有月乾坤大
신선 골짝 바람 없으니 초목이 한가롭네	仙峽無風草木閑
군자가 하는 굴신[639]은 그 모두가 도이거니	君子屈伸皆是道
어찌 소허 일 가지고 청진의 뒤 이으리오[640]	豈將巢許繼淸塵

637 한가함을 읊다 : 초간본에는 이 시의 3, 4구에 대하여 "기운이 저절로 화평하다.〔氣自和平〕"라고 평하였으며, 5, 6구에 대하여 "드넓은 흉회와 한가로운 아취가 있다.〔曠懷閑趣〕"라고 평하였다.

638 竹 : 초간본에는 '書'로 되어 있다.

639 굴신(屈伸) : 진퇴(進退)와 같은 말로, 도가 행해지는 때에는 벼슬에 나아가 포부를 펴고 도가 행해지지 않는 때에는 물러나 은둔하는 것을 가리킨다.

640 어찌……이으리오 : 요 임금 때의 고사(高士)인 소부(巢父)와 허유(許由)가 한 것처럼 하지는 않겠다는 뜻이다. 요 임금이 기산(箕山)에 숨어 살던 허유를 불러 구주(九州)의 장(長)으로 삼으려고 하자 허유가 더러운 말을 들었다고 하면서 영수(潁水)의 물에 귀를 씻었으며, 소부는 귀를 씻은 더러운 물을 소에게 먹일 수 없다며 소를 끌고 상류로 올라가 버렸다.《高士傳 許由》청진(淸塵)은 수레 뒤에서 일어나는 티끌로, 흔히 상대에 대한 존칭으로 쓰이는데, 여기서는 군자를 가리킨다.

서울로 들어가는 어떤 사람을 전송하다
送人入洛

영대에 해 저물어서 그림자 반 꺾였거니[641]	日暮靈臺影半摧
이릉의 그 어느 곳서 진회를 조문하리오[642]	夷陵何處弔秦灰
방성과 한수는 괜히 험고함을 전하였고[643]	方城漢水空傳險
둑 버들과 못 연꽃은 슬픔만을 더하리라	堤柳池荷只助哀
성세 때의 화려함은 한바탕의 봄꿈이고	盛世綺羅春一夢
지난날의 친구들은 학이 되어 다시 오리[644]	昔年親舊鶴重來
쓸쓸해진 마을에는 묵을 곳이 없을 건데	蕭條閭井投無所

641 영대(靈臺)에……꺾였거니 : 도성의 궁전이나 누각 들이 전란으로 인해 반쯤은 폐허가 되었을 것이라는 뜻이다.

642 이릉(夷陵)의……조문하리오 : 임진왜란 때 왜적들이 서울을 함락하고 성종(成宗)의 능인 선릉(宣陵)과 중종(中宗)의 능인 정릉(靖陵)을 파헤친 것을 말한다. 이릉은 전국 시대 초(楚)나라 선왕(先王)의 능인데, 진(秦)나라가 초나라를 쳐서 영(郢)을 함락하고 이릉을 불태웠다. 진회(秦灰)는 진나라가 불타고 남은 재를 말한다.

643 방성(方城)과……전하였고 : 서울 주위에 있는 산이나 한강이 왜적의 침입을 막는 데 도움이 되지 못하였다는 뜻이다. 방성은 초나라의 산이고, 한수(漢水)는 양자강의 지류로, 초나라 영(郢) 땅 옆으로 흐르는 강이다.

644 지난날의……오리 : 예전에 같이 놀던 친구들이 대부분 다 죽었을 것이라는 뜻이다. 한(漢)나라 때 요동(遼東) 사람인 정영위(丁令威)가 영허산(靈虛山)에서 도를 닦아 신선이 된 뒤에 학(鶴)으로 변하여 돌아와 화표주(華表柱)에 앉아 시를 지었는데, 그 시에 "새여, 새여, 정영위여, 집 떠난 지 천년 만에 오늘에야 돌아왔네. 성곽은 의구한데 사람들은 아니로세. 어찌 신선 아니 배워서 무덤이 총총하뇨.〔有鳥有鳥丁令威! 去家千年今始歸. 城郭如故人民非, 何不學仙塚纍纍?〕"라고 하였다. 《搜神後記 卷1》

남쪽 하늘 돌아보면 고각 소리 잦으리라[645] 回首南天[646]鼓角催

645 남쪽……잦으리라 : 남쪽 해변 지역에는 아직도 전란이 계속되고 있다는 뜻이다. 고각(鼓角)은 군중에서 쓰는 북과 뿔피리를 가리킨다.

646 南天 : 초간본에는 '天南'으로 되어 있다.

한가로이 살다

閑居

세상 피해 숨어 살며 홀로 무리 안 짓는데	逃世深居獨不群
전쟁 소식 피를 많이 흘린단 말 들려오네	兵戈遙聞血紛紛
옥거문고 줄을 뜯자 연꽃 향기 들어오고	瑤琴乍拂荷香入
바닷새가 막 돌아와 대 그림자 나눠지네	海鳥初歸竹影分
지는 해는 꽃 아래에 아직도 빛 남아 있고	斜日尙留花下照
짙은 구름 고갯마루 흰 구름과 연결됐네	層陰還結嶺頭雲
천하 걱정 먼저 하는 두 줄기의 이 눈물을[647]	憂先天下雙行淚
봄바람에 실어 보내 묵은 요기 쓸어 내리	爲寄東風掃宿氛

647 천하……눈물을 : 송나라 인종(仁宗) 때의 명상(名相)인 범중엄(范仲淹)의 〈악양루기(岳陽樓記)〉에 "선비는 의당 천하의 근심거리는 남보다 먼저 걱정하고, 천하의 즐거운 일은 남보다 뒤에 즐거워해야 한다."라고 하였다. 《范文正集 卷7》

가을이 지난 뒤에 어떤 사람에게 화답하다

秋後答人

풍애(楓崖)[648]의 시에 차운하였다.

지난밤의 꿈속에서 둥근 못을 돌아보니	昨夜圓池夢裏廻
연꽃은 주인 아니 기다리고 먼저 피었네	荷花不待主人開
때때로 부는 바람 뜰 앞 향해 지나가면	有時風向庭前過
옛날처럼 그 향기가 달빛 아래 풍겨 왔네	依舊香從月下來
외로운 배 흰머리는 안개 물결에 막혔고	孤舟白髮煙波隔
천 리 밖의 단사는 또 늙은이 병 재촉하네	千里丹砂老病催
세상 구할 기약 없고 신선 아득 멀거니와	匡世無期仙侶遠
늦은 가을 옛 동산의 모퉁이서 상심하네	傷心秋晚故山隈

648 풍애(楓崖) : 안민학(安敏學, 1542~1601)으로, 본관은 광주(廣州), 자는 습지(習之), 호는 풍애이다.

느낌이 있어서 읊다
有感

요덕과 관병[649]은 그 방책이 같지 않은데도	耀德觀兵策不同
진은 가장 하책 썼고 한은 중도 없었다네	狂秦無下漢無中
하수 임해 음마하는 드센 되놈 많은데도	臨河飮馬多驕虜
부절 잡고 몸을 버려 충성하는 이는 적네[650]	握節捐軀少效忠
머리 세어 경전 읽는 내 즐거움 온전하나	窮經白首全吾樂
굶어 죽는 창생들의 곤궁함에 탄식하네	塡壑蒼生嘆爾窮
몇 년 동안 검 잡고서 작은 용맹 과시하며	撫劍幾年誇小勇
남을 치길 꾀하는 걸 공이라고 여기누나	伐人謀處是爲功

649 요덕(耀德)과 관병(觀兵) : 요덕은 덕을 빛내는 것으로 문치(文治)를 말하고, 관병은 군사를 사열하는 것으로, 무력을 쓰는 것을 말한다.

650 하수(河水)……적네 : 왜적들이 쳐들어왔는데도 나라를 위해 목숨을 바치는 사람이 적다는 뜻이다. 음마(飮馬)는 말에게 물을 먹이는 것으로, 중국의 북방에 살던 오랑캐들이 황하까지 내려와 말에게 물을 먹이는 것을 말한다.

두목의 〈낙양장구〉를 외우는 사람이 있었는데, 그것을 사랑하고 사모한 나머지 감히 차운하다[651]

人有口誦杜牧之洛陽長句者愛慕之敢次

사람 절로 상심하고 사물 절로 한가하니	人自傷心物自閑
지는 꽃과 꽃다운 풀, 석양 무렵이로구나	落花芳草夕陽間
실추가 된 왕풍[652] 이제 누가 다시 이으려나	王風墜地今誰繼
강물 속에 잠긴 보정[653] 안 돌아옴 탄식하네	寶鼎沈河歎不還
소 강절이 구슬 놀이를 하니 봄은 드넓고[654]	邵子弄丸春浩浩
엄자릉이 낚시터로 오니 물은 잔잔하네[655]	嚴陵歸釣水潺潺

651 두목(杜牧)의……차운하다 : 두목(803~852)은 당나라 때 경조(京兆) 사람이며 만당(晩唐)의 시인으로, 자는 목지(牧之), 호는 번천(樊川)이다. 〈낙양장구(洛陽長句)〉는 《번천문집(樊川文集)》 권3에 실려 있으며, 두 수로 되어 있는데, 구봉은 이 가운데 첫 번째 시에 차운하였다.

652 왕풍(王風) : 왕자(王者)의 교화(敎化)로, 왕도 정치(王道政治)가 실현되는 것을 말한다.

653 보정(寶鼎) : 본디는 밥을 짓는 데 쓰던 솥인데, 후대에는 정권(政權)의 정통성을 상징하는 보배가 되었다. 진(秦)나라 소양왕(昭襄王) 52년에 서주(西周)를 공격하여 아홉 개의 보배 솥을 탈취하였는데, 그중 하나가 사수(泗水)에 빠졌으므로 여덟 개만 진나라로 들여왔다. 그 뒤에 진 시황(秦始皇)이 사수에 빠진 솥을 건지려고 1000인을 동원해서 물속을 샅샅이 뒤졌으나 끝내 찾지 못하였다고 한다. 《史記 秦始皇本紀》

654 소……드넓고 : 소 강절(邵康節)은 송나라의 학자인 소옹(邵雍)을 가리킨다. 소옹의 〈자작진찬(自作眞贊)〉 맨 마지막 부분에 "구슬 놀이를 하다가 여가가 나면, 한가로이 갔다가 한가로이 오곤 하네.〔弄丸餘暇, 閑往閑來.〕"라고 하였는데, 이에 대한 자주(自註)에 "구슬〔丸〕은 태극(太極)을 의미한다."라고 하였다.

번화와 부귀는 다 부운인 양 흩어졌는데	繁華富貴浮雲散
맑은 바람 머물러서 푸른 산에 걸려 있네	留得淸風掛碧山

655 엄자릉(嚴子陵)이……잔잔하네 : 엄자릉은 후한 광무제(後漢光武帝) 때의 은사(隱士)인 엄광(嚴光)을 가리킨다. 엄광은 본디 광무제와 어릴 때의 친구로서 함께 공부하였는데, 광무제가 제위에 오른 뒤에는 숨어 살면서 나타나지 않았다. 광무제가 온 천하에 글을 내려 엄광을 찾아내 함께 세상을 다스리자고 하였으나, 이에 응하지 않은 채 부춘산(富春山)에 은거하여 낚시질을 하면서 보냈는데, 후인들은 그가 낚시질하던 곳을 엄릉탄(嚴陵灘)이라 하였다.《後漢書 逸民列傳 嚴光》

신선을 꿈꾸다
夢仙

한낮에 훨훨 날아가는 구름 속의 그림자	翶翔白日雲中影
속세 세상 흘겨보는 푸른 하늘의 조외인[656]	睥睨青天鳥外人
원근이나 고저에도 바람 같아 막힘없고	遠近高低風不限
동서로 갈라진 길도 바다라서 나루 없네[657]	東西岐路海無津
구오에 용 나는 건 가볍기가 매미 날개[658]	龍飛九五輕蟬翼
삼천 년에 천도 맺힘 빠르기가 초진이네[659]	桃結三千劇草塵
만촉과 초범[660] 중에 누가 얻고 잃은 건가	蠻觸[661]楚凡誰得失

656 조외인(鳥外人) : 하늘 높이 날아가는 새의 저 바깥에 있는 사람이라는 뜻으로, 신선이 푸른 하늘을 훨훨 날아다니는 것을 형용한 말이다.

657 원근(遠近)이나……없네 : 신선은 자유자재로 아무 곳이나 막힘없이 다닌다는 뜻이다.

658 구오(九五)에……날개 : 신선이 아주 가볍게 훨훨 날아다니는 것을 형용한 말이다. 구오는 《주역》 〈건괘(乾卦) 구오(九五)〉를 말하는데, 그 효사(爻辭)에 "구오는 나는 용이 하늘에 있음이니, 대인을 만나는 것이 이롭다.〔九五, 飛龍在天, 利見大人.〕"라고 하였다.

659 삼천……초진(草塵)이네 : 천도가 열린다고 하는 삼천 년이라는 긴 세월조차 신선 세계에서는 한순간이라는 뜻이다. 선녀(仙女)인 서왕모(西王母)가 가지고 있던 천도는 삼천 년 만에 꽃이 피고 삼천 년 만에 익는데, 이를 하나만 먹어도 천 년을 산다고 한다. 초진은 가벼운 티끌이 약한 풀 위에 놓여 있는 것으로, 사람의 삶이 한순간에 불과한 것을 비유하는 말이다. 《남사(南史)》 〈어홍열전(魚弘列傳)〉에 "장부의 삶은 마치 가벼운 티끌이 약한 풀 위에 놓여 있는 것과 같고, 빠른 말이 좁은 틈을 지나가는 것과 같다.〔丈夫生如輕塵棲弱草, 白駒之過隙.〕"라고 하였다.

충사 원학 제멋대로 분분해도 버려두네[662] 虫沙猿鶴任紛繽

660 만촉(蠻觸)과 초범(楚凡) : 만촉은 본디 달팽이의 양쪽 뿔에 있다고 하는 나라인데, 서로 아등바등 다투는 것을 뜻하는 말로 쓰인다. 《장자》 〈칙양(則陽)〉에 "달팽이의 왼쪽 뿔 위에 있는 나라를 촉씨(觸氏)라 하고, 달팽이의 오른쪽 뿔 위에 있는 나라를 만씨(蠻氏)라 하는데, 서로 영토를 다투어서 전쟁을 한다."라고 하였다. 초범은 초(楚)나라와 범(凡)나라로, 《장자》 〈전자방(田子方)〉에 "초나라의 왕과 범나라의 임금이 같은 자리에 앉아 있었는데, 초나라 왕의 신하가 세 번이나 범나라가 망할 것이라고 말하였다. 그러자 범나라 임금이 말하기를 '범나라가 멸망해도 나는 없어지지 않는다. 범나라가 멸망해도 내가 없어지지 않는다면 초나라가 존재해도 그 존재를 보전할 수 없다. 그렇다면 망한 나라는 망한 적이 없고 초나라는 존재한 적이 없다고 말할 수 있다.' 하였다."라고 하였다.

661 觸 : 대본에는 '蜀'으로 되어 있다. 《장자》 〈칙양〉에 근거하여 수정하였다.

662 충사(虫沙)……버려두네 : 신선이 이 세상의 자잘한 일에 대해 마음쓰지 않고 멋대로 하도록 버려둔다는 뜻이다. 충사는 벌레와 모래이고, 원학(猿鶴)은 원숭이와 학인데, 흔히 전쟁터에서 죽은 병졸을 가리키나, 여기서는 군자와 소인을 포함한 모든 사람들을 가리킨다. 진(晉)나라 갈홍(葛洪)의 《포박자(抱朴子)》에 "주 목왕이 남정할 때 온 군사가 모두 전멸했는데, 군자는 원숭이와 학이 되고, 소인은 벌레와 모래가 되었다."라고 하였다.

배를 띄워 남쪽으로 가며 어떤 사람에게 주다[663]

浮舟南歸贈人

떠나려고 해도 말세 세상 떠나기 어렵고	欲謝難謝叔季世
시름 아니 지으려도 이별하는 시름 같네	未愁如愁別離腸
여러 산에 지은 집을 두루두루 가 보려고	千[664]山卜築踏將遍
바다에서 배를 타자 돌아가는 흥이 기네	碧海乘桴歸興長
흰머리로 두 번째의 갑오년을 보내고서[665]	白髮再經年甲午
국화 피는 중양절을 다시 보게 되었다네	黃花又見節重陽
장한 맘은 세월 따라 늙어지지 않았으매	壯心不逐光陰老
부상[666] 향해 휘파람을 불며 돛대에 기대네	嘯向扶桑倚夜檣

663 배를……주다 : 구봉은 62세 때인 1595년(선조28) 당진(唐津)으로 내려가 살았는데, 이 시는 당진으로 내려갈 때 지은 것이다. 이후 구봉은 당진의 마양촌(馬羊村)에서 살았다. 초간본에는 이 시의 1, 2구에 대해서 "몹시 슬픈 말이다.〔深悲之語〕"라고 평하였으며, 5, 6구에 대해서 "옛 시인이 일찍이 말하지 않았던 바이다.〔古人不曾道者〕"라고 평하였다.

664 千 : 초간본에는 '靑'으로 되어 있다.

665 흰머리로……보내고서 : 구봉은 갑오년인 1534년(중종29) 2월 10일에 태어났다.

666 부상(扶桑) : 해가 뜨는 곳에 있다는 나무로, 흔히 해가 뜨는 곳에 있는 우리나라나 일본을 가리키는 말로 쓰이는데, 여기서는 일본이 있는 동쪽을 가리킨다.

배를 타고 바다에 뜨다[667]

泛海

뭇 산을 다 거두어 아득하여 막힘없으니　　衆山收盡渺無碍
높이 뜬 해와 달은 밤과 낮의 등불이네　　日月高懸晝夜燈
서쪽으로 제경[668] 보니 구름 한 점 떠 있으며　　西指帝京雲一點
동쪽으로 서도[669] 보니 물이 천 층 겹쳐 있네　　東看徐島水千層
황하를 다스린 자취 있어 근원이 가깝고[670]　　治河有迹源猶近
바다에 뜨겠다던 공언 끝내 못 이루었네[671]　　浮海空言竟未能

667 배를……뜨다 : 초간본에는 이 시에 대해서 "기백이 저절로 크다.〔氣魄自大〕"라고 평하였다.

668 제경(帝京) : 황제가 있는 서울로, 여기서는 중국의 북경(北京)을 가리킨다.

669 서도(徐島) : 서불(徐市)의 섬이라는 뜻으로, 일본이나 우리나라의 동쪽에 있는 어느 섬을 가리키기도 한다. 진(秦)나라의 방사(方士)인 서불이 진 시황(秦始皇)에게 동해의 삼신산(三神山)으로 가서 불로초(不老草)를 캐 오겠다고 하고는, 동남동녀(童男童女) 3000명을 데리고 배를 타고 갔는데, 일본에 도착하여 그곳에 살면서 돌아오지 않아 일본의 시조가 되었다고 한다. 일본의 화가산현(和歌山縣)에 그의 무덤과 사당이 있다.《史記 秦始皇本紀》 서불은 서복(徐福)이라고도 한다.

670 황하(黃河)를……가깝고 : 황해를 떠서 가므로 한 말이다. 우(禹) 임금이 순(舜) 임금의 명을 받고 치수(治水)를 해서 천하의 백성들을 편안하게 하였으며, 그 공을 인정받아 순 임금의 뒤를 이어 황제의 자리에 올랐다.《書經 禹貢》

671 바다에……이루었네 : 공자가 뗏목을 타고 가 구이(九夷)의 지역에서 살겠다고 했던 말을 실행하지 못하였다는 뜻이다. 공자가 일찍이 천하에 현군(賢君)이 없어 도(道)를 행할 수 없음을 탄식하면서 이르기를 "도가 행해지지 않으니, 뗏목을 타고 바다에 떠서 떠나가리라."라고 하였다.《論語 公冶長》

오늘 저녁 비로소 경위[672] 큰 걸 알겠거니	今夕始知經緯大
호연함이 구소[673]에서 대붕을 탄 것만 같네	浩然如跨九霄鵬

672 경위(經緯) : 우주의 경도(經度)와 위도(緯度)로, 여기서는 천하를 말한다.

673 구소(九霄) : 하늘의 가장 높은 곳을 말한다. 구소는 신소(神霄), 청소(靑霄), 벽소(碧霄), 단소(丹霄), 경소(景霄), 옥소(玉霄), 낭소(琅霄), 자소(紫霄), 태소(太霄)이다.

공해당[674]

控海堂

도원에서 온 나그네 본디 예정 없었는데	桃源來客本無期
우연히도 배를 매고 산기슭서 묵게 됐네	偶繫孤舟宿翠微
바다 학이 밤에 올 제 솔과 달은 고요하고	海鶴夜歸松月靜
하늘 신선 아침에 올 제 오색구름이 나네	天仙朝下彩雲飛
바다 물결 화표주를 뒤흔드니 건곤 크고[675]	波搖華表乾坤大
문이 부상 접했으매 물시계가 더디 가네	門接扶桑刻漏遲
한 소리의 긴 피리에 가을빛이 아득 먼데	長笛一聲秋色遠
하늘에서 성근 비 와 옥바둑돌 떨어지네	半空疏雨落瑤棋

674 공해당(控海堂) : 공해당에 대해서는 370쪽 주245 참조. 초간본에는 이 시의 1, 2구에 대해서 "담담한 가운데 생각이 고원하다.〔淡中思遠〕"라고 평하였으며, 5, 6구에 대해서 "흥취가 이른 말이다.〔興到語〕"라고 평하였다.

675 바다 물결……크고 : 서해 바다의 물이 요동(遼東)까지 닿았다는 뜻이다. 화표주(華表柱)는 옛날에 교량이나 궁전, 성문이나 묘소 앞에 장식용으로 세우던 거대한 돌기둥을 말하는데, 여기서는 정영위(丁令威)의 고사와 관련된 요동 성문 앞의 화표주를 가리킨다. 요동 사람 정영위가 신선이 되고 나서 천년 만에 학으로 변해 다시 고향을 찾아와서는 화표주 위에 내려앉았다고 한다. 《搜神後記 卷1》

마양촌[676]

馬羊村

경조[677]하며 유유히 속세 떠나 안 돌아가니　耕釣悠悠去不還
기황[678]만이 미친 진을 피한 것이 아니었네　綺黃非獨避狂秦
꽃은 영액 갈무리해 단정 속에 쏟아 넣고[679]　花藏靈液沈丹井
학은 남은 향기 쪼아 약에 넣고 빻는구나　鶴啄餘香擣藥塵
젊은 날에 이런 도를 행하고자 하였건만　少日只期行此道
늙어서야 천진을 지켜야 함 믿게 됐네　暮年方信守天眞
동주의 꿈 끊기어서 신선 자취 좇거니와[680]　東周夢斷追仙迹

676 마양촌(馬羊村) : 371쪽 주247 참조. 초간본에는 제목 아래에 "마을에 고적이 많다.〔村多古迹〕"라는 원주가 있다.

677 경조(耕釣) : 구름을 갈고 달을 낚는다는 뜻인 경운조월(耕雲釣月)로, 은자(隱者)의 고답적인 생활을 형용하는 말이다. 520쪽 주631 참조.

678 기황(綺黃) : 진(秦)나라 말기에 어지러운 세상을 피하여 상산(商山)에 숨어 살았던 상산사호(商山四皓) 가운데 기리계(綺里季)와 하황공(夏黃公)을 말한다. 나머지 두 사람은 동원공(東園公)과 녹리선생(甪里先生)이다.

679 꽃은……넣고 : 꽃잎에 이슬이 모여 있는 것을 형용한 것이다. 영액(靈液)은 이슬을 가리키고, 단정(丹井)은 단약(丹藥)을 달이는 물이 있는 샘을 말한다. 당나라 고황(顧況)의 〈산중(山中)〉 시에 "들사람이 산속에서 묵길 좋아하거니와, 더구나 갈홍의 단정이 서쪽에 있는 데랴.〔野人愛向山中宿, 況在葛洪丹井西!〕"라고 하였다.

680 동주(東周)의……좇거니와 : 구봉이 우리나라를 주나라와 같이 성대한 나라로 만들려고 하다가 실패하고서 한가롭게 숨어 산다는 뜻이다. 춘추 시대 노(魯)나라 계씨(季氏)의 가신(家臣)인 공산불요(公山弗擾)가 공자(孔子)를 부르자, 공자가 가려고 하였다. 이에 자로(子路)가 하필 공산씨(公山氏)에게 갈 것이 있느냐고 하면서 못마땅

텅 빈 산에 드러눕자 만 나무에 봄이로다　　　一臥空山萬樹春

하게 여기자, 공자가 "만일 나를 써 주는 이만 있으면 나는 노나라를 동주로 만들 것이다."라고 하였다.《論語 陽貨》

우연히 쓰다[681]

偶題

반 바퀴의 밝은 달에 한 가지의 매화나무	半輪明月一枝梅
일없이 오래 차지하자 조물주가 시기하네	長占無爲造物猜
방이 비어 생긴 흰빛 밖서 온 게 아니고[682]	虛室白非由外得
당 가득한 봄기운은 하늘에서 오지 않네	滿堂春不自天來
풍화 같은 세리는 다 잠깐이면 없어지고	風花勢利須臾盡
하해 같은 흉금 이에 만고토록 열렸어라	河海胸襟萬古開
객이 오면 치란의 일 논하지를 않거니와	客至休論治亂事
당우 때에 겸양한 건 석 잔의 술이었네[683]	唐虞謙讓酒三杯

681 우연히 쓰다 : 초간본에는 이 시의 3구에 대해서 "달을 비유한 것이다.〔喩月〕"라고 평하였으며, 4구에 대해서 "매화를 비유한 것이다.〔喩梅〕"라고 평하였으며, 5, 6구에 대해서 "매우 아름답다.〔亦佳〕"라고 평하였다.

682 방이……아니고 : 사람의 정신이 맑아 욕심이 없으면 도심(道心)이 절로 생기는 것을 뜻한다. 《장자》 〈인간세(人間世)〉에 "저 뚫린 벽을 보건대 방이 비면 안에 흰빛이 있고, 거기에는 길한 징조가 깃들어 있다."라고 하였는데, 방이 비었다는 것은 물욕이 전혀 없는 텅 빈 마음을 비유하고, 흰빛은 도(道)를 비유한다.

683 당우(唐虞)……술이었네 : 요 임금과 순 임금은 천자의 지위를 사양하기를 술 석 잔을 사양하는 것처럼 가볍게 하였다는 뜻이다. 당우는 요 임금과 순 임금을 가리킨다. 송나라의 학자인 소옹(邵雍)의 〈수미음(首尾吟)〉에 "요순이 사양한 것은 석 잔 술이고, 탕무가 싸운 것은 한 판 바둑이다.〔唐虞揖讓三盃酒, 湯武交爭一局棋.〕"라고 하였는데, 이 시는 천자의 지위를 선양한 요순의 겸손한 기상을 말한 시라고 한다. 《擊壤集 卷20》

고요한 가운데 소나무 소리를 듣다[684]

靜中聞松聲

늘그막에 헛된 생각 구름 따라 없어지니	老來浮念隨雲滅
천명 편히 여기는 건 학문 공과 관계없네	安命非關學有功
머리털 다 빠졌는데 어찌 백발 걱정하며	髮盡何須憂鬢白
술통이 다 비었으매 홍안 빌릴 뜻 없다네	樽空無意借顏紅
스스로를 즐기는 데선 득실이 똑같으며	自樂到頭齊得喪
다투지를 않는데 누가 자웅을 물으리오	不爭誰復問雌雄
솔바람도 도리어 높고 낮은 태도 배워	松風猶學高低態
매 이파리 찬 소리가 같지 않아 우습구나	葉葉寒聲笑不同

684 고요한……듣다 : 초간본에는 이 시의 3, 4구에 대해서 "좋은 농담이며, 풍류가 있다.〔善謔風流〕"라고 평하였으며, 5, 6구에 대해서 "대단한 명언이다.〔亦名言〕"라고 평하였으며, 7, 8구에 대해서 "대개 세태가 변한 것을 비유한 것이다.〔蓋以喻世變〕"라고 평하였다.

스스로 한탄하다 병신년(1596, 선조29) 봄

自歎 丙申春

애석해라, 가죽끈이 세 번 끊어진 이후에	可惜韋編三絶後
고금에 누가 다시 《주역》을 읽었던가[685]	古今誰復讀羲經
흰 구슬에 티 없으면 정말 진짜 보배이고	白圭無點爲眞寶
담담한 빛 황금 어찌 진정 태평이겠는가	淡色黃金豈太平
인간의 제일사를 양보하지 아니하며[686]	休讓人間第一事
천하의 부쟁명[687]을 이루기를 기약하네	期成天下不爭名
조각배 탄 백발노인 천지에서 늙어 가며	扁舟白髮乾坤老
파도 깊은 창해에서 세월 감에 놀라누나	滄海波深歲月驚

685 애석해라……읽었던가 : 공자(孔子) 이후로는 《주역》을 탐독하는 사람이 없었다는 뜻이다.

686 인간의……아니하며 : 제일사(第一事)는 사람에게 가장 중요한 일이라는 뜻으로, 부귀와 명예를 추구하지 않고 오로지 심신을 수양하여 깨끗하게 자신의 지조를 지키는 일을 말한다. 《근사록(近思錄)》 권14 〈관성현(觀聖賢)〉에 "맹자가 이르기를 '사람은 누구나 요순이 될 수 있다.'라고 하고, 또 이르기를 '내가 원하는 바는 공자를 배우는 것이다.'라고 하였다. 옛사람은 일찍이 제일등(第一等)의 일을 제일등의 사람에게도 양보하지 않았다."라고 하였다.

687 부쟁명(不爭名) : 공명을 다투지 않는 것을 말한다.

와현[688]의 살구나무 아래에 짝을 지어 앉다

偶坐臥峴之杏樹下

이때 난리를 피하여 깊은 곳을 찾다가 주인 늙은이와 함께 날마다 숲속에서 대화하였다.

병진이 못 닿는 곳이 바로 신선 사는 데로	兵塵莫到卽仙區
한번 안에 들자 금방 내가 나를 잊었다네	一入翛然吾喪吾
취해 눕는 숲 반드시 대숲일 건 없는 거며	醉臥何須林是竹
숨어 사는 골짝 이름 우곡이라 할 거 없네[689]	隱居休用谷名愚
논은 고금 통하여서 경계 구분 없는 데다	論透古今無畛域
예는 빈주 잊은 채로 마음대로 즐기누나[690]	禮忘賓主任歡娛
신야 농사 위수 낚시 혼자 하기 싫었는데[691]	莘耕渭釣曾嫌獨
짝을 지어 앉자 덕 외롭지 않음을 알겠네	偶坐方知德不孤

688 와현(臥峴) : 우곡(愚谷)과 가까운 당진 일대의 어느 고개를 가리키는 듯하다.

689 숨어……없네 : 구봉이 숨어 살려는 골짜기가 우곡이었던 듯하다.

690 논(論)은……즐기누나 : 주인과 만나 손님과 주인의 예를 따지지 않은 채로 고금의 여러 가지 일에 대해 마음 내키는 대로 대화를 나누면서 논했다는 뜻이다.

691 신야(莘野)……싫었는데 : 구봉 자신이 혼자서 숨어 살기가 싫었다는 뜻이다. 신야는 유신(有莘)의 들판으로, 상(商)나라의 명신(名臣)인 이윤(伊尹)이 일찍이 이곳에서 농사를 짓다가 탕왕(湯王)의 초빙을 받고 조정에 들어가 재상이 되어 왕업을 성취시켰다. 위수(渭水)는 중국의 강 이름으로, 주나라의 명상(名相)인 강태공(姜太公) 여상(呂尙)이 이곳에 숨어 살면서 낚시질하다가 문왕(文王)을 처음 만나 사부(師傅)로 추대되었고, 뒤에 문왕의 아들인 무왕(武王)을 도와서 은(殷)나라를 멸망시키고 천하를 평정하였다. 《史記 齊太公世家》

우연히 쓰다

偶題

마음은 우주가 흥망하는 자취에서 놀고　遊心宇宙興亡迹
이치는 공사가 진퇴하는 형태를 살피네　察理公私進退形
진한에는 유자 없어 학문 단절 상심했고　秦漢無儒傷絶學
봉황은 덕 기다리나니 어찌 헛되게 울랴[692]　鳳凰俟德豈虛鳴
정자 주자 공자 맹자 서로 번간 달리함은　程朱孔孟殊煩簡
고금의 공정이 밝고 어둡 다른 탓이었네　今古功程異晦明
말만 점점 많아지고 유자 점점 적어지니　辭說漸多儒漸少
머리가 센 늙은 내가 어느 날에 하청[693] 보랴　白頭何日見河清

692 봉황은……울랴 : 한(漢)나라 가의(賈誼)의 〈조굴원부(弔屈原賦)〉에 "봉황은 천 길 높이 날다가, 성인의 빛나는 덕을 보고 내려간다.〔鳳凰翔于千仞兮, 覽德輝而下之.〕"라고 하였다.

693 하청(河淸) : 탁한 황하의 물이 맑아진다는 뜻으로, 흔히 성군(聖君)이 출현하여 태평성대를 이루는 조짐으로 여겼다. 《역위건착도(易緯乾鑿度)》 권하(卷下)에 "하늘이 상서로운 일을 내리려 할 적에 하수가 3일간 맑다."라고 하였다.

저물녘에 배를 띄우다[694]

夕泛

술 떨어져 홀로 졸며 끊긴 놀에 기대 있자　酒盡孤眠倚斷霞
꽃 흔들려 붉은 이슬 찬 도롱이에 지누나　花搖紅露滴寒蓑
꿈을 깨니 마름 끝의 향기 처음 흩어지고　夢廻蘋末香初散
뜸을 걷자 하늘에는 해가 이미 기울었네　蓬揭天心日已斜
달이 뜨기 기다리니 어느 때나 배를 대며　待月幾時舟可泊
바람 부니 어디엔들 물에 물결 없으리오　有風何處水無波
황하의 물 맑고 흐림 그댄 물어보지 마라　河流淸濁休來問
흥은 어두운 밤 은하 올라가는 배에 있네　興在冥冥上漢槎

694 저물녘에 배를 띄우다 : 초간본에는 이 시의 1, 2구에 대해서 "표현한 것이 독특하면서도 아름답다.〔狀得險麗〕"라고 평하였으며, 3, 4구에 대하여 "경치를 그려 낸 것이 담백하면서 화려하지 않다.〔寫景淸而不靡〕"라고 평하였으며, 5, 6구에 대해서 "세상의 변고를 두루 겪어서 잘 알았다.〔諳歷世故〕"라고 평하였다.

꿈을 기록하다

記夢

대라천[695]은 바다 같아 오르내릴 수 없는데	大羅如海莫沿洄[696]
표연하게 바람 타니 티끌 하나 아니 묻네	風御[697]飄然不受埃
먹을 것은 아득히 먼 봉래산의 요초 줍고	餌遠蓬壺瑤草拾
입을 것은 보드라운 은하의 놀 재단했네	服輕銀漢彩霞裁
처마 끝의 거미줄은 능운자[698]를 기록하고	網簷猶紀凌[699]雲字
옥구슬로 지은 집서 음월배[700]를 살짝 깨네	瓊府微醒飮月杯
삼천세계[701] 교분 아주 깊다는 걸 믿겠거니	始信三天眞契熟
어찌하면 하루아침에 내 맘대로 배회하나	一朝那得任徘徊

695 대라천(大羅天) : 도교에서 말하는 삼십육천(三十六天) 가운데에서 가장 높은 곳에 있는 하늘이다.

696 洄 : 초간본에는 '徊'로 되어 있다.

697 御 : 초간본에는 '驛'으로 되어 있다.

698 능운자(凌雲字) : 능운필(凌雲筆)과 같은 말로, 필력이 굳세어서 속태(俗態)를 벗어난 글씨나 문학 작품을 말한다. 두보(杜甫)의 〈희위육절구(戱爲六絶句)〉에 "유신의 문장은 노련하고 완성되어, 구름 뚫는 굳건한 붓 종횡으로 치달리네.〔庾信文章老更成, 凌雲健筆意縱橫.〕"라고 하였다. 《杜少陵詩集 卷11》

699 凌 : 초간본에는 '崚'으로 되어 있다.

700 음월배(飮月杯) : 술을 마시면서 달을 감상하는 술잔이라는 뜻으로, 달을 바라보면서 술을 마시는 것을 말한다.

701 삼천세계(三天世界) : 도교에서 말하는 신선이 산다고 하는 곳으로, 옥청(玉淸), 상청(上淸), 태청(太淸)을 말한다. 삼청경(三淸境)이라고도 한다.

객중에 어떤 사람에게 주다
客中贈人

매년 호외에는 고비[702] 소리 나거니와	年年湖外鼓鼙[703]聲
돌아갈 길 헤아리다 귀밑머리 다 세누나	每算[704]歸程鬢髮明
고향 땅의 한가한 꽃 다 떨어져 갈 것이고	故國閑花飛欲盡
역정 가에 남은 버들 꺾였어도 또 났으리	驛亭殘柳折還生
묵는 객은 사람 피해 성과 이름 숨겼는데	宿客避人猶隱姓
저 산새는 무슨 일로 다시 이름 부르는가	山禽何事更呼名
전란 먼지 닿는 곳엔 편안한 땅 없거니와	兵塵到處無安土
저닉[705]인들 어찌 함께 밭 갈면서 늙어 갈꼬	沮溺那能老耦耕

702 고비(鼓鼙) : 군중에서 사용하는 큰북과 작은북으로, 흔히 전란을 뜻하는 말로 쓰인다. 여기서는 임진왜란을 뜻한다. 《예기(禮記)》〈악기(樂記)〉에 "군주가 고비의 소리를 들으면 장수의 신하를 생각한다.〔君子聽鼓鼙之聲 則思將帥之臣〕"라고 하였다.

703 鼙 : 초간본에는 '鞞'로 되어 있다.

704 算 : 초간본에는 '等'으로 되어 있다.

705 저닉(沮溺) : 옛날에 세상을 피해 살았던 은자(隱者)인 장저(長沮)와 걸닉(桀溺)을 가리킨다. 《논어》〈미자(微子)〉에 "장저와 걸닉이 함께 밭을 갈고 있는데, 공자가 지나가다가 자로(子路)를 시켜서 나루터를 묻게 하였다."라고 하였다. 이로 인해 후대에는 세상을 피해 사는 은자를 지칭하게 되었다.

구월 보름에 느낌이 있어서 읊다
九月望時有感

산속에서 화월 구경 한가한 일 아니거니	山中花月非閑事
기다리면 도리어 저 조물주가 시샘하네	有待翻爲造物猜
거울처럼 둥글 때는 구름이 가리려 하고	如鏡圓時雲欲合
중양절이 지난 뒤에 국화는 막 피어나네	重陽過後菊方開
낮에 취한 짙은 술에 봄기운이 넓고 멀며	午醉杯濃春浩渺
밤에 거문고를 타니 학이 와서 배회하네	夜琴絃遠鶴徘徊
나에게는 진정으로 성패 따위 없거니와	自家眞得無成毁
포희씨[706]께 읍을 하고 마음대로 오가누나	高揖庖羲任去來

706 포희씨(庖羲氏) : 중국 고대 전설상의 제왕인 복희씨(伏羲氏)이다.

꽃을 대하여 시를 읊고는 친구에게 부치다

對花吟得寄友人

이때 왜적의 형세가 아직도 치성하였다.

꽃은 사람 안 저버리는데 사람이 꽃 저버려	花不負人人負花
꽃 보던 이 병이 들어 하늘가에 누워 있네	對花人病臥天涯
청춘 시절 매양 근심 속에서 다 보냈으며	青春每向憂中過
백발은 또 이별한 뒤 부쩍 많이 나는구나	白髮還從別後多
시골 마을 옥과 비단 단부에 머물러 있고	村閭玉帛淹丹斧
경회루의 구름 연기 취화[707]와는 막혀 있네	慶會雲煙隔翠華
평상 밖의 콧소리는 아직 아니 그치었고	榻外鼻聲猶未息
하의[708] 입은 산 늙은이 또한 길이 탄식하네	荷衣山老亦長嗟

707 취화(翠華) : 임금의 의장(儀仗) 가운데 푸른 깃으로 장식한 깃발이나 수레를 가리키는데, 전하여 임금을 뜻하는 말로 쓰인다.

708 하의(荷衣) : 연잎으로 만든 옷으로, 고인(高人)이나 은사(隱士)의 의복을 뜻한다.

하루
一日

하루가 자주 와서 한 해로다 되는 건데	一日頻來作一年
한 해가 얼마 안 돼 살쩍 희게 세는구나	一年無幾鬢蕭然
뱁새 집은 안개 노을 밖에서 뜻 얻었는데[709]	鷦巢得意煙霞外
학 행렬은 고각 소리 가에서 혼 놀라누나[710]	鶴列驚魂鼓角邊
물 따라간 떨어진 꽃 돌아오지 아니하고	隨水落花追不返
구름에 든 밝은 달은 기울었다 또 둥그네	入雲明月缺還圓
세월 점차 늦어져도 마음 더욱 씩씩하니	時光欲暮心逾壯
한 가슴속 가득하니 만고 하늘 간직했네	一室胸藏萬古天

709 뱁새……얻었는데 : 구봉 자신은 깊은 숲속에서 살아 전란 중임에도 전란을 잊고 산다는 뜻이다. 뱁새 집은 구봉 자신이 사는 집을 말한다.

710 학……놀라누나 : 세상 사람들은 전란으로 인해 편안하게 살지 못한다는 뜻이다.

해 질 무렵에 쓰다

晩題

수양버들 그늘 짙어 여름날이 지루한데　垂柳陰濃夏日遲
살아감이 한가하니 게으름과 되레 맞네　居閑還與懶相宜
바람이 발 그림자 흔들어 꿈 자주 깨고　風搖簾影頻驚夢
술은 시름 흔적 섞어 눈썹 위에 오르네　酒和愁痕更上眉
묵묵하니 홀로 앉아 말세 세상 슬퍼하다　脈脈獨坐悲世晩
양쪽 살쩍 쓸쓸하여 내 늙음을 탄식하네　蕭蕭雙鬢歎吾衰
옅은 연기 꽃다운 풀, 황혼이 가까운데　淡煙芳草黃昏近
하늘 밖의 가인[711]은 또 만날 기약 저버리네　天外佳人又負期

711 가인(佳人) : 구봉이 기다리고 있는 친구나 현인을 가리킨다.

우계를 생각하다

憶牛溪

병이 들었을 때 글을 보냈는데, 죽은 뒤에 받아 보게 되었다.[712]

한 통의 서찰 받고 눈물 줄줄 흘리는 건	一封書到淚漣漣
병중의 정다운 말 죽은 뒤에 전해 와서네	病裏情言死後傳
평소에는 호연지기 밝은 해와 다퉜는데	浩氣平生爭白日
이날 저녁 우리 사문[713] 황천으로 들어갔네	斯文此夕閉黃泉
연잎에 이슬 내리는 삼경 깊은 달밤이요	荷傾玉露三更月
문이 닫힌 가을 강엔 만 리 하늘 비치리라	門掩秋江萬里天
풍물이야 인사 따라 변화하여 가지마는	風物却隨人事變
정신 교제 아득해도 예전같이 그대로리	神交溟漠只依然

712 병이……되었다 : 성혼(成渾)이 1598년(선조31) 6월 파산(坡山)의 우계에 있는 집에서 졸하여 8월 향양리(向陽里)에 있는 산에 장사 지냈다.

713 사문(斯文) : 본디 유학(儒學)이나 유학자를 뜻하는 말인데, 여기서는 성혼을 가리킨다.

수사[714]에 대한 만사

挽水使

고래 숨은 바다에서 갑옷 입고 잠을 자며	鯨伏波心甲胄眠
좋은 계책 써서 다신 남쪽 걱정 않게 됐네[715]	醒籌[716]無復顧南天
호폐에서 승진한 건 버들잎을 뚫어서고[717]	連超虎陛楊穿百
처음 붕정 펼치면서 물을 천번이나 쳤네[718]	始展鵬程水擊千

714 수사(水使) : 이순신(李舜臣)을 가리키는 듯하다. 구전(口傳)에 의하면 이순신이 서울의 건천동(乾川洞)에서 어린 시절을 보낼 때 구봉은 백악(白岳) 근처에 살아서 서로 알고 있었다고 한다. 또한 구봉이 말년에 머물던 당진의 마양촌(馬羊村)과 이순신의 본가인 아산시 염치면 백암리는 그리 멀지 않았다.

715 고래……됐네 : 이순신이 남쪽 바다에서 왜적들과 싸우면서 뛰어난 계략을 펼쳐 남쪽 바다를 방비하는 걱정이 없게 되었다는 뜻이다. 고래는 왜적을 가리킨다.

716 醒籌 : '醒'은 '聖'의 오자(誤字)인 듯하나 확실한 근거가 없기에 대본대로 번역하였다. 성주(聖籌)는 성스러운 계책이라는 뜻으로, 임금의 계책을 말한다.

717 호폐(虎陛)에서……뚫어서고 : 이순신이 무과(武科)에 급제하여 무관의 길로 나간 것은 궁술의 재주가 뛰어나서였다는 뜻이다. 호폐는 호반(虎班)과 같은 말인 듯한데, 호반은 무반(武班)을 말한다. 버들잎을 뚫었다는 것은 활을 쏘면 모두 명중시켰다는 뜻이다. 춘추 시대 초(楚)나라 사람인 양유기(養由基)가 활을 잘 쏘기로 이름났는데, 100보 바깥에서 버들잎을 쏘면 백발백중이었고, 일곱 겹의 갑옷미늘도 뚫었다고 한다. 《戰國策 西周策》

718 처음……쳤네 : 이순신이 벼슬길에 나간 초기에 고난을 당하였다는 뜻이다. 이순신은 1572년(선조5) 훈련원(訓鍊院) 별과(別科)에 응시했으나 말에서 떨어져 왼쪽 다리가 부러지는 바람에 탈락하였으며, 43세 때인 1587년 녹둔도(鹿屯島)의 둔전관(屯田官)으로 있던 중 여진족의 습격을 당해 피해를 입으면서 감옥에 갇혔다가 패전의 책임으로 장형(杖刑)을 당한 뒤에 백의종군하는 등 고난을 겪었다. 붕정(鵬程)은 붕정구만리

적의 소굴 들이쳐서 투필한 뜻 이뤘거니[719] 　探穴粗酬投筆志
누가 늙음 불쌍히 봐 거안 나이 시험했나[720] 　戀衰誰試據鞍年
벽 가득한 부친의 책 읽을 사람 없거니와 　父書盈壁家無讀
마주 대해 찬위 어짊 아닌 거를 슬퍼하네[721] 　有對哀非璨瑋賢

(鵬程九萬里)의 준말로, 세상에 나가 원대한 꿈을 펼치는 것을 뜻하는데, 《장자》〈소요유(逍遙遊)〉에 "붕새가 남쪽 바다로 옮겨 갈 때에는 물결을 치는 것이 삼천 리요, 회오리바람을 타고 구만 리를 올라가 여섯 달을 가서야 쉰다."라고 하였다.

719 적의……이뤘거니 : 이순신이 왜적들을 물리쳐서 무관의 길로 나간 뜻을 이루었다는 뜻이다. 투필(投筆)은 붓을 던지는 것으로, 문(文)을 버리고 무(武)의 길로 나가서 혼란한 세상을 평정함을 뜻한다. 후한(後漢)의 반초(班超)가 집이 가난하여 관청의 고용인이 되어 서사(書寫) 품을 팔아 부모를 봉양하고 살며 매우 고생하였다. 하루는 붓을 던지고 탄식하기를 "장건(張騫)이 이역(異域)에서 공을 세워 후(侯)에 봉해졌는데, 어찌 오랫동안 글씨나 쓰고 있으리오."라고 하고는 붓을 내던지고 장수의 길로 나갔다. 그 뒤에 반초는 서역으로 사신 가서 50여 국이 한나라에 조공하도록 하여 서역도호(西域都護)가 되고 정원후(定遠侯)에 봉해졌다. 《後漢書 班超列傳》

720 누가……시험했나 : 이순신이 나이가 들어서도 굳센 몸과 정신을 가지고 있었다는 뜻이다. 거안(據鞍)은 말안장에 뛰어올라 걸터앉는다는 뜻으로, 나이가 많이 들었으면서도 젊은이 못지않게 기운이 왕성한 것을 뜻한다. 후한 광무제(後漢光武帝) 24년(48) 무릉(武陵) 오계(五溪)의 만이(蠻夷)가 침범하자 복파장군(伏波將軍) 마원(馬援)이 예순이 넘은 나이로 출정을 청하였다. 광무제가 노쇠함을 걱정하자 마원이 아직 갑옷을 입고 말에 오를 수 있다고 하며 말안장에 걸터앉아 다시 정벌에 나갈 것을 요청하니, 광무제가 웃으며 말하기를 "이 노인네가 정말로 용감하구나!"라고 하고는 마원을 장수로 삼아 파견하였다. 《後漢書 馬援列傳》

721 벽……슬퍼하네 : 사람들이 이순신의 아들들이 이순신처럼 무관의 길로 나가 아버지의 위업을 이어받지 못하고 문관(文官)의 길로 나간 것을 슬퍼한다는 뜻이다. 찬위(璨瑋)는 송(宋)나라가 건국할 때 큰 공을 세운 조빈(曹彬)의 아들인 조위(曹瑋)와 조찬(曹璨)을 가리킨다. 이 두 아들은 아버지의 뒤를 이어 뛰어난 장수로 이름을 날렸다. 《宋史 曹彬列傳》

장군에 대한 만사

挽將軍

투필을 한 그해부터 수리 쏘는 법 배워서[722] 投筆當年學射鵰
아기 세운 단상에서 금초 환히 비추었네[723] 牙旗壇上映金貂
손에 일명[724] 가지고서 거의 천 리 길 갔으며 手攜一命幾千里
몸소 삼군[725] 거느리고 네 조정을 거치었네 身率三軍歷四朝
살아서 옥문관[726]에 들어오니 백발만 남고 生入玉門餘白首
죽어서 기미성을 따라 하늘로 돌아갔네[727] 死隨箕尾返靑霄
남쪽 고을 조각 땅에 황금 갑옷 묻었거니 南州片土埋金甲
씩씩한 그 어느 누가 다시 요하 건너리오 钁鑠何人更度遼

722 투필(投筆)을……배워서 : 글공부를 하다가 그만두고 무예를 익혔다는 뜻이다.

723 아기(牙旗)……비추었네 : 아기는 아정(牙旌) 또는 아문기(牙門旗)라고도 하는데, 대장군의 의장(儀仗)으로 쓰이는 상아(象牙)로 장식한 큰 깃발이다. 금초(金貂)는 시중(侍中), 중상시(中常侍) 등이 쓰던, 금당(金璫)과 초미(貂尾)로 장식한 관(冠)인데, 전하여 고관(高官)을 가리킨다.

724 일명(一命) : 왕으로부터 임명받는 관등(官等) 중 최하 등급의 정식 관원을 말한다. 《주례(周禮)》 〈춘관종백(春官宗伯) 대종백(大宗伯)〉을 보면 일명에서 구명(九命)까지의 관등이 있다.

725 삼군(三軍) : 대군(大軍) 또는 전군(全軍)이라는 뜻이다.

726 옥문관(玉門關) : 감숙성(甘肅省) 안서주(安西州)에 설치되었던, 서역(西域)으로 통하는 중요한 관문이다. 흔히 변경을 뜻하는 말로 쓰인다.

727 죽어서……돌아갔네 : 아주 뛰어난 인물이 죽었다는 뜻이다. 기미성(箕尾星)은 별 이름으로, 은 고종(殷高宗) 때의 명재상인 부열(傅說)이 죽은 뒤에 기미성을 타고 앉아 부열성(傅說星)이 되었다는 전설이 있다. 《莊子 大宗師》

칠언 배율 3수 七言排律 三首

친구가 멀리 귀양 간다는 말을 듣고서 지어 보내다[728] 14운
聞故人遠謫奉寄 十四韻

천문에다 구선 있어 법궁 속은 그윽한데	天門九扇法宮幽
옥색 한번 찡그리면 온 세상이 근심하네[729]	玉色一嚬寰宇愁
구름 밖의 귀문관은 의리로 인해 가깝고[730]	雲外鬼關由義近
이별 속의 상심 눈물 하늘 믿어 거두누나	別中危淚信天收

728 친구가……보내다 : 친구는 자주(自註)에 나오는 내용으로 볼 때 강계(江界)로 귀양 가는 정철(鄭澈)인 듯하다. 정철은 1591년(선조24) 건저(建儲) 문제에 대해 헌의하였다가 선조의 노여움을 받아 6월 명천(明川)으로 유배지가 정해졌다가 다시 진주(晉州)로 옮겨졌으며 또다시 특명에 의해 강계로 이배되었다. 이듬해 4월 임진왜란이 일어나자 5월에 사면을 받고 평양의 행재소로 가서 선조를 배알하였다.

729 천문(天門)에다……근심하네 : 임금이 대궐 안에 있으면서 편치 않은 기색이 있으면 신민들이 모두 걱정한다는 뜻이다.

730 구름……가깝고 : 정철이 의리에 입각하여 바른말을 하였다가 귀양 가게 되었다는 뜻이다. 귀문관(鬼門關)은 본디 중국 광서성(廣西省)에 있는 변방 요새로, 산세가 험준한 데다 장려(瘴癘)가 만연하는 등 풍토가 험악하여 생환하는 자가 드문 곳이다. 흔히 풍토가 나쁘고 지형이 험악한 먼 변경을 가리키는 말로 쓰인다. 함경북도 부령(富寧)과 경성(鏡城) 사이에 있는 관문 이름이기도 하다.

몸가짐은 예나 지금 현우 각각 다르지만	持身今古殊愚智
임금 생각함은 승침[731]에도 기쁨 슬픔 같네	念主升沈一喜憂
만 리가 한 하늘이니 모든 곳이 낙토이고	萬里一天皆樂土
빈 배[732]는 어딘들 편히 흘러가지 아니하리	虛舟何處不安流
외로운 충성 노려보는 즈음에도 보전했고[733]	孤忠曾保睢盱際
첨거함은 몽매간에 잠시 같길 구하였네[734]	僉擧俄同夢寐求
바람 자니 향기 이에 난초 혜초에서 나고	風定香生蘭蕙草
하늘 개니 봄기운이 봉황루[735]로 들어오네	天晴春入鳳凰樓
공훈 사양하며 매번 장군 나무 지켰으며[736]	辭勳每守將軍樹

731 승침(升沈) : 높은 자리에 올라가거나 낮은 자리에 침체되어 있는 것을 말한다.

732 빈 배 : 허심(虛心)이나 무심(無心)의 경지를 비유하는 말로, 《장자(莊子)》 〈산목(山木)〉에 "사람이 물 가운데 배를 타고 가는데, 다른 배가 갑자기 와서 이쪽 배를 들이받았을 때에, 그것이 사람이 탄 배면 이쪽에서 노하여 꾸짖지만, 저쪽 배가 사람 없는 빈 배일 경우에는 이쪽에서도 말하지 않는다. 그것은 저쪽 배가 비었기 때문이다. 사람이 능히 자신을 비우고 세상에 노닌다면, 그 누가 해치려고 하겠느냐."라고 한 데서 나온 말이다.

733 외로운……보전했고 : 나라를 위한 충성을 다른 사람이 노려보는 가운데서도 다 바쳤다는 뜻으로, 여기서는 정철이 다른 사람의 눈치를 보지 않고 건저 문제에 대해 직언한 것을 말한다.

734 첨거(僉擧)함은……구하였네 : 건저 문제에 대하여 이산해(李山海)나 유성룡(柳成龍)이 정철과 뜻을 함께하기를 구하였다는 뜻인 듯하다. 첨거는 여러 사람이 함께 천거하는 것을 말한다.

735 봉황루(鳳凰樓) : 대궐에 있는 누각을 가리킨다.

736 공훈……지켰으며 : 정철이 나라에 큰 공을 세웠으면서도 자신의 공을 자랑하지 않았다는 뜻이다. 장군은 후한 광무제(後漢光武帝) 때의 장군인 풍이(馮異)를 가리킨다. 풍이는 사람됨이 겸손하여 길을 가다가 다른 장군을 만나면 항상 한쪽 옆으로 피하였으며, 휴식할 때 다른 장수들은 서로 모여 전공에 대해 떠들어 대었으나 풍이만은

나라 염려하여 늦게 범려 배에 올랐다네[737] 戀國遲登范蠡舟
선혈 아니 말랐는데 임금께 처음 고했고 鮮血不乾初告帝
단심 겨우 열었으나 면류 아니 돌아왔네[738] 丹心纔啓未廻旒
위태로울 때엔 필시 진정 통곡 볼 것이며[739] 臨危必見秦庭哭
깊은 밤이 되면 응당 초택 죄수 찾을 거리[740] 後夜應求楚澤囚
우러러서 별들 보니 모두 광채 잃었으며 仰視星辰皆鏟彩
돌아보니 풀과 나무 이미 가을 되었구나 回看草木已成秋
누대 없는 상국[741]께선 와서 묻지 마시게나 無樓相國休來問

항상 큰 나무 아래로 가서 쉬었다. 이에 군사들이 대수장군(大樹將軍)이라 부르면서 좋아하였다. 《後漢書 馮異列傳》

737 나라……올랐다네 : 정철이 나라를 염려하는 마음이 깊어 조정을 떠나 은거하지 못하였다는 뜻이다. 범려(范蠡)는 춘추 시대 월(越)나라의 대부(大夫)이다. 월나라 왕 구천(句踐)을 도와 오(吳)나라를 멸망시키고 상장군(上將軍)이 되었지만 이내 벼슬을 버리고 '치이자피(鴟夷子皮)'로 이름을 바꾼 후 오호(五湖)로 배를 타고 가서 은거하며 살았다. 《史記 貨殖列傳》

738 선혈(鮮血)……돌아왔네 : 정철이 건저 문제에 대해 선조에게 아뢰었으나, 선조가 받아들이지 않고 노여움을 품어 정철을 유배 보낸 것을 말하는 듯하다.

739 위태로울……것이며 : 나라가 위태로운 상황이 되면 반드시 정철이 충심을 다할 것이라는 뜻이다. 진정(秦庭)은 진나라의 조정이라는 뜻인데 여기서는 명나라를 말한다. 489쪽 주541 참조.

740 깊은……거리 : 정철이 유배 간 뒤에 선조가 정철을 생각할 것이라는 뜻인 듯하다. 초택(楚澤)은 전국 시대 초나라의 충신인 굴원(屈原)이 초 회왕(楚懷王)에게 버림받아 멱라수(汨羅水)에 빠져 죽기 직전까지 배회하던 소상강(瀟湘江) 일대를 말하는데, 여기서는 정철이 유배를 간 강계를 가리킨다.

741 누대(樓臺) 없는 상국(相國) : 송(宋)나라의 명신인 충민공(忠愍公) 구준(寇準)을 가리키는데, 여기서는 좌의정을 지냈으면서도 청렴하기로 이름 높았던 정철을 가리킨다. 구준은 정승 자리에 있으면서도 집을 화려하게 짓지 않고 지냈는데, 처사(處士)

오시 사는 문선[742] 또한 머리 이미 세었다네　　吳市門仙亦白頭
천고 품은 웅대한 맘, 보검 속에 간직했고　　千古雄心藏寶劍
한 시내에 거둔 자취, 갈매기와 짝하누나　　一溪收迹伴沙鷗
꽃은 깊은 골짝에서 부질없이 피고 지고　　花生幽谷空開落
구름은 먼 하늘에서 임의대로 오고 가네　　雲在長天任去留
말 듣건대 고래 파도 아직 넘실거린다니　　聞道鯨波猶蕩漾
돌아와서 장자방의 젓가락을 빌리시게[743]　　歸來須借子房籌

마지막 구절은 선견지명이 있는 것으로, 과연 이듬해에 왜란이 일어나자 예전 직임으로 소명을 받아 조정으로 돌아왔다.

인 위야(魏野)가 시를 지어 주기를 "관직은 정승 자리 차지하고 있으면서, 누대를 지을 만한 땅조차 없네.〔有官居鼎鼐, 無地起樓台.〕"라고 하였다. 《國老談苑 卷2》

742 오시(吳市) 사는 문선(門仙) : 오나라의 시장에서 문지기를 하던 전한(前漢)의 은사(隱士)인 매복(梅福)을 가리킨다. 292쪽 주102 참조. 여기서는 도피 생활을 하면서 숨어 사는 구봉 자신을 가리킨다.

743 말……빌리시게 : 왜적들이 쳐들어올 조짐이 있으니, 유배지에서 돌아와 나라를 위한 계책을 세우기를 바란다는 뜻이다. 고래 파도는 거센 파도로, 왜적이 침입해 들어오는 것을 뜻한다. 장자방(張子房)은 한(漢)나라를 건국할 때 큰 공을 세운 장량(張良)으로, 자방은 그의 자이다. 젓가락을 빌린다는 것은 나라를 위해 계책을 세우는 신하가 임금 앞에서 작전 계획을 세우는 것을 말한다. 259쪽 주20 참조.

한가한 가운데 느낌이 있어서 읊다
閑中有感

시냇물의 소리 깊고 나무 그림자는 더딘데	溪響深深樹影遲
대낮에도 서늘한 곳에 한참 동안 앉아 있네	午涼生處坐移時
바람은 구름을 몰아서 왔다가는 다시 가고	風驅雲葉來還去
고기는 연잎 쳐서 이슬이 모였다 흩어지네	魚動荷珠合又離
옥을 다듬기도 전에 누가 눈물을 흩뿌리나[744]	玉未琢前誰灑泣
금이 가마에 들어가면 어찌 사정 용납하랴[745]	金歸鑪後敢容私
선현들은 도의 맛을 아주 깊게 맛보았는데	先賢道味耽深密
요즘 사람들의 말에는 시비 아주 분분하네	今世人言有是非
옥 자르기를 진흙같이 해야 진짜 보검이요[746]	切玉若泥眞寶劍

744 옥을……흩뿌리나 : 춘추 시대 초(楚)나라 사람 변화(卞和)가 옥박(玉璞)을 얻어 초 여왕(楚厲王)에게 바쳤는데, 여왕이 옥인(玉人)을 시켜 감정한 결과 옥이 아니고 돌이라 하므로, 속였다 하여 벌로 변화의 왼쪽 발꿈치를 베었다. 그 후 무왕(武王) 때에 다시 바쳤으나 역시 속였다 하여 오른쪽 발꿈치를 베이는 형벌을 당하였다. 문왕(文王)이 즉위한 후에는 변화가 그 옥박을 안고 초산(楚山) 아래 가서 주야를 울어대니 눈에서 피가 나올 지경이었는데, 왕에게 이 사실이 알려져 그제야 옥박을 쪼개 보니 참으로 옥이었다고 한다. 《韓非子 和氏》

745 금(金)이……용납하랴 : 가마는 만물을 모두 녹이는 큰 용광로인 홍로(洪爐)로, 홍로 속에서는 어느 것도 다 녹는 것처럼, 임금이 다스리는 아래에서는 모든 백성이 평등함을 말하는 듯하다.

746 옥……보검이요 : 《열자(列子)》 〈탕문(湯問)〉에 "주 목왕(周穆王)이 서융(西戎)을 정벌하자, 서융에서 곤오검(錕鋙劍)과 화완포(火浣布)를 바쳤는데, 그 검은 길

나라 다스림을 손바닥 보듯 해야 남자라네	運治如掌是男兒
병기는 이에 화기이니 어찌 수고롭게 쓰랴	兵爲禍器何勞用
기미 알아 위태롭기 전에 보전함이 귀하네	貴在先幾保未危

이가 한 자 남짓이며 칼날이 붉은빛인데, 그 검으로 옥을 자르면 마치 진흙을 자르는 것처럼 잘렸다."라고 하였다.

한나라 광무제 20운
漢光武 二十韻

위두의 잔당들이 의로운 소리에 겁을 냈거니[747] 威斗餘姦惕義聲
붉은 옷의 부드러운 덕이 가형보다 나았다네[748] 絳衣柔德邁家兄
백성들은 참된 임금 그리면서 상서를 바쳤고[749] 民懷眞主來呈瑞
선비는 잘못된 부름 부끄러워 장님 행세 했네[750] 士恥非招臥作盲

747 위두(威斗)의……냈거니 : 왕망(王莽)의 잔당들이 광무제 유수(劉秀)를 몹시 겁냈다는 뜻이다. 위두는 왕망이 위엄을 드러내기 위해서 5섬의 구리로 만든 기물(器物)로, 길이가 2자 5치이며, 모양은 북두칠성과 유사했다고 한다. 왕망은 출입할 때마다 이것을 지고 따르게 했는데, 이는 북두칠성의 위엄을 빌려 군대를 압복(壓服)하기 위해서였다고 한다. 《漢書 王莽傳》

748 붉은……나았다네 : 유수의 덕이 형인 유연(劉縯)보다 더 뛰어났다는 뜻이다. 붉은 옷은 유수가 입고 있었던 옷이다. 처음에 유연이 왕망을 치기 위해 모병(募兵)을 하였는데, 용릉(舂陵)의 젊은이들이 모두 겁을 집어먹고 도망하였으나 유수가 붉은 옷에 큰 모자를 쓰고 참석한 것을 보고는 "근후한 분도 이런 일을 한다."라고 하면서 안심하고 모병에 응하였다. 《史略 卷3 東漢 世祖光武皇帝》

749 백성들은……바쳤고 : 유수가 기병을 하기 전에 완(宛) 땅 사람인 이통(李通) 등이 도참설(圖讖說)을 인용하여 유수에게 말하기를 "유씨가 다시 일어나고 이씨가 보좌가 된다."라고 하였으며, 장안(長安)에 있을 때 강화(彊華)가 관중(關中)에서 적복부(赤伏符)를 받들고 왔는데, 그 글에 "유수가 군사를 일으켜 무도한 자를 토벌하니, 사방의 오랑캐가 구름처럼 모여들고 용(龍)이 들판에서 싸우다가 28년째 되는 해에 화덕(火德)으로 임금이 되리라."라는 글귀가 적혀 있었다. 《史略 卷3 東漢 世祖光武皇帝》

750 선비는……했네 : 선비는 공승(龔勝)을 가리킨다. 공승은 소싯적부터 학문을 좋아하고 경(經)에 밝아 애제(哀帝) 때 광록대부(光祿大夫)에까지 올랐으나, 왕망이 찬위(簒位)하자 벼슬에서 물러나 있었다. 왕망이 공승에게 강학 좨주(講學祭酒), 태자사

백수를 흥하고 쇠하는 땅이라고 말하지 마라[751] 白水莫言興遞地
적심 이에 항복 후회하는 마음을 안정시켰네[752] 赤心能定悔降情
기반 면면하나 일려이니 새로 창업함과 같고[753] 基綿一旅同新創
법 간략해 삼장이매 나중 정벌함을 원망했네[754] 法簡三章怨後征

우(太子師友) 등의 벼슬을 제수하였으나 공승은 병을 이유로 사양하였는데, 왕망은 해를 거듭할수록 더욱더 융숭한 예로 부르면서 놔두지 않았다. 그러자 공승은 자기의 뜻이 관철되지 못할 것을 알고서 두 아들과 문인 고휘(高暉) 등을 불러 간략하게 치상(治喪) 준비를 하도록 명하고는, 그길로 다시는 입을 열지 않고 물 한 모금 마시지 않은 채 지내다가 14일 만에 죽었다.《漢書 龔勝傳》

751 백수(白水)를……마라 : 유수가 후한을 세울 수 있었던 것은 비결(秘訣)이나 도참(圖讖)에 의한 것이 아니라는 뜻이다. 백수는 중국 남양(南陽)의 백수현(白水縣)이다. 왕망이 당시의 화폐인 금도(金刀)가 유씨(劉氏)를 뜻한다고 하여 이를 화천(貨泉)이라고 고쳤는데, 화천을 파자(破字)하면 백수진인(白水眞人)이 되고, 광무제가 백수현에 살았으므로, 그 당시에 천명(天命)이 다시금 유씨에게 돌아갈 것이라는 말이 떠돌았다. 그리고 운기(雲氣)를 잘 살피는 왕망의 사자가 남양 땅에 이르러 유수가 거처하는 용릉(舂陵) 지역을 멀리서 바라보고는 "기운이 성대하게 일어나는 것을 보니, 왕자(王者)가 일어나 천명을 받을 곳임이 분명하다."라고 하였다. 이에 유수가 기병하면서는 백수진인이라고 일컬었다.《史略 卷3 東漢 世祖光武皇帝》

752 적심(赤心)……안정시켰네 : 유수가 충심을 가지고 사람들을 대해 후한을 세울 수 있었다는 뜻이다. 적심은 참되고 정성스러운 마음을 말한다. 경시제가 유수를 소왕(蕭王)으로 삼자, 유수가 동마(銅馬)의 도적들을 쳐서 모두 항복시켰는데, 당시에 유수를 따르던 장수들이 항복한 도적들을 믿지 못하고 항복한 자들 역시 불안해하였다. 이에 유수가 직접 말을 타고 부대를 순시하였더니, 항복한 자들이 서로 "왕이 적심을 미루어 남의 뱃속에 넣어 주었으니, 어찌 목숨을 바치지 않을 수 있겠는가."라고 하면서 진심으로 항복하였다.《後漢書 光武帝紀》

753 기반(基盤)……같고 : 유수가 비록 한나라를 세운 유씨(劉氏)이기는 하지만 처음에 기병할 적에는 아주 적은 인원으로 시작하였으므로, 새로 나라를 창업한 것과 같다는 뜻이다. 일려(一旅)는 500명으로 구성된 군사 편제를 말한다.

보전이 이때 마침 나와 일각으로 돌아갔는데[755]	寶篆會當歸日角
이름 훔친 자들 분분하긴 바둑돌과 같았다네[756]	盜名紛若置棋枰
치양에 짐승이 엎드리니 모래바람이 급했고[757]	滍陽獸仆風沙急
낙양 북쪽에서 고관 쓰자 부로들이 놀랐다네[758]	洛北冠高父老驚

754 법……원망했네 : 왕망에게 시달리던 백성들이 유수가 인정(仁政)을 베풀자 서로 앞다투어 자신들을 거두어 주기를 요청하였다는 뜻이다. 삼장(三章)은 약법삼장(約法三章)으로, 한 고조(漢高祖)가 관중에 들어가 종전에 있었던 진(秦)나라의 가혹한 법을 폐지하고 세 조항으로 줄여서 새로 만든 법을 가리킨다. 세 조항의 법은 곧 "사람을 죽인 자는 사형에 처하며, 남에게 상해를 입힌 자와 도둑질한 자에 대해서는 그 범죄 정도에 상응하는 처벌을 한다."라는 것이다. 《史記 高祖本紀》

755 보전(寶篆)이……돌아갔는데 : 황제가 될 것이라는 예언이 유수에게로 돌아갔다는 뜻이다. 보전은 전설 속에 나오는 봉황이 요(堯) 임금에게 주었다고 하는 도새(圖璽)를 말하는데, 후대에는 천명(天命)을 받은 사람의 징표가 되었다. 일각(日角)은 이마 중앙의 뼈가 해처럼 둥그렇게 솟은 것으로, 관상가들이 대귀(大貴)의 상으로 여기는데, 유수는 신장이 7자이고 눈썹과 수염이 아름다우며 입이 크고 코가 높으며 이마의 뼈가 해처럼 둥글게 생겼다고 한다. 《通鑑節要 卷15 漢紀》

756 이름……같았다네 : 왕망의 혹정(酷政)으로 인하여 반란을 도모하는 자들이 사방에서 일어났다는 뜻이다. 이때 낭야인(琅琊人) 번숭(樊崇)이 적미군(赤眉軍)을 일으켜 유분자(劉盆子)를 왕으로 삼았으며, 유수 형제가 봉기하여 유현(劉玄)을 세워 왕으로 삼는 등 사방에서 봉기군이 일어났다. 《通鑑節要 卷15 漢紀》

757 치양(滍陽)에……급했고 : 치양은 치수(滍水)의 북쪽을 말하는데, 치수는 남양(南陽)의 노양현(魯陽縣)에서 나와 동북쪽으로 흐르다가 여수(汝水)와 합류한다. 유수가 왕망의 수하인 왕읍(王邑), 엄우(嚴尤)와 싸울 적에 이들이 호랑이와 표범, 물소와 코끼리 등을 몰고 와서 유수를 공격하였다. 유수가 이들을 곤양성(昆陽城)에서 크게 격파하였는데, 이때 마침 천둥이 치고 바람이 세차게 불어서 지붕의 기왓장이 모두 날아가고 비가 쏟아붓듯이 내려 치천(滍川)이 범람하였다. 호랑이와 표범 등 짐승들이 모두 무서워서 벌벌 떨었고, 물에 빠져 죽은 사졸이 만 명이 넘어 치수가 이 때문에 흐르지 않았다고 한다. 《通鑑節要 卷15 漢紀》

하수 얼음이 단단해진 신의 도움이 있었으며[759] 河作堅氷神有助
사람들이 자모에게 돌아가 땅 다투는 일 없었네[760] 人歸慈母土無爭
누워 있는 중에 이미 좋은 계책을 얻었거니와[761] 臥中旣已資長策

758 낙양(洛陽)……놀랐다네 : 경시제가 낙양에 도읍하기 위하여 들어가자, 삼보(三輔)의 백성들이 길에 나와 경시제를 맞이하였다. 경시제의 장수들이 모두 책(幘)을 쓰고 부인네의 옷을 입은 것을 보고는 다들 비웃었는데, 유수가 거느린 장수들이 관(冠)을 쓰고 있는 것을 보고는 모두 기뻐하면서 "오늘날에 다시 한나라 관리의 위의(威儀)를 보게 될 줄은 몰랐다."라고 하였다. 이로 말미암아 유식한 자들이 모두 유수에게 마음을 두었다. 《通鑑節要 卷15 漢紀》

759 하수(河水)……있었으며 : 유수가 경시제의 대사마(大司馬)로 있으면서 왕망의 군대를 칠 적에 계성(薊城)에 이르러 왕랑(王郎)의 군대에 쫓겨 달아났는데, 곡양(曲陽)에 왔을 때 왕랑의 군대가 가까이 왔다는 소식을 듣고 부하들이 모두 겁을 먹었다. 호타하(滹沱河)가 앞에 있어서 유수가 척후병을 보냈더니, 척후병이 돌아와서는 "얼음도 얼지 않았고 배도 없다."라고 보고하자, 군사들이 더욱 초조해졌다. 이에 다시 왕패(王霸)를 보내어 확인시키니, 왕패는 군중의 사기를 생각하여 얼음이 얼었다고 허위로 보고하였다. 다시 힘을 얻은 군중이 전진해서 호타하에 이르니 이상하게도 얼음이 얼어 있었는데, 군사들이 거의 다 건너자 얼음이 모두 녹아 버렸다. 《通鑑節要 卷15 漢紀》

760 사람들이……없었네 : 유수가 여지도(輿地圖)를 펴 놓고 자신의 휘하인 등우(鄧禹)에게 "천하의 군국(郡國)이 이와 같이 많은데 이제야 그 가운데 하나를 얻었다. 그대가 전에 나에게 '천하는 굳이 다 평정할 것이 없다.'라고 하였는데, 어째서인가?"라고 하자, 등우가 "현재 온 천하가 소란하여 사람들이 모두 어진 임금을 생각하기를 어린아이가 자모(慈母)를 생각하듯이 합니다. 흥하고 망하는 것은 덕(德)의 후박(厚薄)에 달렸지 국토의 크기에 달려 있지 않습니다."라고 하였다. 이에 유수가 정벌에 힘쓰지 않고 덕을 베푸는 데 힘썼다. 《通鑑節要 卷15 漢紀》

761 누워……얻었거니와 : 유수가 업현(鄴縣)에서 등우를 만나 천하를 평정할 계책을 들은 것을 말하는 듯하다. 유수가 업현에 이르렀을 때 등우가 찾아와 함께 유숙하였는데, 등우가 유수에게 "지금은 여러 영웅을 맞이하고 백성의 마음을 기쁘게 하는 데 힘쓰는 것이 상책입니다. 그리하면 천하는 굳이 평정하고 말고 할 것도 없습니다."라고 하자, 유수가 기뻐하면서 등우를 항상 군막 안에 머물게 하였다. 《通鑑節要 卷15 漢紀》

지도 위에서 성 하나를 얻은 걸 뭘 혐의하랴[762] 圖上何嫌得一城
원릉에서 먼지 쓸어 내니 천지가 다 엄숙했고[763] 塵掃園陵天地肅
남북에서 공을 세웠으매 칼과 활이 울었다네[764] 捷成南北劍弓鳴
밝음이 타국까지 통하여 신성한 데 놀랐으며[765] 明通異域驚神聖
어둠이 남은 태에 이르니 지성에 감동하였네 昏到遺胎感至誠
두건 쓰고 처마 아래에서 새로운 객 맞았으며[766] 岸幘幽簷新引客

762 지도……혐의하랴 : 유수가 겨우 한 성만 차지한 것이 혐의쩍을 것이 없다는 뜻이다. 563쪽 주760 참조.

763 원릉(園陵)에서……엄숙했고 : 건무(建武) 2년(26)에 광무제가 고묘(高廟)를 세우고 낙양에 사직을 세웠는데, 이때 적미군(赤眉軍)이 서경(西京)의 궁실을 불태우고 원릉을 파헤치고 관중을 노략질하였다. 이에 대사도(大司徒) 등우가 장안(長安)으로 들어가서 휘하 사람을 보내 황제의 신주(神主) 11위(位)를 모시고 나와 고묘에 부묘하였다. 《後漢書 光武帝紀》

764 남북에서……울었다네 : 광무제가 남흉노(南匈奴)와 북흉노(北匈奴)를 굴복시킨 것을 말하는 듯하다. 광무제는 마원(馬援)을 남쪽 변경 지역으로 파견하여 교지(交阯)를 정벌하였으며, 북쪽으로 남흉노와 북흉노를 잇달아 굴복시켰다. 《後漢書 光武帝紀》

765 밝음이……놀랐으며 : 광무제가 중국의 변방에 속하는 하서(河西) 지역에 있던 두융(竇融)에게 새서(璽書)를 보내 복속시킨 것을 말하는 듯하다. 두융이 하서 지방을 점거하고 있다가 광무제에게 귀의하기로 계책을 정하고 유균(劉鈞)을 사신으로 파견해 오자, 광무제가 새서를 내리면서 "천하가 아직 결정되지 않았으니, 나와 그대는 멀리 떨어져 있어서 서로 병탄할 나라가 아니다."라고 하고는 두융을 양주목(涼州牧)에 제수하였다. 그 새서가 하서에 이르자, 하서 사람들이 모두 놀라서 "천자가 만 리 밖까지 내다본다."라고 하였다. 《通鑑節要 卷16 東漢紀 世祖光武皇帝上》

766 두건……맞았으며 : 광무제가 외효(隗囂)의 휘하에 있던 마원(馬援)이 찾아갔을 적에 편안한 차림으로 맞이한 것을 말한다. 마원이 처음에 고향 사람인 공손술(公孫述)을 찾아갔는데, 공손술이 거만한 자세로 맞이하였다. 이에 다시 외효를 찾아가니, 외효가 마원을 사신으로 삼아 광무제에게 보냈다. 마원이 처음 이르렀을 때 광무제가 대궐의 남쪽 회랑 아래에서 두건만 쓰고 앉아 있다가 맞이하였다. 마원이 그 모습을 보고는

황폐한 군에 머물렀다 다시 향리에 머물렀네[767] 駐車荒郡更留鄉
완 땅에서 덕 있는 자 기려 충량을 권면했고[768] 宛中褒德忠良勸
여울 밖에서 벗을 찾으니 절의가 이루어졌네[769] 灘外求朋節義成
천자가 웃으며 말했거니 어찌 범이 싸우리오[770] 天子笑談安鬪虎
장군에게 보배를 주어서 고생한 걸 위로했네[771] 將軍珍玉慰披荊

"천하가 뒤엎어지매 이름을 도둑질하는 자들이 이루 말할 수 없이 많습니다. 그런데 지금 폐하를 뵈니, 넓고 큰 도량이 고조와 같습니다. 이제야 제왕은 본래 진짜가 있다는 것을 알았습니다."라고 하면서, 광무제를 섬길 마음을 먹었다. 《通鑑節要 卷16 東漢紀 世祖光武皇帝上》

767 황폐한……머물렀네 : 광무제가 정벌하느라 이곳저곳으로 돌아다니면서 고생한 것을 말하는 듯하다.

768 완(宛)……권면했고 : 광무제가 황제로 즉위한 뒤에 완 땅에 가 그곳에 살던 탁무(卓茂)를 포덕후(褒德侯)로 봉한 것을 가리킨다. 탁무는 평제(平帝) 때에 밀현(密縣)의 영(令)이 되어 선정을 베풀었으므로 교화가 크게 시행되어 길에 떨어진 물건을 줍는 사람이 없었다. 왕망이 찬위(簒位)하자 탁무는 연로함을 핑계로 사직하고 향리에 있었는데, 광무제가 즉위하여 맨 먼저 탁무를 찾아 태부(太傅)로 삼았고 포덕후로 봉하여 식읍(食邑)과 궤장(几杖)과 거마(車馬)를 하사하여 민심을 위무하였다. 《通鑑節要 卷16 東漢紀 世祖光武皇帝上》

769 여울……이루어졌네 : 광무제가 자신의 어릴 적 친구인 엄광(嚴光)을 찾고자 한 것을 말한다. 529쪽 주655 참조.

770 천자가……싸우리오 : 광무제가 자신의 장수인 구순(寇恂)과 가복(賈復)을 화해시킨 것을 말한다. 구순이 가복의 부장(部將)을 살인 혐의로 체포하여 사형에 처하자, 가복이 이에 대해 원한을 품고 복수하겠다고 별렀으므로, 구순이 항상 가복을 피했다. 광무제가 이를 듣고는 두 사람을 불러 "천하가 아직 안정되지 않았는데 두 호랑이가 사사로이 싸워서야 되겠는가."라고 하며 주연을 베풀어 주었다. 《通監節要 卷16 東漢紀 世祖光武皇帝上》

771 장군에게……위로했네 : 광무제가 자신을 따르면서 고생한 풍이(馮異)에게 진귀한 보배를 내려 주어서 위로한 것을 말한다. 광무제가 즉위한 뒤에 풍이가 장안(長安)에

상서로운 감로 뿌리쳐서 겸양의 덕 높였으며[772]	祥揮甘露崇謙德
문치는 영대를 일으키고 의로운 깃발 눕혔네[773]	文起靈臺偃義旌
옥문관을 깊이 잠그고 마무의 말을 거절했고[774]	深鎖玉門辭馬武

서 와서 조회하자, 신하들에게 이르기를 "이 사람은 내가 군대를 일으킬 때 주부(主簿)로 있었다. 나를 위해서 온갖 고난을 헤치고 관중을 평정하였다."라고 하면서 위로하고는 진귀한 보물과 돈 및 비단 등을 하사하였다. 그리고 조서를 내려 이르기를 "내가 위급하고 곤궁하던 시절에 무루정(蕪蔞亭)에서 경에게 콩죽을 얻어먹었고, 호타하(滹沱河)에서 보리밥을 얻어먹은 은혜를 오랫동안 갚지 못하였다."라고 하였는데, 이에 대해 풍이가 "신은 폐하께서 하북(河北)에서 겪은 고생을 잊지 마시기를 바라며, 신 역시 폐하께서 신을 건거(巾車)에서 구해 주신 은혜를 잊지 않겠습니다."라고 하였다. 《通監節要 卷17 東漢紀 世祖光武皇帝下》

772 상서로운……높였으며 : 광무제 건무(建武) 32년(56)에 경사(京師)에서 예천(醴泉)이 솟아 나오고 상서로운 풀인 적초(赤草)가 물가에서 자랐으며, 여러 군국(郡國)에서 태평성대의 상서로 알려진 감로(甘露)가 나온 사실 등을 보고하였다. 그러자 신하들이 "신령스러운 물건이 거듭 내려왔으니, 마땅히 태사(太史)로 하여금 이것을 찬집하게 해서 후세에 전해야 합니다."라고 하자, 광무제가 받아들이지 않고 자신은 덕이 없다고 겸손해하면서 사양하였다. 《通監節要 卷17 東漢紀 世祖光武皇帝下》

773 문치(文治)는……눕혔네 : 광무제가 무력으로 정벌하는 것을 마치고 문치를 행했다는 뜻이다. 영대(靈臺)는 천기(天氣)의 요망함과 상서로움을 관찰하는 누대이다. 의로운 깃발은 광무제가 왕망을 쳐서 한나라를 다시 세우기 위해 일으킨 군대를 말한다. 광무제는 건무 32년에 영대와 명당(明堂)과 벽옹(辟雍)을 일으켰으며, 문신들을 등용하여 문치를 펼쳤다. 《通監節要 卷17 東漢紀 世祖光武皇帝下》

774 옥문관(玉門關)을……거절했고 : 광무제가 대외적으로 유화책을 써서 흉노족을 잘 무마하였다는 뜻이다. 건무 28년에 북흉노가 말과 갖옷을 공납하기 위하여 옥문관을 넘어오겠다는 것을 거절하고 받아들이지 않았다. 또한 건무 27년에 낭릉후(朗陵侯) 장궁(臧宮)과 양허후(揚虛侯) 마무(馬武)가 흉노들이 피폐한 틈을 타서 정벌하자고 건의하였는데, 광무제가 유능제강(柔能制剛)을 말하면서 수용하지 않고 물리쳤다. 《通監節要 卷17 東漢紀 世祖光武皇帝下》

금권을 잘 보전하여 한신과 팽월을 경계했네[775] 保全金券戒韓彭
권력을 거두어 황금인 차고 돌아가게 했으니[776] 收權歸佩黃金印
공격함에 어찌 백마의 맹세를 번거롭게 하랴[777] 共擊何煩白馬盟
그러나 대신을 억누르매 대간이 더 중해졌고[778] 纔抑大臣臺議重

775 금권(金券)을……경계했네 : 광무제가 후한을 세우는 데 공을 세운 장수들에게 보상해 주었으나 정치에는 참여하지 못하게 한 것을 말한다. 금권은 임금이 공신(功臣)에게 내려 주어 대대로 세습하며 면죄(免罪)의 특권 등을 누리게 한 증서로, 단서철권(丹書鐵券)을 뜻하는 말이다. 한신(韓信)과 팽월(彭越)은 전한(前漢) 때 고조(高祖) 유방(劉邦)을 도와 공을 세웠으나 자신들의 재주를 믿고 독자적인 세력을 구축하려고 하다가 죽음을 당한 인물들이다. 《通監節要 卷17 東漢紀 世祖光武皇帝下》

776 권력을……했으니 : 황금인(黃金印)은 고관대작이 차는 황금 도장을 말한다. 광무제가 전쟁이 종식된 뒤에 문치를 닦으면서 공신으로 삼은 장군들이 경사(京師)에서 군사를 보유하고 있는 것을 달갑지 않게 여기자, 당시에 큰 세력을 형성하고 있던 등우(鄧禹)와 가복(賈復)은 갑병(甲兵)을 모두 해산시키고 다시 유학(儒學)에 힘썼으며, 경감(耿弇) 등은 대장군의 인수(印綬)를 반납하고 향리로 돌아갔다. 《通監節要 卷17 東漢紀 世祖光武皇帝下》

777 공격(共擊)함에……하랴 : 광무제가 문치에 힘쓰면서 장군들을 잘 대우하여 세력을 형성하지 못하게 함에 따라 반란을 일으킨 자가 없었다는 뜻이다. 공격은 여러 사람이 함께 공격한다는 뜻이고, 백마(白馬)의 맹세는 공신의 맹세를 말한다. 한 고조가 백마를 잡아 놓고서 공신들과 함께 맹서하면서 "유씨가 아닌 자가 왕이 될 경우에는 천하 사람들이 함께 공격하라."라고 한 데에서 나온 말이다. 《通監節要 卷17 東漢紀 世祖光武皇帝下》

778 그러나……중해졌고 : 이 구절부터는 광무제의 단점에 대해 말하였다. 광무제가 문치를 시작하면서는 대신이 되기에 충분한 구순이나 등우나 가복 등에게 정사를 맡기지 않음에 따라 체통이 무너져 젊은 대간(臺諫)들이 정사에 깊이 관여하게 되었다. 이로 인하여 어린 황제가 즉위할 경우에는 조정의 권력이 모후에게 있지 않으면 외척에게 있고, 외척에게 있지 않으면 환관에게 있고, 환관에게 있지 않으면 무관(武官)에게 있게 되어, 결국 한나라가 망하게 되고 말았다. 송나라 여조겸(呂祖謙)은 광무제에

미천한 자 가까이해 임금 위엄이 가벼워졌네[779] 　却親微薄主威輕
첨엔 도참으로 문학을 손상시킨 데 놀랐으며[780] 　初驚圖讖傷文學
이어 순봉으로 태평을 그르치는 것을 보았네[781] 　旋見巡封誤太平
돈과 곡식으로 어찌 능히 목숨값을 보상하랴[782] 　錢穀豈能酹死直
명주와 문서의 참소에 황제 총명이 가려졌네[783] 　珠犀猶復蔽聰明

대해 평하면서 "삼공(三公)에게 정치를 맡기지 않아서 조정의 일이 대각(臺閣)으로 돌아가 군주로서 자질구레한 일을 직접 하였으니, 이는 정사의 체통을 크게 잃은 것이다."라고 하였다.《通監節要 卷17 東漢紀 世祖光武皇帝下》

779 미천한……가벼워졌네 : 광무제가 환관들을 가까이해 황제의 권위가 무너졌다는 뜻이다. 명나라 사람인 구준(丘濬)의《대학연의보(大學衍義補)》에 "광무제가 삼공에게 정치를 맡기지 않고 황문(黃門)을 둔 것은 잘못이다. 자고로 위망(危亡)의 재앙은 모두 내실과 환시(宦寺)에게서 나온다."라고 하였다.

780 첨엔……놀랐으며 : 광무제가 도참설을 지나치게 신봉한 것을 꼬집은 것이다.

781 이어……보았네 : 광무제가 태산(泰山)을 비롯한 여러 곳에서 봉선(封禪)을 행한 것이 잘못이라고 꼬집은 것이다. 순봉(巡封)은 천하를 순시하면서 봉선을 하는 것을 말한다.

782 돈과……보상하랴 : 광무제가 직언을 한 한흠(韓歆)을 죽이고서 나중에 돈과 곡식을 가지고 보상한 것을 꼬집은 것이다. 건무 15년(39) 대사도(大司徒)로 있던 한흠이 임금 앞에서 흉년이 들 징조를 말하면서 손가락으로 하늘을 가리키고 땅을 그으면서 아주 강직하고 간절하게 말하였는데, 광무제가 몹시 노여워하면서 그를 면직시켰다. 향리로 내려가 있던 한흠은 광무제가 다시 교서를 내려 심하게 힐책하자, 아들 한영(韓嬰)과 함께 목숨을 끊었다. 한흠이 평소 백성들로부터 신망을 받고 있었으므로 한흠의 죽음에 대해 백성들이 승복하지 않자, 광무제는 뒤늦게 돈과 곡식을 내려 예법대로 장례를 치르게 하였다.《通監節要 卷17 東漢紀 世祖光武皇帝下》

783 명주(明珠)와……가려졌네 : 광무제가 복파장군 마원을 참소하는 자의 말을 믿고서 홀대한 것을 꼬집은 것이다. 명주는 야광주(夜光珠)이고 문서(文犀)는 무소뿔이다. 마원이 교지(交阯)를 정벌하기 위해 나가 있을 적에 항상 율무를 먹으면서 장기(瘴氣)를 극복하였는데, 교지를 평정하고 돌아올 때 율무를 한 수레 싣고 왔다. 마원이

늦게 사애 옮기면서 천하를 가볍게 보아서는[784] 晩移私愛輕天下
부끄럽게도 간사하다는 이름 기록되게 했네[785] 愧許奸回籍爾名

죽은 뒤 마원을 미워하던 어떤 자가 상소하여 그가 전에 싣고 온 것이 모두 명주와 문서라고 참소하니, 광무제가 이 말에 속아 크게 노하였다. 이에 마원의 가족들은 두려워 예(禮)를 갖추어 장사 지내지 못하였다.《通監節要 卷17 東漢紀 世祖光武皇帝下》

784 늦게……보아서는 : 광무제가 곽 황후(郭皇后)를 폐하고 음 귀인(陰貴人)을 황후로 삼으면서 "이 일로 천하를 경시하지 않을 것이다."라고 한 것은 결국 천하를 경시한 것임을 꼬집은 것이다. 사애(私愛)는 광무제가 음 귀인을 총애한 것을 말한다. 건무 2년에 광무제는 음 귀인을 황후로 책봉하려고 하였는데, 음 귀인은 곽 귀인(郭貴人)이 아들을 낳았으니 곽 귀인을 황후로 삼으라고 하였다. 이에 곽 귀인을 황후로 책봉하고 그의 소생인 강(彊)을 태자로 삼았다. 그 뒤 건무 17년에 곽 황후가 자주 원망하는 말을 하였으므로 광무제가 곽 황후를 폐하였는데, 그때 이에 대해 질운(郅惲)에게 묻자, 질운이 "부부 사이의 일에 대해서는 아버지도 아들에 대해서 마음대로 할 수가 없습니다. 더구나 임금의 부부 사이의 일이겠습니까."라고 하였다. 그러자 광무제가 "질운은 자기를 미루어서 임금의 마음을 잘 헤아렸으니, 내가 필시 이 일로 흔들리는 바가 있어 천하를 경시하지 않을 것임을 안 것이다."라고 하였다.《後漢書 郅惲列傳》

785 부끄럽게도……했네 : 광무제가 곽 황후를 폐하고 음 귀인을 황후로 삼은 일과 이후에 다시 곽 황후의 소생인 강을 태자 자리에서 폐하고 음 황후의 소생인 양(陽)을 태자로 삼으면서 한 일들로 인해 후세에 간사하다는 이름을 남기게 되었다는 뜻이다. 광무제가 건무 19년에 교서를 내리기를 "동해왕(東海王) 양은 황후의 아들이니 대통(大統)을 잇는 것이 마땅하다. 이에 동해왕 양을 태자로 삼아 이름을 장(莊)으로 고치고, 태자 강은 폐하여 동해왕으로 삼는다."라고 하였다. 이에 대해 송나라 학자 호굉(胡宏)은 "태자 강을 폐한 것이 의(義)에 맞지 않아서 제대로 말을 할 수 없으므로 이렇게 구차하게 말했다."라고 평하였다.《通監節要 卷17 東漢紀 世祖光武皇帝下》

지은이 **송익필(宋翼弼)**

1534(중종29)~1599(선조32). 자는 운장(雲長), 호는 구봉(龜峯), 시호는 문경(文敬)이다. 본관은 여산(礪山)이며, 아버지는 판관(判官) 송사련(宋祀連)이고 어머니는 연일 정씨(延日鄭氏)이다. 어렸을 때부터 신동으로 이름나 젊은 나이에 향시(鄕試)에 합격하였다. 그러나 할머니가 노비 출신이었던 관계로 금고(禁錮)를 당해 더 이상 과거를 보지 못하고 고양(高陽)의 구봉산(龜峰山) 아래로 옮겨가 살았다. 21세 때 이이(李珥), 성혼(成渾), 정철(鄭澈)을 만나 도의지교(道義之交)를 맺었으며, 학식과 인품이 뛰어나다는 소문을 듣고 찾아오는 제자들과 함께 학문을 연구하면서 지냈다. 1586년(선조19) 동인들로부터 '서인의 모주(謀主)'라는 무함을 받아 노비 신세로 전락하게 되자 성과 이름을 바꾼 채 도망쳐 숨어살았다. 1589년 정여립(鄭汝立)의 모반 사건이 일어난 뒤 정철의 도움으로 천인 신분에서 벗어났으나, 정철이 실각한 뒤에는 다시 도피 생활을 하다가 자수하여 평안도 희천(熙川)으로 유배되었다. 임진왜란이 일어난 뒤에 석방되어 이곳저곳을 떠돌았으며, 1596년 충청남도 당진(唐津)의 마양촌(馬羊村)에 우거하면서 학문을 강론하다가 1599년 66세를 일기로 졸하였다. 그 뒤 1625년(인조3) 천적(賤籍)을 씻었으며, 1751년(영조27) 지평(持平)에 추증되었다. 송익필은 노비 출신이라는 신분적 제약과 동인과 서인이 대립하는 붕당의 폐해로 인해, 자신의 경륜을 펴지 못한 채 도망자 신세로 떠돌다가 일생을 마쳤다. 그런 가운데서도 송익필은 좌절하지 않고 학문에 몰두하여 성리학(性理學)과 예학(禮學) 분야에 큰 업적을 이루었을 뿐만 아니라, 문학에도 큰 성취를 이루었다. 이로 인해 송익필은 이이・성혼과 함께 '파주삼현(坡州三賢)'으로, 최경창(崔慶昌)・백광홍(白光弘) 등과 함께 '팔문장(八文章)'으로, 김시습(金時習)・남효온(南孝溫)과 함께 '산림삼걸(山林三傑)'로 칭해졌다.

옮긴이 **정선용(鄭善溶)**

1957년 충북 괴산 연풍에서 태어났다. 충남대학교 사학과를 졸업하고 성균관대학교 대학원에서 문학석사 학위를 받았으며, 민족문화추진회 부설 국역연수원을 졸업하였다. 2018년에 한국고전번역원에서 정년퇴직하고 한국고전번역원 번역자문위원으로 있다. 조선왕조실록과 《승정원일기》의 번역에 참여하였다. 번역서로 조선왕조실록과 《승정원일기》(고종) 외에 《해동역사》, 《백제사자료집》, 《잠곡유고》, 《학봉전집》, 《지산집》, 《사계전서》, 《우복집》, 《청음집》, 《삼탄집》, 《동명집》 등 19종 70여 책이 있다.

구봉집 1

송익필 지음 | 정선용 옮김

2020년 10월 30일 초판 1쇄 발행

발행인 신승운 | 발행처 한국고전번역원
등록 2008. 3. 12. 제25100-2018-000049호
주소 (03310) 서울시 은평구 진관1로 85
전화 02-350-4800 | 팩스 02-350-4994 | 홈페이지 www.itkc.or.kr

연구총괄 양기정 | 연구기획 정미경

책임편집 하현주 | 편집진행 박정열
편집교정 박성희 박현진 송숙희 | 조판 김지현 | 제작 김형석
디자인 씨디자인 | 인쇄 ㈜가나씨앤피

값 20,000원
ISBN 978-89-284-0770-5 94810
978-89-284-0769-9 (세트)